Made in the USA
Monee, IL
13 December 2021

Classics of Philosophy in Japan 6

田辺元

「種の論理論」文集 II

PUBLISHED BY Chisokudō Publications
Nagoya, Japan
http://ChisokudoPublications.com

SERIES Classics of Philosophy in Japan, 6

© Chisokudō Publications, 2018

COVER DESIGN Claudio Bado

ISBN 978-1987793604

JAPANESE TEXT

The interlinear numbers in the text refer to the pagination in the original edition of Tanabe Hajime's *Complete Works*:

「〈種の論理〉論文集 II」『田辺元全集』筑摩書房、1963 年、第七巻、1–386.

目次

「種の論理」論文集Ⅱ

実存哲学の限界

一

ヤスパースの近著[3]『実存哲学』(Jaspers, *Existenzphilosophie* 1938)は三講から成る百頁にも足りない小冊子であるけれども、氏の思想の帰着する所を極めて簡単に説いたものとして、甚だ注目すべき書物と思われる。『哲学』三巻以来成熟し来った考がこの書においては専ら科学に対する関係を手懸かりとして展開せられ、甚だ要領よく纏められている。三年前に出た『理性と実存』に比して、主題や聴講者の種類の異なるに因るか、述べ方が一層簡潔になっているのは、同時に思想の円熟をも意味するであろう。シェリングの後期哲学に対する親近を明示して屡々これに関説し、空間の語を随処に用いてハイデッガーの時間的実存哲学に対する空間的実存哲学たる性格をきわだたせ、ハイデッガーの実存のフィヒテ的にして抽象的観念論的なるに対して一層現実的実在論的に実存を解しようとする傾は、注意に値する。それに依って実存哲学の内部に存する弁証法的関係が顕わにせられ、その発展すべき方向が暗示せられていると解することも出来る。それが今日我国において影響力の最も大きい哲学に対し、その人格主義的場所的見地において一脈の相通ずるものをもつことは、ヤスパースの空間的実存哲学の批判をして、間接には我国の主流哲学に対する批判たらしめる所があるでもあろうか。

あるいはこの様ないわゆる「哲学の哲学」に属する問題は、単に空虚なる形式問題の如くに思われ、その論議は不毛なる戯論閑葛藤とも見られるであろう。しかし実存哲学にとっては「哲学の哲学」は正に自覚存在たる実存の自覚であり、従ってそれ自身が実存の内容をなすのである。自己はそれによって実存にまで覚醒せられる。ヤスパースの実存哲学の途は次に示す如く絶対批判ともいうべき意味を有するが、「哲学の哲学」はすなわち絶対批判に外ならない。近著が、ヤスパースの実存哲学のハイデッガーのそれと異なり、この絶対批判の途を行くものであり、認識論を人間存在論[4]に従属せしめようとするハイデッガーの立場に反し、認識論が理性の自己批判として実存哲学の媒介たる所以を明示することは、私の要求によく一致する。絶対批判の途において無に出会はずしてどこに弁証法の原理的なる手懸かりがあるか。ヘーゲル哲学がこの途を進んだのも偶然ではない。ヤスパースが理性の名の下に説くところのものは、正に絶対批判に外ならぬ。縦それが後に示す如く弁証法的絶対無の立場に徹底するものではないとしても、その選んだ途は正しい。そこには哲学の通路を飽くまで科学の媒介において開通しようとする理性的精神がある。これを無視する哲学は、ヘーゲルのいう通り所詮確言以上に出でない。それは正当に哲学と称せられるべきものではない。哲学においては「哲学の哲学」たる絶対批判を通してのみ絶対者に接することが出来るのである。この途に依らない、絶対者につきての確言は、宗教に属するかあるいは神話であるか何れかに外ならぬ。「学の学」たる哲学は科学を媒介とし、それの批判を通路としなければならぬ。哲学が科学と宗教との否定的媒介、両者の歴史的行為的統一と解せられる所以である。私はこの方向においてヤスパースに一致する。しかしそれではといって、私は氏のいわゆる理性の概念を十全的なるものと考えることも出来ないし、その力説する実存の歴史性を十分に具体的なるものと認める訳にもゆかない。ヤスパースにおいて理性が実践理性たる意味を発揮せず、歴史が生成即行為たる基体即主体の転換を意味しないことは、必然的に、内在と超越とを媒介する途なからしめ、実存が出会うところの超越を飽くまで自己に対し他者たるに止まらしめ、他即自の行為的統一を不可能ならしめた。そこには、自己が世界の内に否定せられて自己を失うことにより却って自己を実現し、斯かる自己の身心脱落により世界が脱体現成して絶対現実に達するということがない。斯くて超越は他者に止まり、他者超越即自己内在という転換が成立たない。超越が絶対無にまで徹底せられずに存在として有たる性格を留める所以である。これは実存哲学が行の立場ならぬ観あるいは覚の立場に止まる結果に外ならぬ。それが歴史的行為的弁証法に到達せず、単にいわゆる内的行為としての思惟の自覚に終始するのは已むを得ない。ヤスパースがその自覚内容における対立契機の関係を分極とか緊張とか言表すのもシェリング的であるが、現実は単に分極緊張に止まるものでなく、分裂崩壊と綜合統一との転化更代をも示す。実存は斯かる現実の転化を自己の行為と媒介する実践者の内的自由の発動でなければなるまい。ヤスパースの実存は、なおハイデッガーにおけると同様に静力学的均衡的観想を脱しない。真に動力学的危機的に歴史的現実へ破り出る無の行為的自発性にまで徹底せられていらぬ。これは超越が即内在であり、往相が即還相である絶対無の動静一如に達せざる為である。ヤスパースの現代に対する批判は『当代の精神的状況』以来人の注意を惹く所であるが、そのいわゆる予後診断が哲学的覚者真人の運命愛的自由への覚醒に止まり、積極的に歴史的実践へ死即生的に参加することを目標とするものでないことは、周知の通りである。私はここに実存哲学の限界を感ぜざるを得ない。実存の自発的自由は所詮行為の転換的自由ではないのである。それは行為の死即生なる転換の、飽くまで自己同一性的なる内在的投影に過ぎぬ。実存は絶対無の現成としての行為の観念論的影像に止まる。それは絶対無の超越を原理とするそれ自ら無の還相たるものではなく、モナドロジー的に存在を自己の根源とする実体である。それであるから超越も、モナドのモナドとして超越的有たる神の性格を保持する外ない。超越も実存も人格的と考えられる所以である。その原理は同一性であって有即無、無即有の転換性ではない。従って基体即主体の転換は成立せず主体は却って基体に束縛せられるものたることを免れぬ。我々はそこに東洋と西洋との対立をも見得るであろう。ヤスパースは西洋哲学の伝統から出て最も多く東洋の空観に近づいたものの如く思われる。しかし氏の実存哲学もなお、真に東洋的なるものへ転ずることを能くしなかった。もちろんそれだからヤスパースの哲学が不十分だというのではない。況や西洋が不完全で東洋が完全であるなどと独断する考は私には毛頭無い。しかし同時に私は、氏の思想の問題となる所を、あたかもこの東洋思想西洋思想の対立点に見出すことを隠そうとも思わない。私は最近のドイツ哲学において注意すべき思想家としてヤスパースに敬意を懐く。その近著を読んで実存哲学の限界について考え、[6]それに依って哲学そのものの立場をこの方向から究明する機会を与えられた。たまたま本誌の稿を求められるに会し、比較的多くの読者が関心をもたれる如くに思われるヤスパースについて語ることが、あるいは不適当でもないかと考えるわけである。

二

実存哲学の特色はヤスパースに拠れば、現実を根源において視、而してそれを、我が我自らに対し思惟的に交渉する仕方を通じて内的行為において把握せんとするにある。その際いわゆる実存とは、キルケゴールの強調した所に従い、我が我自身であることに依ってのみ、一切本質的に現実なるものが我に対し存在する、という関係においての自己の存在の、根源を意味する。然るに我々の自己存在は、現にそこにある我々の現存在を媒介としてそれの根源に遡ることにより成立するものである。現存在は我々の根源たる実存の現成に対する場所として身体として我々に托されたものに外ならない。この様な現存在を手懸かりとする所に、実存哲学の思惟構成的なる哲学に対する特色がある。ところで現存在は、我々が完全に自己存在として自己の根源から存在するのでなく、現にそこにあるものとして自発的自己存在を制限せられ否定せられ、自己の真実が顕われずに蔽われている限りにおいて存在する存在であるから、それが顕わにせられ純真なる自己存在に達する為には、現存在の矛盾に因る支離滅裂が曝露せられ、その結果としてそれがそれ自身を否定して空無に帰するということがなければならぬ。斯くして自己が自己の真実なる根柢を顕わにし、自己の根源を自覚して、今まで蔽隠されていた自己の自発性をはたらき出させることに依り、そこに自由なる実存が自発的に成立するというのが、実存哲学の主張である。これに由り、それが自己同一性の立場に立つものであって、基体即主体の弁証法に対し、飽くまで実存を自己同一性的基体的に考えることは明でなければならぬ。あるいは現存在の実存に対する制限と、その制限からの実存の解放とは、一見弁証法的否定や否定の否定に相応する如くに見えるでもあろう。しかしそれは、実は否定即肯定、肯定即否定の絶対否定的媒介たる意味を欠くところの、非弁証法的同一性の維持に過ぎない。弁証法的否定媒介は一に行為の立場に成立するものであるから、この絶対無の行的立場に立たない実存哲学が、所詮同一性哲学を出で得ないのは当然でなければならぬ。あたかも仏教において禅宗が、行的功夫の法門として死即生の転換を関根とする絶対無の立場に立つに対し、仏の言詮を所依とする教宗が、教の学修に依って無明を去ればおのずから般若の知慧を明らめ得ると考える点に、同一性を維持するのと対比せられるでもあろう。ただヤスパースにおいては、ハイデッガーの時間的存在論において、現存在の過去的被投性が未来的投企性に転ぜられることにより実存に達する手続が、いわゆる被投的投企として全く直接無媒介に自己の存在可能に帰せられているに止まるのと異なり、とにかくも現存在の矛盾的空無性を実存への媒介と考えることは、弁証法に一歩接近するものであって、ハイデッガーに比し具体性において優るそれの特色であるといわれるであろう。これに依って、ハイデッガーの時間論の欠陥というべき、現在の単なる過渡性、実存の成立と共に実存が再び現存在の非本来性へ頽落する転換点に止まる如きそれの消極性が、過去と未来とを媒介する永遠の現在たる積極性に転ぜられる。永遠はヤスパースのいわゆる超越としての包括者に外ならないから、それは空間性をもつ。従って時間性はその成立に却って空間性を媒介として予想するのである。これはハイデッガーの時間的実存哲学が必然にヤスパースの空間的実存哲学にまで発展すべき理由をもつ所以を示す。而してこの様にヤスパースの実存哲学が空間的包括者を実存の現成に対する媒介としたのは、現存在の空無化を科学批判の途において遂行し、カントの先験弁証論を理性の否定的消極的機能として取上げたことに由来する。科学を哲学に対する不可欠の媒介とし、科学批判、認識論を実存哲学の途としたことは、単に現象学的事象了解を途としたハイデッガーが、観念論的内在の立場を脱しなかったのに対する、ヤスパースの重要なる進歩といわなければならぬ。

[8]もちろんハイデッガーといえども、現存在の頽落性を強調し、日常的知識と科学的認識との非本来性を力説する。しかしそれの矛盾に因る支離滅裂としての弁証法的性格が否定的媒介となって、実存に達せられるという考は発展せられてはいらない。実存は直ちに無媒介的に自己の存在可能として指示せられること、あたかもフィヒテが自我の純粋活動を直接に自覚に訴えたのと軌を一にする。斯くてハイデッガーの実存の自由投企がフィヒテの自我の無媒介的自発性に近いと考えられるに対して、ヤスパースの実存は、現存在を自己否定的空無化に導くところの理性の無限反省を、少なくともその消極的媒介となすこと、シェリングの自然哲学先験観念論が消極哲学として、その晩年の積極哲学たる実存哲学に対し消極的媒介となったのに比せられる。ヤスパースの実存と理性とを我々の存在の両極となす考は、後者を前者に従属せしめる傾向を免れない主観主義から、実存哲学を現実主義に転向せしめるものである。ハイデッガーが自己存在可能の極限たる全体存在可能を顕わならしめるに死の現象を以てしたことは、その開示せられる実存の主観性を示すものといわなければならぬ。斯かる主観性を脱しない実存を以て、世界の方向に超越と面することは出来る筈がない。ハイデッガーが超越を説くも、単に地平の脱自的統一に含まれる主観的内在的超越性に止まること、死を説くも「死に対する存在」としての生[9]に止まるが如くである。実存を超越に当面せしめて、自己を超越から授けられたものと自覚する立場に転ずるようなことはない。これに対しヤスパ

ースが理性の統一する存在の諸段階を、いわゆる包括者の無限包容性に拠って展開し、その包容の界位にいわゆる限界境位を実存に対し認めたことは、氏の哲学をハイデッガーの主観的実存哲学に対し現実的実存哲学たらしめるものである。一が時間的実存哲学たるに対し、他が空間的実存哲学として性づけられるのも、当然の事である。これは実存哲学をより具体的なる地盤に立てるものとして、確に大きな進歩といわざるを得ない。

ヤスパースに拠れば、およそ我々にとって対象となるものは、何れも特定の存在であり、存在の単に或仕方に過ぎない。これ等はそれぞれその出現の舞台ともいうべき或地平圏をもち、我々はいわば常に我々の知識の地平圏内に生きているのである。しかし同時に我々は、我々を閉じ込める地平圏を超えて絶えずより広い展望を求める。斯くて地平圏は常に我々の立場に相対的であって、これと共に変化する限界たるのである。然らば斯様に相対的なる地平圏を超え、もはやそれを限界する地平圏が消滅して無地平の閉鎖的全体なるものが終局的に見渡せる如き立場があるかといえば、そういうものは無い。斯かる全体としての存在自体というものは、求めて達せられることのない包括者でなければならぬ。従ってそれは閉鎖的でなく開放的である外ない。斯かる包括者としての存在が決して対象となるものでないことはいうまでもあるまい。それはただ対象と対象の出現する地平圏とにおいて常に告知せられるものたるに止まる。しかもそれ自身は超越にして、その内に存在するものを透明にし何等遮翳する所がない。これ存在自体が包括者として空間に比せられる所以である。ところでその唯一の空間たる包括者は、包括者の様相ともいうべき諸空間に分れる。種々のいわゆる領域がこれに相当する。その最基的なる区別は、我に対する存在自体の現われる包括者すなわち世界と、我がそれであり我々がそれであるところの包括者すなわち自己とである。後者は更に人間現存在、意識一般、精神、の三つに分れる。しかし自己も世界もなお我と我の対象たるものとの全体としてある限り、内在に外ならない。然るに内在はそれ自身で充足したものでない、人間の思惟はこれから飛躍して超越に面せざるを得ないのである。世界の方向において神格としての超越に面すると同時に、自己の方向において実存となるのは、この飛躍に外ならない。是に由り、実存とは自己自身に対する交渉において超越に係わる自己存在の謂であることが知られる。元来存在の全体は、対象ないし意味統一の秩序として存在学により理解せられるものではない。それは、被思惟者として一切存在を第一存在に還元せんとする斯学の能く達せざる所である。ただ斯かる内在的思惟を破り、超越から自己の根源を賦与せられることを自覚する実存において、間接に超越的包括者としての存在に面する実存哲学のみ、能く存在自体に触れる。一般に自己[10]はそれの何れの様相においても、常にそれの係わるところの他者を有する。世界はこの他者に外ならない。然るに世界の超越的根柢が同時に自己の実存の根源として当面する超越なるによって、超越が最も具体的なる包括者の様相となるのである。自己の根源たる実存は、この超越を更にそれの根源とし、自己をそれから授けられ賦与せられた不可測なるものとして知る。実存とは超越に自己の根源の根源を有することを自覚した自己存在の謂であるといわれる所以である。斯くして超越が世界と実存とを統一する。ハイデッガーの場合にいわゆる超越が実は超越論的に止まり、存在論的内在性を脱せず、従っていわゆる世界も内在的観念性を免れなかったのに、ヤスパースにおいては超越が真に存在的となり、実存が現存在の自己超越を通じて却って世界の超越から、それの根源を授けられる転還を含むことは、実存哲学の実在論的現実性化として重要なる進歩を意味するといわなければならぬ。而してこの様に存在論的思惟の内在性を破って、思惟を思惟者としての自己の実存にまで解放し、依って以てこれを超越に当面せしめ、包括者としての存在自体に間接に触れしめることが出来たのは、ヤスパースが理性の二律背反性を実存哲学の媒介とし、批判を一般に哲学の不可欠なる途としたことに依る。包括者も我々の思惟がこれを思惟しようとする限り、対象化せられ、それの本質に背いて固定せられ抽象化せられることを免れない。然るにそれは包括者の無限なる解放存在たる要求に反するから必然に二律背反を惹起し、思惟は支離滅裂に陥らざるを得ぬ。その分裂散乱を通じ、失わるる統一を選り求めて、遂にこの分裂を起す、思惟の自己矛盾は、却って矛盾分裂を通じて自己同一を保つ自らの根源的統一の現成に外ならざることを自覚した理性が、正に全体の聯関を成立せしめる紐帯となる。それは、世界と自己との両面に亘る現存在の全体的統一の要求が矛盾を含み分裂に陥り、決して到達すべからざることを経験する思惟の自己超越作用の経験において、この超越作用を、それの転還として可能ならしめるところの根源としての超越が現成するはたらきである。ここにカントの先験弁証論においてその機能が消極的否定的に制限せられたところの理性が、この限界規定の批判そのものをそれ[11]自身の機能として自覚し、理性批判を理性自身の自己批判に転ずることにより、積極性を獲得し肯定性を恢復する所以がある。これは直ちに実践理性の具体性に達するものではなく、ヤスパースのいわゆる内的行為としての思惟の立場に止まり、思惟のそれ自らに対する交渉たる思惟の自覚として、観想に終始するものではあるが、しかし既に批判の批判として絶対批判の意味をもち、客体的に批判の対象であった理性が、主体的に自己を批判する絶対反省的能動性を獲得したものとして、自己を実存にまで覚醒することにより超越への転換的媒介たる意味を顕示するのである。斯くして自然と精神との諸領域がいわゆる包括者の様相として統一せられ、その統一聯関の紐帯として理性がその地位を確立する。カントの第三批判の反省的判断力の立場が現実的限定的となることは、斯かる意味の絶対反省的理性によって可能となるとも考えられるであろう。シェリングの自然哲学先験観念論がカントの判断力批判の客観化現実化と解せられる所以である。しかもヤスパースは、シェリングが自ら後に消極哲学と呼んだ思惟構成の立場に立ってカントの批判哲学の精神を没却したその轍を踏むのでなく、却って理性批判の徹底を通して絶対批判への転換をその途としたこと、実存哲学の現実性を発揮するものとして重視しなければならぬ。実存哲学に科学批判の媒介を与えて絶対批判の途に進ましめたことは、ヤスパースが生の哲学や人間学の制限を明に認めて、それ等のものの束縛を脱し得なかったハイデッガーの実存哲学と異なる途を進み、以て実存哲学を現実的実存哲学にまで具体化した顕著なる功績であると考えられる。哲学に対する科学の不可欠性を説き、哲学が科学に繋がることを強調するヤスパースは、正に哲学の伝統を襲うと同時に、実存哲学をして真に現代性を確保せしめるものであるといわなければならぬ。

三

我々の知識は常に、我々の知識によって歪められ主観性に蔽隠されない絶対的なるもの真実なるものを求めて、止む時がない。[12] しかしその要求は随時に、絶対的ならぬものを絶対化するという誘惑に我々を曝す。この誘惑に身を任せるとき我々の脚下には、絶対的と思われたものが不断に崩壊して、我々は無基底性の深淵に臨む。理性批判は認識のこの無基底性を曝露して、相対的なるものの絶対化を警めるのである。それは同時に、相対的にして頼むに足らない世界から我々を解放し、身を托するに値しない存在に執着する迷妄から、我々を自由にする。世界の存在はすべて現象であり無基底であるから、それに係わる我々は空無に臨むのである、ということを知れば、同時に我々の頼むに足るのは真実の自己より外にないことをも悟る筈である。その際にいわゆる自己とは、もとより空無たる世界の存在に繋縛せられた相対的なる自己であることは出来ぬ。すべての相対的存在に執する相対的自己も、また前者と共に空無に帰さなければならないからである。斯かる相対的現存在の空無性を却って自己の力とし媒介としながら、自らはその空無性相対性を内に包んで無限にこれを超えるのが、いわゆる包括者の最高様相たる超越である。真理を求めて漸次にそれの崩壊を経験し、次から次へ現存在、意識一般、精神、の諸段階を登り行く自己は、終にその何れにおいても身を托するに足る不動の真理なきことを知り、その係わる相対的存在が空無に帰することを通して、自己の最後の段階たる実存に達し、その超越作用の根源たる包括者としての超越に面すると共に、世界の外にして同時に内なる関係において世界に還帰するのである。これが現実態の意識として保証せられる実存の真理を成す。この真理は何等か固定せられた対象的知識に成立するのでなく、反対に斯かる知識がすべて批判により相対化せられ流動化せられて、現実がそれから解放せられ顕わにせられると同時に、自己が自由にせられ、超越に対する信において自己の根源を確保することに成立する。哲学の真理は斯かる実存への覚醒の呼聲として理性に聴取せられ、その批判に入込む科学的認識を媒介として伝達せられるのである。従ってそれは単に科学的認識の真理を破壊するものではなく、却ってこれを批判的に相対化すると同時に、包括者の種々なる様相として超越的包括者に帰一せしめ、全体の聯関に摂するものである。理性はそれの根源たる唯一の不可捉的超越を通じて、その根源から流出する相対的諸源泉の展開を可能にし、その対立関係を純化する。斯くして哲学の理性に対し根源的に解放せられた世界が、現成するのである。ヤスパースの実存哲学の意画する真理は大体斯かるものと解せられる。[13]

右の如く実存は自己のあらゆる段階の存在がその係わる対象の空無化と共に空無に帰する極、超越的包括者に当面するのであるが、しかしそれは自己の無性を通じて超越の壁に当面すると同時に自発性を呼び醒まされ、自由なるものとして転還せられて、世界に復帰し現実に達するのである。世界は、自己の係わる他者としての諸存在がその自己矛盾により空無に帰すると同時に、自己が無に帰し、超越によってその根源を賦与せられて自己の根源たる実存に達すると共に、諸存在が超越においてそれの根源に還ったものに外ならない。世界の包括者たる性格は超越の包括者たることを根拠とし、超越が実存を現成せしめると同時に世界を現成せしめるのであって、実存と世界とは包括者たる超越の相関的契機を形造る。斯かる超越を根源として世界に現成した存在がいわゆる暗号と呼ばれるものであって、これを読取り理解するのは実存に外ならない。自己が実存に達した時に世界は暗号として読解せられるのである。それは、禅宗において自己の見性成仏と共に草木国土悉皆成仏、というに比せられるであろう。ヤスパースのいわゆる暗号とは禅における現成公案としての世界の諸存在の謂である。斯かる暗号の世界の読解、すなわち公案の現成、と共に、自己の実存に達するのが現実の哲学的把握に外ならない。哲学は自己を実存にまで覚醒して、現存在を現実態に化する思惟の行である。科学批判から理性の絶対批判を通じて存在の真実を求める哲学は、実存の達成と共に、超越を通しての世界の回復という現実還帰において、それの任務を果す。批判哲学は実存哲学の否定的媒介に外ならない。その達する所は単に可能存在の思惟でなくして、実存における現実の現成である。シェリングが創造への参与知と呼んだ[14]のも、これに外ならぬ。しかし哲学は自己を現実に達せしめるに、宗教における如く権威に依って保証せられたものとして現実を万人共通の客観的なる特殊存在に固定するのではない。飽くまで多様なる自己が、歴史的に現成する自由の根源から、自己を通して個性的にはたらくのに委せる。一切が万人に対し神聖となることが出来ると同時に、何物も万人に対して排他的独占的に神聖であるということはない。これが現成公案に比せられる暗号の、狭義における宗教的象徴と異なる特色である。哲学は象徴としてでなく暗号として現実を自己に対し現成せしめる。理性の解放流動化の作用がその媒介たる所以である。現実は全く生起的として歴史的である。宗教の啓示も哲学から見れば生起的歴史的なのであるけれども、信徒にとっては唯一普遍のものとして歴史性を喪失する。哲学においては斯かる啓示の仲介なしに超越の現実性を自己が経験する。その哲学的信が人格的生命の基体となるのである。哲学的信こそすべての真正なる哲学の不可欠なる根源を成す。しかしそれは信条として告白することの出来るものではない。ただそれは自己を実存の自覚に齎す覚醒力として内的行為のはたらきに現われるばかりである。哲学は、宗教の唯一普遍妥当的真理に対して、自由に根源を問う態度を持し、逆説的性格を保つ。科学批判を通じて自己を包括者の無際限なる広がりに解放し、愛なる戦において真理の如何なる意味を通じても伝達交通を敢行し、理性をそれに対し最よそよそしきもの、最拒否的なるものに対してさえ、辛抱強く不断に覚醒せしめて、以て現実に還帰せんとする哲学は、本質上人間が現実に参与すると共に自己自身となる為の集中努力に外ならない。その途が遠く困難なることは事実であるが、少数の人は現にこの途を行ったのであろうし、また確にそれは行かれるものなのである。「但、輝やかしきものは総て稀有なるだけそれだけ達し難い。」ヤスパースはこのスピノザの語を以てその書を終っている。

右においてヤスパースの言葉と私の解釈とを交へて述べた所に拠って見ると、氏の実存哲学の枢軸を成す包括者の概念は、その最後の様相たる超越として、諸存在の空無性を通じて無に臨める自己が、それに当面すると同時に自己の根源をそれから授けられ賦与せられたものとして世界へ還帰する空間を意味するのであるから、それは、自己がそれに包まれ無限に自己超越せしめられると同時に、それに当面してそれから反発せられ、世界に還帰せしめられるところの界壁の如くに解釈せられるであろう。その意味において包括者が無の場所といわれるものに対比せられることは疑無い。それはその内に包括するものを無に帰すると同時に、却って世界に還帰せしめる点において、絶対無を原理とする如くに見える。啻に存在を無に帰する消極的なる無の場所たるに止まらず、無即有の転換をなさしめる弁証法的一般者の性格をもつところの、積極的無の場所というべきものに比することが出来るであろう。それが空間と呼ばれていることは、実存哲学と無の場所の哲学との親近を明示するといってよい。もとよりここに空間といい場所というも、それが超越的包括者でありいわゆる無の場所であるから、どこかに界壁があって閉鎖するわけではない。無が界壁なのであるから、包括者は超越として、それにおいてあるものを自己超越せしめる開放の原理でなければならぬ。実存は自己の超越作用が成立する為に、自己を超越から転還せしめる根源として、超越に当面するのである。しかしそれに超越として当面する自己は、それに面すると同時に一度失った存在に根源を賦与せられ、無から有に、現存在の空無から包括者たる世界の内へ還帰せしめられるのであるから、超越は啻に無の否定原理に止まるものでなく、これを肯定に転ずる積極的原理でなければならぬ。従ってこの否定が絶対否定即肯定に転ぜられる転換の所在を、超越の面接せられる所、その包括者としての界壁のある所と、比喩的に言表すことも出来るであろう。その意味において超越は、いわゆる無の場所に比せられる如く見えるのである。

しかしながらもしこの様に、超越が包括者として最後の統一空間であり、無の場所に比せられるものであって、実存は単に自己の現存在の空無化を通じて他者としての超越に当面するに止まるならば、如何にして実存は超越から自己の存在を賦与せられたものとして世界に還帰すること、ヤスパースのいう如くであると解せられるか。[16] 実存に対し超越が単に他者であるに止まるとするならば、如何にして実存は自己を超越から賦与せられたものとして知ることが出来るか。実存は単に自己の存在を他者たる超越から与せられたものとして受納するに止まる限り、如何にしてその受納せられたものを自己の存在と認め、他者たる超越を自らの根源となすことが出来るか。この事が可能なる為には、超越も実存も共に絶対無の性格をもち、実存は超越を単に他者とするだけでなく却って同時にその他者を即自己として知るのでなければならぬ。同時に超越は絶対無として、却って自らの反対たる内在に転じ、斯かる超越即内在たる絶対無の現成として実存は、自ら内在即超越という性格を享有しなければならぬ。超越と実存とが、前者は後者の根源であるという関係に立つ以上は、啻に他者として隔離対立するのみならず、同時に自即他、他即自として相即合一することを必要とする。すなわち共に絶対無として、その往相的側面が超越であるに対しその還相的側面が実存であるということにならなければならぬ。絶対無は却ってこの往還二相の表裏相即においてのみ成立する。而して超越と実存との媒介として理性の絶対否定即肯定の転換が、往相面と還相面とを表裏相通ぜしめるのである。斯くして理性の空無化する諸存在も、単に消極的に相対化せられるに止まらず、却ってその還相面においては積極的に現実化せられて、それに対する科学的認識が、歴史的にそれぞれの発展段階において必然的なるものとして肯定せられる。これが絶対無の構造である。然るにヤスパースの説く所では、実存も自己の現存在の空無に因る基体喪失に拘らず基体性という形式だけはこれを維持し、その内実を新に超越から賦与せられるのであるから、絶対無でなくして自己同一的有であり、超越から存在を受納する容器の如きものに止まる。それに対し超越も他者として自己に対し無即有の転換を行うことは行うけれども、自ら同時に内在として自らを否定転換することはないから、それは絶対無の性格を徹底することなく有の性格を残留せしめるのである。それが存在自体と呼ばれているのは自ら無でなく有であることを明示する。超越は根源の根源としてあらゆる存在の最後の唯一なる源泉であり、実存はそれから湛えられる多くの源泉であるというのが、実存哲学の比せらるべき模像であろう。[17] 斯くて超越は一見絶対無に相当する如く見えながら、実は高々絶対否定をその機能とする存在であり基体であって、実存はそれから存在を流し込まれてこれを湛える容器の如きものに止まることがわかる。何れも無でなくして有なのである。しかし単に絶対否定を機能とする存在自体なるものが、哲学の無限なる反省に対しその不徹底を曝露すべき矛盾概念であることは多言を要しない。他に対しては絶対否定の機能をはたらかせ媒介を行じながら、自らに対しては否定媒介を拒むのは、いわゆる断常の二見を脱しない結果である。他を転換しながら自らは転換を含まずして、どうして他を自らに包括することが出来るか。それは相対の媒介を拒否する絶対として、却って自ら相対に堕し、自らを否定するものに外ならぬ。還相なき往相に絶対摂取が不可能なる所以である。あたかも無の場所が、それにおいてあるものを絶対無の媒介に転じようとしながら、それ自らは無媒介の有に止まる為にこれを能くせざると一般である。共にその外見にも拘らず、あるいはその標榜を裏切って、絶対無の立場を不徹底に終らしめる有の哲学であり、従って存在学たることを免れない。実存哲学もなお包括者の空間的見地において、自ら排する存在学を脱却しないといわなければならぬ。

四

超越が他者として実存に対立するのみならず、同時に内在として自己の実存と統一せられる、ことがないという実存哲学の欠陥は、それの由来を追跡すると、その観想的立場に存することがわかる。思惟がヤスパースにおける如く内的行為と呼ばれても、それが氏の解釈する如く思惟のそれ自身に係わる交渉に止まる限り、絶対無の立場を徹底するものでないことは明白である。思惟がその係わる基体の喪失、すなわちいわゆる無基底性を通じて内在を否定し自己超越を経て、終にその極超越に当面する実存において、思惟者に対し現実を顕わならしめるというも、思惟者が自己同一的存在である限り、如何にして自己の根源を他者から授受することが出来るか、それは上に見た如く不可解でなければならぬ。[18]内容は他から授けられても、容器そのものは飽くまで自己として内容と同化はしない。この如く自己の内に自と他とが並存対立しては、自即他、他即自という統一は成立することが出来ぬ。斯かる転換的統一は、実存と超越と共に絶対無の構造契機となり、超越即内在、内在即超越に転ずることに依ってのみ可能である。これは正に思惟者ならぬ実践者としての自己の立場を要求する。実践において始めて自己即他者、他者即自己という転換が成立し、内在即超越、超越即内在となるのである。これが絶対無の否定転換に外ならぬ。それと共に理性は、単に絶対批判なる思惟的自覚の立場から、実践理性に転じなければならぬことはいうまでもない。理性も自らその同一性を破って絶対無の媒介に進むべきだからである。絶対無はただ行為実践において貫徹せられるのであって、思惟観想に止まる限り、如何に無の転換をその対象に対し行うも自らに対し行うことが出来ない。思惟者としての実存が無でなく有である所以である。いわゆる無の場所も直観せられるものである限り、それ自身は有となり否定媒介せられないから、無もその場所においてあるものを否定する方が主となり、これを絶対否定的に転換肯定することが

Ontologie を前者の超越的存在論 Ontik に媒介して、いわゆる存在的即存在論的 ontisch-ontologisch なる立場に立つことは、これを能くしない。これは実存哲学を完全に具体化する所以でない。共に了解観想の立場に終始して行為実践の絶対無の自覚に立たない結果である。しかし真の超越永遠は絶対無において内在時間に現成し、時間がその脱我的統一を成就する為に永遠をその媒介としなければならぬと同時に、永遠は行為の現在においてでなければ現成することが出来ず、この時間的媒介を離れては単なる空間としての包括者に止まり、それは永遠としての時間性を喪失することになる。永遠の現在は同時に永遠の現在でなければならぬ。空間は時間の統一に媒介となると共に、時間が空間の現成を媒介するのである。これが世界の動静一如を成立せしめる所以である。この両方を統一するのが行為における絶対無の往相即還相に外ならない。斯くて現実が真に歴史的となるのである。実存哲学はその時間的空間的両側面を綜合してここまで発展しなければならぬ。しかしそれは既に前節に説いた所から知られる通り[21]、実存哲学そのものの止揚たることを如何ともし難い。行為における絶対無の現成はもはや存在の探求であることは出来ぬ。実存は単に人間現存在の根源に止まる自己同一者ではない。基体と共に基体性を失い、ただその死即生の行為の自覚において絶対無の主体性に甦生するものでなければならぬ。自己が自己であるという実存が現実把握の媒介たるに止まらず、同時に現実が他即自、超越即内在、の絶対無の歴史的現成として、自己を行為的に絶対無の現成たらしめるのである。世界即自己が歴史的現実の構造であり絶対無の現成である。この外に現実も自己もない。歴史において自己と現実とは媒介せられる。これは実存哲学の観想に対する絶対無の行為的自覚内容である。実存哲学はここまで具体化せられなければ、その現実性に対する要求を貫徹することが出来ない。しかしここに至れば、もはや実存哲学は止揚せられて絶対無の哲学が出現する。これを絶対現実の哲学といってもよし、また世界哲学といってもよい。同時にそれは実践哲学でもあり歴史哲学でもあるのである。

実存哲学はハイデッガーにおいて多分に歴史哲学たる意味を担わされようとしているかに見えるが、歴史性は時間性に尽きるものではない。時間は空間と媒介せられて永遠の行為的現成たる世界に至り、世界性すなわち歴史性となるのである。しかし世界は絶対無の往相即還相として歴史的実践においてのみ現成することが、重要なる観点である。ここに実存哲学の達し得ざる限界がある。その関門というべきは、思惟の観想的自覚が行為の功夫辨道に転ぜられることに外ならない。これに依って、自己同一的なる有の基体性が絶対無の主体性に転化せられる。西洋哲学における人格的主体は縦主体といわれるにせよ、なお自己同一性的有である限りは、実は基体性を脱しないのである。実存哲学は明白にこれを示す。その精神的系譜において親近を示すシェリングの後期哲学における、実存の根柢としての神内の自然の如きも、なお基体性を脱しない。それがその闇の内に隠された統一を光に照らし出せば、同一性的に理念的主体に化するのである。この点においていわゆる積極哲学も依然として基体の同一哲学たることを免れない。基体が真に主体に転ずる[22]為には、どうしても無を通らねばならぬ。主体の有は自己同一的恒存の基体性の持続でなくして、絶対無の無即有でなければならぬ。主体は基体の如く恒存持続するのでなくして、不断の死即生の行為の、自覚である。ここに東洋的無の立場がある。西洋思想において絶対と相対との統一を求めれば、相対の空無を通じてこれを絶対に融合帰入せしめる外ない。いわゆる神秘主義これである。それに趨かうとしない実存哲学は、実存と超越との対立を真に統一することが出来ないのではないか。然るに東洋的無においては、絶対無の往相面即還相面として絶対と相対とが対立的に統一せられる。それは実存哲学に固有なる個体の自由自発性を絶対無の転換において維持しながら、神秘主義に趨くことなくこれを絶対に帰一せしめるのである。ただ絶対の絶対無性を徹底し、その還相的媒介性を貫徹する、ことを少しでも懈弛すれば、神秘的直観が実践的自覚の代りに入込む。哲学が絶対無の行為的現成への自覚覚醒として科学的認識を媒介とする理性の実践的自己批判たる以上に、体系の構成を可能とすれば、神秘主義に陥らざるを得ない所以である。無の場所の哲学がこれを示す。それは実存哲学の人格的個体思想を絶対無にまで徹底止揚することなくして、中途からこれを神秘主義に化するものに外ならない。西洋思想をいわゆる消極哲学として絶対無の否定的媒介に転じ、それに依って東洋思想を論理的組織の媒介に入らしめる代りに、両者を直観的に結合するものともいわれるであろう。しかし両思想の真に具体的なる綜合は、実存哲学の絶対批判主義を徹底して、実践的に絶対無にまでこれを止揚すると同時に、却って絶対無の歴史的現成に還相して絶対現実を行証することに成立するのではあるまいか。もとより科学批判を含むとはいえないから直ちにこれを哲学と称することは出来ないが、しかし絶対無の還相性を重現して、臨済禅に付随する傾向のある無媒介的直観を徹底的に排除した永平道元の思想が、この点において我々の先蹤たる意味を有すると考えられる所以である。

実存哲学と絶対無の哲学とが右の如き関係において理解せられるとするならば、両者は外見上の近似と本質上の反対とを有すること当然でなければならぬ。何れも現実の把握を目指し、その為に現存在の空無性を媒介とするのであって、その求める現実がいわゆる現成公案の性格において、自己の真に自己たる実存と共に現成することにおいて、相一致するのである。しかし実存哲学においては自己の空無を充たすに超越の賦与する内実を以てし、現実はこの実存の自覚に顕われる諦観の内容に止まるから、現実即自己ということは具体的にはいえない。現実は世界として実存たる自己に対するのである。それは自己が実存たることを通してのみ読取理解せられる暗号の世界であるとはいえ、それが同時に実的に自己であるとはいわれない。単に観念的に自己に依ってあるものであるに過ぎない。それに対し絶対無の哲学においては、自己が絶対無の還相として現成するにより、現存在の空無と共に自己も無になり、それが絶対無の往相即還相なる構造に依って死即生として還帰するのである。諸法無我と共に自己も無我でなければならぬ。それが絶対無の還相となるのは、行為的に現実即自己、自己即現実となるに依る。現実は啻に観念的にのみならず実的に自己と合一するのである。実存の成立が現実の現成に対し一方的に制約となるのではなく、同時に現実の生成が実存の成立を媒介するのである。実存哲学の現実はなお観念性を脱しないのに、絶対無の哲学においては現実は完全に実的なのである。これを絶対現実と呼んだ所以である。しかしこの様な絶対現実は実的であるといっても、それをいわゆる実在的ないし物質的ということは許されない。何となればこれ等は明白に有たる存在を意味するに対し、絶対現実は絶対無に外ならないからである。実存哲学の現実が今述べた如く観念的であると共に、却ってそれの超越面から見て実在的であり、その観念性と実在性とが現実の対立契機として互に相対立し以て現実の緊張を形造るに対し、絶対無の哲学においては実的に自己即現実として観念即実在たるのである。観念性と実在性とは単に対立して緊張を形造るのでなく、絶対無の行為的現成においては全く止揚せられ統一せられるのである。いわゆる身心脱落これである。単に心が身から解放せられる為に身が無に帰するのでなく、身と共に心も無に帰するが故に、相共に現実を脱体現成せしめるのである。実存的自己が単に殉難的であるに対し、絶対無的自己が殉難即浄福であるとさきにいったことも、これに相応するであろう。しかし絶対無が飽くまで否定媒介的であることは、必然にそれが自らの否定たる有を契機として含み、行為的還相が直接存在の無媒介的有に固定せられる傾向を伴うことを意味する。その限り絶対無は有無の対立緊張を含むのである。しかし実存哲学の場合における緊張の静力学的平衡が具体的現実なのではなくして、行為の動力学的転換が絶対現実なのである。ここに歴史の意味があり、歴史的実践に苦難即感謝の自己存在があるのであった。緊張はその抽象面に外ならぬ。歴史が単に平衡緊張の連続的推移でなく、同時に危機革新の非連続的飛躍たる所以である。実存哲学の諦観に対する、絶対無の哲学の実践的殉難即浄福がそこに成立つ。ヤスパースが用いた「愛なる戦」liebender Kampf という意味深き語は、実存哲学においてよりも寧ろ絶対無の哲学において能くその意味を発揮するというべきではないであろうか。

国家的存在の論理

一

社会存在の構造を、種的基体と個的主体との対立契機の、類における実践的なる基体即主体の否定的統一として、これを国家の原型の下に論理的に思考しようと欲する私にとっては、社会存在の論理は必然に歴史の論理を含意し、おのずからそれにまで発展せられることを要求する。何となれば、社会をそれの矛盾的契機の弁証法において実践的に理解することは、とりもなおさずそれを発展即建設の運動の過程において把握することを意味し、而して歴史とは正に、国家社会の内部的即対外的なる対立の統一過程を、同時に行為的自覚的運動として捉えるものに外ならないからである。私が従来いわゆる社会存在の論理として説いた所は、歴史的社会的なる現実の、単に断面的なる即自的構造の自覚たるに止まり、未だ発展即建設、生成即行為の、即自且対自なる実践的自覚に達したものではなかった。それは唯歴史の論理にまで発展せしめられることに依って、始めて具体的なる現実の自覚となる。私の関心はもとより初めから歴史哲学の問題にあったのであるが、しかし私は歴史を単に表現とか形成とかいう生の直接的作用に基ける人文主義的観方に根本から不満を感じ、斯かる見地からは到底今日我々の生死を賭すべき国家存亡の危機を孕む歴史の意義を捉えることは出来ぬ、歴史は必ずその主体たる国家から理解せられなければならない、それにはまず国家の社会的成立、その基体即主体としての綜合的構造を闡明しなければならぬ、[27]

と考えて、社会存在の論理を種の論理として確立しようと試みたのである。その試論は問題の複雑なると私の力の不足なるとに因り、多くの欠陥を有し、幾度か同じ問題を繰返し論じたけれども、依然として甚しく不完全なるを免れなかった。その為に諸方面からの催促にも拘らず、今に至るも雑誌に載せた論文のまま放置して、それを単行書に纏めるに至らない。あるいはこの際一応の纏まりを付けたいと自分でも考えないでもないので、旧稿に加筆する代りに、現在の立場から更に敷衍を試み補完を加えようと思う。[28] それには、今まで発表した社会存在の論理が、私の力の不足に由来する欠陥を別にしても、その立場の制限上必然に免れることが出来なかった抽象を伴うので、それが当然歴史の論理に発展すべき所以を明にし、却ってこの点からその避け難かった制限の由来とその超克の途とを示すことにおいて、社会存在の論理の歴史論理的条件を確立することが、従来の敷衍と多少趣を異にする補足になるかと考える。而して社会存在の歴史化せられるのは国家においてであって、社会と歴史との結合は必然に国家であり、国家と共に歴史は始まると思惟するが故に、国家の歴史的存在性を明にすることが、この目的を果すと私は考えるのである。私にとっては国家が最も具体的なる存在であり、正に存在の原型となるものである。いわゆる基礎的存在論は国家的存在論でなければならぬ。これこの小論の主題とする所である。

ところでまず最初に明にして置かなければならないのは、社会と歴史との関係に就いての私の一般的見解である。一見すれば、社会は永久に不変なる実体として存在するのでなく、発生し生長し変質して終に衰滅する生成的存在であるから、それは必然に歴史を有するものであって、社会存在が歴史的生成の所産たることは自明であるとも思惟せられるであろう。しかし私の強調しなければならないのは、歴史とは単に存在の生成変化を意味するものではないということである。もし仮に歴史がそういうものであるとしたならば、自然もそのまま歴史的であって、自然と歴史とを区別し対立せしめる理由は無くならなければならない。しかしこの様な自然主義的見解は、到底本来の歴史を理解する能わざるものなることは、もはや今日縷説するを要しまい。歴史は単なる自然の生成と異なり、同時に生成即行為として人間の作為に属し、人間の所業が社会の生成と媒介せられたものでなければならぬのである。社会が歴史的なのは、それが単に生成の所産だからではない、同時にそれが人間の行為に由来する所業だからである。社会と歴史とは人間行為を媒介として結び付くと考えなければならぬ。人間の建設行為を除外して、社会と歴史とが直接に自然的に合一するのではない。而して歴史が自然に属するものでなく人間社会にのみ属するのも、社会のみ生成即行為の歴史的構造を有するからである。[29] 質実なる歴史家エドゥアルト・マイヤーがランケの思想系統を承けて、歴史を個体と全体との対立闘争あるいは一様化対個別化と解したのも（E. Meyer, *Kleine Schriften*, S. 30）これに合すると思われる。もとより私のいう意味は、人間行為が第三者として社会と歴史とを外から結合するというのではない。却って両者の内に共通にはたらく建設行為者としての人間が、両者を媒介するというのである。社会の存在と歴史の生成とを結合するものは正に人間の行為でなければならぬ。人間の建設行為を通してのみ社会存在は歴史的に発展する。もしこの人間行為を除外するならば、従って人間社会の存在が人間歴史の内に生成することはなくならなければならぬ。その場合にあるものはただ自然の存在と生成とに過ぎないであろう。これを社会と呼び歴史と称するも、たかだかそれは生物群団の存在と生成とに止まる外ない。斯かる群団の形態が縦時間的に変化するとしても、その自然的変化が直ちに人間社会の歴史となることは出来ぬ。あるいは更に斯かる集団生活の直接普遍的表現形態を文化と解し、その発展を歴史の主内容となすも、この様な立場においては、文化の基体的支持者たる国家社会の政治的建設を、歴史の実践的契機としてこれに媒介する途がない。然るに今日我国の歴史哲学的思想になお、歴史を生命形態ないし文化表現のメタモルフォーゼと解する如き非実践的観想の流行するのを見るのは、真に意外といわなければならぬ。私はこれに対し特に、建設行為の主体的契機が、社会の歴史的成立に対し不可欠なることを強調せずにはいられない。フライヤーは歴史を発展と解する見解を十九世紀自由主義の遺と評し、それに代る現代の歴史観が建設なる概念に成立すべきことを主張したが（Freyer, *Das geschichtliche Selbstbewusstsein d. 20. Jh.* S. 17ff）、彼の如きナチスの政治主義に赴くまでもなく、既にトレルチが、世界大戦後の西欧主義の建直しに身を以て苦闘した思想的産物たる彼の一代の大著 *Der Historismus und seine Probleme, I*（S. 694–703）に、歴史の時代階層を文化建設の階層として捉えているのを見るならば、歴史を単に傍観者として観想するのでなく、実践的にそれを生きるものにとって、メタモルフォーゼという[30]如き生態学的概念の如何に不満なるかは改めて言うを須いぬであろう。もちろん単なる建設を以て歴史を尽すことは出来ない、同時に建設が発展と相即しなければならぬ。しかし歴史には本来単なる生成とか発展とか変形とかいうものはあるべきでない。生成が即行為であり、発展が即建設であり、変形が即革新であることに依ってのみ、始めて自然的生命が人間的歴史となるのだからである。社会も歴史的生成即建設行為なるに依って、始めて人間社会となる。歴史的社会的現実が本質的に倫理的であるのも、この行為実践の契機に由来する。これが現実においては、存在即当為であり、当為即存在たる所以である。いわゆる理性的と現実的との合一が行為を媒介とする現実においてのみ成立するのも、これが為に外ならない。

然るに私は社会存在の論理において、種的共同社会と個的契約社会とを一般に社会存在成立の契機に転じ、両者の綜合として種と個との交互否定的媒介に相当する国家を、政治と文化との綜合の主体とて建設せられる社会の最も具体的なる歴史的形態と考えたのに対し、斯かる国家は現実の存在でなく単なる当為理念に止まるという批評を受けた。私は斯かる批評が正に、現実の有する存在当為相即の実践的意味を無視する抽象の結果なることを、主張せざるを得ないのである。本来相対立してしかも交互否定的に媒介せられるのでなければ、却って何れも自立することが出来ない契機としての種と個とを、実践的に媒介せられる統一の当為即存在から離れて、単に両者が相滲透するに止まる如くに考える現象学的社会存在論から、弁証法的媒介統一の必然的なる半面を成す自己疎外を、存在即当為の実践的立場から引離して分散現象として独立せしめ、その分散性を以て歴史を特色付ける歴史哲学に至るまで、一様にこの抽象を免れないのではなかろうか。私から見れば、単に主観道徳の形式主義において当為と存在とを対立せしめ、義務を傾向から切離すことのみを知って、却って存在の含む対立傾向の絶対否定的統一が当為義務の内容を形造るところの客観倫理の弁証法を無視する抽象的立場が、斯かる批評を産むものといわなければならぬ。それは直接の生命衝動を絶対否定的に肯定するものこそ倫理的当為に外ならざることを考えない為に、当為といえば直ちに、生命の要求から切離され存在と隔離せられたものでなければならぬ、と思惟する主観主義に外ならぬのである。斯かる純粋理想主義は却って、如何なる現実も常に理想を宿すことを忘れて、直ちにこれを自然存在と同一視する自然主義と表裏相即することを免れない。これに反し弁証法的倫理の実践的立場に対しては、ただ存在と当為との相即のみ現実を形造るのである。実存哲学における人間存在の動性といえども、存在と当為との相即に外なるまい。社会を単なる存在とし、歴史を単なる生成と解するのは、明白なる非実践的抽象論に外ならない。それは人間社会の歴史を自然の立場に引下し、たかだか生物群団の形成進化と同一視するものである。斯くて道徳は生活の現実から完全に遊離せられた自由の純粋意志に帰せられる。それが無内容なる形式に堕するのも当然でなければならぬ。而してこの様な立場に対しては、存在と当為とが結合せられる為にこれを外から結び付ける超越的者の必要なることも避け難い。しかし如何に超越的全体が想定せられても、同時に超越が即内在となり、全体が即個体となる如き行為の弁証法なくしては、それは何の用をも果すことが出来ぬことは明白である。斯かる抽象的立場で社会と歴史との現実的関係が具体的に把握せられる筈はない。

しかしながらこれに対し、超越即内在、全体即個体の行為的弁証法を主張するのは、倫理の絶対否定としての信仰の飜身転換に基くのであって、矛盾の自己同一を直観する神秘主義に拠るのではない。一般に神秘主義の特色は相対と絶対との直接合一を体験するいわゆる脱我冥合の可能を主張することにある。それにおいては相対の絶対への帰入を可能ならしめるのは、絶対そのものの直接なるはたらきであって、絶対無の現成する基体即主体の綜合たる個体的全体の媒介ではない。具体的にいえば、斯かる綜合の基体即主体的なる媒介態としての国家の如き、いわば絶対的相対ともいわるべき、絶対の応現的存在において、相対的なる個体が死即生の転換を行ずるのではなく、直接無媒介に相対が絶対に合一するのである。あるいはこれに対しその際相対は存在のままで絶対に帰入するのでなく、他の相対との交互否定の転換において絶対無を現成せしめる以上は、それは絶対有としての絶対に帰入する有の神秘主義とは異なり、絶対無の否定的媒介を有するに由り、弁証法的であって神秘主義的ではないというでもあろう。私自身もかつて左様に考えた。しかしこの場合、人間と環境との間における如き交互否定的転換に止まる限りは、人間も環境も共に絶対無における相対即絶対となり、従って単に有の無化に止まり、国家の場合における如き基体即主体としての無の有化はない。人間の作仏において絶対の相対における現成があるとしても、それは単に象徴的なる環境を媒介とするのみで、国家の如くそれにおいて個人の死即生の転換の行われるべき主体即基体の媒介的存在性がない。いわば相対的絶対として絶対的絶対たる無の有化たる応現的存在性を有し個人の自己否定の媒介たるものは、そこには認められないのである。私はこれが依然神秘主義といわれるべき所以であると思う。禅の如き東洋的無の立場が、西洋の絶対有の神秘主義と異なることは、極めて重要視すべき点であるが、しかしそれにおいてもなお依然として絶対無と相対との間に積極的なる媒介存在がなく、ただ相対相互間の否定転換に止まるのは、東洋的無の立場が如何なる相対をも無の現成として容れ得ると同時に、倫理の要求する国家の相対的絶対性を確保する途を有しないという制限を示すものとして、観過することを許さない。西洋のキリスト教のユダヤ教以来有する倫理的宗教としての性格は、たとえその信ずる神が人格的有として絶対無と相容れない制限を有するとしても、この点において特色を保つ。人類将来の宗教思想が、東西の思想を綜合するものでなければならぬ所以は、これに依っても認めるに難くないであろう。絶対有の神秘主義の即自的なるに対し、絶対無の神秘主義を対自的といい得るならば、即自且対自なる立場において、始めて神秘主義は止揚せられるのである。とにかく基体即主体として国家の有する絶対的相対、あるいは無の有化ともいうべき存在性は、単なる表現的存在ないし象徴的存在と根本的に区別せられる応現的存在というべきものであって、私はこれが存在の最も具体的なる原型であり、一切の存在は自然のそれに至るまで、この応現存在なる原型の、抽象的形態として理解せられる筈である、と信ずるものである。[33] かつては自然の物質的存在を原型として国家社会の構造までも理解せられようとした（ホッブスの *De Corpore* を想起せよ）。しかしこの様に抽象的存在の型を以て具体的存在を理解しようとするのが顚倒の見なることは、今日もはや縷説を有しない。逆に最も具体的なる存在を以て、その抽象疎外態として抽象的なる存在を理解することこそ、ヘーゲルの示した真実の方法である。彼が国家を現実の真正なる態様と呼んだ思想を徹底すれば、国家こそ一切存在の原型とすべきではないか。私は今やこれを端的に主張しようと思う。この最高存在たる国家の生成即建設を理解せしめる歴史哲学でなければ、到底歴史の真意義を捉え得るものでない。弁証法的無を標榜する東洋的神秘主義といえども、この點においては全く無力を暴露するのである。政治的国家建設の行為を無視し、文化の表現的形態のメタモルフォーゼを以て歴史となし、あるいは表現作用から制作作用に及ぶことに依って行為的立場をそれに盛ろうとしても、本来この様な芸術的形成に属する直接的生の範疇を以て歴史を理解することが出来る筈はない。その芸術的形成の根柢に宗教的神秘主義を置くも、今述べた如き点において、依然歴史の本質を逸するのである。いわゆる、造られたものから造るものへという如き範疇が、国家の歴史的建設に対し不十全なることは明白であるといわなければならぬ。何となれば、この範疇は、私が右において国家と対立せしめた環境の、人間に対する交互転換の関係を表すものに過ぎないからである。環境と人間とは一方が造られたものから造るものに転ずると共に、他方は造るものから造られたものに変ずる。然るに国家は、環境の如く単に斯かる転換をなすものではない。飽くまで造ると同時に造られつつ媒介において存続する主体即基体の綜合的存在なのである。個人もそれにおいては、単に造られたものと造るものとの間を転ずるのでなく、造られつ、同時に造るものとしてその内に留まるのだからである。表現においては、絶対矛盾の自己同一をなす絶対無が、転換の媒介として即自的に含蓄せられはするけれども、これを即自且対自的に実現する基体がないから、それは国家の如くいわば絶対的相対としてこれを応現的に現成せしめるところの、基体即主体なる媒介的存在とはならぬ。表現が芸術品[34]における如く、主観を離れては客体的自然物に帰し、国家の如く飽くまで基体主体の相即として絶対の応現的現成たる存在の意味を有する能わざる所以である。表現は即自的に絶対無の媒介を予想して単にその上に成立する対自存在に止まるに対し、応現存在はこの絶対無の媒介を即自且対自に有化せんとする媒介存在である。国家は正に斯かる応現存在なのである。国家を単に表現と考えることの如何に不当なるかは、これに由って明白であろう。政治的文化的建設と芸術的表現とは全く構造を異にするのであって、これを同一視することは到底許されない。表現においては基体と主体とは相互に外的なるものとして却って直接無媒介に転換せられ合一するのであって、国家における如く基体即主体として媒介的に綜合統一せられるのではない。これ前者においては基体が主観を離れては自然物に帰し、同時に表現は単なる意味を担うものたるに止まるに反し、後者においては飽くまで基体即主体の綜合的統一が媒介存在において動的具体的に存立し、以て絶対を啓示するからである。環境的基体は主体に対し外からこれを包み、単に即自的一般的にこれを養う自然たるに対し、種的基体は主体を産出する対自的特殊的なる生命の根源として、それ自ら主体化せられるのである。国家と個人とは表現における如く単に交互転換せられるのではなく、同時に実践において動的媒介的に相即統一せられるのでなければならぬ。個人も、それぞれに国家の全体を代表し、国家もそれ自ら個体として他の国家と対立しながら人類の立場において絶対的に相通ずる媒介的統一を成す。いわゆる分有の法則 loi de participation は単に原始共同体にのみ成立するのではなく、国家においてもその即自且対自なる綜合において、個人との対立の半面に、却って合一の契機として保存せられるのである。ただそれが分有の法則そのものにおける如く静態において成立するのでなく、飽くまで存在即当為として、媒介の行為において実践的動的に実現せられることが単なる即自的段階と即自且対自的段階との相違を成すに止まる。これが全体としての類の、単なる種と段階を異にする綜合的組織性に外ならない。全と個との対立的合一が国家の類的媒介性をなす。それは単に、造るものと造られるものとの交互転換の比論に依って理解せられるものではない。斯かる交互転換においては、基体的なるものが対自化せられて主体的に絶対無の現成を支えることがないからである。国家を単に環境の如くに考え、その建設を芸術的表現の比論において解するの不当なることは、右に依って明にせられたであろう。これは表現よりも一層意志的反省的なる制作の概念を以て表現の概念を置換えても、何等変る所はない。依然としてそれは環境的自然的基体と主体との交互転換に止まり、何等基体的なるものの対自化がないことは同様だからである。宛もいわゆる交互作用の範疇が、普通に因果の双方的結合と解せられる限り、その結合を媒介する基体の範疇がそれにおいては対自的にあらわれることがないようなものである。もしそれが対自化せられればもはや本質の範疇に属する自然的交互作用ではなく、概念の範疇に属する精神の組織に転ずる。国家は正に概念の範疇に依って理解せらるべき精神の最も具体的なる組織存在なのである。

ヘーゲルの抽象性は、斯かる国家の地上における神的理念の実現たることを認めながら、国家の如く客観精神と主観精神との絶対精神における綜合たる具体的存在を離れて、客観精神の媒介から抽象せられた絶対精神の個人精神における実現が可能なるかの如くに思惟した点にある。芸術と宗教との非国家的超歴史的存在を主張するものなる限り、これは正当の理由を有する。しかし概念が概念の絶対自覚に高まった立場を表す哲学は、却ってその絶対媒介性の故を以て、客観精神の国家的歴史的媒介を具体的に生かす国家的歴史哲学でなければならない筈であるのに、キリスト教の有神論に対する弁証法の妥協は、無媒介なる絶対存在としての神の、世界創造を歴史の根源とすることを要求する結果、地上における神的理念の国家的実現に先だっ、天上における神の存在とその啓示とを以て、歴史の意味を確立しようとしたのである。斯くて客観精神の絶対否定としての絶対の媒介現成の上に、絶対精神の直接的自己啓示が最高存在の位置を占める。これは明白に、哲学に置換えるに宗教ないし芸術を以てするものである。さきに私の批判した神秘主義的歴史哲学の表現主義が、これと軌を一にする所あることは、改めて言うを俟たないであろう。表現や制作が国家の[36]如き対自的なる組織の、基体即主体的なる媒介存在でないことは、既に述べた通りである。国家は芸術品や宗教的象徴と異なり、それ自ら生きた個体として、その内に無限の個体を可能的に包容し組織する主体的全体でなければならぬ。従って歴史は単なる生命の表現形態の交代変転としてのいわゆるメタモルフォーゼであることは出来ない。あるいはメタモルフォーゼを以て原現象の実現となし、原現象そのものは絶対的なるものとして永遠であるというでもあろう。しかし斯く考えられた原現象が明白に無でなく有であって、それの実現変容としての歴史は弁証法的ならぬ有としての生命の直接表現となることも疑われない。それはヘーゲルにおけると同様の直接的発出の思想に堕するものといわなければならぬ。斯かる浪曼主義の直接的非弁証性はここに明に暴露せられざるを得ない。この様な立場で種という概念を用いても、それは単に個的主体の環境を色づけるものとしての種的特性を意味するに止まり、主体的基体として弁証法的に否定せられながら保存せられて、絶対的相対たる国家の基底となる如き契機を、意味することは出来ない。しかし斯かる基体の対自的自立性なき表現に、如何にして国家に固有なる自主的権威が帰せられるか。国家を表現や制作と同一視するのは、例えばブルクハルトに見る如き徹底的なる自由主義の個人主義芸術主義に外ならない。

それは国家を主体的現実的に生きることなき傍観者の思想に属する。その国家が歴史の主体として何等か時代を新にする如き役割を演じたことがないような民族に属する歴史家にとって、それはあるいは已むことを得ざる制限であったともいうべきであろう。然るに今日新しき歴史的時代の建設を使命として負うところの国家に属する歴史哲学が、なお斯かる立場に立つとするならば、それは許すべからざる現実遊離といわなければならぬ。私がこの様な芸術主義ないし生命主義の浪曼主義的歴史哲学に対して、徹底的に反対せざるを得ないのは、私の国家哲学が必然にこれを要求するからである。

もしまたこれに反し、政治的浪曼主義としての民族主義が、弁証法的媒介の思想を否定して直接に種的基体の絶対化を主張するならば、私はそれを以て、個人の自己絶対化的倨傲が宗教的罪悪たると同様に、罪悪として世界歴史の下す世界審判[37]により破滅を宣せられることを免れざる相対者の驕慢と思惟し、同じく国家を害毒する思想としてこれを排撃しなければならぬ。民族主義の政治的浪曼主義は個人主義の芸術的浪曼主義と対的反対の方向を有するに拘らず、共に無媒介なる直接主義に依る特殊の普遍化、相対の絶対化として、同様に排斥せられなければならぬ。ただ種的基体と個的主体との否定的媒介を通じて類的国家の存在即当為的なる建設が、現実の主内容を成すと考える立場においてのみ、社会の存在と歴史の生成とが人間の行為に媒介せられて、基体即主体の転換的合一に依り、国家を最も具体的なる存在として思惟せしめるのである。私は劈頭余りにも論争的に他の立場を排撃するに急過ぎるという非難を覚悟して、右の如くに私の一般的立場を宣明する。庶幾くはこれに依って、社会といい国家といい歴史という如き基本概念の内容が、私の意味する所と相容れない種々の規定によって混乱せられることを防ぐことが出来るでもあろうか。

二

前節において私は、社会を単に環境と考うることの根本的に誤謬なることを説いた。環境はもちろん自然的なるのみならず社会的でもある。いわゆる社会的環境といわれる所以である。しかし社会的環境が社会を形造るのではない。反対に社会が社会的環境を造るのである。而して社会は個人に対し社会的環境を造るのみならず、それ自身がまた自然的環境をもつ。個人の自然的環境というものも、実は社会を通し社会的環境の媒質を通過した自然的環境なることを常とする。個人に対しては環境は差当り第一次的に社会的環境であって、自然的環境はこれを媒介とする第二次的環境であるとさえいわれるであろう。果して然らば自然的環境をもつのは、個人よりも先に社会であるというべきではないか。社会は個人に対し社会的環境を形造るけれども、それ自身が個人に媒介せられた主体として個人と同様に環境をもつの[38]である。ここに社会を単に個人の環境として考えることの不当が明白に暴露せられる。あるいは個人は単独に存在するものでなく、常に我と汝、あるいは我と汝と彼、という如き間柄をもって複数的に存在し、互に相交渉する、そこから社会が各個人に対し環境的に成立する、というでもあろう。いわゆる人間の間柄を以て社会の本質を捉えようとする立場はこれである。物的環境を Umwelt というに対し、Mitwelt を以て、共存する個人の交渉関係となすハイデッガーの考などがこれに属する。しかし斯かる観方に従えば、Mitwelt は飽くまで Welt であって、それ自身が Umwelt を有する主体であることは出来ぬ。主体は何れの Welt に対しても個人であって、実は両 Welt が互に交渉するのも個人の主体を媒介とするのであるから、Mitwelt そのものがそれ自ら主体として Umwelt を有するのではない。個人に対し同時に Umwelt と Mitwelt とが横と縦との関係にも比すべき関係に結び付いて、具体的なる環境を形造るというべきである。真実に存する基礎的存在を以て個人の自覚存在となす実存主義にとっては、斯かる観方は当然であろう。これに対し国家存在を最も具体的なる原型的存在と考える私の見解が、到底実存主義と相容れないのは明白でなければならぬ。社会を個人の間柄としてMitweltに解消するのは、主体的基体ともいうべき社会そのものを個人関係に解消する個人主義に外ならない。斯かる立場が如何にして、基体を通じて主体性を対自的に展開し、いわゆる基体即主体の媒介存在として、全体即個体の綜合的統一たらしむる国家の如きものを、理解することが出来るか。国家を単に人間の間柄と解することの不可能なるは言説を要しまい。国家を主体とする歴史が、個人相互の間柄の変遷を以て尽し得られると考える人はまさかに無いであろう。いわゆるUmweltなるものも、単に個人相互のMitweltにおける交通の媒介たるに止まらず、Mitweltそのものの基体として主体を支えこれを通じて展開せられるのでなければならぬ。単に環境的に個人ないし集団を主体として、それを内に包むに止まるものたる限り、それは主体的意味を自覚した歴史的世界となることは出来ぬのである。世界は基体的UmweltのMitwelt的主体化において始めて[39]具体的に成立するというべきである。決して二種の世界が外面的に並存するのではない。斯かる考はただ、実存主義の、社会存在の理解に対し不十全なることを暴露するに止まる。所詮この様な考方は、個人のみを現実の主体として、全体即個体たる国家の如き社会的主体を無視する個人主義に外ならない。社会を単なる環境に解消する観方と相通ずるものあることは否定出来まい。社会学が社会そのものを研究の対象とする学として現れながら、人間の結合関係という見地からのみ社会を考えて、その極終に純粋関係学という如き抽象に陥ったのも、同様の原子論的個人主義的制限に因由する。斯かる形式社会学が国家の如き具体的なる社会存在を問題としなかったのも、一つにはその力の制限がこれを許さなかった為ではあるまいか。いわゆる文化社会学の要求せられるに至ったのも、あるいはこの様な欠陥を補う為があったであろう。しかし国家の本質を明にするという如き課題に、文化社会学は果して堪えるものであろうか。宗教や法を始め一般に文化の内容を成す規範的なるものを、単に社会結合の所産たる実在物として観察する立場では、規範として意識せられるものがその根源において社会結合の基体たる種そのものの統一に由来する当為即存在たる所以を、十分明にすることが出来まい。これもまた所詮、自由主義的個人主義の一形態としての文化主義の産物たるに過ぎないのではあるまいか。とにもかく国家は決して単なる文化形象に止まるものではない。種的基体の文化的主体化に依る個人の組織なのであつで、存在と規範とが具体的に媒介し合う主体的実践的存在なのである。反対にケルゼンの如き純粋法学者が、国家の社会学的側面と法律学的側面とを梭別して、国家学を前者から引離し、主として後の側面から当為規範の体系として純粋にこれを建設しようと欲したことは周知の通りであるが、それが現今の歴史主義的ないし政治主義的国家学によって排撃し去られたのも、同じくその立場の抽象性から考えて当然の理由を有するであろう。私はヘーゲルさえもが、国家を主として法哲学の立場のみから考えて、その民族的基体的契機の歴史的考察を国家哲学の展開に十分媒介としなかったことを慊らなく思う。もとより彼の法哲学は歴史主義を含蓄するものであり、而して彼の[40]歴史哲学は多分に国家の本質に関する深き洞察を与えるものではあるけれども、彼の青年時代のドイツ国家の憲法制定に対する強き実践的関心が、一層具体的なる民族的歴史的なる国家哲学に結実しなかったことを遺憾とせざるを得ない。却ってフィヒテの、自然法的なる国家観から漸次に国民主義的なる歴史哲学的国家観へ進んだ実践的なる国家的関心の傾向に比して、ヘーゲルの理性的思弁は体系的思想の円熟と共に漸次抽象化した感がある。私は法哲学と社会存在論とが歴史哲学の媒介において結合する最も具体的なる結実として国家哲学を、哲学そのものの頂点と考へざるを得ない。しかし斯かる意味をもつ国家の契機としては、第一に例えば民族における如き、主体性を即自的に含む基体、すなわち主体的基体ともいうべきものを考えなければならぬ。それが社会を単に環境に解消することを許さざる主要の理由なのである。

さきにも言った通り、環境はそれ自身主体たるものではない。それゆえたとえ今日生物学者によって強調せられる如く、環境は生物体との間に明確なる限界が画せられない程に主体化せられて、物理学の量子論にいわゆる不確定帯にも比せられる如き統一を、主体との間に成立せしめるとはいっても、なおそれは依然として主体に対する外として対立し、少なくともこれと分極することは否定せられない。そうでなければ、環境という概念が主体に対するものを意味することが出来なくなり、概念として消滅しなければならぬ。少なくとも環境という概念が存する限り、それは主体に対し、統一の上で分極するのである。それだから、主体と離れれば環境という意味を失って、単なる自然物に帰し、主体に対し全然外なるものになるのである。斯かることは、環境そのものが主体であるならば、起る筈はない。環境そのものが同時に主体となることは決して出来ぬ。然るに国家は社会的基体の契機において、個人の生滅に拘らざる存立を有するばかりではない、却って個人がそれから産出せられる生命の種的根源として、それ自身即自的には主体的なるものの対自化として、みずから主体たるのである。それであるから個人の個体に対する全体であると同時に、それ自ら他[41]の国家に対しては個体であり、それを即自的に主体化せしめる媒介契機としての個人と相即して、全体即個体となり、基体即主体として存在するのである。それが絶対無の現成として実践的媒介的動性における生ける存在たる所以である。個人の主体的存在も、この全体的主体としての国家において、対立と統一との相即たる動的媒介性においてのみ成立する。個人が国家に対し自己を犠牲にする自己否定において、却って肯定せられ存在する所以である。この時それに対し自己を犠牲にする国家は、却って自己の生命の本源を蔵するものなるが故に、決して単に他者の為に自己を犠牲にするのではない。反対に却って真の自己に自己を復帰せしめるのである。それだから、自己否定が却って肯定に転じ、自己に対する全体が自己と合一するのである。倫理の自律自由は、国家に対する奉仕、国家の命令への服従、において、消滅するどころではなく、却って可能にせられるのである。自由という如き絶対性を意味する概念は、無限とか連続とかいう概念と同様に、直接的内容を意味することは出来ない。何れも否定において肯定せられるという弁証法的媒介性を、内容にもつのである。これ等の概念が古来哲学の困難にしてしかも切実なる問題を形造り、二律背反の弁証論を惹起するのはこれが為である。ただ弁証論の否定的消極を弁証法の肯定的積極に転じ、否定的媒介を以てこれを絶対否定即肯定する立場においてのみ、始めてその可能を理解することが出来る。自由は却ってその否定たる必然を通じてのみ可能となる所以である。その意味において、真の自由は自己否定の自由であるといっても差し支えない。しかし自己否定は、自己と同じく主体的にしてしかも自己より優位に立ち、自己を否定してもなおそれに拘らざる自主的存在をもつものに対して、始めて具体的に媒介せられ却って肯定に転ぜられる。宗教的無の立場においては、斯かる具体的媒介が無いから、それだけでは直ちに倫理が成立せず、倫理的自由の代りに直接なる自在が存するのである。それは有としての神の命令に服従することを要求する他律的宗教の立場に比して具体的なることはもちろん、無の弁証法なき形式的自律道徳の自由に比しても、一層具体的高度なることは否定出来ない。しかしそれが倫理を容れ得る形式的可能性を消極的に有するだけで、積極的[42]に倫理を否定契機として含むことがないのは、矢張それだけ抽象的であるといわなければならぬ。前節に私が斯かる東洋的無の立場を、西洋的有と媒介することを以て、当来の日本哲学の歴史的課題であるといった訳である。西洋においてもキリスト教はユダヤ教の民族主義的倫理的宗教から出て、これを止揚し、人類的なる愛の宗教に高まると同時に、他律性を止揚して自律自由の媒介性を容れ得るものたらんとした。パウロからアウグスティヌスに至るキリストの三位一体的解釈とそれに依る人間自由の回復確立とは、その神学的反省に外ならない。斯くて絶対者たる神に人格的意志主体としての直接的存在性を帰属せしめるに止まらず、神子キリストの死と復活とに依る否定的媒介性を加えて、対自的に媒介せられたる絶対性をそれに賦与し、それに依ってその対自的媒介の否定と肯定との統一をキリストにおいて具体化せしめようとする。この父子媒介の自覚が精霊であって、その三位一体的統一の教義が、ヘーゲルの弁証法に歴史的根拠を与えたことも周知の通りである。とにかく神にその人格的存在性が許す限りの絶対否定性を帰属せしめると同時に、絶対的相対者として、その現成を支える媒介存在としての神子キリストの意味を確定し、これに依って弁証法的倫理性を確立する途を開いたことは、ユダヤ教の直接態に対しキリスト教の思辨的優越を成すものといわなければならぬ。キリストにおける神の啓示と、それに対する信仰とのみが、神の愛による人間の救済を完成して、人類の祖先の堕罪と共に奪われた人間的自由の回復を与える、という教義は、宗教の還相面を明にすると同時に、哲学的にも存在論を展開する深き意味を有するものといわなければならぬ。しかしキリスト者ならぬものにとっては、この深き思辨的真理も、キリスト神話の故に躓の石となることを免れない。それと共に、なお残存する人格神的有神論が、絶対無に対して含むところの矛盾も、弁証法的に洗い清められるのでなくては、当来の科学的思想と媒介せられることは出来ぬ。私の国家哲学はあたかもキリストの位置に国家を置きて、絶対無の基体的現成たる応現的存在たらしめることにより、キリスト教の弁証法的真理を徹底して、その神話的制限からこれを解放する、という如き構造を有すると考えられる。もちろん私はキリスト教の神学に模して国家哲学[43]を考案したのではない。ただ結果において両者の弁証法的構造を比較すれば、右の如き類比関係が認められるというまでである。しかしこの比論に依って、私が国家を存在の最高原型とし、それにおいて客観精神と絶対精神との結合して、応現的に絶対の現成をなすことを、主張する意味は、一層よく理解せられるかと思う。それは宗教的には往相に対する還相の契機を対自的に展開するものであり、哲学的には存在論を根拠付けるものであって、禅の如き絶対無の立場が、却って宗教としては浄土教や啓示宗教に比して抽象的なる点を補い、哲学的には単なる無の転換的弁証法が、それだけでは却って哲学の要求たる存在論を根拠付け、経験科学の対象界を確立する還相的側面を対自化しないという抽象性を有するのを救って、真に無即有（有即無の還相面）の往相即還相を実現するものと信ずる。一見奇矯の感を与えるかも知れない私の国家的存在論の意図する所が、これに依って却って多少の説得力を加えるでもあろうか。

けだし神の子であると共に人類の代表的師表たるキリストの二重性は、所詮人格の個人的制限を脱するものでない。ユダヤに生れた一人の人間イエスが単なる師父としてに止まらず救主として、神の啓示たる意味を有し得ることは、到底説明を容れ得るものではあるまい。キリスト者ならぬものにとって、これを信ずることが不可能なるも当然である。然るに国家はそれの種的基体の契機において、一般に民族宗教におけると同様なる、個人の生命の母胎たる根源性を有する。これは個人の自己否定に依って還帰すべき根源としての、絶対無の現成たる基体即主体の媒介存在たるべき理由を有すること、却って啓示宗教におけるキリストに存し得ない特色といわなければならぬ。しかも原始的なる民族宗教の、単に直接的なる生命の根源を礼拝の対象とするのと異なり、啓示宗教の否定的媒介性を一層徹底的に実現して、絶対無の最も具体的なる立場に結び付き得ることは、科学と倫理とを否定的媒介とすべき最高の信仰を体現するものといわれるであろう。この様に科学と倫理との自律を媒介として個人の自由と否定的に綜合せられ、個体即全体の綜合において種的契機を類にまで止揚し、類的普遍の人類的立場において文化の主体たる個人と合一してこれを組織する国家において、始めて[44]特殊にして普遍なる具体的媒介が絶対と相対との間に成立する。キリスト教における三位一体の精霊に当るものは、正に斯かる国家の自覚としての国家哲学でなければならぬ。それこそ主観的客観的絶対的の三態を統一する精神に外ならない。精神の哲学は具体的にはまさに国家哲学であるべき所以である。その核心は、個人と国家との個即全としての絶対無的統一が実践的に現成する媒介存在性にある。斯かる弁証法的媒介存在として個人を組織しつつ却って実践的に個人を通じて実現せられる国家が、私の以て存在の原型とするものに外ならない。私はこの原型的存在としての国家が、必然に歴史と社会との行為的個人を媒介とする統一として、存在の最も単純なる物理学的存在に対してまで、その存在の構造を規定する意味を有すると信ずるものである。一切の存在が弁証法的世界における存在として、いわゆる主体即客体の行為的媒介性を有する筈であるとするならば、啻に無の行為的転換性において無の絶対矛盾的同一を即自的に媒介として含蓄するのみならず、更にこれを対自的に主体的基体の上に実現する絶対的相対ともいうべき国家は、正に有神論の啓示存在に対応する無の応現として、最も具体的なる媒介存在であるといわなければならぬ。それは単に行為の所産に止まらず、却って行為の主体性を支える基体の対自化として、真に行為的存在と呼ばれるべきものである。何となれば、それは単なる行為の主体が無における有として、基体的存在の恒存性を有することが出来ぬのに反し、無的有、あるいは無の応現たる有として、主体的基体の恒存性を実現し、真に存在といわれるものだからである。物理学的存在といえども、この存在性を有すのでなければ真に存在することは出来ぬ。この事は従来の存在論の方向を逆転して、今まで具体的なる存在の構造を、抽象的なる存在の型に還元する方法をとったのに反し、逆に最も具体的なる存在の構造を原型とし、その抽象により抽象的存在の構造を理解する方法を、新に存在論の方法として主張する近時のいわゆる基礎的存在論の立場を賛する私にとって、その主張の検証確認たる意味を有し得るかと思う。ハイデッガーは基礎的存在論として人間存在の自覚存在論を立し、それに基いて日常的非本来性の方向に水平化せられた自然科学的存在を考えたが[45]、私にとっては基礎的存在論は自覚存在論でなく国家存在論である。物理学的存在といえどもそれの抽象化としてそれと比論的に思惟せられなければならない筈である。而して私はこの様な国家存在の基礎的存在論の立場から見て、あるいは今日の理論物理学の難問たる、相対性原理と量子論との綜合という問題に対しても、幾分の示唆を与えることが出来はしないかと思う。これ一見甚だ突飛なる思索を試みようとする所以である。今それを試みるに当り、便宜上私はまず物理学的存在の方に着眼点を置いて分析を進めようと思う。それは、比較的抽象単純なる存在の方が、その含む問題のアポリアを一層容易に示すからである。この場合においても、もちろん我々の思索はその本性上相関的循環的であるべきであって、単に具体的なる原型の方から抽象的なる存在の方へ、一方向きに単なる抽象作用に由って下降するのでなく、却って抽象的なる存在の分析に依って存在のアポリアを明にし、それの弁証法的解明を上昇的に具体的なる原型に求めて、同時に原型の具体性を検証しながら、その構造を抽象的存在の構造の手引により契機に分析するという交互関係において進まなければならぬことはいうまでもない。

　さて国家を存在の原型と考える場合に最も顕著なる点は、それが基体と主体との否定的媒介として対立契機の統一なる二重性を有し、それ自身の内部に実践的媒介性を有する動的組織なることである。ところでこの原型を物理学的存在に当嵌めようとすれば、いわゆる感覚の消去、擬人主義からの解放の要求に従い、総ての感覚的質的差別が一様化せられて、等質的なるものの量的差別に還元せられることがまずこの場合にも要求せられる。今日の力学観はこの要求を実現するものである。従って国家が種的基体をその契機とするにしても、それが物理学的存在の原型と考えられる場合には、もはやアリストテレス的自然学における如き種的特質は消去せられて、近世物理学における如く単に物理学的空間そのものの構造基盤性が、物理学的存在の基体となる筈である。ところで斯かる基体に対し、これを否定的に媒介する個的主体に相当するものは何かといえば、それにはいうまでもなく、瞬間の個別的生起を本質とする時間の行為的[46]動性より外のものは考えられない。基体即主体の媒介的存在とは、物理学的には空間即時間の否定的媒介としての物理学的世界を意味する外ない。しかしミンコフスキーの「世界」が相対性原理の幾何学的表現として現われたとき、アインシュタインの理論そのものの成立上、世界は空間時間の統一として思惟せられたばかりで、それが国家の如く限定せられた個体的全体として存在するものとは考えられなかった。如何に基体は物理学の本質上一様化せられることが要求せられても、なおそれの本来の構造上有限なる限定を維持しなければ、主体と否定的に媒介せられることは出来ないことが忘れられた。元来主体が基体を母胎として発現しながら、しかもそれの自主性に依って却って基体を否定的に自己に媒介して、これを普遍の類的組織たらしめるのには、基体そのものが主体と対立する特殊的全体性を有しなければならぬ。然るに無限なる全空間を基体とするならば、それは初めから類的普遍性を有するが故に、主体と対立することなくこれを包容して、その間に否定的媒介を容れる余地がない。これが相対性原理の世界が空時の統一というも、その否定的媒介の統一たる具体性を有せず、存在に対して無記なる外的媒介たるに止まり、それ自ら存在を内的に限定する能わざる所以である。アインシュタインは一般相対性理論において、世界空間の歪に物質の存在を対応せしめようとしたけれども、この理論に対しては特殊相対性理論に対する如き一般的承認はなお与えられていらぬ。それは回転運動の相対性に関する疑問や遠心力と重力との等視についての異論などから離れて考えても、相対性理論の世界そのものに抽象がある為ではなかろうか。すなわち世界と世界における存在者との関係が外的であって、世界そのものが存在者を離れて存し得るかの如くに考えられている点に問題があるかと思われる。その結果世界はそれ自ら空間視せられ、存在者はただその内部に投置せられる如くに思惟せられる。しかし世界が空間と時間との統一であるというのが、基体と主体との否定的媒介として行為的操作的なるものであるとするならば、世界は必然に有限存在と相関的でなければならぬ筈である。ブリッジマン（Bridgman, *The Nature of Physical Theory*, 7）などが指摘したように[47]、相対性原理において始めて、物理学的存在が観測行為の操作と離すべからざる相依関係を有することが対自的に顕揚明示せられたのである。これは相対性原理を古典理論に編入することを許さざる、物理学の弁証法の顕現であるといわなければならぬ。世界というのは我々が常識でそう考え勝ちであるように空間的な、容器の如きもの、ではない筈である。空間的基体の時間的主体化というのは、空間の三次元に第四次元として時間の軸が加えられ、既成の三次元空間を更に時間軸の方向に展開するというだけのことではない。世界幾何学において時間座標を虚数にとることに依って始めて座標の対称性が保たれるということは、時間の方向が空間方向の絶対否定を意味することを示す。世界空間が曲率負の双曲線空間であることは、その構造の否定媒介的なることを意味する。斯かる世界においては、実数座標の軸の交点を一の原点に固定することは出来ない。実数と虚数との交差点としての零は単なる空無を意味する静止点ではなくして、否定せらるべきものの全体を含む動点であり、虚数軸に依って截られる実数軸は、その截点に否定契機として全体的に含まれ保存せられるのである。それであるから全体として否定せられる基体が有限特殊であって、無限の空間でなく有限的なる空間分でなければならぬと、いったのである。虚数の時間軸は単に実数的空間を無延長の零点に帰する直接否定ではなく、却ってこれを否定契機として全部を自己に止揚し保存する弁証法的否定を表す。これが単に正負の間を截って延長を空無にする実数軸の交差と異なる特色である。それであるから空時的世界というのは、斯かる特殊的有限的の空間分の否定即肯定的なる時間的主体化が、媒介的動態として反復重畳せられる動的統一を意味するのであって、これを静態的なる空間に帰着せしめることは出来ない。その空間座標と時間座標との結合たる原点、従ってまた空時世界の如何なる点も、実は静止的点でなく動的世界分域でなければならぬ。換言すればそれは集合の要素として固定せられるものでなく、弁証法的媒介の対立的動的統一として、それ自身有限分的なのである。然るにアインシュタインはこの事を無視して、相対性原理の世界を点集合として考え、古典解析によって分析的集合論的に取扱い得るものと思惟した。[48]ここに氏が古典的立場に固執する抽象がある。もちろん物理学的世界も世界幾何学に還元せられることを、近世物理学の方法論が要求するといわれるでもあろう。しかし双曲線的空間のユークリッド的投影として馬鞍形に現れる平面を、ユークリッド平面に比較するならば、前者の起伏交錯する動態を養露することは困難でない（Vgl. Bonola, *Nicht-Euklidische Geometrie*, 141）。斯かる世界はユークリッド空間の如き単なる平直的無限でなく、無限即有限なる媒介動態なることも想像出来る。実は歴史的世界がその原型となるのだからである。然るに却って歴史的世界を場所的空間的に解して、それが時間的事件生起の場面なるかの如くに考えることが、動もすればあり勝ちであるのは、抽象的なるものを以て具体的なるものの原理とする転倒に外ならない。それが国家の如き基体即主体の媒介的存在を無視して、単に環境と主体との交互性的統一を歴史と解する立場と、同伴することは容易に想像せられるであろう。それは世界の考え方において相対性原理以前の立場に立つものといわなければならぬ。しかし相対性原理そのものが、今述べた如き世界の弁証法的構造の上に成立するものであるに拘らず、それを自覚することなく、却って世界幾何学を以て世界を再び空間化し終ったことも同時に見逃されてはならぬ。相対性理論が古典物理学の完成であって、量子論に至り始めて物理学の新しき時代が齎されたとなす見解が、一般に行われるのもその結果であって、それは全く理由無きことではない。しかし今私の述べた如き、国家を存在の原型とする基礎的存在論を以て世界の弁証法的構造を主体的に考えるとすれば、相対性原理の世界そのものが、既にその要素のもつ媒介的動性、有限的異相性によって、それにおける存在者の量子的性格を要求しているのである。量子論はこの即自的なる要求を実験的操作の事実的根拠の上に対自的に発展せしめたものと解せられるではなかろうか。もとより物理学そのものの発展が自主的自律的に行われたのを、歴史的に後から論理化するのが、ミネルヴァの梟に比せられた哲学の任務であるともいわれる。[49] しかし歴史は単に回顧的観想に止まらず、同時に生成即行為の立場における建設の展望でもあるとしたならば、哲学が却って物理学に対する展望を示唆することも不可能とはいえまい。相対性原理と量子論との結合という今日の理論物理学の中心的課題は、今日一般に行われる如く相対性原理を既に完成せる古典理論と看做し、ただ量子論にそれを取入れるという方法においてのみ解かれるべきものとは限られないのであって、寧ろ同時に相対性原理そのものを検討し具体化することも必要なのではないであろうか。古典物理学の方法として発達した近世の解析数学が、今日記号を対応せしめる操作行為の組織のもつ構造を明にする代數に置換えられようとし、連続的集合論から非連続的結合論（Kombinatorik）へ移る傾向が支配的になろうとしていることなども、近世の数学物理学の現代化の一兆候に外なるまい。もとより厳密なる数学基礎論に立入るのでなければ、斯かる問題を闡明することは出来るものでないが、思想的の着眼があるいは多少の示唆を与えることもないではなかろう。

然らば相対性原理の世界の存在者は如何なる見地から導出せられるかというに、私はそれが空間的基体の時間的主体化における操作行為の相関者として取出されはしないかと思う。空間時間の統一が観測行為の操作を媒介するものなるが故に、その統一が弁証法的媒介運動的ならざるを得ないことには、何等疑問の余地もないであろう。ところで観測の対象は相対性原理の建設に際してはいうまでもなく巨視的運動現象が取上げられたのであって、古典理論のガリレイ変換の代りにローレンツ変換を置くことがその主要点であるのは周知の通りである。その際観測の装置が観測対象に何等の撹乱を加えることなく、全くその外に立つと前提せられるのである。しかしながら、観測行為の装置を通しての操作というものは、果して斯く考えるだけで足りるものであろうか。行為はこの場合においても空間的基体の時間的主体化という弁証法的統一を意味し、主体客体の絶対否定的媒介統一を結果する。それが基体としての空間分の主体的組織として、国家の全体と個人の個体との対立的相即統一に対応する動的構造を示すべきことは疑われない。然るに全体と個体とが相即しながら、なお媒介的動的統一を形造るのは、個体が全体に融合し合一するのでなく、それ自身の対自性を以てなお全体の基体的契機に対する対立性を維持するからでなければならぬ。それは言葉を換えれば、全体が、その当該個体と否定的に対立する他の個体をも、同時に自己に相即する主体的媒介としてもつことが可能である、ということに外ならない。国家において個人が全個相即の対立的統一として存在するというのは、その否定的対立者を同一全体の内にもつということである。シュミットが政治を味方と敵方との対立という範疇に依って捉えた意味において政治的なることが、国家に必然的なる規定であるのも、たとえ具体的なる政治の場合には個人から党派への結成が必要であるとはいえ、この個体相互の否定的対立ということと相通ずる所がある

50

のは、否定せられまい。国家においてはいわば主体的主体と主体的客体とでもいうべき個人の対立が必然に含まれるのである。物理学的存在の場合にも、世界の有限的分域ともいうべき媒介存在において、観測者を操作行為者として主体的主体と考うるに対し、主体的客体ともいうべき個体が観測行為者としての個体に対立すべき筈である。この主体的客体ともいうべき個体はいうまでもなく、観測の対象に外ならないが、それはもはや相対性原理の建設に当って考えられていたような外的な巨視的物体ではなく、観測行為と相関的にそれと内面的関係を有する個体として、必然に観測装置により撹乱せられ、これと相依の関係に立つ不可分的粒子と考えられなければならぬ。それが相対性論的世界の内実たる光の媒質をも、具体的に限定して有限分域に区分すると同時に、自らその媒質と相関的なる存在者となるのである。電子の運動と光の輻射とが対応せしめられる所以である。斯かる存在者が量子論において問題となる微視的観測の対象としての粒子に相当するといえないであろうか。而して国家の全体的契機に対応する、世界の空間的契機の特殊有限的なる異相的空間分域は、前に述べた如く異別の相を現わす点から見れば有限的でなければならないけれども、連続基体として可能的には無限の主体を個体的に発展せしめること、宛も国家が可能的に無限の個人を組織すると同様であるとすれば、[51]右の主体的主体に対する主体的客体というべき粒子も、有限的なる世界分域に属する可能的には無限に多くの個個々の統計的在方を容れるものとして、いわゆる不確定性を免れないのは当然であるというべきであろう。物理学的存在は単に巨視的でもなくまた微視的でもなく、あるいは単に媒質的力場的でもなくまた単に粒子的でもなくして、具体的には両者の相即でなければならぬこと、国家と個人との相即媒介が、最も具体的なる存在の原型たるに対応する。今日の物理学の課題たる相対性原理と量子論との結合の問題は、正に存在の原型としての国家的存在論を確立する課題に並行するものではないか。もしこの様な思索が物理学において何等か意味を有し得るとするならば、相対性原理の世界はその弁証法的構造の故に、必然にその存在者を有限的基体即無限的主体の全個相即における主体的客体ともいうべき個体として、量子論的に規定せられる粒子たらしめるべき理由をもつといわれるであろう。

而して更に相対性原理においては、観測の系が特に選ばれたる意味を有せず任意に他の相対運動をなす系への転換を許すことが、相対性の中核を成すのであって、世界の中心たる「ここ今」は、世界の何れの点に取っても差し支えないと考えられるのであるが、国家を主体とする歴史的世界においては、その種的特殊性の故に、直ちに無差別平等なる物理学的一般性をこれに認めることは出来ない。而して存在即当為の立場の必然的結果として、それぞれの国家は歴史の世界審判において相異なる地位を規定せられるのであるから、単に一様平等であることは出来ない。世界は飽くまで種性を保持しながら類に高まる国家の秩序的具体的普遍性に依って統一を保つのである。しかしそれぞれの国家においては、特に全個相即の媒介的統一を体現すると信ぜらるる超個人的個人ともいうべき特別の個人を除き、一般には如何なる個人も平等に全個の相即に契機として入り込み得るのみならず、如何なる二つの個体の間にも我と汝としての否定的対立が可能なのであって、この事態に対応して前述の主体的主体と主体的客体との双関的対立も、全く任意の一対の個体に成立すると思惟せられる。これが物理学的存在として、原子的系における個体粒子の陰陽正負の分極に対応する[52]ものと考えられる。存在は表現主義の考える如く単なる環境的媒質において存するに止まるものでなく、基体即主体としての組織において存し、而してその組織は分極対立に依って全個の媒介的統一を成す。存在は単に Medium において存在するのみならず、polarisiertes System において存する。Medium は単に場所的空間的であって、たとえそれが時間的に変形転貌するも、なお主体的に時間をそれの契機とする組織 System とは区別せられなければならぬ。後者においては時間性主体性が対自的なるに対し、前者においてはそれは単に即自的に止まるからである。量子論的物質系の構造は単に媒質的なるのみならず組織的なのである。相対性原理の中核をなす相対性そのものは、本来弁証法的なのであって、その無所住の精神は深く禅的なるものに通ずる。ただそれはあたかも禅の立場が既述の如く無に止まり、無的有の現成的基体即主体の還相面を対自化しないと同様に、弁証法的転換の現成たる組織的存在を対自態に顕現せしめない。それが存在論的に不十分なる所以であって、その為に古典理論の完成と看做されさえしたのである。しかしその弁証法的転換の還相面を対自化すれば、必然に量子論的なる物理学的存在を要求することは認められ得るのではあるまいか。

これを要するに、弁証法の絶対無が単に無媒介なる交互転換に止まる限りは、それは国家存在論を確立して歴史哲学を根拠付けることは出来ない。所詮東洋的無に止まり、国家も歴史も空化せられることを免れないのである。たとえ絶対無の否定は即肯定であるから、如何なる存在も否定契機として保存せられ肯定せられるとはいっても、所詮消極的にそれを容れ得るのみで積極的にこれを意味づけることは出来ない。インドの歴史の文化史として光輝燦然他を圧するに拘らず、政治史的には極めて貧弱にして寧ろ被征服屈従の歴史たるに止まり、少なくとも今までは世界歴史の主体たる国家の歴史たる意味を要求することが出来ないこと、仏教が非現世的と考えられ、事実キリスト教がその終末観において西洋の歴史哲学を根拠付けたのに比せられる如き積極的意味を歴史哲学に対して有する能わざりしことも、これに関係を有するであろう。とにかく東洋的無の立場が歴史哲学に対して積極的根拠を与えることが出来ないことは、それの長所の半面をなす短所といわざるを得ない。それは単なる否定的転換の立場に止まるが故に、永遠の今の現成を出でない。[53] 国家を主体とし国家によって代表せられる歴史的時代の恒存的成立を理解せしめることが出来ぬのである。もし大乗仏教が将来の人類を導く思想たり得べきであるとするならば、この点になお考うべき問題を有するといわなければなるまい。しかしその問題の解決に対する手懸かりは、既に大乗仏教の菩薩思想に含まれているともいわれないことはないかと思う。いわゆる上求菩提下化衆生という菩薩道は、上求自利の往相的方向と下化利他の還相的方向とが、単に同伴することを意味するのでなく、寧ろ下化衆生の衆生済度なる還相面を俟って、その媒介により上求菩提の往相面が完成することを意味すべきであろう。宛も物理学における相対性原理が一見古典理論の完成であるかの如く見えるけれども、深くその弁証法的媒介の構造を究明するならば、それは既に量子論的存在に対する要求を含蓄する如き関係が、そこに見出されるのではないか。而して更に相対性原理において世界の双曲線的空間構造に現れる如き起伏の交錯に相当する状貌を歴史的世界に認め、そこに起伏する国家の特殊的基体性を以て、宗教的還相の媒介となすならば、国家が却って絶対的相対として類的種となり、無の有化として絶対無の応現的存在たることが認められるであろう。斯くて宗教も相対性原理の示したような抽象的一般性を以て、直ちに人類の立場に無媒介に立つことを止めなければならぬ。斯かる抽象的普遍主義は前節に批評した人文主義の抽象的普遍性と同様に、到底存在論を確立して歴史的世界を具体的に根拠付けることが出来るものでない。何れも種的基体の媒介を無視する抽象の結果に外ならぬ。私は大乗仏教の還相的契機を具体的に考えるならば、国家存在の歴史哲学と綜合せられるべき手懸かりがあるのではないかと思う。もし果してそうであるとするならば、東洋的無の思想と西洋の存在論とが、そこに綜合の端緒を見出すでもあろうか。

三

歴史[54]はランケの主張したように世界歴史としてでなければ書かれないものをその内容とするのであるから、それは常に世界歴史であらて、単なる一国の歴史というのは抽象に過ぎないであろう。果して然らば、私の如くに国家を存在の原型とし、主としてこれをその種個媒介の構造において考えるのは、単に一国家を孤立化せしめるものではないか、それは歴史的世界からの抽象を意味しないか、という疑が起るかも知れない。しかしながら既に私が種の論理の意味を敷衍した旧稿において明にした如く、種は無限に他の種に対立すると同時に、この対外的対立に対応して、内部的に無限の対立を産む可能性を有するのであり、逆に内部的対立は対外的対立にまで発展することを常とするのであるから、単に孤立せる国家の内部的媒介関係のみを考えるということは、到底種と個との概念的本質が許すものでない。種は他の種に対するが故に種であり特殊の内容を有するのであって、同時に個はその生命の根源たり母胎たる種に属しながら、自由にこれに対立し、却って自己を種と否定的に媒介することに依って、全個相即の類にまで種を高めるものであるから、必然に種の単なる特殊性を超えて特殊即普遍の立場に出で、他の種に属する個と共に、人類の文化的統一に入るのである。世界の統一の論理的基礎はこの文化的人類性に求める外無い。それは単に特殊的なる国家の直接的交互関係における集合でもなく、個人の抽象的一般における一様平等なるいわゆる人格の国でもない。この様な直接的なる種ないし個の結合でなくして、種個の媒介を通じ特殊即普遍の国家結合が世界を形成するのである。却って国家の内部的調和統一は、対外的調和統一と相応ずるのであって、世界における国家の対立的統一の成立に伴い、国家内の対立的統一も相関的に成立する。斯くして一国の媒介的統一は世界の媒介的統一を反映し、従ってまた両者の分裂も互に相対応するのである。国家の主体的媒介なくして世界を主体化することは出来ない。世界は決して単に環境的に[55]考えることを許さないこと、国家におけると同様である。斯く考えるのは前述の相対性原理的世界に就いて見た如く、弁証法的媒介を即自の段階に止めるものである。しかし相対性原理の世界も平面的なるユークリッド的平直空間ではなく、双曲線的空間であって、それは無限なる起伏の交錯により、全体が無限に多くの特殊的空間分域の異相的結合を成す如きものであった。もちろんこの空間分域の特殊性は曲率の恒数なる限り一様であって、単に位置上相対的に異相として区別せられるに過ぎない。却って連続的に相連なるが故に、外に対して境界を分域間に画することが出来ないと同時に、一分域の内部にも無限に多くの異相を区別し分域を認めることが出来るのである。しかし歴史的世界においては、この一様性は種の質的相違に依って特殊化せられ止揚せられて、歴史の或時代を代表する国家ないし国家群の中心的優位から周辺的弱小国家に至る不均等を示す。時代の主導的傾向が歴史的世界の曲率に比せられるならば、同時にその曲率を代表する指導的国家がそれぞれの時代の歴史的世界を主体的に構造することを注意しなければならぬ。而してこの様な中心と周辺とを有する歴史的世界は、可能的に無限であると同時に現実的には有限なる統一を示す。これ人類の如き単に可能的普遍としてその本性上無限なる為に、理念に止まるものと、本質的に異なるそれの具体性である。歴史的世界は歴史の本質に従って可能を含む現実でなければならぬ。その構造には必然に指導的国家の中心がある。歴史的時代とこの指導的中心とは空間時間相即の世界の構造上相関的でなければならぬ。国家の主体的建設を除外して歴史的世界の生成を考えることが許されない所以である。私が国家的存在を存在の原型とするのは、孤立せる国家の存在を意味するのではない。斯かることは国家の媒介的構造が許さぬ。却ってそれは必然に歴史的世界における存在を意味する。ただ私としては、表現的環境的なる歴史的世界の観方に根本的なる不満を感ずるが故に、国家の建設行為を閑却する世界解釈に飽くまで反対して、国家構造の方から歴史的世界を考えようとするまでである。物理学的存在を物理学的世界における存在として考えようとした前節の見解は、歴史的世界にも当嵌まることもちろんでなければならぬ。単なる相対性理論が具体的なる物理学的存在の理論たる能わず、量子論に結付く手懸かりをそれ自身の内に含まなければならない如く、歴史的世界論もそれだけで具体的なる存在論を確立する能わず、それ自身の内に国家存在論と媒介せられるべき手懸かりを含まなければならないというのが、私の見解である。その際重要なのは、世界があってその内に国家が生成するのでなく、国家の成立と同時に始めて歴史的世界が成立すると考えることである。国家建設の行為と離れて単に解釈の対象として歴史的世界なるものが環境的に存在する如く考えるのは、私の反対せざるを得ない抽象である。表現や制作の主体的転換に依って精神化せられた環境の文化的発展という如きものが、歴史的世界の内容であるとしたならば、それは誠に美と調和との世界であるでもあろう。そこでは政治も戦争も芸術的に鑑賞せられ解釈せられるに相違無い。これ斯かる見地から見れば、歴史的世界は、人類の演劇の舞台に外ならないからである。その舞台上における人間の生活が国家と称せられる集団において営まれるとしても、それは単に個人の即自的直接結合に止まること、家族におけると異なることはない。縦家族における人間の葛藤が如何に深刻なるものあるも、これを以て直ちに人間存在の意義を対自的に成立せしめる必然の媒介とすることは出来ぬ如く、斯かる国家もまたその様な対自的絶対的意義を要求することは出来ぬであろう。しかし今日現実においては家族から離れて出家することは出来ても、国家から離脱することは不可能なるに依っても推せられる如く、現在において国家は人間的存在の必然の制約なのであって、実は人間生活の舞台と考えられる歴史的世界も、国家あって始めてそれと共に成立するものなのである。国家は歴史的世界なる舞台の内に設けられた装置ではない。それを取除けば舞台も同時に壊滅すべき機構である。個人もこの機構の構築に必要なる鎹や枢にも比すべき所があり、従って歴史的世界の舞台も、この機構なしには、単に空虚となるのみでなく、それ自身が崩壊消滅する外ないのである。歴史においては啻に我々自身が単なる看客であることは不可能であって、[57]同時に自ら演劇者でなければならないという主観即客観の交互関係があるばかりでなく、この交互転換の統一を単なる即自態から対自態にまで自覚的に現成せしめ、媒介を単なる行為から存在にまで主体即基体化する機構が必要なのである。これが国家に外ならない。それは単に主観即客観たるに止まらず、主体客体相即の行為的媒介の存在的現成となる。いわゆる Subjekt-Objekt とか ideal-real とかいう如き存在の具体的図式が、国家において真に具体的対自的に実現せられる所以である。世界も斯かる国家の内即外なる関係における結合の媒介的統一に外ならない。それが国家の内部的統一との媒介的相関関係においてでなければ存し得ざる所以は、大体右に依って明にせられたであろう。

歴史的世界を表現的環境的に解する立場においては、主体と環境との間の制作的表現的転換の交互性が、永遠の今における絶対無の現成と考えられ、その無における表現的統一の内容がいわゆる行為的直観として知識を限定すると主張せられるのである。しかし単に絶対無の行為的現成として、交互否定的絶対矛盾の自己同一と考えられるものが、如何にして全然自発的に或内容を直観せしめるか。直観は如何に行為的なるも受動即能動的なる交互態において成立し、純粋持続に内化せられた連続的感性存在を内容とし、決して純粋に能動的なる知的直観の創造的直接態たることは出来ぬ。いわゆる非連続の連続は純粋持続と同一でない。前者が行為の構造に属し、後者が直観の本質であるとするならば、その統一は否定的媒介でなければならぬ。私が会て行為的直観を矛盾概念であると言った理由である。斯かる矛盾概念を同一性的に解して存在の認識を根拠付けることは出来ない。絶対無の現成としての永遠の今には連続的基体の恒存が無い限り、存在を限定することは出来ぬ筈である。弁証法は叡智的形相の絶対否定行為の方法的自覚であるとは、つとにプラトンが国家篇に規定した所である。弁証法的行為は直観の絶対否定でなければならぬ。その外に更に否定的行為の内容を直観するいわゆる行為的直観なるものがあるというならば、それは必然に弁証法を超える神秘的直観である外ない。プラトンのパルメニデス篇の一多転換の媒介行の行ずる所の弁証法的統一を、弁証法の上に立つ直観の内容としていわゆる一者と規定したプロティノスが、プラトンの終始した弁証法を超える神秘主義の立場に立つ[58]所以である。しかし斯かる神秘的直観を以て存在を前後一同限りに限定することは、歴史的世界における行為の弁証法と矛盾する。これを以て絶対無の転換に基盤を与え、以て存在の認識を前後一同限りに確立しようとするのは、歴史的世界の弁証法の否定に外ならない。さりとて単なる行為は飽くまで不断の転換たる有即無、無即有に止まる外ないこともちろんである。単なる行為を以て存在を限定することが出来ぬのは、フィヒテの初期の知識学がこれを証する。アリストテレスが存在を基体の媒介において捉えたことは正に不朽の意味を有するといわなければならぬ。基体の媒介なくしては如何なる存在も限定することは出来るものでない。たとえそれを弁証法的に否定するにせよ基体の契機なき存在はないのである。もし直観が存在を限定するものであるならば、それは如何に行為的といっても基体の媒介を有しなければならない。感性的直観においても、単なる感覚的多様の交代のみを以て直観が成立せず、必ず空間的形態の基体的恒存契機を含まなければならぬ所以である。永遠の今も存在を限定する直観を成立せしめる為には、それは時間の弁証法的統一の絶対無たるに止まらず、空間の基体的契機を含むことを要する。すなわち永遠の今は単なる過去未来の交互否定たるに止まらず、過去未来の同時共存なる基体的恒常性を、その内に否定しつ﹂保存するものとならなければならぬ。これが前節に相対性原理の世界の成立を分析した際、時間の虚数軸が空間の実数軸を截ってこれを否定するのは、単なる延長の否定として空間を一点に空無化するに止まるものでなく、却ってこれを全部的に否定契機として保存することを意味し、これに依って始めて動的世界が幾何学的に表されることを説いたのに対応する。ベルグソンの純粋持続はその相互滲透貫入の構造において、氏がこれに対立せしめた空間の同時存在の相互外面的なる並列と対立するけれども、却ってその相互滲透貫入そのものが実は前後の内容の共存を意味する限り、空間的契機をそれの否定において肯定保存するものといわなければならぬ。氏の直観的持続論はこの弁証法を含蓄するのでなければ抽象に陥り、存在論を展開することが出来ない。空間を基体的契機として含まない時間論は、到底存在を理解することは出来ぬのである。行為的直観も空間契機の単なる時間化として表現作用を営むに止まる以上、基体の恒存をその主体的否定を通じて保存するはたらきを対自的に実現しないから、存在を限定する力を有しない。これを能くするには行為の根拠たる絶対無が、単に即自的に含蓄予想せられるのみならず、媒介存在たる主体的基体の上に対自化せられ、単なる無でなく無的有として応現啓示せられなければならぬ。斯かる行為の存在的対自化のみ能く存在論の基礎を確立することが出来る。その具体化が国家の代表する基体即主体の媒介的組織存在に外ならない。これは表現や制作の環境的主体化とは全く性格を異にする。仮にこの環境的主体化の交互転換の媒介たる絶対無を、いわゆる無の場所として捉えようとしても、それは却って時間の空間化であり主体の基体化である為に、基体の主体化とは正反対になる。斯かる無の場所においては主体的行為もその意味を失わなければならぬ。表現の立場が制作の立場に移るに従い、この概念が漸次に見棄てられなければならなかった理由はそこにあるのではないか。しかし制作も未だ具体的なる行為の立場ではない。アリストテレスが既にこの両概念をはっきり区別している。行為は制作の如くそれの外に目的を有する偶然的外面的主体化ではない。縦単に直接的なる表現におけると異なり基体的契機が対自的に存するとしても、制作においてはそれは偶然的であって、主体と必然的本質的の統一聯関を有しない。それに反し政治的倫理的行為の国家的組織態においては、基体と主体とは種的生命と個的主体との如き必然的本質的内面関係を有するのであって、基体と主体との自己否定が同時に両者の交互否定としての交互媒介的存在でなければならぬ所以が存する。人間は国家的存在であるというアリストテレスの主張も、この意味に具体化せられなければならぬ。しかしこの国家存在論は、彼の生的自然存在論の枠を破ること改めて断るまでもない。而して今日の自覚存在の実存的存在論が、自然存在論の基体の一方に偏するに対し、主体の一方に偏倚する為に、却って基体なき存在論として存在論の否定に陥る矛盾を含むことは、それが時間のみを存在の原理とすることからも推定せられる。ただ基体即主、主体即基体の媒介存在を存在の原型とする国家的存在論のみ、[60]真に具体的なる存在論たることが出来る。ここに始めて無における存在が、交互媒介の全即個なる統一において成立つ理のである。これは無の場所の正反対なる無の啓示的応現である。前者が無の即自的直接態なるに対し、後者は無の対自態として無の否定的媒介態であり、その限り無の有化たるのである。私は前節に述べた如き有神論の啓示の概念に相当するそれの性格から、比論的に絶対無の応現とこれを呼ぶのが適当かと思う。けだし応現とは、仏真法身、猶如虚空、応物現形、如水中月（金光明経）などという如く、機に応じて身を現ずる意であって、無がその対立契機たる者を媒介として現成する対自的媒介存在たる性格を表すにふさわしい。表現が内外統一、客観即主観、の直接的即自態として交互性の上に成立する連続的動態なるに対し、象徴は却って両契機を分離する否定態として、客観をそれ自身において交互にいわゆる喚起 évocation 暗示 suggestion 的に呼応共感せしめ（Beaudelaire の "correspondences" や Rimbaud の "les voyelles" を想え）、主観を客観から解放することに依ってそれを自由にはたらかせ、表現において物の内化に没して単に即自的連続的に拡大するに止まる所の自己を、自覚存在として対自化する。応現は斯く対自化せられた人格的自己を以て、表現における物と人との直接的統一を人と人との組織に還相せしめる。これが表現の即自態と象徴の対自態とを綜合して、即自且対自なる実践的媒介存在たる所以である。表現が生的自然存在論に、象徴が自覚存在の人格存在論に対応するに対して、応現が国家存在論に対応すること、今や疑を容れないであろう。その特色は、表現が物と人との直接統一に成立し、象徴が物と人との解放に成立するに対し、物と人との統一を媒介して人と人との対自的組織に還相するにある。表現が芸術的人間存在に、象徴が宗教的人間存在に相当するに対して、応現は政治的倫理的人間存在に対応する。主観的理が自己を超えて宗教の往相に窮極するに反し、宗教の還相が客観的倫理となることに依り、始めて宗教と倫理との具体的なる関係が理解せられる。仏教の応身仏は、国家の種的基体を媒介とすることにより、客観的倫理の主体に転ぜられるであろう。私の応現と呼ぶのは、斯かる還相的無の媒介存在としての人間の国家的組織を、対自的自覚的に意味するのである。[61]

無の応現は無の否定たる有にしてしかも無の現成たる存在である。それこそ具体的に、無いことにおいて有る、という否定的媒介の存在といわれる。これが絶対無の還相に当ることは既に前に述べた通りである。私はこれが存在の最も具体的なる規定であって、国家がその原型を表すと考えるのである。弁証法が絶対媒介の論理であり、あらゆる否定が肯定を媒介とし、あらゆる肯定が否定を媒介とすることを、その根本原理とするものであるとするならば、絶対否定もその普遍的絶対的否定の媒介として、普遍的絶対的有ともいわるべき肯定を有しなければならぬ。啻に行為の一々の転換の媒介として絶対無が即自的に存するのみならず、これを対自的に媒介する為に、絶対無に相関的にこれと対応して恒存する限り絶対的といわれるべき、普遍的有がなければならぬ。もちろんこの有は飽くまで弁証法的世界の有であるから、絶対無の媒介としての有であって、単に直接的なる有として絶対性を要求するのではない。斯かることは弁証法の立場上許されない。それはただ擬制的絶対 quasi absolutum ともいうべきものに止まる。しかし斯かる意味において絶対的ともいわれるべき有の媒介がなければ、絶対無が飽くまで媒介的に成立つということは出来ぬ。もし媒介的でない無が絶対無として存するならば、それはその直接態の故を以て却って有に転化移行すること必然である。私が従来絶対無を無の場所の如きものに直接化することに強く反対したのは、これが弁証法の絶対媒介に反するからに外ならない。しかしその代りに私が行為的媒介の立場に固執したのも、今から考えれば矢張反対の抽象であったことを告白しなければならぬ。無の場所的直接態が却って絶対を無から有に転化せしめる抽象であったとするならば、単に絶対否定の行為的立場に立つのは、反対に無を無として無媒介ならしめる反対の方向における抽象であるといわざるを得ない。これはいわゆる反対の一致的に、前者と同様その無媒介性の故に、弁証法を毀損するものでなければならぬ。[62]もちろん宗教は斯かる絶対無の行為的媒介の立場に直接に立つことを妨げない。全く神学形而上学を含まない純粋に生としての宗教があり得るとするならば、それはか、る信行証の直接態と考えられるであろう。しかし弁証法は哲学の方法であって、宗教の直接態を反省するものである。その立場においては宗教の絶対無が、更にそれの媒介としての応現啓示存在を有することを要求するのである。而して宗教もその知的側面においては、ここまで媒介せられることに依って、始めて反省を含み最高の具体性に到達することが出来るといわなければならぬ。今や有と無との綜合が絶対無そのものにおいてまで対自化せられ、それに依って媒介が徹底せられる。これが絶対無の応現としての媒介的存在の現成である。私はこれを以て始めて能く弁証法を完成し得るものと考えざるを得ない。

　弁証法はプラトン以来専ら往相的であった。彼のパルメニデス篇の絶対一が弁証法の転換の行われる媒介として絶対無の即自態なることは明白である。この一多の弁証法的運動において絶対無の絶対一を行ずることが、正に善であった。然るに善も或時期には善のイデアとして捉えられた如く、プラトンにとってはそれは存在であり、否寧ろ存在の始源として存在の根源であった。いわゆる存在の彼岸は、彼においては無でなくしてなお寧ろ有でなければならぬ。プロティノスの一者がそれを積極的に、存在と思惟との含む一切の対立を超えるところ絶対統一として思念したものなることはいうまでもない。それは存在の根源としての絶対有である。しかしながらそれを弁証法以上の直観に帰して、弁証法を単にそれへの道程と考えること彼の如くなるは、明白なる神秘主義である。西洋の神秘主義が一般に彼を祖とするのも当然である。いわゆる無の場所の如きも、その直接態の故に、プロティノス的なることを免れなかった。ところで弁証法は、現実的なる存在の含む矛盾を顕わにしつつ、しかもそれが避くべからざる存在の制約なるを示すことにより存在の変化動性を必然化し、ただその存在の運動を行為と相即せしめる立場において、矛盾を矛盾のまま永遠の今の絶対無の統一に帰入せしめるのである。その意味において弁証法は存在をそれの根源に帰す行為の論理であるということが出来る。ヘーゲルの弁証法といえどもその外に出るものではない。ただその際行為的媒介を重んずるか直観[63]的統一をそのまま認めるかに従い、弁証法が純粋に徹底せられるか、神秘主義に近づくかの相違を生ずる。しかし何れにせよ、弁証法が哲学的思考の方法として求める所は、矛盾の顕示と共にそれの止揚統一にあるのであって、その限り往相的なることは争われない。統一の破綻すなわち分裂は、飽くまで止揚せられるべきものであって、その発現はいわゆる精神の自己疎外に帰せられるのである。避くべからざる存在の媒介であると共に、存在の否定である所の矛盾対立は、ただ消滅契機としてのみ認められるに止まる。それは避け難き悪であるけれども、却って存在は悪に依ってあるのであるから、これをそのまま善に転じ、統一を実現する媒介となすところの絶対否定の行為により、存在の悲劇性を超えて絶対善の信仰に安んずることが可能であると考えられるのである。しかしながらこの様に考えるにしても、その態度には区別せらるべき相違があり得る。ただ諦念的に悪の善に対する媒介性を行じ善悪の相対性表裏相即性を信証する場合には、悪の不可避的制約性が著しく現れ、消極的にそれを弁護し意味付けするに止まり、積極的にこれを祝福し感謝するには至らない。弁証法を専ら往相的に用いれば、そうなるのが自然であろう。その際には悪の対立は已むことを得ざる存在の制約として認められるだけで、寧ろ精神はこれを自己疎外として消滅契機たらしむるに止まり、これを積極的に自己実現の媒介として尊重し顕揚することがない。一般に理解を和解の途とする合理主義的思想はこの立場に立つ。ヘーゲルにおいてもこの傾向が勝つと思われる。たとえ愛に依る和解といっても、実は諦念的理解に傾くのである。私自身久しくこの傾向に立った。然るに悪の対立を、絶対無の統一の実現に対する積極的媒介と認め、その存在を視爾し感謝するに至れば、悪はそのままにして恵となり、寧ろ統一は却って行為の前に対立において既に媒介的に成就することを信ずるに至る。統一が単なる絶対無の自己同一として行ぜらるるに止まらず、却って分裂対立において既存的に成就せることが信ぜられるのである。悪が行為的に善に転ぜられて始めて善が現れるのでなく、悪の存在が直ちに善を含意し、悪がそのまま善となり、悪が善の前にあって行為の媒介を待つのでなく、それが同時に善なることが行為の[64]為善と表裏相即するという意味において、善の自己啓示と信ぜられるのである。前の場合には絶対無の統一は単に即自的であって、それが行為の善を成立せしめつつ自らはその根柢に潜むのであるが、後の場合には統一は対自的であって、自ら対立としての悪の存在そのものに自己を啓示する。私はこれが絶対無の往相的側面に対するそれの還相的側面であると考えるのである。弁証法の絶対媒介はここまで具体化せられなければなお徹底したといえないのではないか。絶対媒介の弁証法は必然に還相的でなければならぬ。単に往相的に行為的媒介に止まるならば、それは未だ絶対媒介的ではあり得ない。さりとてこれを無の場所の如き直接態に対自化しようと欲するならば、それは却って弁証法の否定に陥る。ただ還相的積極性が行為の絶対媒介を支え、存在において善の統一が悪の対立とそのまま相即することが、行為において悪の善に転ずる運動と一つになる、この動静一如のみ、弁証法の完成であると考えられる。その意味においては還相が却って往相を媒介して弁証法を成立せしめるというべきであろう。私が行為と相即する媒介存在としての国家を、絶対無の応現存在とするのも、斯かる還相的弁証法の具体化としてに外ならない。斯くて行為も単に個人的なるものでなく、国家の主体的基体の上における全個相即の社会的なるものとして、具体的に実践となる。国家は実践的存在なのである。行為はその個人的契機に過ぎない。プラトンが晩年において一方では弁証法を純化徹底してパルメニデス篇の展開する如き絶対転換の媒介行に行ぜらる、ことを示すと同時に、却って他方においては、国家篇よりも一層現実的実践的なる法制篇を、最後の主たる述作となしたことは、この弁証法の還相的契機としての国家建設行為の必然を示すものと解せられないであろうか。とにかく社会存在と歴史的生成と国家的実践との相即媒介が、古来の存在論の難問題なる恒久存在と生成運動との結合を、実践行為において媒介綜合するものとして、哲学の中心的内容となるべきことは、大過なく結論せられると思う。これに依って始めて弁証法も、キルケゴールがヘーゲルに対して[65]激しく攻撃した静的中和の非難を免れて、実践的動的媒介の立場を確保することが出来るであろう。しかもキルケゴール自身が却って、その宗教的倫理的実践の実存主義以上に出でず、全く、歴史的国家的契機を欠く為に、絶対転換の個人的行為の立場を脱することが出来ないという、反対の抽象を免れ得なかったのを、我々の国家存在論は克服し得るであろう。

弁証法的世界における存在は、その存在の根柢に存する自己矛盾性の故を以て、常に自己を否定する。生滅する存在は存在することが同時にその存在の否定なのである。それは壊滅において存在する。生物にとっては生きることは同時に死ぬことである。死につつ生きる外にその生き方はない。人間はこれを自覚することが出来るだけで、この事実を変改することは出来ぬ。この事実を自覚して存在に執着することがないのが、人間の具体的なる在方である。自由とはこのように自己を存在から解放し、それの繋縛を脱することにおいて存する自在の、動的側面に外ならない。しかし自由は必然にその媒介として却って自由の否定を含蓄する。自ら自由を否定することが出来るものにして、始めて真に自由なのである。いわゆる悪の可能が自由の対自態なる所以である。存在の根柢にはこの悪の根源が伏在する。悪の可能が対自存在の特徴でなければならぬ。しかしながらこの悪の可能が現実となるには、存在がその対立性の故に脱する能わざる相対性をもって、却って自己をそれに擬するところの絶対者がなければならぬ。いわゆる神に対する反抗として悪が現実的に現れるには、神が単に総ての相対を否定即肯定する絶対無に止まることは出来ない。斯かる絶対無に対して対立するものはなく、一切の対立がそれにおいて止揚せられるのであるから、それに対する反抗ということは意味をもたぬからである。それへの反抗が可能である神は、自己に対する対立存在を許すものであり、その限りみずからそれに対し存在する有でなければならぬ。これは人格的有神論の場合には何等の困難を伴わぬ。その代り絶対性はそれだけ制限せられるのであって、有であり存在者たることが既に相対化を含むといわなければならない。神秘主義者が存在する顕現的神 Gott に対し顕現せざる絶対神 Gottheit をそれより上にないしその奥に考えるのもこれが為である。[66] またいわゆる隠れたる神の概念も、絶対性と存在性とを一に結合せんとするものであろう。しかしこの様な考は特殊の啓示宗教を信ぜざるものにとって所詮困難たるを免れない。絶対無の信仰に立つ場合には、絶対の応現であり啓示であるものは、個人の全個相即的対立的統一の普遍者たる国家より外に考えることは出来ない。これは単に絶対の否定契機に止まる特殊ではなくして、みずから絶対性を主体的に現成せしめこれを支持する普遍的基体である。単に無において消滅否定せらるべきものたるに止まらず、却って無の媒介として恒存すべき主体的基体として、絶対的相対者であり、積極的に無を支える媒介的有である。これに依って始めて絶対無はその往相的動態を支える還相的静態と相即し、動静一如の対自的媒介性を実現する。弁証法は斯かる応現存在に依ってのみ、単なる行為的絶対否定の媒介を対自化して、絶対媒介を徹底し、行為と共に存在を確立するものとなるのである。然らざれば、今日ヤスパースの実存哲学などにおいて現われているように、存在を絶対の暗号とする外無い。これは存在の最も具体的なる構造を表現において見ようとするロマン主義的芸術主義に比し、宗教の絶対の立場を象徴的、具体的に表すものとして尊重しなければならぬ。しかしそれが現実の歴史に対し単に諦観の態度をとるのみで、実践的に建設行為へ還相する側面を欠くことが重大なる欠陥たることも、争われないと思う。神秘主義として東洋的無の立場に通ずる所があると同時にあたかも仏教の空観などにおける如く、歴史の積極性を確立する力が乏しく、従って国家の如き応現存在を媒介行為において具体化する能力を欠き、その為に存在論を一般に斥ける抽象見に陥っているのは是非もない。

四

絶対媒介の弁証法においては、絶対無さえもその無の媒介としての有を対自化し、しかも無の絶対性の要求に応ずる媒介として、それ自身絶対性を擬せられ、絶対無に準ずる絶対有として恒存するところの、応現存在としてこれを対自化する[67]のである。絶対無の弁証法的一般者としての普遍性は、国家の応現存在の類的普遍性において対自化せられなければならぬ。その意味において、論理の類種のもつ普遍性は、弁証法的普遍の、存在における啓示であるといわれる。論理は一般に存在の類種的構造が無ければ成立しない。例えば個人が単に人類として生存する如き場合においては、論理的思惟は成立することが出来まい。たとえ個体的要素から要素への関係が、系列的に要素を発生するとしても、種的限定なくしては、これを集合として全体化することは出来ない。従って系列の関係そのものも種的限定なしには、対自化せられて普遍となる途はないのである。宛も空間の媒介なくしては、時間の継起が対自化せられないのと同様である。斯くては時間とか継起とかいうことも思惟せられないであろう。系列も要素を種的に纏めることに依って、始めて系列（順序集合）となるのである。種というものが無ければ存在の思惟はあり得ない。況や種概念を媒介として行われる論理というものは、その場合には不可能でなければならぬ。論理にとって種の媒介がその中核なることは疑われないであろう。主体的にいえば、論理が必ず言語を媒介として要求し、而して言語は常に種的であることも、これに対応する。この点から見れば、種の論理というのは同語反復にさえ響く。寧ろ種的ならぬ論理はないといわなければならぬ。しかし飜って考えると、種従って類というアリストテレスのいわゆる第二次的実体なるものの存在性は、実は今日までなお十分に解明せられていらないともいえる。アリストテレス自身これに就いて説く所は余りに消極的である。プラトンのイデア論に対する非難には多くの言葉を費しながら、彼自身種相が個体の第二次的実体に対し如何なる関係において存在すると思惟するのか、殆ど明にする所がない。ただ第一次の実体として、主語となって述語となることなき個体存在を予想して、それに対し、他に述語せられることが出来ると同時に、自らもまた主語となって他により述語せられ得るものを、第二次的実体とするに止まる。従ってそれは個体に内在する副次的存在というべきであろう。[68]中世の盛期スコラ哲学における内在的実念論が、アリストテレスの真意を継承したものと認められる所以である。しかしアリストテレス自身の内にも存するソクラテス的プラトン的主知主義は、他方において個体の存在をもなお種的普遍の存在に基かしめるものであって、経験的には前者が我々に対し先であるとしても、理性的には後者が本性上先であると考えることを必然ならしめる。種の個に対する優先はアリストテレスにおいても容易に廃棄することを許さない。中世の初期スコラ哲学においてプラトン的実念論がアリストテレス的実念論に先立って優勢であったのも理由がある。しかし斯かるプラトン的実念論が、アリストテレスのプラトン批評を免れ得るような種的存在の理解をスコラ哲学において確保したとはいわれない。それがアリストテレス的内在論にとって更はられ、次いで相共に唯名論の為に否定し去られたことは、その含む困難を明に示す。而していわゆる普遍者論争は中世で終を告げたのでなく、現代にまで延びるものなることは、フッサールの論理研究が示す通りである。彼自身プラトン的ともいわれるべき実念論をとり、種相を個体存在の本質として直観し得られると考えることにより、彼の現象学への途を開いた。それは意味自存のプラトニズムとして、本質を存在から解放し、更にそれをデカルト的自覚に基く意識の地盤に移したもの、と解せられる。もし本質を更に個体の実現すべき価値的形相として妥当の性格を有するものと考えれば、それはロッツェの思想に連なること周知の通りである。私も、この様に存在と相即する当為の内在を以て現実の性格とすることは、歴史的行為的世界観にとって必然なるものと信ずる。しかしそれだけでは未だ種の個に対する存在性を説明するには不十分である。何となれば種相は単に当為的と限られるものでなく、却って個体存在をその上に成立せしめる媒介たる意味を有するものでなければならないからである。然らば種は個に対し抑も如何なる関係において存在するのであるか。それは一方からいえばアリストテレスの区別した通り第二次的実体として第一次的実体に媒介せられるものでなければならないと同時に、他方から考えると、逆に個体の存在を媒介する原理でなければならない。しかしこの事は正に、種と個とが、何れに優先を置くことをも許さない交互的相関関係にあることを、示す。存在は単に個体的でもなくまた単に普遍的でも[69]あることは出来ぬ。ただ両者の媒介相即としてのみあるのである。而してこれは存在が単に環境を有するに止まらず更に動的組織を成すことを意味する。何となれば種は環境の如く個に対しもと外的に対立するものが交互関係にあるのではなく、個そのものの産出せられる生命の根源として、個体に対する全体の関係においてそれに相即し、個の限定の原理たること、既に述べた如くであるからである。あるいは表現主義の考える如く環境の全体を生命の母胎として個体存在の地盤と考えることも出来るであろう。しかし斯かる環境の全体なるものは窮極において全自然に及ぶのであって、しかもこの様な自然の全体は概念において限定把握することが出来ないものであると同時に、それに対立し反抗することを無意味ならしめるものであるから、結局自然は個体を自己に融かし込むと共に、個体の有する如き生命をそれ自らに含むところの生ける自然となる。いわゆるアニミズムの汎生命論それに外ならない。それが弁証法的でなく同一論的立場に立つことは、改めて言うを俟たないであろう。斯かる立場においては自然の全体も個体も学的認識の対象とはならぬ。学的認識の概念的思惟が成立する為にはどうしてもいわゆる「自然の種化」が必要である。カントがこれを認識の可能に対する自然の形式的合目的性と考えた所以である。しかし種が個との対立関係においてそれの特性を発揮するのは、彼が認めた自然一般、あるいは寧ろ物理学的自然においてでなくして、生物においてであり、従って前者に関する形式的合目的性が、後者に関する実質的合目的性にまで具体化せられ、主観的観方から客観的反省に移されることを要求するのも事実である。反省的判断力の目的論が弁証法的思辨に進むべき理由がここにも見出される訳である。斯くて種と個との交互的媒介が具体的なる存在の限定として必要となる。それはもはや生物に止まらず進んで社会において始めてその交互的媒介性を示すのであり、更にその媒介の対自的なる具体化としては、絶対無の応現としての国家的存在に至らなければならぬ。それにおいては種も個も、単にそれだけとして対立する限りは抽象的であって自立存在たることは出来ぬ、何れも単なる契機に止まることは明である。両者は共に交互媒介の関係においてあり、而してその媒介の機能[70]的運動的相即において、一般者としての種は無限なる個の生成の可能態を含み、意味として存在を超えながら、しかも単なる意味観念に止まらず、意味を支える存在であり、同時に個も当該意味に依って限定せられて生成するものでありながら、しかも自発的自由なる主体として、意味の否定即肯定たる存在であり、却ってそれにより種を主体化するが故に、種個共に存在即意味、意味即存在としての国家にまで止揚せられるのである。斯かる見地から見れば、いわゆる実念論も唯名論も共に抽象たることを免れないこと明白でなければならぬ。ただ種個の交互的媒介の対自態として、全体即個体、個体即全体たる類的個体というべき国家的存在のみ、意味即存在、存在即意味、従って当為即存在、存在即当為として具体的なる自立存在となる。これは歴史的実践的主体即客体、客体即主体であって、同時に普遍即個別、個別即普遍たる媒介存在である。論理もこの具体的なる存在の媒介性を、概念の機能において展開する思惟の形式的自覚に外ならない。

然るにアリストテレスの類種分類的静的配列の論理は、種相の意味的限定の主知的立場に立ちながら、意味の自立性を認めずしてこれを存在化し、却って個体存在をも単なる種的（いわゆる最低種の）形相に化して、外延的包摂の単線的推論に堕し、三段論法の小前提の存在分類なると区別せらるべき、大前提の含蓄的意味を無視するところの存在意味同一論となる。推論における存在と意味との交互的相関的分極体系性は、その為に全く隠蔽せられて顕われない。それが第一次的実体たる個体の認識に、却って論理の媒介なき直観を採用しなければならなかった所以である。しかしその直観の原理となるべきいわゆる「存在の比論」は、単に直接に神的理性の内容に帰せらるべきものでなく、却って論理の種的限定を媒介とし、種に限定せられながらこれを否定する個を、絶対否定的に肯定する絶対無の統一に帰せらるべきものである。それはあたかも諸国家が個人の絶対否定即肯定なる人類的立場において、媒介的に統一せられるのに比せられる。[71]アリストテレスの生物的自然存在論は、この国家存在論の論理に達しなかったから、存在論と論理学との乖離を脱し得なかったのである。これに対し近世自然科学の原子論的個体主義は、運動の要素的再建を目標とする唯名論的立場に立って、類種的普遍を個の集合に化し、概念を存在から離れた数学的関数関係の法則的意味内容に帰する。しかも却ってそれが、純粋意味の関数的規定を以て個的存在を論理化し得ると考える純粋論理主義となるに至って、意味の超越主義と存在の個体主義とが、実証論的唯名論を廻って意味の実念論に還帰することになる。これは古代の存在意味同一論に対し、存在意味分離論というべきでもあろう。いわゆる形式論理は、斯く存在から遊離せられた意味の形式的関係に、依然として三段論法の伝統を当嵌めようとした結果に外ならない。数学的記号論理はこれを純粋なる意味の組織に純化せんとするものである。しかし存在から離れた意味の抽象なるは、意味を離れた存在の抽象なると択ぶ所がない。具体的なる論理は常に存在の意味的媒介に係わるのであり、また具体的なる存在は必然に歴史的存在として常に意味的存在たるのである。それは同時に普遍即個別、個別即普遍であり、あるいは全体即個体、個体即全体であるが故に、必然論理的なる媒介を含むのである。すなわち国家的組織体に外ならない。その意味と存在との契機の対立と相即とを媒介するのがすなわち行為であり、論理とはこの行為的媒介の形式的自覚以外の何ものでもない。論理もそれ自身操作的にして始めて存在と相即し、存在の思惟なる意味の機能性を発揮する。その具体的なる地盤は歴史的国家的存在にあり、それの認識において具体的に論理の機能が実現せられるのである。斯かる立場において唯名論と実念論とが、その論争点たる普遍者の存在性について媒介綜合せられ、存在と意味とを相即せしむる全体即個体、個体即全体なる媒介存在を、真に具体的なる存在として確立し、論理はそれの自覚形式となる。斯かる媒介の実践性を概念の存在意味相即の関係において自覚するのが論理であるから、それは内包の意味含蓄関係と、存在の種帰属を示す分類の外延関係とが、行為において存在意味相即の媒介にまで結合具体化せられる機能的関係を展開するのである。それは本来弁証法的なる絶対無の行為的媒介において、種を個的存在の基体としながら、その意味内容たる種概念を仮定Hypothesisとして[72]定立することにより、その基体的媒介を理由化し、存在を意味に媒介するのである。斯くて、悟性的論理は単独なる推論においては行為的現実的媒介の反省的同一性化に止まるが、更に学的認識の方法としては、種概念の仮定性、存在によるそれの検証と修正、とにより、未来に対する行為指導的なる意味の志向と充実とを重ね、推論を行為的に重疊して概念の運動を行い、仮定から仮定への否定綜合の絶対媒介運動を遂行するに依って、論理それ自身が行為の絶対否定態を現成する。これがプラトンの国家篇に規定した弁証法に外ならない。故に弁証法は悟性論理の絶対否定態として、行為の論理的再建であり、論理の絶対否定的媒介行為である。具体的には国家の法制が、方法論一般における学的思考の仮定に相当するものであり、法と現実と相即する否定的運動の立法行為的生成が、法という理性契機から眺めた国家の歴史と解せられるのに対応して、学的認識の、現実と交互的に相関関係する、歴史的発展がある。論理と法学との特別なる親近もこの点から理解せられるであろう。而して法の自然法的契機と歴史法的契機との交互的媒介の統一が、具体的に法学を成立せしめる所以も、論理における意味的契機と存在的契機との交互媒介に比せらるべき関係を有すると解せられるではないか。自然法学は差当り実念論的であり歴史法学はそれに対し唯名論的傾向をもつと同時に、それぞれその一面性抽象性の故に、却ってその反対者に転倒することも、この比論を理由付ける。存在の原型たる国家的存在の媒介的構造と、論理の形式的媒介性との間に相関的対応の認められることは、国家的存在の論理性と、論理の存在性とを、同時に交互相関的に保証する。これは、種の論理的意味とその存在性との関係を理解するのに、重要なる手懸かりを与えるものである。論理の構造もその地盤たる存在の具体化に伴って始めて具体的に理解せられるといわねばならぬ。アリストテレスの論理がヘーゲルの論理にまで発展することに依って、その含んでいた論理と存在論との矛盾の解決を見出したことは、存在の原型が形相的自然から運動的原子的自然の否定態を通って国家的組織存在にまで具体化せられた歴史に対応するのである。論理を如何なるものと解するかは、それによって思惟せ[73]られる存在を如何なるものとして捉えるかに相関的である。私は国家的存在と論理との対応が、前者の具体性と後者の媒介性とを互に保証し合うと信ぜざるを得ないものである。

五

前節に述べた中世の普遍者論争に対する批判的解決は、翻って従来の社会存在の論理における抽象を補正する手懸かりとなるものではないか。けだし実念論と唯名論との抽象は、共に種と個とを分離して、あるいは前者のみを存在の原型と考え後者を単にその偶然的なる不完全の模像とし、あるいは後者のみを第一次的なる存在として前者を単にそれに付帯的なる第二次的存在と考えたことに存する。これは正に種のみを社会の原質とし、個は全くその内に解消せられて自主独立性なき手段的存在に過ぎざるが如くに思惟する全体主義的共同社会論と、反対に個人を社会の原素として単にその利益を目的とする契約的結合に社会を帰する個人主義的利益社会論とに、対応する。而してこの二種の何れか一方の型を直ちに社会の本質とする社会観に従い、あるいは社会の原型を現実に存した未開社会の共同体に見出し、あるいは反対に近世の個人主義社会に社会の理想的典型を認めようとする傾向を生ずる。しかしその何れも抽象に外ならざることは、正に実念論と唯名論との抽象に過ぎないのと一般である。実際共同社会論は共同体の個人に対する先在、個人の生滅に拘らざる種族の基体的存在を肯定し、個人を単にその限定として部分として認めるに過ぎない点において、社会学的実念論と呼ばれるにふさわしい。これに対し個人主義社会観の社会学的唯名論たることは、個人のみを実在とし、社会を単に個人の観念的紐帯に依る結合と解する点から見て、当然であろう。アリストテレス自身その政治学において、一方では国家の個人に先だつ全体として自然の生産物なることを強調しながら、他方では個人の群居本能が国家を個人の存在に対する手段として要求するという見地から国家を観察し、両面の媒介を十分に具体化していらぬ。[74] これその存在論が国家の媒介存在を基礎的存在として自然的実体の構造を理解する代りに、その逆の立場に立つ結果であって、実念論と唯名論の間に動揺するものといわなければならぬ。ただ国家的種の個人における現存（プラトンのいわゆるパルーシャ）が、即個人の組織行為と媒介せられ、所与即所産、存在即所業、生成即行為として、歴史化せられ主体化せられるに依って、種相の離在（コーリスモス）が止揚せられ、個の行為と媒介相即せられる。これが実念論と唯名論との綜合に外ならない。それは種の先在を個の所産に転ずる行為の媒介に依ってのみ可能なのである。私の媒介存在の論理は、一般にこれ等の対立する見解の単に抽象に止まることを明にした。種と個とは共に単独で自存離在する独立存在ではない。ただ交互媒介の動的統一においてのみ存する行為の契機に過ぎぬ。具体的に存在するものは、この両契機の否定的媒介としての実践的組織統一より外のものであることは出来ない。端的にいえば、単なる全体も単なる個人も抽象に外ならぬ。存在するものは常に行為における、全体にして個体、個体にして全体、なる動的組織より外ない。社会と個人とは何れも一方が他方の先であることは出来ぬ。同時に共存するのでなければならぬ。しかも相互に対立するものが同時にあるのであるから、それは行為的媒介の交互態においてあるより外に途は無い。この組織的実践的媒介存在はすなわち国家に外ならないから、社会は国家を原型とし当為として、何等かの程度にその媒介性を実現する限り存在するのである。国家から離れた社会というのは抽象に過ぎない。社会が社会であることが出来るのは、それが国家的媒介組織を何等かの形態において含むからである。全く種個の媒介のない社会というものはあり得ない。それは組織無き組織という矛盾概念に止まる。而してこの媒介組織性は前に述べたように実践的歴史的なのであるから、社会は具体的には歴史的存在なのである。しかし社会が歴史的であるということは、それが実践的媒介的であるということであるから、従ってそれだけ国家的であることを意味するといわなければならぬ。国家は歴史的実践的社会であり、歴史的実践的社会は国家より外ない。国家から社会を抽象するということは、同時にそれを歴史と実践とから抽象するということを意味する。社会学の抽象はそれがこの二重の抽象を、現実の国家的歴史的媒介存在に加え、従って実践から離れ主体性を捨象して、単にこれを客体的集団存在と観、その成立を個人の結合関係に帰そうとする点にありはしないか。果して然らばそれは、歴史と国家との実践的媒介の根柢に還帰せしめられる方向を常に顧慮してのみ、その反対方向における抽象分析を遂行することが、科学的研究の方法として必然なるを主張するに止まるべきであろう。宛も心理学が心身的存在としての人間の行動を、本来弁証法的なる主体即客体の実践的統一から抽象して、飽くまで客体的存在の反応として観察せられ得る範囲において研究すると一般である。これを具体化するには哲学的に客体即主体なる立場に還元して、その統一の抽象としてのみこれを理解するのでなければならない。それと類似した関係が、社会学と哲学との間にも認められなければならぬと思う。

これに対しあるいは社会学の立場から、いわゆる共同社会と利益社会という如きものは、単に国家の契機に止まる抽象物ではない、それは氏族的封建社会と近世市民社会とに代表せられる社会の型である、何れも歴史の産物として実在したものである、という異論が出るであろう。もとより私もこの事実を無視するのではない。ただ私の主張したいのは、これ等の歴史的に実在する社会の型も、それは型であるから現実においては他の反対なる型と消長的に結びつき、ただ最も顕著なる型としてそれぞれの時代にそれぞれ相異る型を実現する、という事実以上に出て、論理上これ等の型が契機としては種と個とその媒介としての国家性とを含み、ただ契機の何れが優勝的に発達して他の契機よりも大なる勢力を有するか、またそれに伴いそれ等の契機の媒介が如何なる形態をとるか、に従い、相異る社会の型として区別せられるのであると考えるならば、何れの型も同じ対立契機とその媒介とを含む動的実践的組織として生成する歴史的産物であるから、何れも具体的には国家的なのであって、ただその媒介が即自的であるか対自的であるか、あるいは更に即自且対自的であるかに従い、種々の型が区別せられるに過ぎない、ということである。種的基体の全体的統一性が直接に優越[76]して個人の自立性が十分に発展しない社会においては、統一が直接的で媒介は即自的である。いわゆる共同社会の型がかゝる社会において最も顕著であり、従ってこの種の社会の実際に歴史的に現れたものとして氏族的封建社会が、この型により特色付けられ解釈せられるのも当然である。しかし斯かる社会が全く国家的媒介性を有することなく存在し、国家性は更にこの社会の発達の或段階において何ものかがそれに付加わることにより始めて成立するというべきものではない。凡そ歴史的社会として存在するということが、必ず何等かの程度における種と個との媒介、何等かの形態における種的基体の個的主体化を含むのであるから、従って斯かる媒介性を意味する限り国家の性格を有するのである。国家的組織性なくして、単なる歴史的社会があるのではない。ただ型の概念を造る上において、その媒介が即自的直接的であり、具体的にいえば個の自立性が種の全体的統一に対立すること極めて低く、従って種個直接に合一してその間に組織の自覚的発達が殆ど認め難い、ような段階を、あるいは個人主義的なる利益社会に対し、あるいは自覚的組織的なる近代国家に対して、共同社会と解するに過ぎない。事実上封建社会といえども国家を低度の段階において形成していたことは争われない。ただ国家の主体的自覚的組織に対し直接的即自的統一の方が非常に高度の優越性を保ち、媒介の対自性を抑圧していたのである。それが共同社会と認められる所以である。テンニースが共同社会と利益社会との綜合に当るものを結合社会すなわち団体とし、而してそのより多く共同社会的なる型を中世の封建社会に存したいわゆる Genossenschaft に配したのも、間接にこれを証する。ただ彼が社会学の立場から、斯かる Genossenschaft をも、彼自身が国家の属する一般的型と看做す、より多く利益社会的なる円体としての組合 Verein をも、総て客体的存在と観るのに対し、私は斯かる客体的結合社会には国家は成立しない、その結合が行為的綜合たる主体的存在として国家であり、その疎外抽象態としてこれ等が国家の内部にその原理に依り成立する、ことを主張したいのである。もし一層純粋に共同体の型が実現せられている社会を求めるならば、社会学者がつとに着眼したように、史前的未開社会が、歴史的封建社会[77]よりも一層それに適合することは明白である。それは歴史的建設行為の極小にしか含まれない、先史的段階に属するものとして、極めて特殊なる社会の標本ともいうべきものではないか。それを以て一般に、歴史的社会の必然に国家性を、実現することを否定する訳にはゆかないのである。

　これに対し利益社会契約社会は、共同社会における種的統一の即自態を否定する個の自立性を対自的に発展せしめたものであって、社会的結合も個人の利益の為に契約的に作為せられたと見られる所が多い。しかしそれだからといって、斯かる近世市民社会が国家をも全然契約的に建設し得たかといえば、それは近世の国家契約説の困難が証明する通り、そう考えることを許さないのである。例えばルソーのいわゆる volonté de tous に対する volonté générale がなければ、国家の立法などは理解せられない。而して volonté générale は言葉通り種（類）的意志に外ならない。それは個に解消することを許さない基体的意志であるのでなければならぬ。如何に対自的立場において個人の自立性が種的基体に対立して自己を主張するも、その互に衝突する個人間の利害が統制せられる交互態は、実は個を超える種の全体的統一性を媒介としなければならぬのである。ただこの媒介が独立の契機として殆ど見失われるまでに低下せられ、それに対し個の自立性が高度に主張せられる結果、契約社会としての型が顕著に現れるのである。しかし利益社会がその利益を保証し、契約を確保する為に国家の主権的統治、強制的統一を必要とすることを顧みるならば、斯かる利益社会が国家の媒介性を離れて成立するのでなく、たとえその媒介が対自性の方向に偏することによって自己疎外に陥り、即自的直接性が見失われようとしているにせよ、却ってそれが即自且対自的なる国家の媒介存在の抽象否定に外ならぬことは、到底争われないであろう。テンニースが前述の如く共同社会と利益社会との綜合たる結合社会の中で、より多く利益社会的なる団体たる組合に国家を配したのは、彼の社会主義的国家観を示すものであるが、[78]間接には私の見解を証する所があると解せられる。ただ前述の通り彼の社会学の客体的立場は、私から見れば到底国家の主体的成立を具体的に理解し得るものではない。国家は歴史的行為の主体的立場に成立つのであって、単なる社会はその疎外的抽象的契機と考えられなければならぬ。いわゆる結合社会といえども、あるいは共同社会的であるか、あるいは利益社会的であるかの偏倚を免れないのは、その証左である。国家は斯かる社会を飽くまで主体的に綜合する具体的組織的行為存在であるから、それは単なる社会に編入することを許さない。却って利益社会も国家の内に、国家の媒介性を通じて成立するものである。株式会社といえども全く国家に無関係に、人類の立場で、個人的契約に依って結成せられ得るものではない、却って国家の内部に国家の保護に依って存立するのである。近代において個人主義的利益社会が却って中央集権的国家を発達せしめ、今日は更にそれが統制的全体主義にまで転化し却って共同社会の契機を顕わならしめんとしていることを見るならば、利益社会の型も国家的媒介存在の特殊なる抽象形態に外ならざることを認めざるを得まい。更にこれ等の型に対しそれと区別して、特に即自且対自なる種個の媒介態を国家というのは、それがこれ等の二型の外にその綜合たる第三の型に属するいわゆる結合社会すなわち団体として歴史的に現れた社会であるというよりも、寧ろ右の両型の社会の具体的なる歴史的主体的綜合の原型として、それ等に内在しながら、存在即当為として実現を要求する最も具体的なる存在を意味するが為である。それは同時に当為即存在であるから、既にその即自且対自なる型が、現に実現せられつつあり、それに対し右の抽象的なる形態は、契機としてその内に止揚せられんとしていることが、今日の歴史的現実であることも、否定出来ないと思う。それは現実にして同時に課題であるというべきものである。これを国家というとき、それは如何なる型の社会の具体的なる原型でもあって、常にそれ等に内在すると同時に、また存在即当為として現在実現を求めているものではないか。もとより歴史は予言を許さない。その実現せらるべき形態を将来に向って規定することは、我々には出来ぬ。しかし現在の我々の行為を指導する限りの概念として、予料[79]的にその即自且対自態を思念することも、初めに述べた歴史の建設性から考えて当然でなければならぬ。私は国家を斯かる意味において存在即当為、当為即存在とするのである。それは如何なる社会にも原型として内在すると同時に、それが即自且対自的に実現せらるべきことを今日の課題たらしめるものである。

私は以前に発表した社会存在の論理に関する論文において、種個類に相当する社会形態として共同社会、利益社会、国家の三つを特色付けることを試みた。その際初めから三者の媒介関係を念頭に置き、国家の綜合的媒介性を特に強調したのである。しかし当時は歴史の生成即行為なる本質を未だ十分明にし得なかった為に、社会の歴史性をしっかり把握することなく、従って国家の媒介性も種個の行為的媒介に由来するものとして必然歴史的であり、逆に社会も歴史的なる限り既に国家的媒介性を何等かの形において有しなければならぬ、ことをはっきり展開しなかった。その結果国家の原型性と現実性との二重性について、この論文における程度の明確さにも達し得なかったことは、已むを得ない。もちろん現今においても原始種族として歴史の圏外に見られる如き未開種族は、殆ど個人の媒介を発展せしめることなき種的社会と看做されるであろう。トーテム部族といわれるものは、型としてこの種的社会を代表するといってよい。それは歴史以前のいわゆる先史的段階に属するものとして、それにおいては未だ個の分立が現われず、従って国家の媒介性も発現しない、といわなければならぬ。すなわちそれは種的基体がまだ主体化せられぬ段階である。もし国家的媒介性が単に可能的に含蓄せられるだけで未だ顕現せられないという意味において、本来的に国家性無き純粋社会とこれを考えるならば、斯かる先史的社会の宗教本位なる慣習と観念形態とを特に研究の対象としたフランス社会学は、社会学として独特の立場を確保し、斯学に重要なる貢献をなせるものといわなければならぬ。その研究の結果が却って歴史的国家的社会の種的契機をも闡明するに甚だ有益なるにおいて、その影響の及ぶ所は大であるといってよい。しかし型として種的といわれるべきこの原始社会は、それ自身で歴史的なる社会たることが出来ぬと同時に、可能的には個の分立をそれ自身に含み、従って国家的歴史社会にまで発展せしめられる萌芽を蔵するものとも考えられるのである。その前の点からいえば、それは決して歴史的社会としての共同社会と同視されることを許さないものであると同時に、後の点から見れば、却ってそれは歴史的共同社会の純粋型ともいうべきものとして、歴史的社会の即自態と解せられ、対自的発展を経て歴史的国家的社会にまで発展する可能性あるものと考えられなければならない。ここに明確なる段階の相違区別と、発展の可能的聯関とを、認める必要がある。私の旧稿においては斯かる差別と聯関との解明が十分でない点が多かったことを今ここに告白しなければならぬ。

それでは先史的原始種的社会が個人の分立対立を発展せしめ、以て歴史的社会に移る転機となるのは、何であるかといえば、それは種の本質に属する対立性に外ならない。原始社会は種として他の種的原始社会に対立し、相争闘してそれぞれ自己の生命を拡大せんとする。これはもちろん一方において種族の生存維持に必要なる食物の確保を目的として行われる。しかし単に斯かる物質的生活の確保の必要からばかりでなく、その生命の拡充に対する本質的なる要求がそれを争闘に赴かしめるのであろう。単に生存意志のみならず勢力意志が種族の生命を支配するといわねばならぬ。原始種族に通有なる戦闘殺戮の本能というべきものは、単なる生存意志に矛盾する結果を含むものであって、それのみから説明は出来まい。別に勢力本能ともいうべきものがそれに交錯することを認めなければならぬと思う。血と土との原始社会の両面もこの種族的生命を支配する両種の意志の交錯に対応する所があるではないか。これ等の両契機は互に並立するのでなく相交錯し纏綿して分極的一体をなすというべきであろう。とにかく種の対立争闘は生命の原始的事実として認めなければならぬこと、社会学の許す所であると思う。個人の分立はこの種的相互対立に機会を見出すのである。種は個の母胎であると共にこれを全体的に統括するものであるが、その他種に対する対立争闘はすなわちそれの分裂の機縁となる。個人の自立的要求は自己の属する種以外の種の存在に依って呼び醒され、種相互の対立争闘に因ってはたらき出す。対外的対立と内部的対立とは常に相関的なのである。種的原始社会が種の本性上他の種的社会と対立し相争闘するということは、おのずからその含む個人を動かして、自己の属する種的社会に対する絶対帰属の感情を搖がし、自己の社会に対する自立性を覚醒する機縁となる。而して種と種との争闘の結果、征服ないし土地奪取という如きことが起れば、個人の種的基体に内属する関係は撹乱せられ動揺せられることを到底免れ得ない。被征服種族に属する個人が、本来自己の基体たる種族から切離されあるいはこれを喪失せしめられて、他の種族内に奴隷として収取せられるならば、種に対する個の分離は避けることが出来ぬ。同時に斯かる基体の動揺撹乱は、たとえ右の如き被征服に因る基体の喪失離隔を惹起せざる場合といえども、それに対する個の帰属を緩め、その自主独立を誘発すること必然である。一般にこれを種に対する個の分立の機会とすることは、不当ではあるまい。更に種そのものの内部においても、環境の変化、人口の増加等に因る慣習の動揺、保守と革新との対立、等に由って、種に対する個の分立の機縁が与えられる。而してこの様な機縁によって個が分立するのは、個そのものが本来種と独立の原理を担う社会の契機であって、単に種の全体に対する部分たるに止まるものでないことに由来すると考えなければならぬ。それはあたかも反対に、種が個を要素とする集合に止まらないのと同様である。而してて更に種の側からいえば、一の種が他の種を征服してこれを全体的に自己の内に吸収する場合はもちろん、部分的に他種族の個人を奴隷化する場合といえども、強制的にこれをその種の支配に服せしめその慣習に従わしめることが必要であると共に、本来の自種族の個人をも、それの分立が種の本来的統一を破壊せしめざる為に、強制することを必要とする。対外的に自種族の結束を固めることは、内部的にその個を強制することを伴う。これが個に対する種の強制の由来と考えられる。今述べた種そのものの内部における個の分立が、種の全体的統一を破らない為に、種が個を強制するのも、寧ろ最初の誘因は他種族の征服抑圧に伴うのではないか。個の分立が最も低度であって、種個の自然的直接的合一が行われる間は、却って強制なく自然に個が種に同化せられて種族的統一が保たれるのである。強制は寧ろ分立の誘起する所、更に遡れば異種の対立争闘の誘発する所というべきであろう。[82]これは今日国家間の戦争と国内統制との関係にも及ぶのである。しかしながら凡そ人間の活動は、単に強制せられて、それで十分に有効なる結果を齎すものでないことは、人間が自由を希求し自律自発性を本質とする人格的存在である限り、当然としなければならぬ。殊に精神の創造的なる活動が単なる強制から生れるものでないことは、言うをまたない。政治の要諦が人民を悦服せしめ、進んで国家の施設に自発的に協力せしめるにあることは、古今を問わない人生の必然に属する。ここに強制の半面が却って自由でなければならぬ理由がある。個が飽くまで種と独立にこれに対立する社会の契機なることを認める以上は、個の分立を経て種の統一を支持強化することが、個そのものの自発性に依るのでなければならぬことは、当然である。強制の可能と自由の主張とが共に否定的に媒介せられ綜合せられることが、却って種の主体的組織と個の基体的統一との共存共立の縁由に外ならない。この否定的媒介を欠けば、種の全体的統一も硬化凝固して溌剌たる生命を失い、個の自立性も互に対立して相傷け合い自らを破毀するに至ることを免れない。この自己矛盾を止揚して種個の否定的綜合をなすのが国家の媒介存在に外ならない。それは、全く原始的なる先史種族の社会が、相互の対立争闘から個人の自立性を覚醒せしめるに及び、強制と自由との否定的媒介に依る種個の綜合としての組織に転ずるによって成立するものといわれる。単なる自然的生成でない生成即行為なる歴史が、それと共に始まるのであるから、国家の起原は歴史と同じく古いのである。民族の如きも、私の以前の論文においてした如く、直ちに種的社会と考うべきものでなく、歴史的所産として、異種族間と種個との相関的媒介を経、積極的にか消極的にか国家的組織を含むというべき、被媒介的基体社会と解しなければなるまい。その限り国家を全く媒介とせざる民族なるものはないであろう。私が歴史的社会はすなわち一般に国家に外ならないという所以である。認識としての歴史、すなわち文書記録として書かれた歴史が、まず国家建設の歴史を以て始まることを常とするのも、これに適応する。種個の対立が否定的に媒介せられて組織を成すことが、如何なる歴史的社会にとっても具体的には[83]必然なる本質であるとするならば、歴史的社会が具体的にはすなわち国家であるのは当然の事でなければならぬ。ただ問題は、国家の概念を斯かる程度に拡張して、それを社会の原型とすることが、他方において他の社会の型と区別せられる特殊の型としての国家の概念と衝突して思想の混乱を惹起しないかどうか、にある。しかし私が上来説く如く存在と当為と結付き、現実はその実現すべき本質を初めから含蓄してこれを原型とすると同時に、しかもこれを即自且対自に実現する如き型を、現実の特殊なる段階において対自的に実現せられる歴史的形態とする、という二重性を確認するならば、それは混乱を惹起する虞が無いばかりでなく、弁証法的世界の必然的事態であることを明に示すといは一なければなるまい。私はその様に当為即存在、存在即当為、あるいは本質即現実、現実即本質、なる立場に立つのでなければ、国家の媒介的実践的歴史的存在性を理解する途が無いのではないかと考えるものである。国家に関する諸種の規定が一般に矛盾的になるのも、この弁証法的事態の必然なる結果ではないか。相対立するそれ等の規定は、何れか一方を以て他方を否定するのでなく、交互否定的に媒介することに依ってのみ、国家の本質的規定となるであろう。世界の弁証法的歴史性を認めるものにとっては、その世界における最も具体的なる存在にして、同時に一切存在の原型たる国家が、斯かる弁証法的性格を有することは当然でなければならぬ。それを正面から認めることが出来ずに、国家の存在性を問題とすることを回避するのは、未だ実践的弁証法の存在当為相即の立場を自証して、歴史の建設を身に負うことを、欲しない結果に外ならない。国家を存在の一方からのみ観てその現実的制限を嫌忌するのも、当為の一方からのみ観て現実を遊離したそれの理想形態のみを思念するのも、共に抽象見である。その結果国家に賦与する規定が一方に偏する抽象に止まるのも怪しむに足らない。斯かる立場で国家を正当に理解することは出来る筈がない。

国家が右の如く歴史的に発生する社会の一の型に止まらず、同時に歴史的行為の成果であると共にその課題であって、あらゆる歴史的社会の原型であるとするならば、それが社会学的に客体的存在として考察せられるのみでは不十分であって、同時に主体的に実践的当為の立場から考察せられるべきことは、当然でなければならぬ。この後の立場は主として法的主体として国家を観るのであるから、国家の社会学的考察と法学的考察とが歴史哲学的に交互媒介せられて、始めて国家の全面的理解が与えられ得る所以も、容易に観取せられるであろう。私は今その内容上の細点に立入る準備が無いし、またその必要もないと思うのであるが、ただ国家の社会的構造と法的規定との相接触する一点について国家の弁証法的性格を指摘することにより、右に述べた私の主張を確めて置きたいと思う。抑も法はその由来に溯るならば、歴史法学派の明にした通り、民族の慣習に起原を有し、最初においては民族の宗教的絶対性にその不可侵的強制力を汲むものであったこと否定出来まい。その点から見て法は民族の種的統一が自己を保護し維持する為に、個人を規制し更に強制する規則の統体を意味するといい得るであろう。しかし強制は可能として法を支持するものであり、強制に依って法は単なる慣習と区別せられるものであるに拘らず、却って法が実定法として制定せられると同時に、それは政治的支配者をも少なくとも消極的に制限するものとなることを免れない。何となれば法は差当り被支配者を強制する規則として現れるけれども、同時に強制がその規則に従って行われ、その法の条件の下において課せられる、ことを規定するのであるから、全く恣意無法なる強制を加えられることから被支配者を免れしめ、それだけ支配者が自己に制限を加えるものとなるのだからである。ここに法が交互的契約性を含み、単に一方的なる勢力の発現であることが出来ずに、却ってその勢力の自己制限であり、それに対応してそれだけ被支配者の意志を免除解放するという自己否定性をもつ所以がある。それが媒介性を有すること明であろう。況や被支配者の積極的主張が漸次にその利益の為にその自由の目的の為に、法の制定を支配者に迫りてこれを果すこと、ローマの共和政時代における立法の如くになれば、法が決して支配者の被支配者に対する強制の一方的発現たるに止まることが出来ずに、契約性をもち、自己否定の交互態の上に成立することが愈々明白となる。この事はローマ共和政時代における程顕著でなくても、国家がその[85]膨脹発展ないし戦争等の為に財政的に人民の納税に依頼する所が増大し、しかも堪税能力は相当の保護を人民に加えるのでなければ維持ないし増加せられないという事情の為に、国家の崩壊を免れる必要上、却って人民の権利の伸張がそれに対する強制と平衡を保たなければならない、という事態にはっきり顕われる。ここに如何なる苛酷の立法もなお自己否定性を含み、少なくとも消極的に被支配者の権利を保証するという弁証法的性格を有する所以がある。種個の交互的否定的媒介に依る媒介存在としての国家は、必然的に法をその媒介の普遍的概念化としてもち、それにより自己を論理化し理性化するのである以上、法が理性の弁証法を原理とすることは当然であるといわなければならぬ。法はこの意味において国家の否定的媒介性の対自的自覚に外ならない。法が歴史法であると同時に、それを媒介として理性化せられる側面において、いわゆる自然法でなければならぬ所以も、ここにある。しかしながら斯様に弁証法的否定性を法がその本質とすることは、国家の社会的構造、その種個の対立契機の否定的媒介性、をその歴史的現実的側面に有することに由るのであるから、種個の対立的勢力の消長、すなわち種の直接的生命の伸張、その統一の強化と、個の自立自由の要求との、消長が、人口の増減、自然的環境の変化、他国に対する対外関係の変動、等に伴い動くに従って、不断に法の改変を要求し、寧ろ法を制定することが却って法の媒介的動性に反対するという自己否定性を示すのである。そこに立法をめぐって政治の実践運動が活発に動く。国家の社会的側面と法的側面とを実践的に媒介するものが政治に外ならない。それが対立する勢力の均衡と抗争とを内容とするのも当然である。しかしそれは社会的契機の対立を否定的に綜合してこれを法の絶対否定に媒介するものであるから、単なる勢力の力学に止まるものではあり得ない。法の有する絶対否定性を、歴史的現実の各段階における永遠の現在において実現するところの実践でなければならぬ。政治も法を媒介として歴史の現在に絶対性を獲得するのである。すなわち直接に法を介してそれは文化に連る。政治と文化との媒介が国家の歴史的内容を形造ると考えられる所以である。

六

国家が種個の社会的対立契機の否定的媒介として弁証法的なる媒介存在であり、現実に社会の最も具体的なる型として歴史的に実現せられると同時に、すべての歴史的社会の原型としてそれ等に契機として内在する、というその論理的性格は、自覚せられれば直接に法として現れる。これが法の論理に対する親近性の由来であって、その歴史法的契機と自然法的契機とが、単に一方のみ根源的であって他方が派生的であるという如きものでなく、前者の絶対否定態として後者が理解せられる如き弁証法的媒介の関係にあるべきものであることも、論理における概念の「仮定」たる歴史的相対性と、その絶対否定たる弁証法的理性の実現として有する意味の永遠性との、関係に比せられるであろう。とにもかく国家の否定的媒介性の対自的自覚としての法によって、国家はその永遠性絶対性を自覚し文化をその内容とするに至る。政治が国家の社会的契機と法的契機とを媒介する実践であるに対し、その絶対否定の原理としての、法の弁証法的論理が政治を文化に媒介するのである。法は単に実定法としては社会的契機の対立の否定的統一に止まるが、それと不可分離に結付くところの法律解釈から発達する法学に至って、明白にそれは自然法的理性を実現し、普遍的永遠的なる文化の性格を発揮する。ローマ法典における解釈法学の抱合、それからの自然法の発達を考えるならば、法の歴史性と永遠性、現実性と規範性、あるいは法律性と学問性、の媒介統一たる二重的弁証法的性格は明白でなければならぬ。実定法の実証的事実性が、矛盾なき演繹の体系を形造ることを要求するに由り、その演繹の前提たる根本規範を実定性の根拠たる純粋法として取出し、これを法学の対象として純粋法学を実証法学の半面に建設しようとした主張は、この点から見て理由を有する。それは数学における公理主義に対応するものと解せられる。しかし数学においてさえ公理の起原に関するいわゆるmetamatematischなる問題が無視するを得ざる相関的関係を有すること、直観主義の指摘する如くであるとすれば、ケルゼンがmetajuristischとして斥ける社会的歴史的起原が法に対して一層重要なることは明白でなければならぬ。斯かる純粋法学の立場からケルゼンが、法と国家との同一を主張するのは、歴史的行為の弁証法的統一を、同一性化し平面化する抽象論に外ならない。それが歴史的国民主義によって排し去られたのは、単に政治的理由にのみ由るのではない。法は国家の歴史的行為において、歴史性を通じて永遠性に参するのである。その意味においてのみ、歴史的実証的即自然的理性的なのである。法も種族的歴史的にして相対的であると同時に、その絶対否定性において普遍性永遠性をもち、種族的であると共に人類的なること宗教や芸術と同様である。しかもその技術的なる段階においては種的であるけれども、漸次その制限を超えて真理自体の観想にまで解放せられ高められて普遍性を獲得すれば、同時に人類的となること学問の本質であるが、法は正にその必然に随伴する解釈法学において、種的立場から類的立場への斯かる推移をそれ自身の内部に含むことは、特に注意に値する。いわゆる絶対精神の客観精神を否定契機としなければならぬ媒介関係が、ここに最も明に示されているといってよい。文化は一般に種的基体の生命を母胎とし地盤として発生しながら、その特殊性の制限を絶対否定的に否定し、以てこれを自己の媒介に転ずるところの個人の活動力の、創造的なる個性的表現を意味する。それは種的伝統を媒介としてこれを絶対否定的に無の現成にまで高める個体の創造に属するが故に、人類的普遍性を有するのである。文化の国際性というのは、単に国家民族を直接に否定して抽象的普遍的に人類の立場に立つことを意味すべきではない。如何なる文化といえども民族的でないものはあり得ぬ。ただ弁証法的にこれを否定して却ってこれを媒介に転ずるのである。その主体たる個人は、同時に自己の個性を種的伝統の内に否定して却ってこれを媒介とすることにより自己を活かし、以て絶対無の立場に人類の普遍性を実現するのである。個人は単に直接的にその存在自体を以て人類に貢献し参加するのではない。それは自己の絶対否定性において始めて普遍の立場に立ち、人類に参加するのである。ところでその否定的対立契機たるものは、[88]最も具体的には種的基体に外ならない。個人は飽くまでその属する種的基体を媒介として個即全、全即個の媒介存在たる国家と相即し、自己は即国家であるという関係を行為的に実現しなければならぬ。それと同時に、国家は却って個人の自立性創造性を媒介として人類の連帯に入る。文化はその自覚的観念紐帯と解せられる。国家に依って個人がモナッド的多元に止まらず全体の統一を形造ると同時に、却って諸国家が全体的個体としてモナッド的多元に帰することを、個人の文化的普遍性を通しての人類的連帯が防止し、それにより諸国家が人類の開放的統一に齎される。前の全体的統一が閉鎖的であるに対し、後の人類的統一は開放的であって、全く同じではなく却って相対立するのではあるが、しかもこの二つの対立する統一の交互的なる媒介が、始めて動的実践的なる歴史的世界の内容を成すのである。政治と文化とが互に媒介統一せられなければ、国家が歴史的世界の主体として存在することが許されない所以である。

ところで国家は本来それぞれ固有の種的基体を契機とするものであり、而して種は種に対して自己を主張し、その生命を維持伸張することを本質とするものであるから、国家は一方においてそれに属する個人の自立性自発性に由来する文化の創造を媒介として人類的連帯をもつと同時に、その種的対立関係における自国本位的の勢力維持伸張が利害的なる聯合対抗となって、人類的連帯に交錯するのである。政治が単に国内的に止まらずして対外的外交戦争にまで発展し、寧ろ国内政治と国際政治とが交互的に相関関係を有する所以である。しかし単に国際関係を利害の見地から勢力均衡の力学においてのみ観んとするのは、国内的に種的全体的統一の強制力のみを国家の原理とすることが抽象であると同様に、これに並行する抽象たることを免れない。却って国内において個人の自由の自立性が全体の統一に媒介せられなければ国家の活動力が枯渇する如く、個人の創造に依る文化の産出を以て人類の連帯に協力貢献することなき国家は、永くその勢力を維持して、歴史の時代を代表し、その傾向を実現する任務を負担する、ことは出来ない。国内的にも国際的にも個人の自由創造を媒介とすることなしには、国家は歴史的世界の主体たることを許されないのである。[89] しかし同時に他方において、個人が人類に連帯し歴史的世界に参与するのは、飽くまで国家を通じてであり、国家の種的基体を媒介としその伝統に結付くことなしには、それは歴史の建設即発展に入込むことが出来ないことは改めて繰返す必要がないであろう。歴史的世界は、類個種の三契機の交互媒介が、人類文化、対内政治、対外政治の三者の具体的なる相関的関係における実践的活動として、絶対無の動即静に統一せられることにより成立するのである。それは前に述べた如く、平直空間に投射して考えることの出来ぬ弁証法的否定の動的統一でなければならぬ。その三契機の交互媒介として多次元的交互相関的関係を成す三側面の一を欠くも、具体的なる歴史は成立しない。その歴史的世界の存在者として国家が最も具体的なる位置を占める所以は既に説いた如くである。実に国家はその媒介存在として絶対無の応現たる本質上、その存在がすなわち価値たる意味を有するといわなければならぬ。個人の存在が差当りそれへの奉仕において自己即国家の媒介統一を現ずることにより、その意味を充実する所以である。いわゆる「キリストのまねび」が信徒の生活の指針である如き意味において、一般個人の存在の意味が国家性の実現にあるといっても、国家の応現存在たることを理解する者にとり、不思議はないであろう。文化も斯かる国家が無の応現存在として有する絶対性普遍性の自覚内容と解せられることにより、始めて具体的なる存在論的地盤を獲得するのである。文化がその絶対否定に対する否定契機として要求するところの直接内容において、直ちに自然的なる生命意志勢力意志に連なることは、何人も容易に注意する所であるが、特に斯かる自然的意志の社会的発動が、種的対立の内外に亘る葛藤に最も具体的なる現れをなすことを、回避する所なく確認することを以て、私は更に一層必要であると思惟するのである。

この様な種的対立の対内的すなわち対個人的側面と、対外的すなわち対異種的側面とが、相関的なる葛藤闘争として現れることは、国内における階級の対立と国際間の対立抗争との、歴史的世界において避け難きものなる所以を示す。[90] 地上の有限なる土地資源の先占が、後に興起する民族国家の生存と発展とを困難ならしめる為に、実力の闘争に訴え戦争によりてその矛盾を解決する外に途の無いことが多いのは、現在までの歴史に顧みて否定することが出来ない。争点を商議に依って解くことが如何に望ましく、また能う限りこれを努めなければならぬことに、異論を挟む余地がないとしても、それが如何に限られた範囲においてしか実現せられ能わぬかは、歴史が一見戦争の歴史であるかにさえ見えることによって、明であるといわねばならぬ。一国内の法的規整がもと種的基体の母胎的根源性に由来するものであるに対し、国際間の規整は斯かる基体の閉鎖的統一性に基くことが出来ず、却ってみずから国家の基体的制約を脱する能わず、ただこれを否定的媒介に転ずるだけの力しか有しない個人の、人類的開放社会における統一にそれが委ねられる外なき以上は、国際法が国内法における如き強制力を有する能わざることは、当然といわなければならぬ。それは窮極において道徳的制裁か実力的制裁かの一方に偏し、理性と実力との綜合統一としての法的強制力を有することがない、ように見えるのも是非がない。しかし歴史における理性を信ずるものは、単に主観的なる道徳的制裁にも止まらず、さりとて単なる実力の圧迫でもない、世界歴史の世界審判が、絶対否定的媒介の具体化的傾向に背く抽象的行動に、永く歴史の主体的勢力たるを許さざることを必然に信じなければならぬ。それは総ての戦争が国際商議に依って防止せられるというのでもなく、またあらゆる戦闘行為が国際法規に拠って処罰せられるという意味でもない。却って種が直接的生活意志たることを認めるならば、種の対立性に伴い争闘の避け難きこと、而してこの種的基体を契機とする国家は、単に他の国家の種的要求に屈服することは許されないのであって、その存在即価値たる性格上各自国力の維持伸張を義務として負うものなる以上は、戦争はあらゆる方法を尽して必勝を期さなければならぬものなること、当然である。個人の場合には自己を他人の為に犠牲にし、更に国家に自己を捧げることが、善として賞讃せられるのであって、自己否定そのものが却って人類に対する貢献たるのである。これその本質が飽くまで否定的媒介的であるからである。然るに国家はその種的基体の契機において、直接に個人の生命の根源たるに由り、飽くまで自己の勢力を維持伸張[91]しなければならぬ対他的肯定的側面を有する。これその存在即価値たる所以であって、斯かる国家がその存在を自ら否定して価値を実現するということは、個人の場合における如くにはあり得ないのである。個人の自己否定は却って母胎たる種的基体の永存の為であり、この国家奉仕を通じて人類の文化に貢献し得るのであるが、一国家が他国家の為に自己を犠牲にし自己の存在を否定することは、同時にそれを母胎とする個人の基体の永遠なる喪失を意味するが故に、それは直接間接に人類に貢献する途を自ら杜絶することに外ならないからである。ここに国家と個人との存在の意味の根本的なる相違があり、個人の私闘と異なり国家の戦争の是認せらるべき理由がある。現実と理性との実践的なる相即統一を歴史の原理とするものは、戦争の不可避なる所以を国家の種的契機の対立性から必然的に理解すると同時に、それが理性的なるものの否定的媒介に転ぜられ、いわゆる火中の蓮華ないしRose im Kreuzとして、絶対の現成する媒介となることを、行為の目的とする外ない。戦争は単に人性の有限に因する不可避の害悪として消極的に承認せられるに止まらず、更に存在の弁証法的構造に属する種の対立性に由来するものとして積極的に肯定せられ、善悪の差別的分析論的見地から見れば飽くまで悪と規定せられる外なきに拘らず、却って善の否定的媒介に転ぜられることにより、悪が善に飜る善悪表裏相即の機微を行為的に実現せしめるものなることが確認せられなければならぬ。国家の存在意味が、個人の道徳や人類の文化と区別せられる独自性を有することが、戦争の意味に関係して最もはっきり示されるであろう。

　しかしながら戦争はそのまま同一性的に善ではない。是れその由来する所の国家の種性が、そのまま無媒介に価値の原理でないのに相応する。全体主義の実力的侵略戦争謳歌がそのまま承認せられ難い所以である。個が自己否定の媒介に依って始めて価値を獲得するのと異なり、種の基体的根源性は国家の直接的肯定を価値の原理たらしめることは上に述べた通りであって、その限り個人と国家とは価値に対し否定的と肯定的と正反対の方向を有するということも[92]出来ないではないけれども、しかしそれだからといって、国家の媒介存在における契機として個と否定的に媒介せられることなくして、種が無媒介に価値の原理たる訳ではない。如何に個の生存の根源たる基体として肯定せられなければならぬとはいっても、尚その価値性は、却って個の根源であり、個を通じて人類の文化を創造する地盤たるに由来するのであるから、従ってその価値性は飽くまで個との否定的媒介に成立つと考えなければならぬ。個が国家に対する自己否定を価値の原理とし、また国家を裏切る虞が無いという条件の下において認められる人類的隣人愛の自己犠牲の価値も自己否定を原理とするに対し、国家はその種性において他の国家に対し飽くまで自己肯定的であり、そこに個の主体性と種の基体性との価値に関して本質的に差違を有する所以があるのではあるけれども、しかし基体は却って主体化せられて始めてその価値性を対自的媒介的に実現することが出来るという理由により、国家も自国の個人に対しては却ってこれを自発的に活かす為にその種的契機をこれに対し否定し媒介しなければならぬのである。これに依って国家が間接に個を通じて人類の立場に高まり、歴史の主体として文化に貢献する。この媒介を具有しない国家は、それが如何に戦争に強力であり、一時実力を以て他国を征服し圧迫するも、世界歴史の審判は斯かる理性的媒介を含まざる多分に直接種的なる国家を自壊せしめ、歴史の主体たることを禁止する。これは国家の主体的契機たる個を活かす肯定性なくして単にこれを否定抑圧する種的統制は、却って全体の組織的生命を凝固せしめ、国家の溌剌たる生気を枯死せしめるものだからである。ここに理性的ならざるものは現実的なることを許さざる歴史の審判がある。戦争が国家全体の行為たる限り、十分に理性をはたらかせて国際条理の尊重と一般文化を政治に織込む識見とを有するものが、戦争を勝利に導き国家を有力なる代表的歴史的主体たらしむる所以である。国家を重んずるは決して単なる種的対立性をのみ重んずることを意味しない。これと共に個の人類性を重んじて、両者の否定的媒介に国家の主体的実践的発展を認めることが、真に国家を重んじ国家に忠なる所以である。私が全体主義と個人主義との両方に反対して、その抽象性を指摘し、絶対媒介的国家主義の実践的媒介性を強調しなければならぬのは、この為に外ならない。[93]

ところでこの様な国際的対立と人類的統一との媒介と分離、合一と交錯、との動的聯関として歴史的世界の内容を考えることは、更に歴史の重要契機としての経済的階級対立を問題とすることに導かざるを得ない。歴史を専ら文化史の観点のみから見る人文主義にとっては、経済も文化の基底としての物質的生活の維持発展を目的とする人間活動を意味し、従って経済的生産も単に技術的制作という広義の文化的見地のみから見られ、経済そのものは文化の予想する人間生存の基底ではあっても媒介ではなく、文化はそれ自身の精神的内容を有するに由り、経済そのものは契機として文化の内容に入込むことがないかの如くに考えられる傾向を示す。いわゆる文化史的観念史観がこの傾向を意味することはいうまでもあるまい。それに対する反動が、経済的生産の社会的関係が、因果的に文化を規定する実在基礎であるという唯物史観となるのも、もと文化と経済とが十分に媒介せられることなく、文化の自主的精神内容が物質生活を否定的に媒介せずに単なる生存の基底として自己の外にこれを予想するという関係に止まる結果、却って基底は原因的規定力を要求するに至ること、甚だ看易き道理といわなければならぬ。ここに経済的物質生活と文化的精神活動との自立的対立と同時に、前者が種的基体の活動として後者の主体たる人類的個人の生命の根源に属するものでありながら、却ってそれが否定的に後者と媒介せられ、その内容にまで止揚せられることこそ、後者の実践的活動の意味を成す所以がある。従ってまた斯かる媒介における具体的なる物質生活が却って技術的をその契機に含み、経済と文化と交互的内面的に媒介統一せられなければならぬと考える絶対媒介的歴史観が、右に述べた相対立する両史観の綜合として当然に主張せられるべき理由が存する。特に経済的生産を本来種的社会的なる起原を有するものとし、而して社会の具体的原型を成す国家性の実現が、対立的なる種の勢力伸張に由来する征服にその機縁を見出すに由って、国家における征服支配者と被征服被支配者とが、経済的生産に必要なる労働力の享益者と提供者との関係において階級化[94]せられる縁由を示し得ることは、この史観の具体性を証するものといってよかろう。階級を政治法律と独立なる生産関係と解して経済的生産力にのみ依存せしめ、政治法律は本来それに規定せられるものであると解する唯物史観は、階級のもつ社会的統一力ないし強制力を十分説明することが困難ではないか。種的基体を認めず従って国家の統制力を却って階級的支配に帰せんとするこの立場が、所詮抽象的なるを免れないことは、最近の歴史的現実がこれを証する。階級の統制力も却ってその由来に種的基体の対立性を媒介として含むのであって、国家における政治的支配の対立性と階級の対立性とは、元来交互的相関性を有すると考えなければならぬ。経済と政治との相関は、本来的に単に一方を以て他方を規定するものと解することを許さない。両者初めから交互限定の相関的媒介関係に立つのである。而して交互限定が決して因果関係の両方向の結合として理解することを許さざる具体的媒介統一なることは、既に前に述べた通りである。唯物史観の因果性的規定の見地が、その標榜する弁証法を裏切って機械論的同一性論理に近づくことは、その立場の抽象性を証明するものといわねばならぬ。政治的支配に階級性があるということは、単に経済が政治を規定するからではない。そう考えては階級の統制力が却って説明し難いこと今述べた通りである。然らずして、政治的支配の対立関係と経済的階級対立とが交互的媒介の相関関係を有し、国家における種的対立契機が征服を通して対自化せられ、政治的支配において実現せられるに当り、もと種の生存意志が社会的生産に直接現れて、経済的生産における労働力の利用に対する要求の形をとることが、それに媒介せられるに因って、政治的支配と階級対立とが、相関的に随伴することになるのである。しかしこの様に政治と経済との相関関係を確認することは、更に重要なる点において唯物史観を是正することとなる。何となれば国家における政治的支配は、飽くまで媒介性を本質とするのであって、その媒介関係の概念的自覚として理解せられた法は、既述の如く政治を文化に媒介し、国家の人類性を対自化するものであって、決して単に支配者の利益のみを目的とするに止まることが出来るものでなく、同時に少なくとも支配者の活動に消極的制限を加えて、それだけ被支配者を保護するものだからである。斯くて窮極において種に対する個の自由自立性が法によって対自化せられ、国家は法を通して人類の立場に高められ、それにより政治が一般文化に媒介せられるのである。これは正に唯物史観の主張する、法と一般観念形態としての文化とが経済的基底に規定せられる、という命題を否定して、それ等の自立性を保障し、更に却ってそれ等が逆に経済の媒介となることを教えるものである。それが歴史的現実に適合することは、今日経済に対し、いわゆる経済外力たる政治法律の勢力が、契機としてそれに入込むことが如何に強盛なるかを見れば、疑う余地が無いであろう。而してこれが直接には、国家の政治的支配の経済に対する自立的交互的相関性を確認することから出発するのは、今まで述べた所から明白であると思う。更にそれが種の対立性にまで遡る所以はもはや復び繰返す必要はないであろう。私が前に国家の応現存在を表現と象徴とに対立せしめ、これを両者の綜合として、物と人との関係が人と人との関係に還相せられることをそれの特色とすると述べたことも、右に対応する。経済的生産の物的利用関係が社会の人間関係に媒介せられるのが、国家の政治内容であると解せられるからである。

而してこの様に国家の政治的支配がその種的対立性を通して自立的に経済と相媒介せられることは、政治法律更に一般文化の階級性に関する唯物史観の主張が一面的抽象であって、交互的相関関係の一方面だけを誇張するものなることを示すと同時に、反対に階級の超国家性国際性を強調するその主張が、同じく抽象に止まることを知らしめる。もし上に説いた如く、階級の対立が同時に政治的支配関係と本来交互的に相関関係を有するものであって、前者のみ経済的生産関係として単独に発生し、それが一方的に後者を因果関係において規定する、という如きものでないとするならば、国家の政治的支配に対する相関関係を離れて階級が超国家的に生ずるものでない、ことは明白でなければならぬ。相互に自立的に独立の原理を有しながらしかも交互に媒介せられるのでなければ、現実に成立することが出来ないのが[96]、一般に弁証法的媒介の契機たるものが有する所の関係であるならば、経済と政治、階級と支配、もまた斯かる関係を有するといわなければならぬ。具体的にいえば、階級は積極的にあるいは消極的に、国家と相関関係においてのみ成立するのである。封建時代において階級と支配とが積極的に相媒介することは疑問の余地があるまい。しかし階級の超国家性が主張せられる縁由となったところの資本主義時代においても、実は階級対立は消極的否定的に国家の政治的支配と相関関係を有するのであって、決して後者を離れ前者のみが単独に成立したのではない。それは資本主義の発生期とその爛熟頽廃期とを観察すれば、疑うことが出来ない。ただ資本主義生産の隆盛期においては、その商品生産と資本蓄積との本性上国家の境界を超えて経済が国際的となったに止まる。却ってその末期的爛熟の今日においては、その修正ないし止揚が政治的支配と結付き、一国ないし国家集団の政治的強制と相関的に遂行せられていることは、我々の現に目撃する所ではないか。この関係は資本主義の発生期においても国家保護という類似の現象を示した。斯くてその最盛期における資本の超国家性は、却って経済の国家的統一を疎外して否定的にこれと対立したものというべく、斯かる疎外の可能なることこそ、正に両者の弁証法的媒介関係に立つことを証明するものといわなければならぬ。従ってそれに伴い資本階級と労働階級とが、資本主義最盛期において超国家的国際性を示したとしても、それは今見た如き疎外の現象に外ならぬのであって、却って消極的に国家の政治的支配と相関的なることを示すものと解しなければならぬ。今日資本主義の修正維持を意図するファシズムも、その否定止揚を目標とするコミュニズムも、共に最も強力なる独裁的国家統制と結付くことを必然とするならば、階級的対立と支配関係との交互相関的なることはもはや疑う余地がない。この経済と政治との交互媒介の相関関係を具体的に看取することが、今日歴史の理解にとって最も重要なる着眼点であるというべきであろう。数国間の政治的協力と経済的協力とが交互に媒介せられてブロックを形造ることもまた、この相関関係の現れに外ならない。而して更にこの経済と政治との結合が文化と媒介せられて、歴史的主体の協力結合として現れるのが、今日の歴史的現状である。[97]

この様に考えると、階級の対立は国家の支配関係と交互相関的なる限り、後者の必然なると同様の必然性を有するものといわなければならぬ。階級の止揚に依って国家の止揚を招来することも出来なければ、また国家の統制に依って階級を消滅せしめる事も出来ない。ただ国家の止揚が階級の止揚と相関的にこれを随伴することは、観念上思惟せられ得るけれども、しかしこれは歴史的世界の構造上不可能である。何となれば、人間の生存が種的基体を根源的母胎とし、ただそれと個的主体との否定的媒介が国家を通じて人類の文化を発生せしめ、実在的即観念的なる現実世界を成立せしめるのである限り、国家は到底人間の歴史から消滅することはあり得ないからである。国家の否定は恐らく人間歴史の否定を意味する外ない。従って階級の差別も国家の支配と随伴して経済的生産の分業が行われる限り消滅するものでない。いわゆる階級無き社会は、国家無き人類というと同様の抽象であろう。しかし国家はこの論文の初から繰返し説いた通りその本性上媒介存在なのであって、種の強制的統一と個の自立的自由との否定的媒介を本質とし、実践的にその本質の実現せらるべき存在即当為の動態というべきものであった。その限り国家は強制力を有しながら個人の自発的協力の故に強制を実行する必要がなく、同時に個人は自由をはたらかせながら国家の種的統一を破ることがないということこそ、国家の理念的内容であるといってよい。

正にそれと同様に、経済的組織は階級の差別を生ずること必然なるに拘らず、それが対立争闘に進むことなく協力関係を保つ如き秩序に調節せられるところの社会政策的施設を行うことが、国家の階級に対する政治的任務であると考えなければならぬ。斯かることをいえば人は直ちにこれを以て現実を無視する理想を説くものとし、却って国家の階級的制約を強調すること、個人に対する国家の強制強圧を指摘する如くするであろう。しかし実は私は、この様な現実の非媒介的疏外的側面を無視するものではない。否、却って斯かる現実の分裂的非合理的側面を無視し得ざるが故に、その原理となるものを綿密に探求し、飽くまで事実を歪曲せざらん[98]ことを念とするのである。しかしながら弁証法の絶対媒介的行為の立場は、正に斯かる非合理的といわれるべき現実の契機を率直に認めると共に、これを否定契機に転じて絶対無の現成を実践する絶対合理性の立場に立つものなのである。いわゆる火中蓮華ないしRose im Kreuzこそこの絶対合理性の象徴でなければならぬ。斯かる絶対善の信仰、その現成としての国家の応現存在性に対する信念、はこれを論証することの出来ない信行証の統一に属するものであるから、これを信じない人を説服する途はない。ただ私としてはこの信行証が如何にかすかなりとはいえ自己の内奥に存することを、如何にしても否定することが出来ないのである。その当為即存在の立場における国家の存在性を、存在即当為として実践することより外に私の思想の依って立つ根拠はない。私の論理は、ただその自覚組織に止まる。斯かる立場から、私は階級の対立に就いても、国家支配の強制に対しても、絶対無の否定的行為の媒介としてこれを否定契機に転じ、絶対媒介の内に止揚することを以て、自己の任務とするのである。その任務の実践が信を行に依って証する限り、私の論理はその根拠を奪われることがない。もし階級の対立を止揚するに階級闘争を以てすることが唯一の方法であるというならば、それは国家統制の自立性を否定して、階級の対立が国家の支配を全的に規定すると考えるところの唯物史観に外ならない。それが経済と国家、一般的には物質生活と文化、との交互的媒介性を否定する非弁証法的同一性論理に陥るものなることは、既に上にも触れた通りである。弁証法の媒介的論理はこれを許さない。反対に国家の統制が個人を強圧するとのみ一方的に考えて、個人の自由解放が国家の止揚に依る外無しと主張するサンデカリスムが、歴史的社会の構造を無視する空想の所産であって、それは論理の否定において直観の飛躍を求める無媒介の非弁証法的立場なると、却って相通ずる所が、唯物史観にはある。弁証法的絶対媒介の行為的立場は、これ等両者を共に排しなければならぬのである。総じて相対立する契機の自立性を認め、従ってその統一が自己疎外に陥って対立が分裂にまで進み、両契機の闘争と実力的強圧とに陥ることの可能をも承認した上で、却ってその交互媒介の統一[99]の弁証法的非同一的なる所にこそ、自由なる行為の余地が存し、媒介的なる実践の途が開かれていることを信じ、これを行に依って証するところの立場は、斯かる抽象見を許すことが出来ない。歴史的現実の方向は斯かる抽象見を事実上不可能ならしめているのではないか。しかし媒介の実践は到底苦難たることを免れるものでない。国家がキリスト教におけるキリストの啓示存在に対応する所のある応現存在であって、国家に参与する個人の生活が、いわゆる「キリストのまねび」に比せらるべきものであるとするならば、国家的行為生活が正に、国家と苦難を共にする生活を意味することは、当然覚悟しなければならぬ。ただ信ずる者にとっては苦難即浄福なること、何れの場合においても変る所はないのである。

永遠・歴史・行為

一

歴史家ランケがその国王進講録『近世史の諸時代』において[103]、歴史における進歩の観念を否定し、科学的認識とそれによる物質的自然の支配とに関してのみは人類の進歩が語られ得るけれども、道徳や芸術においては到底進歩は認められず、却ってしばしば古き時代に一層高度なる完成が存し、時代の進行と共にそれが頽廃に赴くことあるを指摘し、如何なる時代もそれに固有なる傾向理念を以て神に直接するものなるを説いたことは、顕著なる事実として人に知られる。この説は直接にはヘーゲルの思想を攻撃したものであるが、間接には啓蒙時代以来の一般的理性主義に止めを刺し、歴史主義の特殊個別論に路を開いた浪曼主義的歴史観に基礎を与えたものであった。ただランケの生来の宗教的傾向と、彼のすぐれた歴史家的素質、特に堅実なる批判性と博大なる実証性とは、彼をして単なる特殊主義に跼蹐せしめず、却って自ら告白した如く、世界史としてでなければ歴史記述が彼にとり不可能である、というような普遍主義の境地にまで進ましめたのである。ここに飽くまで抽象的図式主義的構成を排して具体的なる特殊事実の実証的確認と記述とを主としながら、それ等の事実がその底において時代を貫通する普遍の傾向により統一せられるのみならず、更に時代と時代とを繋ぐ聯関を保つことを明にするという、彼の史学の雄偉なる特色が成立つ。彼においては特殊と普遍とが極めて緊密に媒介せられ、現実と理念とが甚だ具体的に結合せられた。一方において歴史哲学的構成と他方において単なる史実の考証記述との、何れの弊竇にも陥ることなく、史学の本領を具体的に発揮したことは、彼が近代における歴史家の典型と認められる所以であろう。

　しかしながらランケの歴史観は果して何等の問題をも含まないものであろうか。それは彼の歴史家としての仕事を完全に反映して残す所なきまでに完備したものであろうか。それとも彼の歴史業績そのものが、斯かる歴史観を反映する[104]如き一面性を多少とも含むことはなかったか。一方において各時代を神に直接するものとして絶対化する非連続的絶対史観と、他方において旧く既に成れるものと新しく成りつつあるものとの同時存在としての、時代のもつ連続性を重んずる発展史観とは、彼において十分具体的に媒介せられる原理を有したであろうか。更に進んでいえば、もし彼の歴史観そのものを規準とするならば、彼の歴史学もまた歴史的に彼の時代の傾向に支配せられ、従って彼の歴史観はそれを史学の立場から理念的に自覚しようとしたものに外ならなかったというべきではないか。それはなるほどランケの語に従って神に直接し、その時代の傾向を理念的に完全に表現したものであるといい得るでもあろう。その意味においてランケの歴史学を当代の典型として、あたかも芸術における如く古典と看做すことも当然の理由を有する。しかしながらこの事は、時代を異にするその後の時代特に現代にとって、ランケの史学がもはやそれを超えることを容さざる、万代に亘る完全の鑑であるということを意味するものではない筈である。却って彼の歴史観そのものが、他の時代は他の時代の歴史観を、その時代の傾向の史学的に反省せられたものとして要求する、とさえも主張しなければならぬであろう。しかしそうであるとすれば、現代の史学がランケの史学から発展して、それを契機として保存し、前者が後者に必然的に制約せられる発展の連続性と、その内面的聯関の統一性とは、何によって根拠付けられるのであるか。

　ランケの史学そのものが、歴史の所産として前代から制約せられて連続的に発展し、以てその時代の傾向を反映するということは、彼の史観が各時代の神への直接を主張し従って各時代の傾向理念の絶対性を認めようとするものなるに拘らず、却って当代の傾向と史観とを、連続的に発展する歴史の統一における特殊として相対化し、従って相対的なる立場で絶対論を主張するという矛盾を孕むことになる。彼はヘーゲル流の理性的進歩の思想が、歴史の各時代を単に次代への発展の契機として相対化し、これをただ全体の目的に対する手段の位置に貶して、それ自身に固有なる絶対的意味を有せざるものたらしめる傾向を有するのに反対して、各時代が特殊なるものでありながらそれぞれ固有の絶対的[105]意味を有し、各が直接に永遠に繋がるものなることを主張したのであって、確に歴史の核心を捉えたものといわなければならぬ。歴史の特色をなす個性把握の立場はここに確立せられ、啓蒙期以来の理性主義的普遍主義の相対論は、斯くて完全に否定せられたといってよい。理性主義的相対論はもと人類進歩の全体を歴史の根柢と考え、斯かる普遍の全体によって特殊に意味を与えようとするものであって、有目的論的歴史観というべきものである。しかし特殊の各時代は進歩の階梯たる意味を有するに止まり、全体の目的に対する手段に堕するが為に却って相対化せられるから、個性的なる歴史の特色はそこに見失われて歴史が自然化せられることを免れない。自然法的理性主義は歴史の否定に終ることが、歴史主義の反動を呼び起したという事実は、斯かる立場の帰結を実際に証示するものといってよい。その歴史否定の帰結は、抑も初めから理性主義が、人類進歩の全体という普遍的絶対的立場に立つ出発点の内に、含蓄せられたのである。これは絶対主義の立場に立って相対主義を主張するという矛盾に外ならない。ヘーゲルといえどもこの矛盾を免れなかったのである。理性の普遍的立場から歴史的特殊のもつ個性的意義を確立するということは、その普遍が絶対無ならぬ存在の有的性格を有する限り出来るものでない。ヘーゲルの有神論はこの制限を脱せしめない。故に歴史の内容を相対化することによりこれを否定する傾向を、免れなかったのである。それは却って自己の立つ歴史的位置の相対性を忘れてこれを絶対化し、而してその僭取せる絶対主義の立場から歴史の相対主義を主張するという矛盾を犯す。これは自ら神の位置に立って、人間世界の相対性を主張するという矛盾に外ならない。一般に歴史を時の流れに沿う連続的流動と解して、しかもその終極目的（いわゆる終末）ないしその過程の全体により、それに意味を与えようとする歴史観は、皆この矛盾を脱しないのである。自然と区別して歴史の独自なる意味を認めようとする第一歩が、斯かる有目的論的歴史観を立てることに始まるのは事実であるけれども、しかしそれはこの様な矛盾を含む。ランケが歴史家としてこれを否定しようとしたのは、当然であったといわなければならぬ。

[106] しかしながら彼の史観はこれとは逆の矛盾を含む傾向を有することもまた否定せられないのではないか。理性史観は歴史過程の進歩の思想において、今述べた如く絶対主義の立場から歴史の相対主義を主張したものであるが、ランケの史観は相対主義の立場から絶対主義を主張するものとなるからである。それは前者が歴史を否定して理性的自然に化する傾向を脱しないのに比し、遙に多く歴史の特性を維持することは、それが歴史的相対主義の立場に立つことによって示されている。歴史においては絶対の始とか終とかいうものは無い。また歴史の全体という如きことも、厳密にはいわれない。歴史の立場に立つということは、飽くまで発展する歴史的相対の内に身を置くことを意味する。ランケは正に斯かる立場に立つのである。しかし斯かる歴史固有の立場から出発するに拘らず、その相対的特殊なるものを直ちに絶対化し、神に直接するものとして永遠化するならば、縦特殊を普遍の立場において個性化する歴史の固有性を確立せんとする要求に出ずるにせよ、その結果は却って相対的なるものを直ちに絶対化するによって、両者が無媒介に合一し、相対的なるもの相互の否定的対立が絶対的なるものによって統一回復せられるという、相対と絶対との媒介がないから、絶対自らが相対に顚落して、相対相互を意味付ける聯関統一の力を失う。各時代に直接するといわれる神は、諸時代を内面的に聯絡せしめる何等の媒介性を有しない無差別的空間ないしそれにおける外的結合点に帰する傾向を免れない。この如きものにより無媒介に外的に結合せられる諸時

代が、作用聯関の統一を欠くこと能わざる歴史を如何にして成立せしめるか。ランケが歴史家として重んじた発展の連続性は、各時代の絶対性非連続性と如何に媒介せられるか。極端にいうならば、時代の前後ということさえも、斯かる無聯関の外的結合だけでは成立ち得ないのではないか。実際それぞれの時代が何れも永遠の現成として絶対なるものであるとするならば、それは同時に並列してその間に先後の秩序を付けることがそれだけでは出来ない筈である。約言すればランケの各時代絶対の説は、歴史の時間性を破壊して、単なる型の並存という非歴史性を招来する怖があるものといわねばならぬ。これはもちろん歴史家としての彼が予想しなかった帰結であって、彼の発展思想はこれを容さないものであり、彼の歴史研究は斯かる帰結などに拘束せられることなく諸時代間の作用聯関を闡明し、各時代がその先行諸時代から制約せられると同時に、後続諸時代を制約する内面的関係を追究したことというまでもない。作用聯関は後年のディルタイも注意した通り因果性を意味するのでなく、諸契機の自立性を前提する意味的全体の発展関係に外ならないから、各時代の自発性を否定するものでなく、却ってランケのいわゆる出会遭遇を含むものである。しかしそれが単なる偶然に止まらず、意味的全体の発展を成立せしめるには、神の指差しとしての摂理による目的論を要求し、ランケの斥けるヘーゲル的摂理主義に接近するものではなかろうか。彼にこの傾向のあったことは否定出来ないと思う。しかしそれが彼の本意に完全に一致するものではないこともまた疑を容れまい。実は彼は歴史家として現実の含む力学的関係を重んずる立場から、歴史的発展の構造をば一層現実的具体的に考えたのではないか。私はそれを政治の比論において追跡し得るかと密に考えるのであるが、如何であろうか。想うに彼は時代間の発展関係を、自然的因果性でもなく進歩向上の有目的性でもなくして、主体的自主的なるものの交渉関係と解したのであろう。この事は歴史を政治と不可分離なるものと観、而して政治においても自主独立なる強国間の外交的国際関係を重要視した彼の歴史研究の指導的観点が、これを推定せしめる。彼が歴史の内容の相互聯関は世界史にまで拡がるから世界史より外に歴史は書けないというのも、一挙に神的理念の普遍に歴史が統一せられる為というよりは、差当り斯かる主体的交渉関係の立場から観てそういったものであろう。この関係は啻に同時代の強国間における外交的国際政治の関係として見られるに止まるものではない。更に諸時代の間に存する関係にも拡大せられる筈である。各時代がそれぞれ絶対的なるものとして神に直接するというのは、決して一が他の手段に止まるものでない主体的自主独立性を有することを意味するのであるから、それは正に同時代の各国家の独立自主性に相応する。然らばそれが互に相聯関する関係もまた、諸国家間の交渉関係に比すべきものでなければならぬではないか。同時代の[108]諸強国間に存する主体的政治的関係、外交戦争に現れる勢力の実際的関係が、更に時代相互の交渉にも比論的に当嵌まるとするのが、ランケの歴史研究の実際上の指導観点ではなかったろうか。却って同時代の強国間の関係も、それ等の国家の前代に対する歴史的関係に制約せられ、逆に諸時代間の聯関も、各時代を代表する強国間の同時代における交渉関係によって表現せられるという、横と縦との交互的聯関が、彼にとって具体的なる歴史の作用聯関を形造ったものであろう。これは決して自然の因果関係における如き没主体的機械的なるものではない。しかし同時にそれと表裏相対立する有目的性とも同じではない。進歩を歴史の原理とする有目的性の立場においては、相対的なる特殊は終極的全体的目的に対する手段として、真に自主独立なる主体性を欠くこと、自然の機械的因果におけると異なる所がないからである。窮極において因果性と有目的性とは、表裏相反しながら構造上相通ずる所のあることは容易に観取せられる。これに対しランケの諸時代は、彼の主張する所に従いそれぞれ絶対性をもつのであるから、必然に自主独立なる個性的主体間の関係に立つのでなければならぬ。従ってそれの比論を求めれば、同時代の強国間の国際的関係に対応を見出すのが当然であろう。これはあたかも因果の機械的力学的関係と意志の有目的関係との両者の綜合に当るものであって、具体的には勢力関係（互角的）あるいは権力関係（優勝的）更に精力関係（自主的）ともいうべきものである。多数の自主的主体間に存する交互作用というのは、一般にこの様な力学的関係を意味するのでなければならぬ。私はランケの歴史研究を実際に支配した指導的観点は、差当り斯かる力学的交互作用の関係であったのではないかと思う。

しかしながらこの様に時代と時代とを結び付ける内面的関係が、列強間の国際権力関係に比論を見出すということは、両者が全然同一の関係であるということを意味しはしない。否、寧ろ両者は比例的に対応すると同時に、それぞれ固有の絶対値をもつものとして対立するからこそ、比論的なのである。それは同一類に包摂することを許さない異類の、構造上の対応に外ならない。今この場合にも右の如く二者の間に比論が成立するとしても、しかし同時に両者は同一類に[109]摂せられない独自の差別性を有するのでなければならぬ。それでは斯かる根本的の相違はどこにあるかというに、国際権力関係においては畢竟強者が弱者を屈服せしめるのであるから、縦物理的力学関係とは如何に主体的意志の交互関係として次序を異にするにせよ、広義において力学的交互関係たることを失わない。然るに時代間の交渉関係においては、各時代が絶対的なるものとして神に直接するのであるから、決して単に相互が対抗して強者が弱者を屈服せしめるに終ることは出来ない。もしそうであったならば、仮に或時代より前時代の方が強力なる場合に、後者の為に屈服せしめられて前者はそれの自主独立性を失い、従って絶対性を維持することは出来ぬからである。否それどころでなく、真に神の永遠に接する各時代は単に特殊に止まらずして、神の普遍における個体でなければならぬから、相互の間にもはや権力的対抗は存せず、却って互に個性を尊重し相互に認め合う和平調和が支配しなければならぬ。しかも各自が斯様に絶対性をもち自主性を保ちながら、一の時代は他の時代に必然に推移するからには、単に権力の力学的関係によるのでなく、その関係を超えて、常に新しき時代は旧き時代に対する秩序上の優越を有するとしなければならぬ。それが個性的なるものを単に並存せしめずして、継起せしめる所以となる。ここに時代関係の特色がある。発展という概念も、進歩の概念における如く終極目的に対する各時代の手段化の傾向を含むことなしに、前後相続く時代間の相対的関係として、却って各時代の絶対性と両立しながら維持せられる途をここに見出すであろう。歴史においては各時代の個性を明にすることと共に、時代間の発展推移を追跡することが、同様に必要である。否、各時代の個性の闡明も、発展的に時代相互間の関係を通じて究明せられるのでなければ、歴史にはならぬ。その限り歴史にとっては、静的個性記述よりも動的発展追究の方が、一層本質的なる課題となるのである。国際関係においては主体たる列強は、それぞれ自主性を要求するけれども、しかしそれは単に相対的であって絶対の自主性というものはない。権力関係あるいは勢力関係が有力であるからである。然るに時代関係においては、各時代が絶対性を有し神に直接するといわれる限り、それぞれ絶対の自主性を有するのでなければならぬ。従って両関係の比論は、一般に従来「存在の比論」と呼ばれたものが、無限絶対存在たる神と有限相対存在たる被造物との間の、構造上の比論を意味した如く、却って比論的対応の半面には、絶対と相対との否定的対立を含むのである。ここに我々は重要なる転機の存することを見逃してはならぬ。何となれば、絶対と相対とは啻に相異なるものとして区別せられるだけでなくして、互に一は他の否定として矛盾的に対立するのみならず、更に相対に絶対を止揚することは出来ないけれども絶対は相対を止揚するものとして、これを否定すると同時に却ってこれを肯定保存するという媒介性を有するからである。換言すれば、相対は窮極において絶対を根拠として始めて存するもの、従ってその自主性の要求は一度は否定せられなければならぬものだからである。これは具体的にいえば、絶対的主体たる時代の相互関係は、相対的主体たる列強の国際関係と比論的に相対応する半面において、却って後者を否定する如き関係を有し、逆に後者は前者に根拠付けられる限りにおいてのみ存在する、ということに外ならぬ。更に言換えれば、時代関係は国際関係の有する権力関係と一応比論において考えられるに拘らず、却って逆にこれを否定する所があり、後者の成立するは、前者によるこの否定を媒介として前者に回復肯定せられる限りにおいてである、ということになる。これは国際関係も歴史的事象として時代の制約においてのみ成立する、而して時代関係はそれと比論的なる権力関係を含みながら却ってこれを否定的に媒介する絶対否定的関係である、ということに外ならない。一の時代は次の時代によって否定せられながら、次の時代の契機として肯定せられ保存せられるのである。それぞれ神に直接して絶対性を有する各時代は、完全に自主的であって他の時代の為に存するという手段的意味を有しないけれども、しかし歴史の成立、時の本質的構造、の上から見て、一の時代は前の時代を否定しながら肯定するという媒介関係をもつのでなければならぬ。然らざれば歴史における時代というものは成立し得ないのである。単に個性的に絶対的なる時代が交代し、一が消滅して他がこれに替るという外的関係に止まらず、一の消滅が他の発生の媒介となり、従って前者は後者の存在に必要なる契機として、却ってそれ自体としては消滅しながら後者の内に保存せられるのでなければならぬ。この発展の媒介性が始めて歴史を成立せしめる。却って一時代の個性的内容を形造る同時代における強国間の国際関係も、単に平面的なる一時の勢力関係権力関係にのみ支配せられるのではなく、それぞれの代表し表現する新旧の時代勢力というものに立体的に媒介せられるのである。時代の趨向に一致する国家がこれに背馳する国家に対し優勢を保つことは、時の構造上歴史の成立に必然であるといわなければならぬ。しかしこれは単に新しくさえあれば旧きものに勝つという意味ではない。右の所論はそれぞれ神に直接するといわれる如き絶対性をもつところの各時代の傾向に就いて、始めて当嵌まるのであるから、旧時代といい新時代というも、それぞれ自主的に主体的精力を以て、真に絶対的永遠なる価値を実現し代表する限りにおいて、始めて右の時代転換の関係を成立せしめるのだからである。しかしそれと同時に各時代の絶対性というのは、時代相互の間に存する相対的関係に無媒介に、それから遊離し従って各時代を孤立せしめる如きことを意味する筈ではないことが、これによって明に認められるであろう。斯かる意味の絶対性は、相対から遊離しながら却って無媒介に相対と同一化せられる為に、自ら相対に堕すること上に述べた如くである。

今やランケの意味する各時代の絶対性は、この如きものでなくして却って発展的に相互媒介せられたものであり、具体的には、時代の傾向を代表し表現する強国間の権力ないし勢力関係をその相対的媒介とする如きものなることが明に観取せられる。各時代を神に直接せしめる如き絶対価値の実現を文化と呼び、国家間の勢力権力の関係を政治と称するならば、文化は政治を媒介とし政治は文化に媒介せられるといわなければならぬ。同時代の強国も、文化の立場において、政治の権力関係を時代の永遠絶対に止揚して、特殊即普遍なる個性を実現し、而してその普遍の媒介において互に相尊重し敬視するのである。ここに国家の真に具体的なる本質が成立する。政治と文化相媒介せられ、現実的なる権力関係が、理想的なる個性尊重の相互敬視に媒介せられるのが、歴史の具体的意味である。ランケが『列強』において、文化の促進のみが国家の[112]唯一内容たるのではない、我々が国家の発展において認めるものは力でありしかも精神的な、生命を産出する創造力である、それ自身生命であり、道徳的精力である、といったのも、その意であろう。いわゆる実用主義の歴史観は政治の一方に偏し、理性的進歩主義の歴史観は文化の一面に偏する。具体的なる歴史はこの両面の媒介の上に成立するのである。ランケはこの綜合的位置に立つものと解せられる。ただ彼はヘーゲル的理性主義に立脚する文化史に対する反対から、より多く政治史を重んじたのであろう。その各時代絶対化の説はなるほど文化の自主性自律性を確立するものではあるが、いわゆる文化史が文化の発展進歩を歴史の主要なる内容と考えるのに反し、各時代がそれぞれそれに固有の傾向を以て絶対化せられるならば、文化も諸時代を通ずるその普遍性においてよりは、各時代に特有の傾向たる特殊性において重要視せられるから、その傾向の圏内でこれを代表せんとする国家勢力の競争と消長とが、歴史にとって主要なる問題となる。ここにランケの政治史的傾向が成立するといわれるであろう。それが一見文化史の立場に立つ如くに見える各時代絶対化の説と、実は却って内面的に繋がりを有する所以は、右によって略々理解せられると思う。歴史学と政治学との親近と差違とを説いた彼の就職講演も、これを確めるものではないか。

二

ランケに関する知識に対し私の負う所多き鈴木成高氏の『ランケと世界史学』の如きすぐれた書物があるのに、私が前節に長々と彼の歴史観を論じたのは、あるいは烏滸がましいことかと自ら思わないでないが、しかしそれは一に私のランケ理解を修正する為であった。斯くいう意味は、その特色を形造ること疑ない、各時代の絶対化の思想に彼の歴史観を集約して考えると、それは理性主義の普遍的進歩思想に対し特殊的多元主義に傾き、寧ろ前にも指摘した如く歴史を、各時代毎に異なる種々の文化型の神における並列的結合、なるかの如くに解せしめる鐵が無いではない、これはすぐれた歴史家としての彼の業績と如何にして結合せられるか、彼の発展史観とどういう関係にあるか、という疑問が、私をして彼の史観の真意を追究せしめ、一見注意を惹く右の主張が、彼において具体的に如何なる意味を有した筈であるかを、明にするように私を促したということである。右の思想は、ランケを離れて考えても、一般に歴史的時間の構造を時の現在における弁証法的統一に基け、いわゆる、永遠の今の瞬間に、時の超越的統一を見ようとする傾向と、相通ずるのであって、私自身もまた時の構造を専らこの観点から考えることを常としたのであるが、しかしこの様に時の根柢を現在の永遠に置く考方は、動もすれば現在を孤立化し非連続化する方に傾き、却って現在における時の現成としての連続が如何にして成立するかを閑却する怖がある。それは約言すれば、時が永遠に摂取せられる永遠への往相を主とし、逆に永遠が時に還相する方向を閑却するということに外ならない。もちろん形式的に考えれば、永遠が時の絶対否定であるという弁証法は斯かる考を許さないのであって、絶対否定即肯定として時の現成を永遠が積極的に根拠付けるものなることはいうまでもない。しかし永遠に媒介せられて肯定還帰せしめられる時は、永遠に止揚せられることを離れて直接に考えられた時と、同一ではあり得ない。直接的に思惟せられた時は、永遠に否定せられながら回復還相せられた時と、比論的に対応はするけれども同じものであることは出来ぬのである。前節に述べた「存在の比論」の意味において、却って一は他の否定であり、永遠の還相たる時は、直接的なる時の有限を否定して、それを自己の肯定に転ずるのである。斯くて時の様態たる過去未来も、両者において相対応しながら、しかも直接的なるものと媒介せられたるものとして互に相違しなければならぬという事態を惹き起す。然るにこの様な比論の否定的媒介的側面は、十分注意せられることが比較的少ない。その為に時の様態の非連続的統一としての往相面が主となり、逆に斯かる統一の根柢たる永遠の、時に還相する連続性が、軽視せられる。少なくとも私は従来この様な偏頗を犯した。この偏頗を矯正し、時間論と歴史観との、永遠に対する往相の一面性を修正しようと欲する要求が、右の如きランケの史観の批判的理解へ[114]と私を導いた訳である。もし大胆なる批評を許されるならば、ランケの各時代絶対化の思想は、歴史を連続的発展よりも寧ろ非連続的並存型の展開という方向に傾かしめるものではないか、その結果は彼の意志に反して、文化歴史の原型を根柢に置きそのメタモルフォーゼとして歴史を解するという考方に導き、これがその徹底せられた帰結となるのではないか、と私には思われる。ランケの史筆の長所といわれる時代描写の写実性という如き事実も、あるいはこの様な傾向を暗示するものではあるまいか。もとより歴史家としての博大豊富は、彼のこの様な傾向を一面に偏倚せしめることなく、時代相互の連続的推移発展の跡を決して軽視させはしなかった。しかしその様な連続発展に重きを置く思想とかの非連続的絶対主義との相剋が彼に全然なかったとはいいわれまい。少なくとも問題がそこに伏在することは否定出来ないであろう。

　私はこの様な時間ないし歴史の永遠に対する関係を究明する為に、更に一層立入って時間の構造を分析して見なければならぬ。抑も時の過去現在未来の三様態が如何なる関係に結付くかという問題は、周知の通りアウグスティヌスの『告白』における時間論以来しばしば取扱われたものであって、現代に至るまで種々の解釈を呼起しているのであるが、しかしその考察の大体の方向は略一致しているといってもよかろう。その主要なる一致点は何かといえば、それは時の現象学的考察という態度に存すると思われる。時を我々の外に、我々と離れて客体的に自存するものとしては、捉えることは出来ない。元来我々の外に客体的に存するとは、我々の身体を包みてそれの外に同時共存的に存在することを意味するのでなければならぬから、それは空間的に存するということであって、同時より先に継続であり、共存よりも先に継起である時の本質を、否定するものに外ならない。斯かる空間化が時の本質を捉える所以でないことはもちろん、却ってこれを見失わしめるものなることは明白である。ベルグソンなどが極力これを排しようとしたのも当然でなければならぬ。時は斯かる自然的実在論の立場では捉えられない。どうしても我々の内部において、意識の構造にそれの本質を求めなければならぬ。アウグスティヌスの時間論の不朽の意味は、この現象学的立場を確保し、その後の時間論に礎石を置いたことにあると思う。カントの時間の内官形式論や、フッサール、ハイデッガーの現象学的時間論、ベルグソンの意識の直接与件の立場における純粋持続論、等一としてこの立場に立たぬものはない。ところでこの様な立場に立てば、過去が記憶において、現在が直観において、而して未来が予斯において意識せられ、しかも過去の記憶も未来の予期も直接には現在において存するのでなければならぬから、現在の直観は過去未来に対する現在を成立せしめると同時に、これ等三様態を包括する媒介意識でもなければならぬ、というアウグスティヌスの時間論は、啻にその立場において右の如く後の時間論の礎石になったばかりではなく、内容的にも時間の現象学的構造の主要点を闡明したものとして、後代に対する標準的思想と認められる。而して更に重要なことは、近代から現代に及ぶ先験論的現象学の立場が観念論的内在の立場を純粋に保つ結果、それにおいては時の超越性が見失われ、客観的なる歴史の時間性を確立することが困難となるのに対し、アウグスティヌスにおいては、現象学的内在の立場も本来神学の超越的立場と相即するが故に、内在的統一の根柢は超越に求められ、時も世界の前にあるのでなく世界と共に創造せられたものとして世界の客観性と相関的に考えられ、而して両者の根柢として創造者の永遠が前提せられるに依り、現在の媒介的具体的統一の根柢は神の永遠に繋がれる、ことである。ここにカントや現象学の立場において困難なる時の超越性、歴史の客観性の問題に対する解決の鍵が、アウグスティヌスにおいて用意されていることが見出されるであろう。それはまた時間の主観性を空間の客観性に媒介し、歴史の内即外、外即内なる主観―客観的具体性を成立せしめる根拠ともなる。今日歴史的時間の解釈学を標榜するハイデッガーの特色ある時間論が、なお現象学的内在論の為に、そのいわゆる超越をも内から解釈せられたる超越に止まらしめ、真に超越的なるものを捉えることが出来ない、という如き困難は、これによって打克たれるでもあろう。内在はそれを否定的に媒介する超越の根柢においてでなければ、ハイデッガーのいわゆる脱自的統一[116]を成立せしめまい。いわゆる被投と投企との、過去の受動的契機と未来の能動的契機とが、更にいわゆる被投的為投企として統一せられるには、両者が互に否定的関係を有するものなる限り、単に直接に結合せられることは出来ぬ。その媒介には否定を肯定に転ずる絶対無の超越が無ければならない。単に内在的に気分存在として直接に意識せられる現在のみではこの転換は行われない。その背後に絶対無の超越が根拠となるのでなければならぬ。然らざれば脱自的統一という自己否定的統一は、実際には成立することが出来ぬであろう。斯かる統一は啻に地平として観られる有に止まるのでなくして、更にその根柢を絶対無にもつのでなければならぬ。この絶対無の超越的なる根柢が内在的に脱自的統一を成立せしめるのである。ハイデッガーにおいては、この超越的根柢が明でない。それは解釈学的現象学の限界外にあるものとして、前提はせられながら、解釈によって意識の内在面に顕わならしめることの出来ぬものに止まるのであろう。然るにアウグスティヌスにおいては斯かる超越の根柢は神の永遠に存することは寧ろ自明であった。時を世界と共に被造物の立場に成立するものとする彼の新プラトン的キリスト教思想は、これを必然なるものとして推定せしめる。超越あるが故に内在があり、内在あるが故に超越がある、という弁証法的媒介の思想は、彼において近代現象学の制限を超えて具体的なる萌芽を現わす、といっても必ずしも過言ではあるまい。ハイデッガーの内在の立場においては、単に脱自的地平においてある時の一様態たるに止まらず同時に自己を超え、従って時を超える媒介的統一たる意味を有し得ないところの現在が、アウグスティヌスにおいて過去の現在、未来の現在たるのみならず、更に現在の現在たる自己超越的統一たるのは、その証左とするに足りる。現在が脱自性を有するのでなければ時の脱自性は成り立ちようが無い。而して時の脱自性は時そのものの絶対否定として永遠が時と媒介せられる関係に外ならぬ。脱自的にしてしかも統一を成す時は、永遠の自己否定的統一に即して成立するのでなければならない。

現象学的時間解釈の根柢には、時を超えてその脱自的統一の根柢となるべき永遠が、時の内在に対する超越的媒介として存しなければならぬこと、右の如くであるとしても、その超越的根柢たる永遠は、飽くまで時の脱自的自己否定的統一を成立せしめるものであるから、それは自己否定を肯定に転ずる転換の原理としての絶対無でなければならぬ。然るに絶対無はそれ自身無媒介に存することは出来ない。斯かるものは無でなく有として存在する外ないからである。絶対無は飽くまで交互否定の関係にある相対の契機を媒介するのでなければならぬ。具体的にいえば絶対無たる永遠は、過去未来の否定的対立を契機とする時を媒介としてのみ現成することが出来るのである。時がその自己否定的統一として成立する根柢として永遠を必要とし、その超越の内在化としてでなければ成立しないとすれば、時の否定を肯定に転じそれを自己の上に成立せしめる根柢としての永遠は、時を絶対否定的に自己に摂取すると共にこれを肯定回復してそれに還相するものでなければならぬ。その意味において、時は永遠に往相し永遠は時に還相するといわれる。永遠は時の自己否定に媒介せられ、それの絶対否定においてこれを内在的統一に現成せしめる超越的根柢として、自ら時に還相するのでなければならぬ。何となればこの媒介現成の外に、絶対無としての永遠はあり得ないからである。この往還二相が別々にでなく相表裏する両側面として同時に、時と永遠との否定的媒介を成立せしめる。これが時の弁証法的成立といわれるべきものである。然るに新プラトン的存在論とキリスト教の有神論の何れの契機から考えても、アウグスティヌスの永遠は、斯かる時の絶対否定的超越として即内在的に、時に自己を媒介しそれに還相するものとはいい得ない。何となれば永遠は有神論的存在論において、絶対無の媒介に止まるものでなく、更に斯かる絶対媒介を超出してこれを内に包む絶対存在だからである。永遠は彼において創造者として特に超越的に存在する神でなければならぬ。永遠という絶対否定態が時と相即して成立するに止まらず、神という永遠存在者の属性として自体的なる存在に内属するのである。前述の如く永遠が時を媒介する往相面が、同時に永遠が時に媒介せられる還相面と相即する限りは、永遠も自己を否定において肯定する絶対否定態として常に時の転化生成と相即し、自己をそれにおいて現成せしめながら[118]同時にその自己否定的転化を肯定的に統一する動静一如の絶対媒介に止まらなければならぬ。然るに永遠存在を創造者として、時の超越的根柢とする有神論的存在論においては、永遠は決して単に時と相即する媒介としての動静一如に止まるものでなく、時の転化生成を超えて自体的に存在する永遠者の属性として時の動を包む超越的静となる。アウグスティヌスの永遠が斯かる意味を有するものなることは、その一般的立脚地から見て否定すべからざる所でなければならぬ。従って媒介的統一的現在は、相対的現在を否定的に肯定するハイデッガーの脱自的地平の如きものの媒介に止まらず、更に斯かる媒介を包む静的場所の意味を有したともいわれるであろう。ハイデッガーの解釈学的現象学の立場から斯かる現在を認めなかったことは、その超越転換の媒介無視が欠点であるとしても、同時に超越的静的場所の否定拒絶において正当性を有するといわなければならぬ。何となれば斯かる静的場所的永遠の承認は、右に述べた時と永遠との関係において本質的意味を有するところの、往還二相同時相即の真理を無視するものだからである。そこにおいては永遠はそれの内部に時間の転化運動を包む静的場所として、時間に無差別なる自体的存在性を有するのである。然るにこのような、時間に対する永遠の無差別性という規定は、甚だ危険なる帰結を齎す。何となればそれは、永遠が時間の過去から未来に向う一方向性、いわゆる時間の非可逆性なるものを否定して、反対に未来から過去への方向をそれと全く同等に可能なるものたらしめるからである。これは明白なる時間性の否定、更に積極的にいえば時間の空間化に外ならない。もちろん時間と相即する永遠といえども、それの絶対否定態においては時を肯定的に否定する転換の一面を有するのであるから、その限りにおいて時の可逆化、空間化という意味を有するのである。寧ろ我々は、時が永遠を根柢とすることにおいて、時そのものの中に空間的契機を認めなければならぬのであって、時間と空間とを否定的に媒介綜合するのが永遠であるというべきである。しかし永遠は時を否定において肯定し、同時に自己の媒介としてこれを回復するものであるから、過去と未来とを同時性において単に無差別ならしめ、時を直接に空間化するのではない。[119]却ってその可逆化空間化を媒介として同時に時間性を回復せしめ、飽くまで時間に即してその意味を現成するのである。後に説こうとする所を予め引用して、その具体的意味を例示すれば、懺悔は永遠の信仰による時の絶対否定に相当するものであるが、それは過去を却って未来の行為により転換する限り、過去を未来から規定する時の逆流を意味し、従ってその限りにおいては永遠からの時の可逆化空間化を意味するといわれる。しかしそれは決して単に時を否定し、過去と未来とを無差別化するものではない。却って懺悔は未来における行為によって証せられるべき、現在の信仰による転換に外ならないから、それは直接過去に還るという時の否定を意味するものでなく、過去への還帰を通って未来の高次性を立する媒介的時間性以外の何ものでもない。斯かる時間の循環性ともいうべき構造は、一見時間の一方向性を否定するものの如くに見えるけれども、しかしよく観れば決して無差別的に時間を空間化し従って時間を直接に否定するものではなく、却って依然として時の過去から未来に向う方向を維持しながら、ただその媒介としてそれの否定、それの空間化を契機に含み、以て循環的に時の具体的媒介性高次性を達成するのである。それはその意味において時間と空間との綜合というべく、時間の否定としての空間を却って時間の媒介に転ずる時間の絶対否定態というべきものである。それこそ時間と永遠との否定的媒介に外ならない。寧ろ時の具体的構造がそこに始めて実現せられるというべきであって、これは時の否定とは正反対でなければならぬ。この例によって真に具体的なる時と永遠との媒介関係の如何なるものなるかが大体了解せられるであろう。

　然るにアウグスティヌスにおける如き永遠の存在化は、斯かる媒介性を破壊するのである。永遠が時と無媒介にそれ自体において存在する限り、それは時の往相すべき根源ではあっても、時に還相すべき絶対否定態には尽されない超越的存在となるから、それにおいては時は無差別化せられるだけで、無差別即差別として還相せられることがない。[120] アウグスティヌスの現在は斯かる無差別化の傾向を有すること否定出来ないように思う。そこにおいては過去の記憶と未来の予期とは全く同格的に並列せられるだけで、特に過去をして過去たらしめ未来をして未来たらしめる相対の内面的関係が問題にせられない。これを単に記憶といい予期というだけでは、即自的にそれぞれあるいは過去に関しあるいは未来に関するという区別はあっても、両者相互の間に対自的にこれを関係せしめるものがない。啻に区別対立の静的関係に止まらず、更に一方から他方への進行はあってもその逆の他方から一方への還帰はあり得ないという時の非可逆的一方向性という如き動的内面的関係は、それだけでは対自的に思惟せられない。両者の外に立ってこれを眺め、例えば予期が記憶をその内容上の予想とするという如き関係をその間に指摘することはもちろん出来るであろう。しかしそれぞれの立場自身が対自的に、一が他を媒介するという関係を展開することはない。単に現在に関して両者が別々に相異なる志向関係に立っことが、意味せられるばかりである。それだから現在は両者に対し無差別であり、両者の相互関係によって方向付けられ一方に傾斜せしめられる、という如き動性を示さないのである。そこに永遠の超越的存在性が暗示せられる。現在のもつ永遠の超越的根柢が、時への還相と無媒介に思惟せられる場合に、この様な傾向が伴い勝ちなることは否定出来ないと思う。前節にランケの史観に関して指摘した如き、歴史の型的観方というのもこれに由来する。その思想の類縁を辿ればアウグスティヌスの時間論に繋がるといっても、必ずしも不当ではないと思う。歴史の底に原歴史ともいうべき永遠の一般者を想定し、それのメタモルフォーゼとして各時代の歴史が限定せられるという思想は、正に右の如き時間の無差別化空間化に相応するのである。その原歴史とかあるいは原文化とか何れもゲーテの原現象の意味において呼ばれるものを想定することが、時を超えて永遠に存在する超越的存在を思惟する無還相的無媒介的立場に外ならない。その考方の共通点は明白にして疑を容れる余地がない。従って斯かる歴史の型的観方が実は歴史の否定なることは、永遠の現在の超越的存在性が時の否定である、のと軌を一にするのも怪しむに足りない筈である。この様な考は到底、行為的媒介の立場と相容れるものでない。抑も歴史を原歴史の如き永遠の原型に基けることが、縦その原[121]型が外ならぬ歴史の原型であるとしても、歴史の歴史性を破壊することではないか。ランケがその絶対史観の傾向にも拘らず、斯かる原型の思想を斥けたのは、歴史家として当然のことである。歴史においては歴史を超えるものもなお歴史に媒介せられるのである。それは常に歴史との媒介関係において思惟せられなければならない。もし超歴史的存在から歴史を限定するならば、それはもはや歴史でなくなる。原型として想定せられるということが、なお歴史に媒介せられた歴史的一事件に外ならないのであるから、それは原型自身を歴史に制約せられたものたらしめなければならぬ。歴史の原型も歴史的所産であり、歴史と共に発展するのである。約言すれば歴史の超越がそれみずから歴史なのである。永遠超越は同時に歴史に還相してこれに媒介せられ、飽くまで歴史の内においてその超越を現証しなければならない。斯様に永遠超越なるあらゆる原型（それには歴史の原型をも当然含めて）を歴史化するのが、歴史主義の要求である。いやしくも歴史の立場に立つならば、この要求を貫徹しなければならぬ。あたかも存在を思惟するに時間の立場に立つことが必要であると考えた以上は、飽くまで時間的に一切存在を思惟し、超時間的永遠存在をも時間との媒介において、その限り時間的に思惟しなければならぬのと一般である。歴史主義的時間存在論は、永遠の原型をも歴史化し時間化しなければならない。それはもちろん永遠超越を直接に否定することを意味しない。却ってこれを歴史と時間との媒介において思惟することを要求するのである。これこそ却って具体的なる歴史主義的時間存在論の成立に外ならないからである。あたかも物理学において時間を徹底的に空間との統一において運動の立場から考える相対性論が、真に時間の具体的規定であって、決してそれは時間の空間化を目的とするものでなく、却って時間性の確認を意味する如くである。歴史と時間とにおける永遠の媒介性が歴史と時間とを確立すると共に、永遠それみずからを現成せしめるといわなければならぬ。何れも他を離れては成立することが出来るものでない。時間と歴史との成立に対し永遠の必要なることを気付かない常識的自然的態度に対して、永遠の意味を顕揚し、現在におけるそれの直観に、時間と歴史との超越的根柢を見ようとするの[122]は、正に哲学的反省の第一歩をなすものとして、甚だ重なるものなること否定出来ない。しかしこの往相に止まり、却って永遠超越が時間と歴史とを媒介にしてでなければ成立現成することが出来ないという還相面を閑却するならば、哲学は現実から遊離し、永遠なるイデア原型の世界に彷徨して歴史的生滅世界に還ることを忘れる。しかし斯かる現実遊離は、却って永遠超越をその無媒介性の為に免るる能わざる生滅変化の時間性歴史性に沈湎せしめ、真にその中にありながら同時にこれを超越するという途を見失わしめる。何となれば前に例示した如く、時間の一方向的流動の中において、信仰懺悔の転換的行為が却って時の逆流循環を成立せしめ永遠を現成せしめるという具体的転換は、それ自身無媒介なる永遠の無差別性の中においては消滅し、総てが無方向の静態に解消せられるからである。これは単なる消極的否定としての空化無化であって、絶対否定ではない。却ってそれは運動を超越し時と歴史とを超越する代りに、運動の否定としての静止を運動に対立せしめることにより、静止を否定的運動に相対化し、その結果永遠を歴史化時間化する相対主義に陥る。これを免れるには、永遠も自己を否定的に媒介して時間と歴史とに還相すると解しなければならぬ。斯くて歴史主義に徹することは、却って歴史主義をして自ら単なる歴史主義を止揚せしめ、歴史を永遠の還相として永遠の絶対に媒介せしめるのである。斯かる自己否定の還相媒介を外にして、永遠はあり得ない。如何なる原型も直接に無媒介なる永遠存在として自立することは出来ぬ。ただその脱し得ざる歴史性の繋縛をして、自らを徹底することにより自らを止揚せしめ、その転換において否定から肯定に転ぜられる循環還帰の自証において永遠性を媒介的に実証する外ない。斯かる媒介を聊でも閑却するならば、歴史を確立せんとする為の永遠の想定が却って歴史を否定することに導くのである。原歴史のメタモルフォーゼとして歴史を解しようとする立場が、この様な無媒介的直観主義の為に歴史の歴史性を稀薄ならしめ、歴史を文化類型学に近づかしめることは蔽うことが出来ないと思う。その永遠の今の自己限定がアウグスティヌスの現在の如く、諸時代を無差別的に並列せしめ、歴史の循環的遡源的発展の媒介的時間流動を場所[123]化空間化する傾向を有することは否定し得ない。ランケの絶対史観とその写実主義的歴史描写の芸術的傾向とにも、この方向への危険が全然無かったとはいえないのではないかという疑問が、前節にこれを問題とせしめたのである。今この節において斯かる問題設定の奥にある歴史の時間的永遠的構造の問題を展開したのは、私自身がこの同じ傾向に支配せられたことの告白と修正とを意図する為である。私の目的は私が教を受けたこれ等のすぐれた思想の欠点を指摘するにあるのではなくして、却って私の中にある過誤を清算することにあるのである。

三

アウグスティヌスの時間論における普遍的現在が、無方向的一般として過去と未来とを並列的に無差別化する空間性をもつことは、その由来を追究すると、過去に対する現在の志向が記憶、未来に対する現在の志向が予期として規定せられる結果、両者が離れ離れとなり、相互の間に内面的媒介を欠く為ではないか、という見解は前節に触れた所である。時の考察が現象学的でなければならぬことを見た我々にとっては、この点を更に一層綿密に分析してその積極的側面を闡明し、同時に前節において到達した時と永遠との媒介関係を念頭に置きて、過去と未来との関係が一方向的に規定せられる時の特色を維持しながら、永遠における両者の否定転換において循環還帰の媒介を含む所以を明にすることは、重要なる課題となる。これは同時に永遠に対する信仰と関係をもち、信仰の歴史的時間的意識に対する媒介の問題と関聯する。その十分なる究明は私の力の及ばない所ではあるが、現在可能なる範囲において多少でもこれに対し分析を試みようと思う。

前に触れた通り過去に対する現在の志向、換言すれば現在において成立する過去の意識、としての記憶は、我々[124]が時の外から時を観察する如き立場に立つとすれば、その内容は決してこの現在に止まるものでなく、未来に属する現在にも常に存するものとして、過去から未来に連なる意識の持続と解することが出来る。否、現在というものを過去と未来との間にある点の如くに空間的に見ることをやめ、意識そのものの内在的立場に立つとしても、現在は厚みをもつものとして、過去が未来へ滲透する動性を含む限り、過去の記憶は啻に現在に止まらず現在を超えて未来へ関係するものといわれるであろう。これはアウグスティヌスもはっきり認めた所である（『告白』第十一篇第二十八章）。ベルグソンが記憶を以て純粋精神の機能と解し、それの持続において精神の持続を見ようとしたのほ、理由なきことではない。しかしこの様ないわゆる純粋持続の直観が、時を具体的に成立せしめるかというならば、そうは簡単に考えられぬであろう。なるほど過去はそれ自らを保存するという純粋記憶の持続性は、時の成立にとって必要なる契機である。しかし斯かる持続のみしかないならば、それは却って記憶として意識せられ持続として直観せられることも不可能ではないか。何となれば持続が持続として直観せられるには、却って持続でないもの、持続の否定なるもの、すなわち非連続であり同時態である如きものとの関係が必要であり、過去が過去として記憶せられるには、これと区別せられる現在の自覚がなければならぬからである。それでは現在を過去から区別する特徴は何であるかというに、それはベルグソン自ら正しく指摘した通り行為の可能ということであり、更に具体的にいえば、精神の純粋記憶を横に物質が切る、持続の否定、とその回復ということでなければならぬ。現在は斯かる意味において記憶の否定であり、それの回復肯定である。それは過去の記憶の単なる持続でなくして、却ってそれの否定的肯定あるいは絶対否定というべきものである。この否定媒介なくして現在はない。従ってまた是なしに現在における過去の意識としての記憶も、持続の意識として成立することは出来ぬ。持続は却って持続の否定的媒介としてのみ成立するのである。従ってまた現在において過去と区別せられそれと対立せしめられる所の未来も、また過去がその未来へ滲透するということも、単に直接なる持続の直観としての純粋記憶のみでは不可能である。抑も未来は現在の行為を過去の記憶に媒介し、前者の発生せしめる事態としての、行為の結果を、後者の媒介によって予測し予料することにおいて成立するものに外ならない。それは過去の絶対否定としての現在における行為の媒介を自覚するものとして、必然に過去と関係する。未来は現在における絶対否定の契機としての、過去を否定し、過去に対立する否定的方向の、自覚に外ならない。元来現在における行為というものは、現在に持続する過去に伴って、これを否定する未来の方向がその半面にはたらき、しかもそれは現在の行為を通じてそれが実現せられることを求める対立争闘が現在の底にあることによって、促されるのである。現在の行為はこの対立を止揚して争闘を和平統一に齎さんとする主体の運動である。過去と未来とを超えてこれを統一する永遠が、現在の超越的根柢として、現在を否定的に高め回復する転換において、行為が成立する所以である。未来は斯かる意味において過去の持続を否定する破壊的方面と、行為において過去と媒介せられる建設的側面と、二つの側面をもつ綜合態でなければならぬ。現在はこの綜合を成立せしめる絶対否定の転換点に外ならない。絶対否定は交互否定的なる二方向の転換媒介として、循環的構造を含むから、現在は必然に過去と未来との対立と相即とを契機として含むのである。未来の否定的方向の自覚なくして過去の記憶が成立し得ないことは、後者なくして前者が成立たないのと選ぶ所はない。未来はアウグスティヌスの如く単にこれを無媒介に予期に属せしめることは出来ぬ。それは現在における行為的予測予料に属するのである。一方において過去を否定せんとする破壊的方向と、他方においてそれが行為により過去と媒介せられんとする建設的方向との綜合として、不安と希望との交錯する実践的予料に未来は成立する。アウグスティヌスも時の考察の初においては、未来を主として行為に関して論じたのは、あるいはこれを感知した為かも知れない（『告白』第十一篇第十八章）。行為を離れて予期というも意味は無い。何となれば、予期とは行為的なる心構をいうのだからである。しかし未来の過去に対する否定的肯定的二重の媒介性に注意するならば、これを記憶から引離すことが出来ないのも明白でなければならぬ。[126] 時を専ら記憶に基かしめようとしたベルグソンとは反対に、これを主として予料において成立するものと解したのは周知の如くコーヘンであるが、何れもその説を極端に推進めるならば、一面に偏倚することを免れない。却って両者共に現在における行為の絶対否定的転換の相対立する契機として、対応相即するのである。何れか一方だけで他方なしに成立するものではない。寧ろ何れを主とする時間論も相当の理由を以て主張し得られることが、時の構造に本質的なる二律背反を示すのであって、時の具体的なる理解はこの二律背反を媒介する弁証法の外にはあり得ないことが推定せられる。しかしもしそうならば、時の成立の中心は現在の行為的転換媒介にあるといわなければならぬのであって、それに対し時の本質を過去の記憶に認めようとするのも未来の予料に置こうとするのも、何れも一方に偏した見方という外ない。而して現在をアウグスティヌスが現在の現在という自己超越の媒介的構造において捉えた如く、その媒介の否定的転換の底には、絶対無の超越が根柢として存するのでなければならぬ。それが永遠である。彼が時の成立の根柢と認めた、我々の精神の現在における延長は、永遠の象徴である。現在は時が永遠に触れる所に成立つ。絶対無の永遠が現在において時を無限に新にするのである。過去からの記憶の持続を時の本質とするのは、時の往相すべき永遠の、時に対する超越的同一性を時に投射したものであり、未来に対する予料に時の本質を認めようとするのは、永遠が時に還相する無限の更新を、時の成立と解するものである。実は何れも他をその半面に予想するのであって、相互に媒介せられることによってのみ時が成立するものなることは、以上によって略々明にせられたであろう。

記憶における過去の持続というものだけでは時は成立しないことは、抑も過去というものが現在に対しまた未来に対するから、始めて過去たるのであって、これを否定において肯定する現在の行為が無ければ、持続ということも成立たないことは、既に記憶というものが、単に過去の保存という単純なる機能に属するものではないことを知らしめる。元来単なる保存というものが抽象的なのであって、具体的にはそれは否定を契機としてこれを更に否定することにより自己を回復肯定するところの媒介性を、意味するのでなければならぬ。保存という概念は実は弁証法的綜合においてでなければ成立することは出来ないものである。ベルグソンが多く比喩的な語で敍述する持続の直観も、斯かる否定的媒介としてのみ具体的に理解せられる。知性の幾何学化空間化という持続の否定は、行為に結付くものであって直観を破壊するものであるというのが、彼の主張であるけれども、時は如何に持続であるとしても、この行為の否定的媒介なしには成立しないこと、さきに見た如くである。持続の直観というのは、この否定的媒介から離れ、あるいはこれを抑止することではあり得ない。ただ却ってこれを自己に転ずることによってこれを超えることでなければならぬ。もしこの媒介を認めないとすれば、直観は持続ということも出来なくなり、従って時の否定に導く外ない。持続といい過去ということが、既にその契機として否定を含むのでなければならぬことを暗示する。しかし過去の持続はこの否定を含蓄暗示するに止まり、これを顕現するものではない。それだからこそベルグソンが、否定の媒介を無視してこれを直観の直接内容と主張することも出来た訳である。寧ろ否定は現在における行為、その媒介としての未来の対立否定性、を通して間接に過去に関し顕わにせられるのである。ハイデッガーが人間存在を過去に関して被投的と規定した如く、我々は過去に関しては無媒介にそこに投げられ直接に自己の在り方を規定せられるのである。否その投げられてあるとか、既存的内容を直接に負はされているとかいうことさえ、未来に対する自由投企を媒介として始めて反省せられるのであるから、それ自身では斯かる反省媒介も未だ無い所の直接態においてあるのである。それはその限りにおいて否定を含まない。従って運動変化もまたない直接存在であり、また有限存在である。然るにこれに対し否定的関係に立つ未来というものは、それ自身において否定を対自的に含むものであり、従って否定的に媒介せられたものとして無限性を有するものである。一般に否定は直接肯定を予想しこれに媒介せられたものとして、肯定よりもより具体的である、否定の積極性というものは更に否定が絶対否定即肯定に転ぜられる可能性を意味するものとして、潜勢的に無限態であり超越の現成である、といわれるが、未来は正に斯かる性格を有するのである。ここに未来の過去に対する高次性が成立つ。[128] 過去から未来へは流れるけれども、逆に未来から過去へ流れることはない、という時の非可逆性一方向性、の由って来る所はここにある。何となれば未来の高次性は媒介を意味するから、低次なる過去を自己の媒介とはするけれども、低次なる過去は高次なる未来を自己の媒介とすることは直接には出来ぬからである。弁証法は有の根源としての絶対無を媒介として有を思惟する方法である。その絶対無に直接的なる有を媒介せしめる発端が、有の自己否定としての否定に外ならない。

それだから否定は有の根源たる絶対無の尖端として、その背後に有の根源を負うに由り、却って有よりも高次であるといわれるのである。直接的なる有としての過去が過去であるということは、必然にこれを自己否定に陥れ、それを否定するものとしての未来を顕わならしめる。斯かる未来はそれの本質上直接なる有でなくして寧ろ有の否定である。しかし単なる否定というものはあり得ない。否定が否定として思惟せられる限り実は同時に肯定なのであって、否定即肯定なる絶対無の転換の上でその契機として否定として現れるのである。すなわちその転換としての現在において、未来は過去の否定としてしかも過去を媒介とすることにより思惟せられるのである。それは現在の絶対否定の契機としての否定であるから、却って絶対無の永遠の動的尖端たる意味をもち、過去の有よりも高次の媒介存在となる。未来の予料というものは過去の記憶と異なり、後者が既定の有限存在として、縦それが我々に直接に負わされたものであり、我々の存在を被投的ならしめるものであるとはいえ、既に我々に知られ我々に顕わなるものとしてその限り何等の不安をも我々に惹起するものではないのに反し、前者は絶対無の根源から発する否定の尖端として、我々が過去的有の立場から決して完全には予定し尽すことの出来ぬ不可測なるものであり、我々に対し未知なるものとして不安を惹起するものである。それは過去の有を否定することにおいて過去的なる我々の存在をも否定する恐を有するものであるから、過去の被投に対する未来の投企というのは、過去的なる我々が随意に企画することを意味するものでなく、却って過去と共に死することを通し否定に随順することによってこれを超え、それにおいて復活甦生すると共に、[129]絶対否定の媒介たる限りの過去的有を未来の創造において回復する斯かる否定的媒介の、予料を意味するのでなければならぬ。未来の投企とか予料とかいわれるものは、単に構想力の観想的想像に成立するものではない。構想力は如何に実践とか制作とかいうことを想像しても、それ自身実践的でも制作的でもない。飽くまで非行為的観想に止まる。ただ死即生の転換に媒介せられた主体的存在自体の自覚内容としてのみ、投企予料が未来的に成立するのである。ハイデッガーにおいても死の覚悟を通じて、始めて企画的自己の存在性が成立すると解せられるが、しかしそれは右の如き否定的媒介の絶対無の現成を意味するのでなければ、具体的に超越を成立せしめることは出来まい。予料 anticipation という語が不安を含意することも、右の如き否定転換の事態を暗示するといわれるであろう。とにかくも未来は無の有として否定媒介的であり、永遠の超越的根源の還相を媒介するものであることが、これをしてそれ自身直接的なる過去的有に対し、超越的なる高次性を有せしめることは否定出来ない。約言すれば、未来は直接の有限的内在的存在でなくして、有の根源たる絶対無の超越が無限なる否定として有に触れる所に成立する媒介存在でなければならぬ。それは絶対無の現成、永遠の還相、たる現在の行為的転換における否定媒介の契機としてのみ存在するのである。それであるから、未来は未だ無く、従って不可測であり、我々に限り無き不安を惹起するものであるけれども、それにも拘らず、それは直接の有を超える有の根源としての絶対無の動的尖端であるから、この超越的根源に転ぜらる、主体的自己にとっては、それがすなわち自己の創造的内容であり自己と転換媒介せらるる絶対の現成なることが保証せられる。もし現在の超越的根柢たる絶対無に転ぜらるる我々の自己の、超越に対する関係の意識を信仰というならば、未来の否定性が却って肯定性に転ぜられ無が有の媒介であることを、この信仰と交互媒介的に確信する意識の態度は、希望に外ならない。信仰は希望と相即する。覚悟は希望の否定的側面として希望と表裏相伴い、前述の不安を身に引受けながら希望の肯定によって、不安の原因たる不可測の福害を行為的にその否定性より肯定性（満足歓喜）に転じ得る確信に外ならない。信仰が希望と交互に媒介せられることが、超越の内在に対する交互媒介であり、永遠の時に対する往相即還相の相即関係である。現在は単なる無媒介の直観であることは出来ない。アウグスティヌスの現在の現在という自己超越の媒介性が、正にその直観の直接性を否定するではないか。それは否定媒介の絶対転換における、超越と内在との相即である。信仰という概念はこれを表す。しかしそれは必然に行為の転換に即し未来の希望に還相する。これが飽くまで有限存在として死即生の転換において、行為的にのみ、無限の超越に媒介せられる人間の、時間性に外ならない。信仰は単に永遠の今における超越との直接合一たる神秘的直観ではない。それは斯かる直接態の正反対なる否定的媒介なのである。それであるから統一は飽くまで否定的矛盾的であって、必然に無限なる反復過程に動化せられる。行為における希望の延長的なる所以である。前に問題にしたような永遠における時の空間化、静止化という如き傾向は、この媒介の動性延長性を忘れる直観主義に属する。今展開したような否定媒介の立場には、この傾向を許す余地はない。ただ未来の行為における否定的媒介性を十分明にせず、それを過去と同列的にこれに対立せしめる結果、却ってこの媒介性を稀薄ならしめる為にこれに陥るのである。信仰と希望との媒介関係はこれを不可能ならしめる。永遠の今 nunc stans は、永遠の未来 futurum aeternum と相即する動静一如としてでなければ成立しない。信仰と行為と希望との三一的統一は、永遠と時間との往相即還相的なる転換媒介を超越的存在論と内在的現象学との相即において自覚せしめるのである。しかしこの様な媒介の立場に立って過去を考えるならば、過去もまたその中に潜在せしめる所の否定媒介の関係を展開して、表面上直接的なる記憶の意識は止揚せられ、より具体的なる高次の意識を発展せしめるのは当然である。過去の記憶が過去の記憶であるということは、既に否定を含蓄し、持続が持続であるのはもはや単なる持続の止揚であるということは、上に見た所である。今や現在は必然に絶対否定的であり、過去の有に対する未来の否定の媒介統一としての行為的転換に成立するものであるとするならば、過去が現在の記憶において持続として意識[131]せられるということが、必然にこれを否定的媒介的ならしめ、却って未来の否定を媒介として肯定に転ぜられ、永遠の還相として未来に向い無限の希望に延長化せられる現在の動性が、逆に過去をも延長化してそれを持続たらしめるのであるといわなければならぬ。現在の絶対転換性は過去を単に既存在の持続たらしめることを許さない。却ってこれを未来の媒介により否定して循環的に交互相転換せしめ、未来を過去に媒介すると同時に過去を未来に媒介し、その意味において過去を未来化するのである。永遠における過去と未来との交互転換に就きては、前節に予め懺悔の現象を以てこれを例示したが、これは正に過去の否定的媒介による高次展開に外ならない。如何なる過去も時の永遠還相に反対して、未来との否定的媒介を拒み、単に現状維持的に自己を保存する持続性に固執するならば、それは信仰の立場から見ていわゆる旧き人間の罪悪に沈湎することを免れない。持続も絶対否定の永遠の還相としては、不断の死即生なる甦生回復でなければならぬ。それは旧きものの死にして新しきものの生であるから、回復にして創造である。死による否定を損失として積極的に考えれば、回復は損失の償却にして更に新なる獲得であるから、一度失った所を二倍にして回復するともいわれる。キルケゴールが『反復』において、旧約のヨブが神の試煉に堪へ、自己の義を信ずると共に神の正義に対する信仰を持続した暁に、神はヨブの財産所有を二倍にして回復したことを、信仰の反復現象に対する例証としたが、その意味において持続は二倍の回復たる反復でなければならぬ。その一半は創造に外ならない。ただ、その回復と創造とは、飽くまで相互媒介的であるから、これを半分づつに分つことは出来ぬのである。それは正に同じものの反復であって同時に創造新生たるのである。この様な創造的反復の転換的動静一如に、過去と未来との統一せられる現在の瞬間は成立する。それは永遠に始まり永遠に終る永遠の超越的内在である。キルケゴールがエレヤ主義とヘラクレイトス主義との綜合をこの反復に見んとするのは正しい。ヘーゲルの Mediation を静的水平化として実存の喪失と考え、極力これを排するのも、理由なきことではない。反復は正にこれに代わるべき概念であろう。ベルグソン[132]が持続を実的内容的には創造的進化としたのも、その正しき意味はこの如き反復の持続でなければならぬ。斯かる意味の持続においては、持続の半面は不断の否定、死滅でなければならない。ベルグソンの思想の抽象はこの否定を十分に自覚しない点にある。もしこの否定死滅を拒んで直接なる持続に執するならば、それは私心我執の罪悪に外ならない。これは懺悔において止揚せられなければならぬ。それが救済への転機である。しかもこの我執はいわゆる原罪とか根本悪とかいわれるものとして、人間存在に固有なるものであるから、単なる有限存在としての我々の自力の能く脱し得る所ではない。この自己脱離の努力において我々は必然に自己の無力に対する絶望悔恨を免れることは出来ぬ。従って懺悔の半面には絶望を伴う。この絶望の「死に至る病」が、死の希望をも否定するという自己否定において却って絶対否定に転ぜられることにより、救済が成立し、絶望の絶望として絶対の希望が反復を通して発現する。その意味においては、懺悔が救済への転機であるというよりも、寧ろ救済の絶対転換が、却って懺悔の否定転換を成立せしめるのである。懺悔は信仰の過去に対する還相なること、未来に対するそれの還相が希望なると対応する。前者が否定的であり後者が肯定的であることに、時の一方向性、すなわち過去の否定性と未来の肯定性とが示される。現在が反復であるということがこれを証する。しかしそのいわゆる否定も肯定も、単に直接的なるものでなく媒介せられたものであるから、却ってまた相互に転換的でもあるのでなければならぬ。この事は、未来の希望が却って信仰において、過去からの約束を含意することに、示されるであろう。

なるほど信仰において過去は旧きものとして否定せられなければならぬこと今見た通りであるが、しかしそれは未来の否定に媒介せられることを拒む過去の直接的持続であって、反対にそれが懺悔を通して永遠の立場から未来の否定と媒介せられ、未来の希望と転換的に統一せられるならば、却って過去は未来の希望と相即する約束となる。希望は信仰の未来的還相であり永遠の時間的動化延長化であるが、それがこの否定的媒介において過去に循環的に聯関せしめられるならば、[133]同時にそれは過去において既成的にその希望の達成が約束せられていたことを要求する。信仰は未来に向って希望に還相すると同時に、それとの媒介において、過去に向い約束に還相しなければならぬ。寧ろ過去からの約束に媒介せられて、信仰は希望に還相するというべきであろう。宗教において約束が如何に重要なる意味を有したかは、イスラエル宗教の契約思想を見ればわかる。永遠は無媒介に意識に現れることは出来ぬ、過去の既成なる約束を媒介にして信ぜられるのである。約束と希望とにおいて、始めて永遠の信仰は過去未来の両方向に向い時に還相する。しかも約束の既成は希望の行為的達成において実証せられることを求めるものであるから、飽くまで行為に媒介せられ未来の希望に自己を結合するのであって、逆に希望の達成が直接に約束により充されるのではない。依然として両者は交互的循環的でありながら、全体として過去から未来に向うのである。それが両者を媒介的に成立せしめる現在の絶対否定の構造に外ならない。ただ、その約束の既成ということによって、現在の行為も、単に未来の希望に支えられて努力するという意味に止まらず、その希望達成の約束に対する感謝報恩の行たる意味をもつようになるのである。時の理解の第一歩は、却って時の絶対否定なる永遠の現在におけるそれの否定的媒介を明にすることであるが、しかしそれは現在における永遠の直観に、過去と未来とを記憶と予期という如き現象において、無差別的に統一することであってはならぬ。この第一の往相面に対する還相面において、第二に統一の循環的媒介が、同時に自己否定的矛盾的なるものとして、一方向的なる流動延長に還相し、それにおいて未来は過去に対し、行為の絶対否定の動的尖端として永遠の信仰と相即する希望となり、否定せらるべき過去が懺悔の内容たるに対して、希望は飽くまで肯定的であると共に、却ってそれと媒介せられる過去を、希望達成の約束として肯定に転ずる、過去と未来との否定的媒介関係を、明にしなければならない。この還相的媒介は行為の現在における永遠の絶対無によって成立するのであって、絶対無の飽くまで非直接的媒介的でなければならぬということが、[134]直接の有たる過去を否定せらるべきものとし、その否定的対立としての未来をその否定の否定として肯定的ならしめ、過去と未来とを決して無差別的並列的ならざる媒介関係に統一するのである。過去は行為に対し否定的に対立するものであって、行為を制約するけれども、逆に行為により直接には支配せられない無媒介者である。それに対し未来は、飽くまで行為に媒介せられるものであって、行為に制約せられることなき単に予期の対象たる如き未来というものはない。ここに前述の如く、永遠の還相としての時が一方向的であって非可逆的でなければならぬ所以が、存するのである。ただその媒介の交互性において過去と未来とが転換せられ循環的となる関係が、全体の一方向性の内部に契機として含まれることにより、永遠の絶対否定が時を超える関係は間接に示される。斯かる媒介は総て行為の現在を中心として成立するのであるから、時を成立せしめるのは行為であるといっても過言ではない。種々なる時間論の抽象性は、この中心を捉えずして単に観想的従って非転換的同一性的に、時を解釈しようとする結果に外ならないであろう。キルケゴールが過去の記憶と未来の希望とに対し、現在の反復を以て永遠が時に触れ、超越が内在に転ずる絶対の転換たる瞬間の構造と考え、これによって実存的に時を理解しようとしたのは卓見であるといわなければならぬ。

四

前節に明にした如く、過去と未来とは、現在の行為に対し同等なる対称的関係を有するものでなく、前者は直接なるものとして行為に対立し、これによって否定せらるべきもの、従って直接には行為に媒介せられず行為の外に立つものであり、逆に行為を制約するものであるに対し、未来は行為に媒介されたものであり、その限り行為に制約せられるのであって、行為の媒介なしに単に予期せられたものは、記憶の内容が過去である如き意味において未来であるのではない、否、行為なくしては予期ということもあり得ない、という根本的なる差別を有する。これは時が永遠の絶対無[135]の還相として成立することの必然の帰結である。しかしこの様に永遠の絶対無が現在において行為に現成するということは、更に一層精密に考えて見なければならぬ。

記憶における過去の持続が持続である為には、持続は却って持続の否定なる契機を自己の内に有しなければならぬことは、前に述べた通りである。それゆえ持続が持続として意識せられることが、既にそれの否定的媒介的なることを意味するのであって、単に記憶の内容が直接に過去の保存として存在するということではあり得ない。意識は常に現在に成立するもの、否、意識の成立する所が現在なのであるが、現在は同時に行為の成立する所である。然るに行為は意識から出発しながら意識を超えてその外に出で、その意味において意識を否定して、復び意識に還るものでなければならぬ。単に意識に止まるだけでは行為というものはない。行為が身体の運動を通じて物質と関係すると考えられる所以である。物質とは意識の否定者にして、行為により意識と媒介せられる絶対無の否定契機に外ならない。意識はこの絶対無の否定的媒介の自覚である。その否定的媒介が意識の物質による否定、即物質の止揚による意識の回復肯定、として、絶対無の現成と見られたものが行為である。現在が意識の否定的媒介として、超越即内在なる行為の成立する永遠の現成たる所以は、これによって認められるであろう。過去の記憶が持続として現在に存在するということは、意識の斯かる行為的否定的媒介に入込むということに外ならない。過去の記憶は、それの否定を、永遠の絶対否定に為よって加えられるから、却って持続するのである。意識は斯かる矛盾的逆説に成立する。ベルグソンが持続を滲透として、比喩的に言表すのもこれに外ならない。しかし滲透あるいは相互貫通として形容せられるこの否定的媒介は、過去の現在に接触する所、すなわち持続の意識が記憶として成立つ所、に注意すべき事態を発生する。元来意識の否定というもの永一は、ベルグソンが虚無の論において明にした通り、それ自身一の意識でなければならぬ。単に無媒介なる直接の虚無というものは、却って存在であって虚無ではない。虚無は存在の意識を否定するものとして意識の内にありながら、意識に[136]対立する契機たるのでなければならぬ。意識の否定も否定の意識であるという矛盾事態に、意識の原理が絶対無でなければならぬ所以が認められる。ところで斯様な矛盾的対立において過去が現在に触れる所に、記憶の意識が発生するとするならば、この意識は相反対する力の対抗を内に含むものとして、単なる点に還元することは出来ないものでなければならぬ。それは対抗がなお統一を破らずして対抗として意識せられたものなる限り、転換的なる絶対無の交互に否定的なる契機として統一せられる循環的動的円環が、生即滅、滅即生の渦動において成立することを意味する。従ってそれは飽くまで無次元の点でなく無限に高次に進む渦旋ともいうべきものでなければならぬ。キルケゴールが復活甦生の前の非存在は、最初の生誕の前の非存在より以上のものを含むといったのは、真に深い考である（『哲学想片』）。過去の意識もそれが意識である以上は、斯かる否定的媒介の動環たるのである。それだから斯かる記憶の意識が、厚みのある（無次元でなく次元をもつ）現在に成立つのである。ところで現在において過去を否定する契機は、前に見た通り未来に属するものである。過去は持続として記憶により意識せられる限り、既にそれを否定する未来の契機を伴う。未来の契機を含まずしては過去として成立つことが出来ない。過去が持続的に存在するということが、同時にそれの未来に否定せられて無に瀕することを意味する。それは無において有るのである。しかし他方から見ると、過去は既に有るのである。意識に対し記憶として直接現前するのである。それゆえ過去の意識は自己を否定する未来を契機として伴うに拘らず、これを即自的に含むに止まり、対自的に顕現することは無い。いわゆる潜勢として未来を含むもこれを現勢化しないのである。ここに過去の直接性非行為的無媒介性が存する。それは無においてあるに拘らず、なお端的に有るのである。過去は既にあったもので現在あるのではないけれども、しかも記憶において持続し現在を制約する勢力として有るのであって、未来が未だあらざるものとして無いのとは異なる。そこに過去と未来との非対称性がある。過去は無くして有り、未来は有って無いということも出来るであろうか。

[137] すなわち反対に未来においては、それが過去の有を否定する無であるによって、後者の如く直接的有であることは出来ぬこと既に前に見た如くであって、それは否定の性格たる媒介性に従って本来媒介的なのである。それは必然に自己の否定す

べき有を過去においてもつのでなければならぬ。飽くまで無媒介的直接的なる過去と異なり未来はその本性上媒介的である。それはその内に否定すべき過去を契機として含み、これとの対立対抗において否定としての自己を意識するのである。それが有って無いともいわれる所以である。未来においては無が顕わになっている。現在は未来の方に向っては無に臨むこと、過去の方に向う場合とは異なる。現在の底にある絶対無の根柢は、未来の無の深淵において動く。この深淵に身を投ずる覚悟を以て未来に向い動くことが、却って無底の根柢を自己に獲得して永遠の生命に甦る所以なのである。未来は過去の持続を否定することに、その未来性を成立せしめる。しかし今まで度々述べた如く、直接の無というものはない。無は必ず有の否定として有を媒介とし、未来は過去の否定として却って過去を契機にもつのである。しかもその否定として意識せられるということが、既に意識の肯定でなければならないから、それは過去に替るべき有としての内容をもたなければならぬ。その限り無が有を否定するというのは、即無の自己否定に外ならない。未来においては過去の旧き有が消滅しながら、しかも媒介契機として保存せられ、保存せられるということが却ってそれの否定として、それに替る新しき有の創造たるのである。媒介せられた否定においては、否定は却って創造でなければならぬ。しかし創造は無媒介なる虚無からの創造ではない。何となれば直接なる虚無は却って虚無でなく存在に外ならないから、存在する有から有が創造せられるという矛盾に陥るが故である。然らずして創造は否定と表裏しなければならぬ。否定が創造であり創造が否定である。一方なくして他方があることは出来ぬ。過去の有が否定を無として含むというのは、具体的には過去が常に未来の創造と否定的に対立し、而してこれに否定的に媒介せられることに外ならぬ。持続も創造の否定に媒介せられて持続たることが出来るのである。しかし過去の持続にはこの否定的創造は飽くまで即自的に潜勢として含まれるに止まる。それが対自的に現勢化せられるのは未来の否定的創造においてである。その未来の創造が否定において自己の媒介として保存するものが、過去の持続に外ならない。媒介

138

的な否定即創造の未来には、必然にその契機として過去の持続が含まれる。それはもはや過去の場合における如き潜勢的媒介でなく現勢的媒介として、過去を否定しながらこれを保存し媒介となすのである。そこにおいては転換の円環的構造は明白に顕われる。過去的保存の契機と未来的創造の契機とが、互に対立し抗争して渦巻くからである。それが現在における未来の予料を形造る。従ってこの未来の意識には顕わに対立抗争が存し、前に予料の不安的構造について述べた如く、無の不安と創造の希望とが錯綜するのである。従って斯かる未来と過去とを同時に契機として綜合する現在の意識には、必然にこの様な対抗錯綜する勢力の拮抗が含まれる。それは過去が未来に向って否定的創造的に発展することを妨げる停頓阻止に外ならない。物質とはこれをいうのである。物質が古代において乾湿冷温の対立を原素として理解せられ、現代において陰陽両電気を原理として考えられることを通観しても、それが対立性の原理に由る対抗凝止の現実契機なることは認められるであろう。それは現在における行為の否定契機として、その媒介統一を阻止せんとする対立性に外ならない。過去と未来との現在における否定対立は、必然に物質の契機を顕わならしめる。それはまた対立抗争する力の互に外的に並存し対抗する同時存在としての空間を、成立せしめることも容易に観取せられるであろう。空間は、時間を否定的に超えるそれの超越的根柢としての永遠を、時間の否定契機として時間そのものの立場に引降したものである。時間を離れて空間があるのではない。却って空間は時間の否定契機なのである。しかし否定契機として永遠の絶対無そのものに由来するのであるから、ベルグソンの如くこれを単に時間の緊張に対する弛緩として具体的に理解することは出来ぬ。それは単に斯かる量的対立として解する能わざる否定的対立をなすと同時に、却って否定契機として互に媒介し合うのである。空間は永遠の絶対否定における否定契機として、時間の成立に欠くことが出来ぬものである。アウグスティヌスがベルグソンと異なり、初めから時を量的測定の見地から考え、その成立の根柢として現在の延長を説いたのは、この点から見て正しい。時間の現在が無次元的点でなく動環として次元をもつということは、更に具体的にいえば、時間と空間との統一としての世界点が、却って点でなく動環的有次元単位であるということを意味する。この単位を世界量子とでも名づければ、これが世界の空時的統一の単位として世界における存在の量子に相当する筈である。今日の物理学の最根本課題たる、相対性論と量子論との綜合は、右の如き時間空間物質の勢力的力学的反省によって解決の方向が掴まればしないかと考えるのも、必ずしも私の、専門外の妄想とばかりはいわれまい。とにかく永遠の時間還相において空間の有すべき媒介契機としての必然的意義は、右の如きものと信ぜられる。然らば現在そのものの現在としての成立は如何に解すべきであろうか。

過去と未来との対立抗争が両者の否定的媒介の行為における統一を妨礙し阻止するのが、今述べた如く物質の力学的意味であり、時の否定契機としての空間が永遠の時間化として成立するのも、この現在の停頓凝滞にありとするならば、現在の現在としての成立は、この物質の妨礙を却って自己の媒介に転じ、空間の否定契機を媒介として永遠に往相することにより、同時に永遠の現成として時に還相する行為的転換を外にしてあり得ない。いわゆる身心脱落において物質即自己、自己即物質となり、空間が永遠において時間に転ぜられると共に時間が永遠たるのが、現在の成立である。この転換を超越的根柢にはたらかれて自己が行ずることが、行為である。それだから現在は、行為の成立における過去未来の媒介統一なのである。過去の即自態と未来の対自態とに対する即自且対自態なる絶対無の現成が、現在に外ならない。それは時にして時の否定超越なる永遠の現成であり、未来の無を絶対無即有に転ずる永遠の還相である。今まで単に有って無いものに止まった未来の否定性を、有即無、無即有の肯定に転じ、単に可能として希望せられた創造を現実に実現するのが現在である。それ自身においては媒介がなお即自的に止まり、実は無媒介なる直接性においては自己否定的であったところの過去を、未来との否定的媒介において回復するのも、この現在の即自且対自態においてでなければならぬ。現在は斯かる否定的媒介態であるからそれ自身として直観せられるものではない。行為的にこれを行ずることにおいてその媒介を自覚する外ない。行為的直観という如き概念は、無の直観という概念の如く本来自己矛盾である。行為は直観の否定であり直接態の否定であるによって行為であり無の現成なのであるから、斯かる概念を単に逆説的として許すことは出来るものでない。逆説を形造る対立は行為的媒介的であることによって統一せられるのであるが、この概念の意味する所は行為的媒介そのものの否定であり拒絶であるからである。斯かる概念が無の還相を見失わしめ行為の未来性を無視して時の動性に背く傾向に導くのは当然である。超越的なるものに転換せられて自己を失うことが、却って自己の現成なる如き行為は、直観出来るものではない。行為は直観を否定し、現在は意識を超えるによって、行為であり現在であるというのに、これを直接に結合するのは非媒介的であり非行為的でなくて何であろうか。現在は直観せられるという思想こそ、我々の批判の対象でなければならぬこと、この論文の初から明白であった筈である。現在は有として直接に意識せられればそれは直ちに過去に化する、ということは容易に気付かれる所であって、何人もこれを口にする。しかし現在がその絶対無性において意識せられようとすれば、却って未来の構造においてしなければならぬ、すなわち永遠は転換反復を通じ未来の希望に即して意識せられ、その絶対否定性は未来に係わる行為の構造において自覚せられなければならぬ、ということは多く忘れられている。更にこれを媒介として、過去が懺悔と約束との媒介性において、永遠の還相たる如きことは一般に注意せられない。而してこれ等の媒介態が直観せられるものでなく、行為的自覚においてのみ成立することは、いうまでもあるまい。行為は直観せられない、ただ転換反復において自覚せられるだけである。然るに自覚は、直観が直接無媒介として還相性を欠くが故に従って無方向的なると異なり、飽くまで媒介的であり、従って時の中において時を超えながら、時に還相するものとして未来への方向を有するのである。故に[141]現在は未来の行為的媒介において、換言すれば現在の行為における永遠への往相が、即未来への還相として、未来の行為的構造に自覚せられることにおいて、始めて間接に意識せられるのである。この未来への行為的還相が、永遠の現在を自覚し意識する唯一の方法でなければならぬ。ここに我々の進むべき方向がある。前にいった如く、未来が有って無いものであるとするならば、如何にしても未来を直観するとはいえまい。然るに未来を媒介としてのみ現在が意識せられるとするならば、現在の直観ということが意味を失わなければならぬことも疑無い。直観せられるのは却って過去的有である。それが記憶として過去に関係せしめられるのは、既に前に述べた如く、否定を含み媒介を即自的に潜勢として意識することによる。この媒介を飽くまで抑えて未来の対自態に発展せしめず、前述の意味において、物質の凝滞としてこれを空間性に同時化したものが、現在の直観というべきものであろう。それはあたかも空間が時間性の契機としてでなければ成立しないのに、それが自立的に直観せられるかの如くに考えて、抽象的に空間直観ということが語られる如き意味において、時間の発展の内に存する永遠の契機を抽象的に直観するものに外ならない。それを捉えたということが直ちにそれの喪失であって、いわゆる現在の直観が直ちに過去の記憶に化する所以である。具体的なる現在の意識は斯かる直接的即自態としての過去の方向にでなく、未来的行為の否定的媒介の方向に、成立するのでなければならぬ。キルケゴールが、記憶とは方向の正反対なるものとして反復を規定した所以である。現在の意識が直ちに過去から未来への発展の意識であるというのが、時の意識の構造に外ならない。過去が未来へ滲透するということが同時に未来が過去から滲出すということである如きベルグソンの純粋持続は、斯かる意識の内容を成す。しかしその様な比喩的持続の内容は、右の如き絶対無の永遠の還相として、否定的媒介的に反復において時の現在を成立せしめるのであって、それは過去の持続においてでなく却って未来の行為的否定的媒介において、成立するのでなければならぬ。[142]而して現在が過去に化するということは、同時に未来が行為の現在に転ずることを意味するのであって、それは未来として阻止凝滞せしめられた物質が、永遠の絶対転換によって超越せられ、現在の否定的媒介となることに外ならない。過去から未来に発展する現在の動性は、物質の阻止凝滞を自己の否定契機に転じて永遠を現成せしめることに成立つ。持続は直観に属するのでなくこの様な行為の否定的媒介に成立するのであって、それの外に物質を自己に対立する弛緩の原理としてもつのではなく、自己の内にこれを否定契機として媒介するのである。而して斯かる否定的媒介なるが故に、現在が過去に化し未来が現在に転ずる連続的運動が、同時に円環的統一と相即し、後者の非連続的転換の反復重畳が、前者の連続を過去の過去、未来の未来という如き高次元に、無限に組織することが出来るのである。フッサールが把住の把住、予占の予占として時の持続を分析することにおいて、ベルグソンの上に出でることを自信したのも、必ずしも理由なきことではない。しかしこの様な志向作用の反復重畳は、具体的には現在の絶対無的永遠の行為的還相としての否定的媒介に、依るのでなければならぬ。然らざれば過去の把住と未来の予占とが、現在において如何に転換媒介せられるかを理解することは出来ぬ。現在を単に直観に委ねて、超越的転換の行為によるそれの具体的成立を忘れる現象学の、制限がそこにある。現在の直観が過去と未来とに対し無差別的対称化の傾向をもつことも、またフッサールにおいて猜せられないではない。ただ現在の反復における行為の未来的媒介性のみ能くこれを脱せしめるのである。

五

アリストテレスの、運動を潜勢態の現勢化として解する思想は、いうまでもなく爾後の哲学を殆ど全般的に支配した古典的思想である。これによってヘラクレイトスの変化流動を、パルメニデスの不動存在と綜合し、存在する同一者がその不変の基体の上に、潜勢の含む欠如態から現勢の存在へ転化することにより、生成運動が成立すると[143]考え、以て、無から有が生ずるという不合理を除き、同一性の論理によって生成変化を理解する途を開いた。斯くて因果は基体と相俟って存在の思惟に基本的なる根本範疇となったのである。それが後にカントの先験論理をも支配したことは周知の通りである。この思想の地盤はいうまでもなく、アリストテレスの自然が、運動静止の原理を自己の内に有する存在と規定せられた如く、生物的自然存在の生長発展にあるのであって、潜勢態にある存在の萌芽が、なお現実に存在を欠如するものでありながら、それの生成において既存の萌芽を発展するだけで、無から有を生ずることなく、単に有の存在様態を変ずるに止まることによって、存在の同一性を保ちつつ、変化生成するとせられるのである。この生成運動の分析は、同一性論理の立場に立つ存在論として間然する所が無い。古典的思想として不朽の意味を有するのも怪しむに足らぬ。しかしこれは同時に、潜勢が現勢に成る、という生成の概念そのものにおいて、多くの問題を蔵するのであって、アリストテレスがこれをその存在論の同一性論理に矛盾する所なく主張し得るものであったかどうか、徹底的なる究明を要求するものでなければならぬ。中世以来現代に至るまで、幾多の解釈がこれに加えられた所以である。

　アリストテレスの生成的自然存在論が、芸術制作の比論によって成立したものであろうことは、啻にギリシャの造形的芸術的世界観から推定せられるばかりでなく、彼自身の四原因説などにおける引例からも推測せられる所である。不定の質料が、それから形成せられる作品の形相を、可能潜勢の様態において含蓄し、それが制作者によって顕わにせられ現勢に転ぜられることによって、現実態における作品が生成するという過程が、自然の生成発展に対する原型と認められたのである。あたかも制作せられるべき作品の形相は、制作に先だち芸術家の脳裏に純粋に先在する如く、存在の本質は純粋形相として神の理性に先在する。それが質料に纏綿せられた不純の形相として潜勢態にあり、而してそれが潜勢から現成への転化運動を為す自然の、運動によって実現すべき目的としてこれを曳き動かすによって、[144]潜勢から現勢に転ぜられるのである。従って自然の生成の目的原因として、同時にこれを動かす動力因でもある所の形相は、生成に先だつ始源として形相因であり、質料はそれに対し一見ただその完全なる実現を阻止する所の消極的勢力と解せられる。しかし斯く形相の純粋完全なる実現を阻止する所の否定原理としての質料が、却って不変同一の基体として生成運動を支えるから、それによって形相の先在永遠性が、変化を通ずる持続として具体的に媒介せられるのである。その意味において質料は単に消極的でなく積極的であり、質料因として運動の一原理となるのである。しかしそれは飽くまで運動の底に潜むのであって、その顕わになるのは、ただ形相の永遠に対する否定たることの外にはない。故に生成運動の数と考えられた時は、いわば永遠に蔽いかぶさる質料の被覆を除去して、これを回復する過程の秩序計数ともいうべきものになる。時は存在が永遠に帰る手続の規定であって、自然の進行は還帰に外ならない。運動が具体的には循環たる理である。形相本質は本来永遠であって、ただ質料の障凝がこれを時間の始にして終なる、運動の原因たらしめる。形相はそれ自身には運動変化を含まない純粋活動である。しかしこの様な運動を全く超越した純粋活動というものは、抑も如何にして考えられるか。質料が形相を潜勢に保ち、その実現を阻止するとは如何なることか。斯かる消極的勢力としての質料因は、全く無記に形相を受取りこれを実現する基体たり得るか。アリストテレスの拒斥に拘らず、斯かる基体として考えられるべき質料と、形相の実現を抑止して存在に非存在を絡ませる潜勢の原理としての質料との関係は、如何であろうか。本来先在する永遠の形相としての純粋活動が、質料に自己を実現するのは芸術制作の比論において表現作用と称せられるものであるが、それは右の如き被覆除去の手続と同一視せられるか。

　質料を対立する原理の錯綜と解することは、前にも述べた如くギリシャの古代からあった思想であって、アリストテレスもその発生消滅論にこれを採る。この考に従えば、形相はヘラクレイトスのロゴスの如く、またプラトンの質料の二に対する形相の一の如く、反対する対立の上にこれを媒介として自己を実現する調和としての比例的均衡の秩序という如きものとなり、それ自身の中に質料の対立性を含みてこれを媒介する超越的統一となる。いわゆる弁証法はここから発達したのである。然るにアリストテレスはプラトンの二元対立を斥ける立場からこの考方を排して、形相の非弁証法的同一性を主張するのであるから、質料はそれに対し無記の消極性にならなければならぬ。形相に相関的なる否定としての質料と、単に無媒介なる否定としての欠如とは、もちろん概念上区別せられるけれども（『自然学』一、九）、しかし質料はそれぞれの形相に相関的なる欠如として、必然に欠如を含まなければならぬ所以である。それは光の欠如する暗き空中の如きものである。その場合光は暗を媒介としてこれを自己の内に含むものではなく、却って暗を除去すればそれは本来空中に遍満するものと考えられるのである。否、暗が積極的に存在するのではない。暗は光の欠乏に過ぎない。従ってそれは消極的原理に止まる。あるいは寧ろ、原理の欠乏というべきものである。しかしこの様に質料の消極性を推進めても、それが完全に無くなるかといえば、そうはゆかない。原理の欠乏というも、更にその欠乏の原理は、何等かの仕方で積極的に存しなければならぬ。暗は光の欠乏であっても、光を遮るものが暗の原理として空中にあるのでなければ、暗が光の欠乏として現れることは出来ないであろう。その意味において、質料は無くしてしかも有るものでなければならぬ。その無いというのは、それ自身の内に対立葛藤があって現実の存在に現れることが出来ないからであり、その有るというのは、斯かる対立葛藤としてあるからである。約言すれば、それは矢張プラトンにおける如く非有の有となる外ない。いわゆる第一質料がアリストテレスにおいても「反対」と考えられた所以であろう。生成するものが、あることの可能と共にないことの可能をもつといわれる以上は（『形而上学』第七篇第ゼ章）、潜勢も存在に絡みつく非存在の「反対」を含まなければならぬ筈である。従って形相は単に欠如として無記なる質料の上に、直接なる自己同一的存在として現れることは出来ぬ。それは質料の対立性が既に対立として相関的二の葛藤であるということの内に、対立の半面は統一でなければならぬ機微を捉えて、自らその統一を行為的に実現する転換的一の原理である外ない。斯くて形相は絶対無の原理が、質料の否定性を媒介としてこれを自己の契機に転ずる行為的転換の、統一の自覚に外ならないということになる。ここに弁証法的統一が同一性の具体的根柢たる所以がある。キルケゴールの生成の分析（『哲学的想片』）は、アリストテレスのそれよりも一層多く正鵠を得ているといわなければならぬ。元来形相の先在というも、特にアリストテレスの内在的立場においては、それの質料における実現と無関係に運動の目的理想から離れて離在するとは、考えることが出来ぬ。芸術家の脳裏に先在する形相というも、却って自然に実現せられたる不完全なる形相が、純化せられた理想的完成を意味するに外ならない。芸術が自然の模倣と解せられた所以である。しかも形相が完全に実現せられるのに適当する質料において表現せられるといっても、その質料の性質に従いその肌理に応じて、実現せられるべき形相が逆に調整せられなければならぬのであって、単に質料に無媒介に構想せられた形相は、制作の過程中に変更せられなければならぬ。具体的なる形相は、その作因（モティーフ）たる自然と、制作材料たる自然とが、制作の行為によって媒介せられ、自然そのものの発展が即制作であるような転換によって作品が成る、その転換的統一の内容たるのである。その制作過程は、単に作因の観照作用が無媒介に延長して制作となるのではなく、作因の観照への意志集中が、自己を対象に没することによって却って対象を自己に転ずる内的転換から、同時に作因の質料と制作の材料との類同親近（例えば人体と大理石、風景の色彩と絵具、あるいは音響と楽音等における如き）を通じて、材料における作因の芸術的表現をなす外的転換行為としての制作活動に終結するのである。制作活動は単なる観照の発展に止まらず、作因と観照との内的転換的統一が、作因と材料との自然における親近統一に媒介せられた外的転換に、転ずる二重の転換である。それは過去の含蓄的媒介が未来の顕現的媒介と、現在の行為において転換的に高次の媒介に齎されるのと一般である。従って作因の観照において捉えられる形相は、過去的なるものとして、単にその先在が自己同一的に保存せられ持続することによって作品の形相となるのではない。それが作品の形相となるのは、材料への未来的なる実現という要求により、材料の特性に媒介せられて変化を求められるによること、過去に対する未来の否定性が媒介となって、現在の超越的転換がこの否定を絶対否定に転ずることにより、過去と未来とが綜合せられ連絡せられるのと同様である。それは保存せられる過去の面から見れば、持続的に同一性を保つけれども、未来の否定的側面から見れば、変化、すなわち質料のもつ対立性を媒介とする自己否定的転換の創造による更新、を含まなければならぬ。持続は却って否定的更新と相即する媒介の自己同一性に外ならないこと、既に見た如くである。永遠は不動でなく運動の絶対否定的肯定であった。形相の純粋活動は、質料の対立性をいわゆる身心脱落的に自己の媒介に転ずる運動の止揚である。発展は運動の目的たる永遠の形相を動因とするところの、自己同一的なるものの自己還帰であるのではなく、終にして同時に始なる、絶対転換の原理としての永遠が、各現在において時に還相する否定的媒介でなければならぬ。その原理たる形相の自己同一性は、それの否定的媒介としての質料の対立性と相即する。故に対立が自己同一に往相するのみならず、同時に自己同一が対立に還相し、常に自己否定の動性を半面に伴うのである。形相は質料を直接に否定してそれから超越し、無記なる非存在的基体としての質料の上に自己を同一性的に実現するのではなく、元来質料的基体があるということが対立葛藤としてあるのであるから、飽くまでこの対立葛藤の媒介統一としてのみ自己を実現するのである。実は質料的基体の存在というのも、この媒介統一の立場から飜って、その契機となる対立葛藤を、可能的統一の潜勢態として反省した結果に外ならない。それゆえ質料の基体性は、それの否定性と独立に存するのでなく、却って後者の媒介統一を逆に飜えして見たものである。その自己同一性は否定媒介の弁証法的統一の抽象面に外ならぬ。而してまたこれに伴い、形相も単に永遠に先在する個的本質として生成の目的になるのではなく、却って自己の否定を含み質料に纏綿せられた種的存在を媒介として、それの絶対否定により自己に還る循環運動によって、いわゆる「ありしそのもの」を実現するのである。アリストテレスの『形而上学』第七篇第七章における生成の分析において、質料と本質との間に生成の媒介として本質と同質なる形相的自然なるものが説かれるのは、斯かる種的媒介を意味するもの[148]と解せられるであろう。しかしそれはもはや同一性論理の框を破るものでなければならぬ。

斯様に質料的基体の恒存というのは、絶対無の統一から翻って還相的にその契機としての対立葛藤を見たものに外ならないとすれば、その対立葛藤の媒介統一は、単なる不動の永遠にでなく、無限に新なる不断の更新に現成する所の永遠の還相に、成立するのでなければならぬことは今や疑を容れる余地が無い。発展は斯かる永遠の統一の還相として不断なる更新反復の静即動であり動即静である。そこでは否定が常に自己の内にあるのであるから、これを絶対否定する行為の自覚的転換統一より外に、自己同一的なるものはない。永遠に自同的なる生命が自己を表現するのではなく、絶対無の現成としての各現在が、永遠の無の象徴として不断に更新するのである。発展は転換的行為的統一の不断の更新の自同的側面であり、表現は絶対無の現成たる象徴を生命の有に直接化したものである。あるいは表現の主体なき表現として、これを絶対無に帰するも、自己を直接に表現する絶対無は、既に無媒介なる自己同一として、有化せられた存在に外ならない。表現は完結自立ということなき連続の過程であること、生命の本性に由来する。表現を了解するものもまた生命であるに由り、表現において生命は発展するといわれるのであるけれども、その結果表現には自立性完結性というべきものはないことになる。その目標は単に無限の発展の極限として想定せられる不動の永遠であるから、その内容たる純粋形相は質料に媒介せられる所がなく、時に還相する媒介を欠く所の、現実の彼岸となる。表現においては斯かる永遠が現実に自己を現成する媒介はなく、ただ現実の方からそれを目標としてそれへ往相することのみが問題となる。しかし往相というも、超越的なるものが転換的に内在的なるものに自己を媒介して、後者を自己に引上げることが同時に後者の前者への向上として往相となるのであるから、それは具体的には前者の後者に対する還相と相即することなくして起るものではない。単に内在から超越へ上る途というものはないのである。従って表現の内在的立場においては、超越は単なる極限として、達せらるることなき目標とせられ、請に止まる外ない。しかしそれが要請せられるということが、既に右の如き還相の内在面としてでなければ成立しない。アリストテレスの神の純粋活動も、この如き抽象的立場で内在の一方から定立せられたものである。しかもそれは、単に内在的であるならば質料と運動とを脱する能わず、またこれを全然脱却して純粋なる形相活動として超越的であるならば、却って内在と無媒介になり現実と関係することが出来ないという矛盾に陥る。斯くて具体的なるものはただ超越にして内在、内在にして超越という、永遠の時間的還相即往相なる、完成の反復更新であるより外無い。これが完成せる超越の行為的現成として象徴となる。それが表現と異なり完結的自立的なる所以は、今述べたようなそれの構造から容易に観取せられる筈である。しかも象徴は反復更新の還相面から見るならば、絶えず新にせられる無限の発展でなければならない。永遠にして時間的だからである。その主体は、表現の主体たる生命が直接の有として種的なるに対し、絶対無であり、その現成として象徴は個的でなければならぬ。それは質料的基体の含む対立を媒介とするから常に歴史的であり、永遠の還相として却って更新的に永遠に往相するのである。その更新の自己否定的同一性を基体の媒介において恒存的に見たものが、発展に外ならない。故にそれは同一性的持続であることにおいて自己否定性を媒介にもつ。過去的に既存として想定せられた形相から常に多少とも逸脱しながら、しかもその逸脱従って否定を媒介に保存して形相を更新する。キルケゴールが反復に関聯して「除外」を説いたのも、斯かる逸脱の可能が個的本質の象徴的現成に媒介として含まれることを示すものとして、深い意味を有すると思う。時間の未来がもつ偶然の由来はここにある。形相の永遠は単に無時間的でなくして、却って時間的であり歴史的であって、それぞれの現在において永遠の超越性を実現するのである。それは相対的にして絶対的、絶対的にして相対的という外ない。これを一面的に保存の面から同一性的に統一すれば、抽象的に超時間的超歴史的永遠として絶対化せられるのである。しかしその含む矛盾はこれを弁証法的媒介の動的統一に転ずる。発展には斯かる抽象的同一性を破る否定的媒介の行為的統一が、根柢となる。プラトンの「突如」なくして[150]アリストテレスの「運動」はあり得ないのである。両者を綜合するものとしてキルケゴールの反復が、彼の標榜する如くエレヤ主義とヘラクレイトス主義との統一と解せられる。自己同一的持続が即自己否定的たるのでなければ発展運動は成立たない。目標に向うということがそれから逸れるという否定と相即するのでなければ、向うという運動の動性は成立しないのである。しかも更に、一度目的に達したということが、質料の恒存により無限に否定せられ自己疎外せしめられるから、それは不断の更新を必とする。その意味において却って目的たる形相自身が創造的反復的とならなければならぬ。永遠は反復の創造的還相を意味するのである。発展が萌芽の展開であるとか、運動が潜勢の現勢化であるとかいう同一性的原理が、却ってそれの否定を媒介とし、同一性の否定的肯定として、絶対無を原理とする外無い。アリストテレスの運動論は実は斯かる弁証法を含まなければならぬのである。

然るに彼自身はプラトンの弁証法を否定して出発した立場から、自己の思想そのものに含む矛盾的自己否定的弁証法を十分自覚しなかったのは是非もない。しかもその為に生じた彼の思想の難点を解こうとしたところのその後の解説者も、この弁証法を自己に転じて行為主体的にその困難を解決しようとしたものは比較的に少ないと思われる。中世におけるドゥンス・スコトゥスとか現代におけるハイデッガーとかは、あるいはその少ない人々に属するといわれるであろう。かのベルグソンの持続や運動の論も、アリストテレスの運動論解釈の意味を含むといい得るでもあろうが、それが運動持続の直観において、アリストテレスの同一性的傾向を行為弁証法的に転換する代りに、神秘的直観を以てその矛盾を脱しようとしたものなることは蔽い難い。これをその主張に従って分析すれば、アリストテレスにおけると同様の矛盾と困難とを曝露するものなることは、我々の既に見た所である。ただスコトゥスやハイデッガーの意志主体的立場は、アリストテレスの生的自然の直接的同一性を、自己否定的媒介の方向に転ずる重要の意味を有すると思われる。しかしその場合に、個的主体の方に自己同一性を移して、これを更に質料的自然との交互的転換による行為の、超越即内在[151]なる否定的媒介に転ずることをしない結果、あるいはスコトゥスの如く神の愛の超越性に赴くか、あるいはハイデッガーの如く内在の立場に終始して結局当為的要請を脱し得ないか、何れにしてもなお具体的にアリストテレスの困難を脱却する論理には到達し得なかったといわなければならぬ。それを成遂げる為に、アリストテレスの同一性的運動の論理を否定媒介の論理に転じ、論理の否定における論理の運動として主体的に論理そのものを回復したのは、いうまでもなくヘーゲルの功績であった。しかし彼においてもなお、自然と自己との行為的否定的転換の統一の代りに、直接的なる両者の同一性的調和が合目的性の統一において前提せられる為に、物質の否定性が消極的となり、精神の歴史的発展が目的論的同一性において展開せられる傾向を免れない限り、完全にアリストテレスの困難が脱却せられたとはいうことが出来ない。彼において歴史がそれに先在する理念の実現となるのは、アリストテレスの自然の発展におけると同じである。それはギリシャ的自然のキリスト教的精神化を意図して、却って精神の自然化存在化に頽落したものといわれる。是れ絶対無がなお直接化せられることにより、神として存在化せられる有神論の帰結に外ならない。これを脱するには今まで述べた如き行為的転換の立場を徹底し、絶対無の現成を永遠の時間的還相として捉えなければならぬ。キルケゴールの実存的実践的弁証法は、その逆説の立場によって、ヘーゲルの抽象を曝露しこれを脱却せしめるのに、有力なる指針を与える。ただそれがヘーゲルと反対に、倫理の媒介たる人倫的基体の認識に対し殆ど全く無関心なるは、哲学としての欠点である。カントの倫理学の二つの抽象性というべき歴史性の欠如と超越性の欠如とは、それぞれヘーゲルとキルケゴールとによって補充せられると考えられるが、その為には更に両者が具体的に媒介せられなければならぬ。その地盤は倫理に外ならない。これによって始めて永遠の発展即行為として歴史と時間との成立を具体的に理解することが出来るであろう。

斯かる行為的発展は、前にランケがヘーゲルに反対する立場から否定したところの、進歩の概念とは根本的に区別せられる。それは後者の如く運動の目的を先在的に保持して、それに向いそれに促されて進行する運動の過程ではない。斯かる有目的運動はアリストテレスの運動の概念に外ならないのであって、今まで我々がこれを批判しこれを弁証法的に否定した所である。もちろんこれはキリスト教の終末観的目的論の如く全く超合理的に、神の目的に従い存在を直接に規定するものではなく、同一性的論理の秩序に従い、理性的に自然がその内在目的を実現する目的論である。しかしその目的が現実に先だち無媒介に予定せられる点においては、前者の超越目的論と選ぶ所はない。神学が両者を結合しようとした所以である。斯かる既成の目的を原理としてそれに規定せられる発展運動は、よしこれを発展というもそれに否定性偶然性の欠ける無媒介性において、進歩と同一に帰する。ただ前者は後者の超越的有目的性に対し、内在的有目的性たる点に構造上の区別を有するに過ぎない。しかし内在的というも無媒介に先在する目的は、実はその内在性を具体化することは出来ないこと、今まで見た如くである。それゆえランケ以後の歴史観が、彼自身の発展を重んずる思想を継承すると共に、ヘーゲル学派の影響を脱する能わず、ランケのヘーゲルに反対して斥けた進歩の概念の代りに、ヘーゲル哲学そのものの中心概念たる発展の概念を以て、歴史の動的統一を理解しようとしたのは、前に問題にしたランケの絶対史観の多元論的傾向を規整する為に必要ではあったとしても、そのままではランケのヘーゲル批判を復び自らに加えしめなければならぬことも否定出来ない。このディレンマは如何にして免れ得るかといえば、発展の概念を今述べたような弁証法によって否定的に媒介し、これを行為的発展の概念にまで具体化するより外に途は無い。ランケの各時代絶対化の思想も、他方において一時代が前時代を否定しながら肯定するという媒介を、歴史の本質上認めないわけにゆかないという結果が、当時の歴史哲学的傾向と相俟って、いわゆ[152]

る発展史観をその後の支配的歴史観たらしめ、それに伴い彼の政治史的傾向に替るに文化史的傾向が優勢となったのである。しかしそれが単なる発展史観であるならば、今述べた如くそのいわゆる発展は、ランケの斥けた進歩と相通ずるのであって、事実両者は同一視せられる傾向を免れなかった。[153] それでは再びランケの批評を逃れることが出来ない筈である。斯かる困難に陥るまいとすれば、発展即行為、行為即発展の媒介的立場において、文化史と政治史とを綜合するのでなければならぬ。斯くて始めてランケの多元史観的傾向を超えて、一元的発展の立場に歴史の統一を確保しながら、しかも文化史的進歩史観に逆転することなく、ランケの政治史的傾向を生かすことが出来るであろう。この行為的発展史観を措いて、歴史を具体的に理解する途は無いと思う。それは各時代をそれぞれ永遠に接触するものとして絶対化し、何れも独自の価値を実現するものとして、その間に価値の質的優劣を容れるものでないことを認めると同時に、しかも新しき価値は旧き価値を媒介として含みながら創造せられるものであるから、次元の高次という点から見て、より富なる可能性をもつと考え、斯かる創造的具体性において新時代は旧時代に優るとするのである。その新時代の優勝は可能性に係わるが故に、単に与えられた事実であるのではなく、同時に事実即当為なのである。トレルチが歴史の課題と認めた文化綜合というのも、斯かる構造を有するものでなければなるまい。その意味において行為的発展史観は、各時代の絶対性と相対的進歩性とを綜合するものと考えられる。而してこの様な媒介的見地は、今まで述べた如く時の永遠還相的構造に由来するのであって、永遠の理念が歴史に先在しながら時間の中に降下し来るとする如き非歴史的発出論でなくして、時そのものの歴史的媒介性の解釈によって、歴史と時間との相即不可離の関係を見るものであるから、内容としての歴史と形式としての時間とが互に対立せしめられ外的に結合せられるのでなく、そこでは両者が初から互に相媒介するのである。いわゆる内容の客観性と形式の主観性とは、行為において絶対無の超越により転換せられ、而してその主体的統一において、超越が却って復主観の内在性と転換媒介せられる。

行為自覚のこの二重的絶対媒介の立場に、時の自覚と歴史観とは相即的に成立すると考えられる。

六

今述べたような行為的発展の思想は、古来哲学の難問題であり、特に歴史哲学において重要なる意味を加えられた因果性の問題に、多少の示唆を与えると思う。因果は既にアリストテレスにおいて確立せられた如く、認識原理の最も根本的なるものとして実体のそれと並ぶものであるが、ヒュームの批評の示す通り、これを感覚的直接経験に帰することは出来ぬ。さりとてカントが解した如く単に悟性の先験綜合形式とするだけでは、それの中心をなす発生起発の内容的意味が失われて、単に論理的関係に還元せられるから、経験において実質的に結果の発生することが検証せられるのは、単なる偶然の不可思議に帰する外ない。先験論の立場から、時の前後の二現象が因果的に継起するのは法則の論理的必然に依るというだけでは、発生起発の因果性は消滅する外無い。その限りではカントはヒュームの懐疑からこの概念を救う力は無かったのである。実証主義が経験記述の立場を徹底してヒュームの蓋然論に甘んじようとするのも理由無きことではない。しかしこの様な実証主義もカント的先験論の論理主義も、その立場の一見正反対なるにも拘らず、実は共通の立場に立って、初から因果の問題に対する解決の途を杜絶していることは、余り注意せられないように思われる。却ってアリストテレスが動力因を、芸術的制作の実例において、作家の制作行為に認めた健全なる良識は、近世の自然科学を地盤とする認識論において忘れられた観がある。すなわち単に自然観照の立場に立って技術的制作を度外視するならば、因果関係はヒュームの指摘した通り直接に経験せられることは出来ないのであって、その限り実証主義の蓋然論的ないし懐疑論的帰結は避けることは出来ぬのである。これをカントの如く先験形式に帰するも、論理的演繹の推論的必然は思惟主観に属するものであって、それは客観的自然の実質的内部における発生起発の因果関係とは差当り別のものでなければならぬ。前者を以て後者に換えても、それは実証主義の齎す帰結を免れしめるものではない。是れ[155]この先験論もまた、実証主義と同様の自然観照の非制作的立場に立つのだからである。因果性の難問を解くには、まずこの共通なる観想的非制作的立場を捨てて、技術的制作的行為の立場に立たなければならぬ。しかし斯くいう意味は、時に我々が出会う所の、制作を以て因果性の固有地盤であると認める説が、自然の因果性は人間制作の比論を自然に推及ぼしたものであると主張する、その擬人主義に左袒することではない。斯かる擬人主義は、自然の生成と人間の制作とを別々のものとして対立せしめながら、両者の間に比論を認めようとするものであって、決して自然の生成と人間の制作との間に行為の媒介を置く行為主義の立場に立つのではない。却って依然として自然と人間とに対する観想の立場に立つのである。斯かる立場で縦し右の如き比論を認めるとしても、それは自然認識における因果性の発生的説明に貢献するだけで、その根拠を確立することは出来ぬ。この後の目的に対しては、斯かる観想的比論でなく、徹底せられた行為的媒介の立場において、自然の因果性と人間の制作行為との交互的なる媒介を自覚する論理のみ、効果を挙げることが出来るであろう。それにおいては、時間的継起は直観せられ従って自然現象は時間的継起において直接に経験せられるけれども、因果は直接に経験せられないという、観想的立場に共通なる前提も否定せられるであろう。何となれば上に見た如く、時間の前後継起が既に行為媒介的なのであって、もし因果が制作的行為にそれの固有地盤をもつならば、時間の前後と因果関係とが行為において相媒介せられる筈であり、従って一方的に時間的継起の上に因果が成立するのではなく、却って他方因果に依って時の前後が定まるという関係も、成立するわけだからである。時と因果とは外から結合せられるのでなく、内面的に相媒介する。その媒介者は行為に外ならない。行為的媒介によってのみ時と因果とが内面的に結合せられ、また人間の制作と自然の因果とが相媒介せられる。時間、制作行為、因果は相俟って交互媒介の統一を成すのである。

それではそのような行為的媒介の立場から見て、因果は如何なるものと解すべきかというに、それは端的に、制作行為の[156]秩序であるといわれるであろう。前述の時間の行為的媒介による成立において、未来の内容を発生するに、過去の否定転換としての現在の行為が必然的なる媒介となることは、行為の自覚において動かすべからざる明証的事実であった。これは現在の行為が、その未来的内容を結果として発生起発する原因となるということである。斯くて因果関係は制作の行為的秩序を表すものとなり、時の前後と共に因果の発生関係を直接に捉えしめる。観想的に捉えようとしても捉えられない因果関係も、行為的には直接に捉えられるのである。これが、制作行為と作品の生成との因果関係が、因果の原型と認められる理由である。しかしこの原型を比論的に自然の生成に投入すると主張する、擬人主義の因果関係に対する説明は、さきに注意した如く認識批判に対して何等の意味をもつものではない。斯かる比論的投入よりも一層深き内面的媒介において、行為と自然との結合を求めなければならぬ。

それならばかような制作行為と自然生成との媒介は何処に存するかというに、それは外ならぬ行為そのものの転換性の中にあるのである。行為というものは、単に自然に対立する自己に属するものではない。それはもちろん一方において行為者たる自己に属する自己の行為でなければならないが、他方から見れば、行為において自己は自己に止まるのでなく、自己を出て自然に入り込みそれにはたらきかけると共に、自然はまた自己の媒介によって生成変化し、自己をそれの内に取込むのである。自己がはたらくことが自然のはたらくことであり、自然のはたらくことが自己のはたらくことである、という転換媒介に行為は始めて成立する。約言すれば行為において、行為主体たる自己と行為にはたらかれる客体としての自然とが、絶対無により転換せられて、自己は自然となり自然は自己となるのである。すなわち絶対無の転換において自己も自然も否定的に同一となる。それが自然と行為との比論の根源である。比論は互に外的に対立するものの間に、両者を含む共通の類的存在の媒介無きに拘らず、構造上秩序の相応比例が成立することを意味するが、その根源は、絶対無の転換的統一の契機間に成立する秩序の同等に、存するものといわなければならぬ。第一節にいわゆる[157]「存在の比論」につきて述べた所も、この外に出でない。更に哲学史上極めて顕著なる一例をとるならば、普通にスピノザの物心並行論と呼ばれるものの根拠も、また斯かる比論に存するのではあるまいか。抑もスピノザの哲学の解釈における種々の困難は、主としてその哲学が如何なる立場で説かれているか、という観点を掴まないことに起因すると思われるが、右の物心並行論の如きも、これを理解する立場を捉えることが最も重要と思われる。それでは斯かる立場とか観点とかいうものが、何故にこれを捉えるに然かく困難なのであろうか。その理由は簡単にいえば、スピノザ自身が彼のいわゆる第三種の認識たる直観知の立場において説く所を、我々は第二種の理性の立場で解釈しようとすることに存する。スピノザを理解するにはスピノザと同じ立場に立つことが必要なのは、甚だ看易き所であろう。然るに我々はこの第一要件を閑却して、理性の比量知で彼の思想を解釈しようとするから困難に陥るのである。それでは第三種の認識は、第二種の認識たる理性と如何なる関係に立つかといえば、それは前者が直観知と称せられるによって明なる如く、彼にとって神秘的直観に属することは否定出来ない。しかしスピノザがそれと理性との関係を、比例の解を実例に引いて説明している所から見れば、我々は両者を弁証法的に絶対無の超越的統一と相対的有の同一性的論理的秩序との関係と解することが出来るのも事実である。果してそうであるとすれば、物心の並行を成立せしめる実体の統一は、実は絶対無の統一を核心とし、いわゆる身心脱落底における物心の転換統一において、我々に現前するものでなければならぬ。物の秩序と観念の秩序とが比論的に同一といわれるのは、理性的推論の立場で成立つ事ではなく、身心脱落の行に現前する事態であろう。それは単なる観想でなくして行禅の行為的立場であること、スピノザの直観知がすなわち人間の解脱として最高善の行であり、それは倫理学の目標であり原理であることを考えるならば、更に疑を容れる余地は無いであろう。私はこれが行為の絶対転換による物心の並行であり比論であり、自然因果と制作行為との比論の根柢に外ならないと思う。スピノザが理性の立場で説く所産的自然の因果の必然関係は、能産的自然の絶対的立場においては即自由たるのも、この絶対無の転換に依るのではないか。何等の恣意を容れない必然の因果関係こそ、絶対転換の行為の媒介面としてそのまま自由でなければならない。しかし斯く自覚するのが既に行為の絶対転換の立場に属することを思うならば、ここに因果と行為との関係を理解する鍵が見出される筈である。何となれば、必然の因果関係というのは、解脱的行為の絶対自由の自覚（直観知）の立場から見たものであるから、それは自由行為の前にあって外からこれを制限するものでなく、却って自由行為の内に存する否定契機に過ぎない、すなわち因果の必然が先にあって、それが自由に転ぜられるのではなく、自由の行為がその成立の媒介として、却って否定的なる因果の必然を、自己の内に因果即自己として認めるのだからである。斯くて行為の否定的媒介面が自然の因果と解せられることにより、後者はそれと転換的に合一する自己の自由なる行為の制作的肯定面と比論的に対応することになる。制作を自然に比論的に投入するのでなく、逆に制作行為が必然に自然の因果をその否定面として転換合一的に伴うのである。それは行為の否定契機として自己に対立し自己の随意を否定するもの、更にいえば行為においてその自己肯定的媒介性を失った自己疎外的残遺ともいうべきものである。すなわち過去の否定的肯定としての持続に対し、行為の未来的創造をそれの否定的媒介として認めず、飽くまで持続に固執しただ持続の媒介としてそれの表面における様態の変化を認めるに止まる如き抽象的立場から、持続の自己同一的契機たる実体に即し、様態の変化をその基体の同一性に償還的に還元するとき、それの過去的前状態が原因として、結果たる未来的後状態と必然的に結合せられるのである。これは構造上正に、既述の時間的発展における、過去から未来への持続的発展に対応する。具体的行為の立場においては時間の前後と因果とは同一に帰するのであって、前者は単に直接的に過去と未来との同一性上の差別に着目し、

158

後者はその不可離なる媒介統一を同一性的に見たものである。別に前者に何物かが外から加わることによって、後者の結合が生ずるのでなく、寧ろ後者の具体的統一の抽象的否定的契機として、前者が区別せられ対立せしめられるに過ぎない。而[159]して更にそれと似た関係が、具体的媒介としての行為と、抽象的否定的契機としての因果（従って時の継起）との間にも成立するのである。

　因果は制作行為の秩序を否定的に、その行為性から抽象して自然の生成の秩序に転じ、行為主体に否定的に対立する必然関係としてこれを独立的に見たものである。その成立する立場は自然であるけれども、その秩序の内容は行為の主体的制作行為の秩序の反映に外ならない。自然そのものに何ものかが外から加わって因果が成立するのでなく、逆に行為の抽象否定により、自然の立場が否定契機から独立存在に転ぜられ、しかも却ってそれに制作行為の秩序が因果として帰属せしめられること、あたかも今述べた因果と時間との具体的媒介対抽象的契機の関係に類する。ここに、具体的なる媒介は絶対無の主体的転換に由来する為に、却って抽象的なる客観的存在の場面から消え、後者のみがそれ自身において成立するかの如き顚倒が、いわゆる自然的態度に現れるのである。しかしこの立場においては如何にするも、具体的媒介統一の原理は見出されない。実証主義は却ってこれを直接確実なる経験の層として記述するのであるけれども、その含む関係自身が二律背反を招来し、必然に弁証論に陥ることは、前に時の持続と発展とに関して見た如くである。これを超克するのは自然的態度の弁証法的否定、その顚倒を更に顚倒する行為的媒介の外にはない。そこにおいていわゆる説明の因果関係が、行為の制作的秩序の自然に転ぜられたものとして現れる。それゆえ制作秩序としての技術が、自然の生成秩序としての因果の有目的的応用であるという常識の自然的態度も、矢張具体的に見れば実は顚倒なのであって、却って逆に制作行為の技術的秩序が、自然の因果的秩序の具体的媒介となるのである。もしこれを常識の如く反対に考えるならば、如何にして技術が、自然に存在しなかったものを自然の内に制出するかは、説明が出来まい。あたかも芸術を自然の模倣と考えるのみでは、却って芸術が自然を超え自然の上に創造を加えることにより、逆に芸術こそ自然の典型であり、自然はその不完全なる模倣に過ぎないという逆説を転換的に成立せしめることを、如何にするも理解[160]し得ないのと同様である。技術こそ却って自然の生成の媒介なのである。自然認識における実験の重要なる意義は、それによって、人間の制作行為の媒介によることなくしては、自然自ら示すことの出来ないそれの内奥が、開き示されると考えられる所にあるのであるが、しかしもしも常識の立場で考える如くに、実験説明の層に対する観察記述の層においては、自然がそのまま顕わになっているものとするならば、その層から得られた実験装置の記述的機構が、如何にしてその装置のはたらきにより、自然そのものの立場で今まで顕わになることが出来なかった自然の隠された内奥に進み入り、これを自然の表面に顕わし出すことが出来るか、不可解でなければならぬ。ここにボーアのいわゆる対応原理の、単に量子論に限られざる広く深き意味が存すると思われるが、その理解は斯かる立場では出来ないであろう。実は観察記述の直接経験の層が、既に具体的には制作的行為的なのであって、ただその具体的媒介が否定面の一方に抽象せられていたに過ぎない。それが具体的に媒介を自覚すれば初から制作的なのである。それであるからこの立場を更に有意的に推進めることにより、実験説明の層が発展せしめられ、いわゆる自然の内奥が顕わにせられるのである。斯くいうのはこの両層の区別が無いとか、自然には表面も中核も無いとかいうのではない。却って斯かる区別が、媒介の否定的構造において、抽象的契機と具体的媒介とが区別せられるに依り、転換的統一の段階の相違として確立せられることを意味する。単に区別対立を没して無媒介の融一に帰入する神秘主義に反し、弁証法の立場は対立契機を飽くまで区別し確立することにより、真に具体的なる媒介統一を転換行為の立場において自覚するのである。斯かる立場から見て、観察記述の直接経験の層はそれだけで具体的に成立するものでなく、実は技術的制作行為の媒介において成立するというのである。この事は今日の知覚心理学が主観のとる態度に相関的に、知覚せられる対象の形態が変化することを示した顕著な実験によっても実証せられる。知覚の如き直接の経験が決して単に受容されたものでなく、受容即自発的に主観（寧ろ行為主体）の能動的態度により媒介せられ作為せられたものなること、すなわち制作の成果なることが、[161]それによって示されるのである。一般的本質的にいっても、受容の意識は受容性そのものに止まるものでなく、受容即能動の否定的統一でなければならぬことは疑われない。しかし同時に受容性に対する自発性の能動といえども、却って否定契機として受容性を媒介にもつのでなければ、いわゆる直観知の神秘主義に陥る。それは自発即受容、あるいは受容的自発性、でなければならぬこと、受容性もなお自発的受容性でなければならぬに対応する。技術というのは正に斯かる受容的自発性の概念である。何となれば、それは行為の秩序として自発的であるけれども、しかもその目的とする制作は、自然の否定契機に従いそれに随順するものとして、因果的客観的秩序に表されるのだからである。而して斯く否定的媒介の具体的段階として区別せられるが故に、認識の諸段階が対立しながら相媒介し、互に統一せられるのである。技術の概念は自覚的に自然と行為とを媒介し、自らは制作の因果的秩序を表すものとして、却って因果の制作的秩序たる行為の、裏返されたものとなる。何れも媒介的ではあるが、行為は否定的肯定であり技術は肯定的否定である点に、なお具体的と抽象的との差別を存する。行為の目的は絶対否定の永遠の実現であり、技術の目的は限られた制作にある所以である。あるいはアリストテレスの区別した如く、行為においては目的が自己の内にあり、制作においては目的が外にあるということもいわれよう。何となれば後者においては、前者における如く目的が絶対無の現成として行為に超越即内在的に内在するのでなく、目的は外から規定せられ抽象的に限定せられるのだからである。しかも我々の如くに行為を具体的に現実の歴史に即して考えるならば、行為も制作の絶対否定としてのみ具体的たり得ること、否定的肯定が肯定的否定の転換としてでなければ媒介的に成立し得ないことに、対応する。斯くて総てが歴史の絶対媒介に帰入するのである。自然もその意味において歴史の否定契機として歴史に媒介せられる。論理的に自然から歴史に進むには、前者の弁証論から行為的絶対否定において後者に達するのであるが、しかしこの進行は同時に歴史の自己還帰として、初から自然が歴史的媒介の否定契機たるを、その具体的根柢に還元することでなければならぬ。自然の因[162]果は斯かる意味において歴史的行為の契機として、それに媒介せられて成立するのである。すなわち因果が歴史の媒介において成立するのであって、逆に歴史が因果において成立するのではない。ここに自然史観や唯物史観の限界がある。

因果は右の如く歴史的行為の否定契機として、後者により媒介せられたものとしてのみ具体的に成立するのである。それゆえそれの項となる自然現象は、行為から独立にして却ってこれを否定するものとして、反主体的に対立する客体に属するものと思惟せられながら、その項の間の関係そのものは、媒介の綜合的統一として飽くまで制作行為の転換的立場に立つのである。それは客体主体の転換的統一としての絶対無の行為的現成を、客観的基体の同一性の方向に否定的に抽象したものといわれる。約言すれば因果の判断は、主語を自然の基体にもち、述語を行為の主体にもつということが出来る。その弁証法的構造は甚だ明白であって、これを同一性的に理解する能わざるは当然でなければならぬ。これを単に客体的とすることも主体的とすることも出来ず、またこれを単に経験的とするも論理的とするも、何れもその本質を逸することになる所以である。因果を何等かの範囲において認めなければならぬ経験科学が、決して単に実証的記述に止まることが出来ず、それが体系的統一をもたなければならぬ限り、必然に説明的となり因果的となる為に、その公理公準に弁証法的行為的統一を綜合原理として掲げ、体系の組織を同一性論理の演繹に委ねるのは、その当然の結果である。カント以来認識論において重要なる位置を占める綜合の概念は、カントにおける如く単に受容せられた感覚の多様を結合する、という如き意味に止まることは出来ぬ。主体客体の転換としての行為における否定的媒介の統一とならなければ、それは認識の客観性の原理となることは不可能である。その転換的媒介の制作行為的内容が因果の概念に結晶するのであるから、この概念が認識論の中心に問題となるのも当然でなければならぬ。しかしそれが行為の主体的媒介を地盤としながら、却ってそれを反主体性の方向に否定抽象したものとして、矛盾的構造をもつことが、その問題を解決の極めて困難なるものたらしめたのである。因果は主体性を否定せられた主体的行為的媒介に外ならない。[163] それが自然に属するものでありながら、自然そのものが却って主体的行為の否定契機であるから、必然に行為の否定的媒介をその綜合の原理としなければならぬ理由が、ここに認められるであろう。行為の媒介を意味しながら行為性主体性を否定して、これを反主体的自然に転じたものが、すなわち因果である。技術というのはこれを更に再び行為主体の方向へ復帰せしめながら、しかもなお主体性そのものの立場からでなく、単にその媒介たる否定契機の方向から、換言すれば、自然の方向から、これを規定したものである。技術において行為主体は、その制作行為に際し自己を否定的にそれに随順せしむべき自然の規定を見出すのである。それは行為の否定性から行為そのものを見たものといわれる。故にそれは飽くまで主体に属し、主体の媒介において始めて現実となるのであって、それ自身では主体の否定的規定として抽象的であり可能的たるに止まる。それが現実の歴史的建設行為の倫理の具体性に対する抽象契機たること、前述の如くなる所以である。しかしながら裏からいえば、倫理的行為の具体的現実態は、必然にそれの媒介契機として、却ってそれの否定態たる自然因果の認識と、それの立場から規定せられた技術の否定的可能的媒介性とを、無視することは出来ない。斯かる因果の認識と技術とを否定契機としない行為は、全然自己の媒介性を自覚することなく、行為の結果の因果的制作的見通しを有しない盲動であるから、それは到底自覚的理性的なる倫理的行為ということが出来ない。もちろん因果の認識や技術は行為の否定面に属するのであって、それが絶対否定的に否定即肯定せられて始めて行為の現実が成立するのであるから、その具体化は決してそれ等の抽象契機の方から起るのでなく、逆に絶対無の方から転換的に起るのでなければならぬ。決して技術的認識の集積結合により倫理の内容が決定せられるのではない。すなわち両者の間には否定の深淵があってこれを隔てるのである。その間に連続的の推移はあり得ない。科学技術の本来含むところの二律背反が、それ等を自己否定に導き、その絶対否定的肯定の転換媒介が始めてこれを回復甦生せしめるのであるから、この絶対無の現成たる倫理的行為は、科学技術の絶対否定の位置に立つわけである。

[164] 以上我々は行為に対する因果、倫理に対する技術、歴史に対する自然の関係を見て来たのであるが、その際我々は常識の自然的態度をその含む矛盾に従って自己否定せしめ、転換行為の自覚の立場からそれを解釈し直したのであって、その結果そこに現れる諸概念も、それの素朴的独断的意味を転換せられ、単に抽象的なるものから具体的なるものが集積綜合的に思惟せられるのでなく、逆に具体的絶対的なるものの否定的媒介契機として、抽象的相対的なるものが規定せられたのである。従って自然の因果とか制作の技術とかいっても、これをそれ自身に成立する独立的基礎的なるものとして常識的に認め、その上に具体的なる歴史や倫理を建てようとしたのではない。逆に前者の抽象性が含む所の二律背反的矛盾性を展開することにより、それを自己否定に導き、而して更にその否定を絶対否定的肯定に転ずるものとして、行為的転換の立場から、後者の具体的なる媒介を捉え、その媒介の否定契機として抽象的なる前者の意味を規定したのである。これが歴史主義的行為主義的批判の、絶対批判たる所以である。而して更にこの絶対批判主義の立場から見ると、自然とか因果とか技術とかいう概念も、常識的にいわゆる自然、因果、技術と呼ばれるものに限られるべき理由を失い、広く歴史的倫理的行為の否定契機たるものを一般に意味することが出来るようになる。すなわち具体的にいえば、この様な批判的意味においては、決して物質的自然やその因果なり制作技術なりに限ることなく、社会的生活の自然に属する経済を始め、一般に歴史的現実の行為的建設に対する否定契機を総て、これ等の概念に包括することが出来るのである。それ等は皆今まで述べたような論理的構造に

おいて、いわゆる物質的自然に属するこれ等の概念内容と何等異なる所がないことは、その概念の本質上当然でなければならぬ。否、斯かる歴史的自然の方が、物質的自然よりも一層具体的であり、主体的歴史行為の否定契機たる意味を、より具体的に顕わすのである。寧ろ斯かる歴史的自然の、更に抽象的に非歴史化非時間化せられたものとして、物質的自然が考えられるというべきである。否、更にそれどころではなく、物質という概念自身が、歴史化せられて社会的意味をもつに至っていることは、今日改めていうを俟たぬ所である。[165] しかしそれによって、これ等の概念の歴史行為に対する否定契機の意味は、一層明に認められなければならぬ。それは媒介として行為に不可欠なるものであり、行為の否定契機としての本質上、行為に対立してその恣意を制限するものであって、行為は決してこれを無視することが出来るものでなく、却ってこれに随順することにより絶対否定的にこれを自己に転ずることが出来るに止まる。しかもその自然的客観的規定が、却って歴史の制約を受けるものとして歴史的であり、行為の媒介において始めて成立したものであることは、いわゆる物質的自然の場合よりも歴史的自然においては一層明白でなければならぬ。何となれば、それは行為主体を否定するものでありながら却って行為主体の媒介となるものであるばかりでなく、それの存在規定自身が実際に行為に媒介せられて歴史的に成立するものだからである。その意味においてそれは行為から出て行為に帰り、否定的に行為に対立することが却って行為を歴史的に発展せしめるものなのである。自然といい物質といい、飽くまで歴史行為の否定契機以外のものではない。それだからこそ行為はそれに否定的に媒介せられることにおいてそれを超え、却ってそれを自己に転ずることが出来るのである。その関係はあたかも前に述べた過去の未来への転換に相応する。過去は現在の行為の否定契機として、自然あるいは物質に対応せしめられる。あるいは物質、自然は過去的であり持続的であるといわれる。それに対し未来は具体的には行為の目的となるものであり、現在における永遠の現成として希望の創造的対象たるものであるから、従って行為的であり主体的であり、更に倫理的である。しかしそれが行為から抽象せられ過去の持続発展として見られれば、常識的に解せられた客観的歴史発展に相応する。因果とか技術とかいう概念の位置はこれに相当するであろう。何となればそれ等の概念は、本質的構造上行為的なるものを、行為から抽象して見たものだからである。過去から未来への持続は、物質ないし自然の基体的同一性の上で、因果的変化が行為の媒介を抽象した発展、として成立すると考えられ、技術は更にこれを一歩行為に近づけて主体化し、限定せられた制作の秩序としてこれを見るものといわれるであろう。しかしその総てが、[166]現在における絶対無の現成としての行為の立場から、永遠の還相として媒介せられなければならぬことは明である。斯くてそれは倫理の媒介に転ぜられるのである。

過去が未来にまで持続するものとして自己同一的なる基体という立場から見られるならば、却って過去と未来とは無差別的となり並列的となって、時間性を失い同時存在に化する。それは時間の空間化である。右に述べた自然や物質が、行為から抽象せられた基体的なるものとして、空間性を本質的規定とする所以はこれにより容易に観取せられる。然るにこの空間性自然性を歴史行為に即して見るならば、行為の否定契機としての伝統慣習を持続的に維持し、不変同一なる基体として個人の行為を支え、空間的に同時存在として過去と未来とを現在に並存対立せしめる種族というものに対応せしめられる。それは国家において人類の立場に永遠化せられるものとして、過去と未来との無差別的並列を、倫理的行為の建設希望において永遠の還相たらしめる媒介作用の否定契機を意味する。何故歴史が斯かる種族化せられた人間と共に始まるかは、我々の説明する能わざる所なること、物質が化学的に種化せられ自然が物理的にも生物的にも種化せられることが、説明を絶すると一般である。我々はその「何故」を断念して、それが「如何」にあり、「如何」に変移し、「如何」に相互相関係するかを認識しようと努める外無い。とにかく歴史が斯かる種族社会の、内的に個人の共存であり外的に多数社会の共存である如き空間複合的基体をその自然的基体として成立することは、動かすことの出来ない事実である。我々はこれを歴史的に承認しなければならぬ。しかし歴史は自然ではない。斯かる自然的基体を認めること自身が歴史の立場に属するのであって、それは行為の媒介に対する否定契機として捉えられるのである。種族を知るのも個人の行為的自覚によること、自然も、技術的制作行為か芸術的制作行為か（寧ろ初はこの両者が分たれない統一的な制作行為）の否定契機として、我々の対象となる如くである。しかしこの様な個人の種族に対する行為的自立は、外的なる種族相互間の対立に相即して必然に発生するのであって、それが歴史の成立を媒介するの[167]である。何となれば、歴史は行為なくして成立せず、それが自然との相違であり、而して行為は個人なくしてあり得ないからである。しかし斯くいうも、行為は単にいわゆる個人にのみ属するというのではない。却って個人は未来的否定の主体として、それに対立する過去的種族をその基体にもち、それと交互否定的に転換せられることにより、絶対無の還相として現在の媒介に入るから、具体的に主体性を得るのである。それは自己を失うことによって却って自己を獲得するといわれる所以である。しかし斯かる意味において絶対無の現成たる個人は、その絶対性を却って種族の否定的媒介においてのみ実現するのであるから、同時に種族を自己に転じ、種族が絶対否定的に肯定せられた国家を、その具体的内容とするのでなければならぬ。国家が個人の具体的自己と考えられる所以である。国家は種族の過去と個人の未来との、現在の行為において絶対無たる永遠の転換により媒介せられた統一として、絶対普遍の類たる位置に立つ。それは種族が個人の否定行為を媒介として、人類の立場に高められたものに外ならない。国家が種族の自然的基体の絶対否定的に主体化せられたものとして、個人と同即異、異即同の否定的媒介的統一をなす所以である。斯くて個人の倫理的行為は、国家の政治的行為と二即一、一即二の統一をなす。善き個人は善き国家においてでなければあり得ない如くに、善き国家は善き個人によってでなければあり得ない所以である。この様に個人の倫理的行為が国家の政治的行為と相即するのが、行為の最も具体的なる構造である。それは、個人の行為でありながら却って同時に国家の政治的行為たる意味をもつが故に、国家を具体的なる主体とするものと一般に認められる所の歴史の、建設をなすのである。国家はもと種族の絶対否定的に肯定せられたものであるから、それは互に種的に対立して、諸国家間の国際関係を成立せしめる。而して国内政治と国際政治と相関的なることも、種の内外二面に亘る相関的対立性の必然の結果でなければならぬ。それが人類的絶対普遍の立場に媒介せられることを、国家の成立と認めるならば、種族の伝統的生内容が個人の自由創造によって否定的に媒介せられたものとしての文化を以て、政治の主体的側面を形造るものと解することは[168]当然でなければならぬ。政治は国家に属するも、種族の対外的対立と内部的統制との方向が、絶対否定的に肯定せられた否定契機として、なお権力関係を含む。これに対しこの二重の対立を絶対否定的に否定する主体そのものの媒介性が、個人の自由なる創意の優越する文化を形造る。政治と文化とは国家の種族的契機と人類的契機とに相当し、前者は否定的媒介的であり後者は肯定的媒介的である二面として、互に区別せられつつ却って統一せられる。而してその転換の媒介者は個人に外ならない。その意味において個人は国家を永遠の人類に媒介する倫理的行為主体であり、国家もこれを媒介として具体的に国家となり政治的行為の主体となるのである。政治が倫理を離れれば、国家は人類の立場から顚落して単なる種族となり、政治は文化の媒介を失い権力は正義の根拠を失わなければならぬ。歴史は過去的契機から見れば常に否定せらるべきものとして、斯かる自己疎外の自然的存在に堕しているが、その未来的契機から見れば、必然に絶対転換の行為的当為を含む。斯かる存在と当為との絶対否定的媒介統一が歴史なのである。それであるから、それは歴史に先在する目的に向う進歩ではなく（斯かるものは歴史の否定に導くこと前に見た所である）、却って歴史そのものの否定的媒介において、未来的内容の創造をなす創造的行為的発展でなければならぬ。目的は永遠から先在的に定立せられるのでなく、却って歴史的行為的に創造せられるのである。如何に旧き価値が否定せられても、それはなお否定契機として新しき立場に媒介せられ、その限り保存せられるのであって、それと共にこれを否定する新しき立場が、如何に旧き立場から見て一見無価値であり、粗野に見えても、それが否定的媒介の立場である限りは、盛然に新しき価値を創造すると希望せられるのでなければならぬ。否、創造は既に旧きものの否定の中に含まれた新しきものの、転換せられた立場からの発見であること、前に見た所である。新旧の価値はそれぞれ独自なるものとして永遠に触れるのであって、これを質的に比較し軒輊することは出来ない。しかし新しきものは常に旧きものを媒介として創造せられるのであるから、次元の高次という意味において、より豊富なる可能性を含む。[169]すなわち創造的具体性において、新しき価値は旧き価値に優るのである。歴史の行為的発展は斯かる意味において、各時代の絶対性と相対的進歩性とを綜合するということも出来るであろう。斯かる意味の創造的行為的発展は、歴史を歴史的たらしめるものであるから、如何に永遠を歴史の根柢とするも、却って永遠の還相としてこの行為的発展を認めなければならぬ。それこそが絶対にして相対、相対にして絶対なのである。歴史主義の徹底は斯かる媒介の立場を帰結とする。それは明白にいわゆる歴史主義の超越であること、今まで論じた如くである。倫理は歴史主義の立場において、歴史主義を絶対否定することにより相対即絶対の立場を獲得するのである。ただその絶対は同時に絶対即相対として相対に還相しなければならぬから、永遠の信仰を現在の行為により実証する未来への希望であり、その希望の達成に対する約束への感謝報恩の精進でなければならぬ。斯かる立場においてのみ、尊敬すべきトレルチの一生の努力であった、歴史主義の倫理的超越が、可能となるのである。彼の力作たる『歴史主義とその問題』（一九二二年）は、『キリスト教の絶対性と宗教史』（一九〇一年）以来自らに課したこの問題を解決しようとして、宗教史から広く歴史哲学の立場に出で、ディルタイ以来の歴史主義の超克の問題に進んだものである。しかしその解決を意図する講演『倫理学と歴史哲学』を主内容とする彼の遺著『歴史主義の超克』（一九二四年）の中に暗示された倫理の立場は、宗教史の比較型観を媒介とする綜合の倫理的確信を以てキリスト教の絶対性を捉えんとした初の立場と同じく、主観的確信の域を脱しない。もっともこの書は彼の死後公にせられたものとして、その表題が彼の意に副わぬものではないかという疑を提出し、彼の意図が必ずしも歴史主義の超克にあったのではないとする主張もある。実際「我々の知識と思惟との原理的なる歴史化」を意味するものとしての歴史主義は、トレルチの超克しようとしたものではなく、飽くまで維持しようとしたものであるであろう。しかし同時に彼がこの名を以て自己の立場を非難せられたような、相対主義の意味における歴史主義が、それを超克することこそ彼の[170]一生の課題であったことも疑われない（ホイッシー『歴史主義の危機』参照）。それゆえ歴史主義において歴史主義を超えるのが、彼の問題であったというべきでもあろう。しかし彼の惜むべき急逝が十分にその思想を展開する時を彼から奪ったことは事実であるとはいえ、この問題解決の立場そのものが彼に十分獲得せられていたかどうか、なお疑なきを得ない。それというのは、倫理に歴史哲学の基礎を求め、文化綜合の建設的立場を以て歴史主義の超克を図ったことは、正しき観点を捉えたものであるとしても、その倫理が絶対無の転換の立場に立つのでなく、プロテスタント的ないしカント的主観主義の立場に立つものである限り、歴史主義の相対論に換えるに主観主義の相対論を以てするという結果に陥り、超越即内在の転換を自証することなく、単に相対的内在の立場から要請ないし信念を主張するに止まる外ないと思われるからである。ここに彼の自由主義的歴史主義が宗教史家の非難を招き、彼の信仰がキリスト教でないという批評を受けた理由がある。私は彼の意図した歴史主義の倫理的超克が、以上述べたような永遠の往相即還相の立場において始めて達せられるのではないかと思う。これこの小論を以て彼の遺した問題を解き得るかと、ひそかに考える所以である。（十五、八、二十七）

倫理と論理

一

[173]倫理と論理とは一見全く別の立場に立つものであって、その間に何等必然の関係は無いように思われる。前者は人間の意志行為に対する当為規範であり、後者は広く存在一般の現実的意味を規定する理法である。意志は未来に関し行為は生産を意図する。その理法は自由を前提する当為に係わる。それに対し論理の関する所は事実的存在の思惟であって、存在の過去以来既定せられたる必然の意味関係を規定する。この如く未来と過去、行為と事実、自由と必然、当為と存在、という如き対立によって、その係わる所の対象領域の区別せられる倫理と論理との間に、何等か必然の関係があるという如きことは、一見問題にならぬ如くであり、それぞれの反省的体系化たる学としての倫理学と論理学とは、全く独立の哲学的分科を形造ると思惟せられる。もちろん倫理学が学として体系に組織せられる為に、推論の理法としての論理が必要であり、従って論理学が倫理学の建設に役立てられるということは疑われない。しかしそれだから倫理がその成立の契機として論理を含むとは、考えられないようである。あたかも生命の科学は論理を前提するけれども、生命の活動そのものは論理を予想するとはいわれないようなものであると考えられる。更に論理が存在一般の意味関係を規定するものとして、倫理と直接無関係であることは、改めて説明する必要がないともいわれるであろう。斯くて倫理と論理とは、直接には全く無関係なるそれぞれ独

立の領域と考えられるのも、理由の無いことではない。寧ろ自由と必然、未来と過去、当為と存在等の対立概念によって、両者をはっきり対立せしめ、互にその独立性を純粋に保つことが、それぞれの成立に対し必要であるとさえいわれるわけである。現実存在の事実に制約せられることなき純粋意志の当為に倫理を局限して倫理の純粋性を保とうとする理想主義と、而して人間意志の要求によって歪曲する所なき、純粋に実証的なる事実存在の論理が始めて科学を呪術迷信から解放して純粋に学的性格を獲得せしめるとする科学的精神とは、[174]この様に倫理と論理との相互の独立を要求するといわれるでもあろう。

しかしながら一歩進んで考えると、倫理と論理とは右の如く単に直接無関係で、相互に独立するものであるとはいわれないことが明になる。なるほど倫理は人間の意志行為に係わり、自由なる未来の生産に対する当為規範を内容とすることは否定せられない。しかし意志行為は単に無反省なる生命の活動とは異なり、却ってその目的とする所を観念において自覚し、これを、行為の結果として起り得べき存在の可能態の全体を通じて、予想するところの思惟を、含まなければならぬ。倫理がその反省的側面において論理を契機とすることは、疑を容れるものでない。意志は目的観念を必須とし、行為はそれの結果を思惟することなくして、人間の意志行為たることは出来ぬ。未来の予測は過去の思惟を媒介とせずに行われるものでなく、自由は却って必然をその契機とするのでなければ成立しない。当為は一方から見てカント特にカント学派が主張する如く、事実的存在から独立せしめられなければ純化せられないけれども、それは存在に直接制約せられ事実に限定せられないという意味でなければならぬ。もし全く存在から抽離せられるならば、それは全然無内容となり却って当為としての規範力を失うこと他方において明白である。義務を義務の為に意志し、道徳法の法則性そのものが意志の動機力とならなければならぬ、と思惟する所のいわゆる形式主義の道徳学が、単に無内容なる架空の抽象論に止まらず、縦主観性の一面に偏するにもせよ、倫理学として成立することが出来る為には、その純粋当為の立場が事実的存在に制約せられずそれと独立に成立つというのは、後者から抽象せられるとか後者を直接に否定するとかいう意味ではなくして、却って絶対否定的にこれを止揚すると共に回復し、それを否定契機として自己に摂取することを意味するのでなければならぬ。事実存在の認識において絶対無制約者を思惟しようとする理性が、その理論的作用において二律背反の弁証論に陥る必然の運命は、却ってこの運命の底に死して無私の自在に進るところの理性の実践的作用に対する、転換の媒介契機でなければならぬ。純粋理性の理論的使用が、客観的認識の絶対性の否定に逢着する行詰まり[175]は、理性に固有なる必然性に由来するものとして絶体絶命の境地なることが、理性により自覚せられるならば、それは却って全く自己を脱せる自由の絶対主体として理性を甦生せしめる。この理性がいわゆる実践理性に外ならない。それは理論理性の大死一番絶後に甦ったものであるから、理論認識の思惟を単に抽象するのでもなく、また単純にこれを否定するのでもなくして、却って絶対否定的にこれを肯定し、それを積極的に生かすと共に、全くそれに拘束せられる所なき自在の主体たるのである。カントの先験弁証論は、理論理性がこの死即生の転換を経て実践理性の自由に転ずることの自覚により、絶対弁証法に積極化せられる。それが実践理性の形式主義道徳学を、絶対理性の倫理学に具体化することも当然に予想せられるであろう。斯くて論理は倫理の契機となり、存在は当為の否定的媒介となる。もと倫理はその発生の由来に遡るならば、その起原は神意に存すると信ぜられる所の種族的慣習が、個人の生活規範となった律法に始まること、一般に認められる所であろう。人間の意志行為がそれの価値に関し批判せられる規準となる所の社会的規範が、本来倫理の内容を形造るのである。それはもと種的一般的法則として、個的特殊の意志行為を規整するのである。その構造が、論理の、特殊を普遍によって限定するという構造、に則ることは明白であろう。然るにこの様な社会的一般的規範の差別性変易性すなわち相対性が、漸次に倫理の内容的規定を抽象せしめ、その極遂にこれをカントの先験形式主義に徹底せしめても、しかもなお道徳法の普遍法則性は依然として維持せられ、却って形式の抽象性を以て法則の普遍性を純粋に確保することにより、倫理を内容の特殊相対性から解放して、普遍的なる純粋理性的基礎に確立しようとしたのである。実際カントの形式主義道徳学は、その根本性格において論理的であったとさえいわれるであろう。彼が、普遍的道徳法によって法則化せられて、それにより理性的となり倫理化せられる主体と考えた所の意志的自我をも、単に直接なる自覚に基かしむることなく、それの意志決定の主観的規準たる格率を以てこれを規定したことは、意志主体の責任帰属を保証するそれの自己同一性を、論理的に格率の同一一貫性に基けたものとして、明にカント倫理学の論理的性格を示すものといわなければならぬ。自我も倫理学においては、心理的に直接自覚に委せられるのみでは客観性をもつことが出来ぬ、格率によって論理的に自同化せられて、始めて客観的に規定せられ定義せられるというのが、一見奇異の感を我々に懐かしめるカントの格率の重視、に対する理由ではないか。格率の特殊を法則の普遍に包摂するという論理的構造が、カント倫理学の論理的性格を明白に特徴付けると思う。而して格率はあたかも、私の語る言語に固有なる語法が、言語的に私を特徴付ける特殊の規定であると同時に、それは既に私の属する社会に行われる語法に由来し、直接に一般的なる社会的語法の特殊化せられたものである如く、既に社会の一般的慣習となれるものから採用せられて特に私の意志の格率となったものであるから、それが道徳法により普遍化せられるのは、社会的慣習の即自的一般性が、私の意志の格率の特殊性を媒介として、対自的なる普遍性にまで具体化せられるものと考えられる。果して然らば道徳法の普遍性が、単に抽象的形式化に由来するものでなく、却って即自的なる事実存在の絶対否定に由来するものなることは、明白であるといわなければならぬ。道徳法の普遍性は抽象的類化による客観的存在の類性 generalitas でなく、絶対否定の主体的普遍としての絶対普遍 universalitas でなければならない。カントが『道徳形而上学序論』において区別したこの二種の普遍の重要なる意味は、この様に理解すべきものと思う。それだから絶対普遍は、全称判断に対応する量の範疇でなく、単称判断の個態に対応するとせられる全態となるのであ

[176]

って、それは全個相即の絶対否定的統一に外ならない。直接なる社会的慣習の客観的類性が、格率の主観的特殊を否定的媒介として、道徳法の絶対普遍に転ぜられるというのが、カント倫理学の論理的構造であるといってよい。それが認識の客観的類種包摂の論理を、絶対否定的に全個相即の立場に主体化する実践理性の主体的論理であることは、疑を容れないであろう。倫理は存在の論理を否定契機とする絶対否定の論理であることが、カントの所論を超えて予想せられる。「論理の否定」が「否定の論理」に転ぜられた弁証法が、倫理の論理となるのである。ヘーゲルの弁証法がカント[177]の弁証論から発展した由来は、ここに見出される。倫理を存在の制約から完全に解放して、当為の立場を徹底的に純粋ならしめようとしたカントの倫理学が、却って倫理の根本構造に、存在の論理を否定契機として認めなければならなかったことは、倫理が論理を予想し、これを転換する所以を、典型的に示すといわれるであろう。

更に遡って論理の係わる所の存在の具体的意味を反省するならば、論理の倫理を予想することもまた同様に明白でなければならぬ。もちろん初から論理の意味を、存在の意味的構造関係に限らずに、思惟作用そのものの当為規範にまで及ぼすとすれば、論理も具体的に倫理化せられるであろう。また例えばリッカートの認識論における如く、認識の対象も超越的なる当為でありないし意味であると解するならば、広義において価値実現の理法としての倫理が、論理の具体的なる基礎となることは疑を容れない。カントにおける実践理性の優先が、理想主義の世界観にまで具体化せられ、いわゆるフィヒテ主義として価値哲学にまで拡充せられるならば、倫理は論理を支える地盤となること当然である。しかしこの見地からだけでは、倫理に対する論理の形式的関係が一般に認められるだけで、未だ存在の内容的意味に立入り、その倫理に対する関係を規定することは出来ない。縦い前の関係が後の関係にまで発展せられるべき萌芽を含むとしても、その発展そのものが内容的に具体化せられるのでなければ、論理と倫理との関係を闡明し、内容上前者の後者を前提する所以を明にするわけにはゆかない。フィヒテとヘーゲルとの間には、シェリングの客観的観念論が介在し、その同一哲学的内容が歴史哲学を具体的に確立したことが、前者から後者への発展を媒介したという歴史的事実は、右の如き形式的見地から内容的見地に至る距離を気付かせ、同時にその充たさるべき間隙の如何なるものなるかを暗示するであろう。我々は一層端的に、論理の係わる所の現実存在の具体的構造を反省する必要がある。存在の客観性、すなわち人間意志に対する超越的対立性、を荷うものとしての自然は、縦カントのいわゆる先験論的主観性により主観に依存するものであるとしても、それは単にその認識に制約となる先験形式に関する限り然るのであって、自然の存在そのものが人間意志の論理を、その存在の論理の基礎に予想するとはいわれない。先験論哲学の認識論は、斯かる帰結を直接に将来するものではない。カントが物自体の仮定を避けることが出来なかった所以である。而してこれを排除したフィヒテにおいても、非我の自我に対する障礙性が前提せられなければならず、しかもこれを自我の自覚活動に対する制約とする限り、自我は純粋自我の抽象を脱して絶対自我の統一に達するという必然の保障は存しないから、自我の倫理性は最後まで当為に止まり、単に活動の為に活動する空虚の循環性たることを免れなかった。その結果倫理の基礎の上に成立すべき筈の論理も、我は我である、という自我の同一性を要請するだけで、具体的にそれを実現確立することが出来なかった。斯くて一切が当為に止まり、存在は否定せられるだけで肯定保存せられることがないから、論理は独立性をもつことが不可能となる。しかし論理が倫理の否定的媒介となるべきこと前述の如くであるとするならば、論理の独立を奪う倫理主義は、却って終局において倫理そのものを否定しなければならぬという自己矛盾を免れる途が無いこと明白である。知識学がその最初の立場を漸次に改めて、無媒介に絶対存在を意識の前に前提しなければならぬ様になった所以である。これは独立を脅かされた存在の論理が、倫理に復讐したものともいわれるであろう。存在は単に否定せられる為に定立せられる障礙として、当為に対立するものに止まることは出来ぬ。却って否定において肯定せられる媒介として、それ自身の独立性を有しなければならない。フィヒテの交互限定の論理は、倫理に従属する論理に止まり、論理の独立を保障する論理でなかった為に、却って理をも確立することが出来なかったのである。単なる肯定否定の対立を結合して、両者を量的に制限することにより同時に両者を共存せしめようとする彼の交互限定の論理は、実は無媒介なる肯定否定の立場に止まる同一性矛盾性の論理を脱しないのであって、それが、肯定が否定を媒介とし否定が却って絶対否定即肯定に転ぜられる媒介の論理でない為に、一見倫理を確立する手段として倫理に従属する論理の如くに見えながら、却ってそれは自己と共に倫理をも不可能ならしめるものとなったのである。斯かる帰結を免れるには[179]、倫理が論理の独立性を認め、論理の自律が却って倫理を媒介するものとならなければならぬ。それはすなわち既述の如く、論理が倫理の媒介となり、存在が当為の否定契機となることを意味する。しかし同時にそれは、存在が単に行為によって否定せられるべき障礙として当為に対立するものでなく、それが却って当為を媒介し、存在は具体的には行為の参加協力を要求し、それの否定が却って同時にそれの肯定なる如き媒介存在たることを意味しなければならぬ。具体的にいえば、人間行為に対立してその抵抗障礙となる所の自然が、却って行為の否定者たることにおいてこれを肯定する媒介者であり、それを行為において否定克服するとは、却ってそれに随順してそれを肯定することを意味する如きもの、とならなければならないのである。しかし同時に自然は行為に対立する単なる抵抗障礙たる意味を失い、却って行為を自己の生成の媒介となす如きものとなる。すなわち自然は同時に行為の生産するものたる意味を有するに至るのである。それは単に自我によって克服せらるべき非我としての自然でなく、却って自我の媒介としてそれ自ら自我に転じ、以て自我が自然に随順しその限り自然の中に自己を否定するのを、同時に自我の肯定に転ずる如き、超自然にして同時に超自己たる如きものとなるのでなければならぬ。自我即非我、自然即自己の絶対転換が、いわゆる自我といわゆる自然とを、その主体即客体なる絶対統一の両契機たらしめるのである。シェリングの絶対者といい絶対同一というのは、真実にはこの如き絶対転換の行為的生産的自己同一を意味するのでなければならなかった。それを転換の生産的行為から抽象して、知的直観の観照に委ねた所に、彼の同一哲学の抽象がある。これは生産行為を絶対存在の中に埋没し吸収する立場として、フィヒテの正反対に立つ。斯くてフィヒテの当為の倫理的立場が、存在と論理との独立性を否定する結果として、却ってそれ自身を否定する傾向を免れ得なかった如くに、シェリングの絶対存在の同一性論理は、却って窮極において論理の否定に導く。ヘーゲルがそれに激しき攻撃を加えた所以である。しかもヘーゲル自身論理の優越を主張して当為の倫理を抑えようとした結果、自ら同一哲学の存在論を完全には脱却し得なかったことは、論理が倫理に[180]媒介せられなければならぬ所以を明示するものでなければならぬ。ヘーゲル以後の哲学が倫理否定の唯物論に転じ、その反動として再び倫理優位の理想主義を喚起した所以も、ここに存する。しかしそれが新カント派新フィヒテ派の当為的観念論に止まる限り、復形式主義の抽象に陥る。真に存在即当為、当為即存在というべき、非我と自我、自然と自由との絶対転換の立場が、今日要求せられる理由である。それはただ、存在の生成が即当為的行為の生産であり、行為の生産的当為が即現実の存在である如き歴史の具体的立場によってのみ、満たされるであろう。

二

カントは真にそれ自身において善と呼ばれ得る唯一のものとしての道徳的意志を、実践理性と同視して、実践理性の批判により道徳の根拠を確立し得るものと考えた。ここに前述したような、彼の倫理の知性的論理的性格を認めることが出来るであろう。意志と理性、倫理と論理との密接なる内面的関係は、彼の倫理学の特色を形造るといってよい。しかしながら彼においてこの両者の関係が、十分明瞭に考えられていたとは必ずしもいうことが出来ない。一方において道徳的意志と実践理性とは同視せられるといっても、他方においては両者は飽くまで別異のものでなければならぬことは疑われない。理性は知性に属する一能力として、無制約的思惟をその機能とするに対し、意志はそれの目的観念の表象が、その対象の客観的現実化を惹起する能力であるから、前者においては対象は存在として思惟せらるるにより論理の規定を受けるのであるが、後者においては表象がその対象の実在性の原因となるにより、縦その対象はそれの思惟において論理の制約を免れないにせよ、意志そのものは更にこれを超えて、それに規定し尽されない生産性を有するのでなければならぬ。思惟能力としての知性はもちろん、感性の受容的なると異なり自発的従って生産的ではあるけれども、しかしその対象の存在は却って感性の受容を媒介とするが故に、その限りにおいてそれの存在原理を、自己の外にもたなければならぬ[181]のである。約言すれば自発性生産性は、却ってそれの否定としての受容性を媒介とすることなしには、理性において成立しないのである。然るに意志は斯かる否定的制約を受けることなく、絶対的に自発的生産的であって、その目的観念の対象の存在原理を、自己の外ならぬ自己自身の内に有するのでなければならぬ。ここに思惟能力としての理性と、生産能力としての意志との、相違がある。両者を全然同一視することは許されない。斯くて、実践理性と意志とは、同にして異、異にして同なる関係に立つといわなければならぬ。然らばこの一見矛盾的なる逆説関係は、如何にして成立するか。それに答えるものは、前節に述べたような転換の弁証法を措いて外にないであろう。すなわち、理性の無制約的思惟は、それの必然に陥るところの二律背反によって対象を喪失し、自己の外に対象の存在を保障する原理を失うから、従ってそれは自己の立つ所の地盤を奪われて、いわゆる無底の深淵に自己を喪失することを免れない。しかしこの自己喪失が同時に自己獲得として積極化せられるのが、理性を媒介とする意志の発動に外ならない。外からの原理による対象存在の消滅が、自己の内から発する対象生産の行為に転ずるこの転換が、理性の実践的使用としての実践理性なのであって、意志はこの転換により自発的に対象を生産するのである。理性は思惟の窮する所において意志の媒介に転ずる。この否定即肯定の転換が理性の機能であって、それは「論理の否定」が即「否定の論理」なる弁証法を原理とするものである。我々は理性を意志から区別してこれと別異とする限り、思惟の能力としてそれの自己否定性に着目し、肯定が否定に転ずる消極性をその本質とする。これに対し意志は、内を外に転ずる絶対生産的自発性として、絶対に積極的であるといわなければならぬ。ところで実践理性というのは、この意志の絶対積極性に対し、（理論）理性の自己否定性を媒介とし、後者の消極性を前者の積極性にまで転換する媒介能力をいうに外ならない。理論理性の自己否定性が実践理性の転換を媒介として、意志の絶対自己肯定に転ぜられるといってもよい。それであるから実践理性は、その転換の積極性の側において意志と一致し、それの消極性の側において理論理性に一致して、意志に対立するのである。[182]理論理性の論理は、その二律背反において自己を否定しながら、却ってこの論理の否定が即否定の論理に転ずることにより、弁証法として実践理性の論理となり、意志の倫理に対して媒介となる。これが前節に述べた論理と倫理との関係であって、この意味において我々は、弁証法を倫理の論理と呼んだ。論理と倫理との関係が正に典型的に、弁証法的なのである。ここにカントの先験弁証論の画期的意味がある。ただ彼はこれと実践理性との関係を弁証法的に理解しなかった為に、一方実践理性と理論理性との関係も、他方実践理性と意志との関係も、十分に闡明せられず、論理と倫理との弁証法的関係が明瞭にならなかった。彼からヘーゲルへの、哲学史の発展が必要となったわけである。しかしヘーゲルにおいてさえ、両者の関係はなお十分具体的に保たれたとはいうことが出来ない。特に彼が『哲学綱要』において達した体系的立脚地から、倫理学を『法哲学大綱』の中に展開した場合において、カントの倫理学の中心をなす主観道徳の意志優位性は論理の中に吸収せられ、自由生産の規範としての倫理は、その当為性を奪われて存在の理性化に転ぜられ、建設の当為を離れて、現存する国家を論理的に必然化し概念化する立場に移された。それは倫理の論理化として、却って倫理と論理との弁証法的関係を同一性的に論理化するものと解せられる。それは同時に、歴史を体系化し永遠化するものに外ならない。今日の課題は却って、ヘーゲルにおけるカントの契機を顕揚して、論理と倫理とを弁証法的に理解し、従って永遠と歴史との関係をも弁証法的に理解し直すことに存するといわなければならぬ。論理に対する倫理の具体性は、両者の関係をも倫理的実践的に見直し、従って永遠を飽くまで歴史と相即せしめ、存在を徹底的に行為の立場から理解することを要求する。これが弁証法的なる両者の関係付けである。しかしこの関係は同時に、論理のみならず倫理の、弁証を必要とする。論理を弁証法的に自己に媒介する倫理は、それ自身がまた弁証法的とならなければならぬ。これが今日の課題たる歴史主義的倫理に外ならない。前に述べたカントの倫理の論理的性格は、既に我々が弁証した如くヘーゲルの立場に往相せられると同時に、ヘーゲルの立場が却って今述べた通り、カントに還相せられることを必要とするものであるとするならば、その通相せられるカントは、ヘーゲル以前のカントではない筈であって、その倫理の論理性は、もはや前の如く同一性的直接肯定的論理の論理性でなく、必然に否定的媒介の論理性すなわち弁証法的論理性でなければならぬ。それは具体的にいえば正に、倫理の歴史主義化に外ならないのである。我々は進んでこの関係を明にしなければならぬ。

ヘーゲルにおけるカント的契機の喪失として右に指摘した、ヘーゲル哲学の抽象性は、歴史的実践に対する体系的観想の優位、行為の倫理に対する存在の論理の優先、に外ならない。ここに論理学すなわち存在論の、倫理学に対する優越、というヘーゲル哲学の古典的性格が成立する。アリストテレスの倫理学が善を人間の最高完全なる存在に求めて、これを実践と制作とに対する(理性的)観想に見出したことは周知の通りである。理性的観想とは、全存在がそれぞれその個体的本質を実現する生命活動を目標として、これに向い運動する自然を形造るに対し、斯かる目的因として自然にはたらきかけ、いわゆる第一動者としてこれを動かすところの神の、本質形相の純なる現勢に、人間の理性が参与し以て存在の本質を観想する、の謂である。それは純粋形相としての神の理性が、人間の精神に顕われはたらくことに外ならない。人間の理性は神の理性を全に対する個として代表し、全存在の本質を自己の立場において表現するのである。約言すれば全存在の論理的秩序が、人間的自己の立場において自覚せられるのが、人間の最高存在としての善である。この善なる存在を徳として習慣的に身に付けるのが、倫理の目的であるから、それは存在の論理に拠って立ち、徳の獲得運動を規定する倫理は、存在論としての純粋形相の論理に従属することになる。前者は後者の完全なる実現を妨げる質料性に由来する所の、修練と浄化との途に過ぎない。意志はこの倫理的有徳化によって理性に従属し、これに統率せられるべきものである。理性こそ倫理の根源である。これ倫理が論理に従属する所以に外ならない。この様なアリストテレス理学が、カント倫理学に対し、対蹠的ともいうべき特色を有するものであったことは、容易に観取せられるであろう。[184]アリストテレス的性格を多分に有したヘーゲルが、その発展の契機となったカント的なるものを滅却せんとする傾向を有したのも、偶然のことではない。彼は古代的なるものと近代的なるもの、換言すれば実体存在的なるものと自由主体的なるもの、との綜合を意図して、少なくとも体系期においては前者の方により多く傾いたのである。彼においては前者すなわちヘレニズムの契機が、後者すなわち近代プロテスタント精神に代表せられるヘブライズムに対し、寧ろ優位に立っていたといわれるでもあろう。プロテスタント信仰の為に戦ったキルケゴールが、ヘーゲルに激しき攻撃を加えた所以である。現代の課題がヘーゲルにおけるカント的契機の回復にあるといった私の見解は、今日のキルケゴール復興と呼応する。倫理の論理に対する優越を弁証法的に把握するに対し、キルケゴールの実践弁証法が嚮導的意味を有する理由がここにあると思われる。

もちろん古代においてもアリストテレスに先だつプラトンの場合には、却ってその師ソクラテスの倫理的傾向に強く影響せられて、倫理が論理を導き、善が存在の根拠と認められた。従ってその論理はアリストテレスにおける如き分析論的論証法を超えて、弁証法をその立場としたのである。ソクラテスの対話的帰納法を仮説の設定と解し、存在の自体的本質たる普遍の形相を存在の原理としながら、それが逐次に普遍の根拠を求めて止まることなきに鑑み、終にこの無限に根拠を求めて自己超越をなす理性の活動そのものを主体化して、「存在の彼岸に」ある、存在の根源となし、これを善としたのがプラトンである。ここに明白なる倫理の論理に対する優越があり、理想主義の出発がある。而して彼の国家篇における斯かる理的弁証法は、後期において一層明白にその自己超越の契機たる二律背反の自己矛盾性を形式的に発展し、ピレボス篇の倫理的存在論において完備せる組織を有するに至った。存在の原理は非存在を媒介とする自己矛盾の絶対統一に外ならない。それが善である。その統一の実現せられる媒介としての不定の対立性たる質料の非存在に相即して、統一は対立の均衡たる節度として現われる。これが善の実現としての存在である。弁証法はこの善の[185]論理として存在の分析的論理の根源となる。斯くしてプラトンにおいて、弁証法は論理にして同時に倫理であったのである。しかしこの関係の中に、我々はカントの場合における近代的倫理と区別せられる所の、古代の特色をも同時に気付かせられなければならぬ。なるほどプラトンの弁証法は一応倫理の論理に対する明白なる優勝を示すといわるべきものではある。しかしそのいわゆる倫理は、近代の自由意志主体の内面性に成立する主観道徳ではない。カントの道徳的意志に見るような、存在から完全に解放せられた絶対自発的生産活動としての自我の自由に成立する道徳が、その問題なのではなく、快楽の質料に妨げられ、非存在に纏綿せられた存在を、存在として確立する為に、質料の対立性を均衡の節度に齎す統一の原理としての善が、問題とせられたのである。前の場合には存在から解放せられた善が問題であり、後の場合には存在の根拠としての善が問題であった。前者においては善は存在と否定的に対立せしめられ、後者においては善は存在に相即する。もちろん後者においても善と存在との間には、非存在の否定態が介在するからこそ、弁証法が成立するのであって、善と存在との相即というのは、両者の直接同一という意味ではない。しかし非存在もプラトンにおいては、ソピステス篇に明白に規定せられた通り、異存在に止まり、単に述語的否定に過ぎない。その底には質料の基体が恒存して、主語的存在を支えるのである。基体が不定の二とか錯動原因とか呼ばれても、なお場所として恒存するからである。それは飽くまで存在論の立場を脱するものでない。それゆえ倫理の論理に対する優越というのも、論理の絶対否定としての倫理の具体的優位を意味するのではなく、寧ろ論理は存在論として維持せられ、そのまま否定せられずに倫理の弁証法に帰入するという意味である。倫理と論理とは、存在論の基底の上に直接聯繫を保つ。倫理自身が存在論に外ならないから、それは論理に対して優越的といっても、量的階次の優位に止まり、それと本質上同一であって、決して無の深淵を隔ててそれと質的に否定対立する如きものではない。ここに基体の喪失としての無底性とか深淵性とかいう近代的無の弁証法に対する、相違がある。それはキルケゴール的弁証法の特色をなすところの、[186]死即生の転換の逆説において成立つものではなく、存在の同一性を基体の恒存において維持するものなのである。我々はここにプラトンの弁証法の古代的性格を見ないわけに行かない。それは弁証法というもなお無の弁証法でなく有の弁証法であり、行為の弁証法でなく存在の弁証法に止まる。裏返していえば、それは未だ徹底せられた絶対的弁証法に達せざる、弁証法の存在論化に外ならない。そこにおいては主体というもなお単に永遠なる理性に止まり、その直接的自己同一性において即自的に基体を含むのであって、対自的にこれを絶対否定する絶対無の主体ではない。真に自己の無が即有なることを自覚するいわゆる実存的な主体は、そこには未だ個として対自化せられないのである。それであるからこそ、パルメニデス篇の一多を通ずる具体的一が、プロティノスの超越的一者に実体化せられて、弁証法を包み越える神秘主義に導くのである。神秘主義は、近代から現代にかけての思想の特色をなす対自的個体の立場に立つ所の実存主義とは、相容れない。それは個体を直接に全体の中に溶かし、歴史的実践を永遠の絶対存在の観想に包むものである。プラトンの弁証法が神秘主義への傾向を含むことは否定せられない。縦この帰結を避けて倫理的弁証法の性格を維持せしめるとしても、なおそれは存在論の故に同一性論理と合一するのである。その限りそこにおいては、倫理の論理に対する優越の代りに、その反対なる、論理の倫理に対する優越をも認めることが出来るであろう。何となればその倫理は、存在の同一性的論理の上に建てられるのだからである。この点において一見正反対に見え、事実プラトンに攻撃を加えたアリストテレスの立場と、実は軌を一にする所があるといってよい。それは一般に古代思想の限界なのである。その近代思想に対する特色がここに成立つ。

それでは近代思想の特色というべきものは何処に成立するかというに、それは自由の自覚によって、今ここに現実に存するこの個的自己の主体的実存が、一般に存在論の基礎となり世界観的思想の中心に置かれるということに外ならない。主観主義といい主体性という概念が、これを特色付ける所以である。倫理が真に独立の意味を発揮するのは、この[187]実存的主体性をもつ個人的自己の自覚においてであることは疑われない。カントの主観道徳学が倫理の不可欠なる要件を明にしたものとして、倫理学史上不朽の意味を有する所以である。もちろん古代の理学といえども、個人の道徳意識を論じ、主体の自由を重視しなかったのではない。しかし個人の本質を理性に認め、これを存在の普遍的原理の表現と解する限り、実は個人というも実存する自己でなくして、普遍的人間を意味するに過ぎない。ただそれが制限を加えられ限定を施されたものたるに止まる。真の意味における自己矛盾的個体は、従って古代思想の限界を為すのである。プラトンの普遍的形相を存在の原型となす思想に反対して、個物を真の第一次的存在となし、その原理をそれぞれに固有なる個体的本質と思惟し、普遍的形相は単にこれに内在するに止まることを主張したアリストテレスといえども、実は個体の限定原理を十分具体的に捉えることは出来なかったのである。縦い個体の本質を説くも、それが直接に自己同一的なる本質に止まる限りは、実存する個体の端的なる「これ」から遊離して、最低種の普遍的形相に帰する外無い。彼の存在論における個体化の原理が何であるべきかという問題が、中世のスコラ哲学を通じて論争の一中心となった所以である。個体は本質存在論の立場からこれを完全に原理付けることは出来ぬ。それは自己の本質に背き自己の本質を否定し、その意味において自己を否定する自由をもつところの、自己矛盾的自己否定的統一でなければならぬからである。個体は自己同一的本質の否定を原理とするのである。ここに個体的実存の弁証法が成立する。個体の自己同一性は直接的なる自己同一ではなくして、自己矛盾の同一性であり、自己否定の弁証法的統一でなければならぬ。もし自己の本質を実現し、そのあるべき形相において存在することを善というならば、自己の本質に背きこれを否定するは悪に外ならない。従って個体の実存は、悪をその原理の媒介とし、悪を含んで善悪を超越的に統一するものたるのでなければならぬ。善悪の対立は個体を分裂せしめ壊滅せしめるものであるに拘らず、却ってその対立を超えて分裂を止揚し、統一において個体を存在せしめる原理が、始めて個体の実存を根柢付けるのである。それは善悪を超ゆる絶対統一の原理であり、[188] 壊滅の無を有に転ずる絶対転換の原理でなければならぬ。それが絶対弁証法によってのみ理解せられる所以は明白であろう。カントの主観道徳学は斯かる意味における悪の自由に途を開いた点に、倫理学上新時期を画する所以を有するのである。古代の理学は善の理学であり、而して善は最高完全なる存在を意味するから、凡そ存在するものは存在する限り善であるともいわれる訳であって、真に質的に善と対立しこれを否定する悪なるものは、正当には認められない筈であった。これが古代思想の特色をなすところの、悪の消極論に外ならない。そこにおいては悪は善の欠乏、存在の欠如、すなわち不完全という量的制限に帰せられる。弁証法的に非存在の存在を説いたプラトンといえども、悪を善の調和均衡に対する不調和不均衡とするに止まり、これを錯誤と同一視するのである。質料が錯動原因として不均衡不調和としての悪の原理と認められた所以である。しかし斯かる質料もなおそれが場所として存在する限りは即自的自己同一的存在性を有するのであって、存在の絶対的なる否定ではあり得ない。飽くまで基体の存在が維持せられるのである。その否定というも存在性の制限低下に止まり、所詮消極的たるに過ぎない。それだけでは積極的に悪の質的否定性を意味するものではない。プロティノスの質料が明にこの事を示す。アリストテレスの潜勢可能態として質料を考える立場においても、その含む所の非現実性不決定性の故に、斯かる錯動は潜勢から現勢への発展の途中に伏在するといわなければならぬ。プラトンの弁証法が存在論の立場に立つ限り、真に積極的に悪を原理付けることは出来なかったのである。質料は単に悪の可能の原理たるに止まり、それの現実性の原理にはならぬ。ところで善と共に悪を積極的に原理付けることが出来ないならば、斯かる理学が理学として不十分であり抽象的であることは、到底否定し得ないであろう。これが古代倫理学の限界である。それは、個体実存の原理を欠く古代存在論の限界と、相対応すること、右に述べた所によって明であろう。

然るにカントにおいては悪は善に匹敵する積極性をもって対立し、単に意識の質料的受容性としての感性に帰せられ[189]存在論化せられるのでなくして、意志そのものの否定的側面と考えられた。個体の意志はその本性上必然に「悪への傾向」を含むのである。いわゆる根本悪これである。個々の悪の底には原理として根本悪が伏在し、而してこれは個体意志に必然なるものなのである。プラトンの質料の如きも、シェリングがそれをカントの根本悪に結合して解釈しようとした如く、それだけでは悪の可能に対する媒介とはなり得ても、悪の現実に対する原理とはならないのであって、後者はただ個体の成立に必然なる根本悪に求める外無い。それは意志そのものに固有なる否定原理であって、常に善の半面に相伴う。意志の自由が実践的自由として善への自由であるとするならば、それは自己否定的なる悪を否定する否定の否定としてのみ具体的たり得る。あるいは善への自由がいわゆる実践的自由として、倫理的自由であるとしても、それはそれだけではなお抽象的であり、可能的要請たるに止まる。この自由を自ら否定する、悪への自由を、媒介とすることによってのみ、始めてそれが具体的なる自由となる。善悪に対して無記なる、カントのいわゆる超越論的自由が、悪の否定性を媒介として絶対否定態にまで高められる実践的自由の契機として、それに綜合せられたものこそ、具体的なる自由というべきである。これを弁証法的自由と呼んでもよかろう。悪への自由を媒介とすることなしには、善への自由は、弁証法的自由として対自的自覚的たることは出来ない。主観道徳の立場の成立には斯かる弁証法的自由が必要なのであって、これが理の不可欠条件となる。古代倫理と近代理とを区別する最も著しき徴表を、我々はここに認めることが出来るであろう。而して意志の自己否定としての悪を否定契機としてのみ、道徳的意志が具体的に成立するとするならば、斯かる意志の主体が弁証法的統一としてでなければ思惟せられないことも明白でなければならぬ。従って倫理は、矛盾律に支配せられる同一性論理の十分に規定し得るものでなく、却って自己矛盾の転換的統一なる、「論理の否定」即「否定の論理」としての弁証法を要求するのである。否、弁証法の否定転換の論理は、倫理において始めて実現せられるといわなければならぬ。本質存在論は所詮直接に同一性の論理を超えること[190]は出来ないのであって、倫理的意志において始めてこの事が可能となるのだからである。しかしながら倫理の主体たる個体意志が、それの構造上根本悪を原理とするならば、倫理的善の絶対否定的統一は何によって根拠付けられるか。もしも倫理が弁証法によって規定せられ、しかもそれが我々の今まで究明した如く、完全に本質存在論の有的立場を脱却したものであるとするならば、斯かる絶対無の弁証法は倫理をも弁証法化して、これを自己否定の壊滅に陥れるものではないか。根本悪が個体の意志に固有なる必然契機であるとするならば、倫理的善の実現は永久に不可能なる課題に止まりはしないか。事実カントは実践理性の二律背反として、至上善としての善の完全なる実現が、肯定せられると共に否定せられなければならぬことを認め、霊魂の不死永生の要請が、始めてこの二律背反を解くものと考えた。しかしたとい不死の霊魂があるとしても、もしそれが個体性を有し意志的構造を有するものであるとしたならば、依然としてこの二律背反は解くことが出来ないのではないか。斯くて倫理はそれ自らを自己否定に陥れる弁証論を、免れ得ないのではあるまいか。存在論から完全に解放せられ純化せられた倫理は、却って必然に自滅の運命を辿らなければならないように見える。これにおいて我々は、更に一層深く問題を掘下げて見なければならぬであろう。

三

古代の本質存在論的倫理に対する近代の実存意志的倫理の特色が、特に悪への自由を問題としたことに存するとすれば、前者から後者への転換の動機となったものは何であったか。それはいうまでもなくキリスト教、特にパウロ神学、における罪悪観に外ならない。啻にキリスト教のみならずユダヤ教においても、悪は人間の祖先たるアダムが、その自由を濫用して神の意志に背き罪を犯したことに起因すると信ぜられた。アダムの堕落こそ悪の根源であって、その結果[191]人間は総て罪を犯す必然の傾向を自己に宿す。いわゆる原罪これである。この原罪を宗教的立場から倫理的立場に移し、神に背く罪悪を自己の本質に背く道徳的悪に転じたものが、いわゆる根本悪に外ならない。カントが宗教論においてキリスト教の教義を自然神学の理性的立場から解釈するに際し、この途を逆にして、倫理から宗教の教理を根拠付けようとしたことを見るならば、右の如き関係は疑う余地がないであろう。斯くて原罪に縛せられる人間は、自己の力によって神意の現れである律法を遵守することは出来ぬ。人間の意志によって行う所は、総て罪悪の纏綿を脱するものでない。ただ自己を無にし、人間的意志を空虚にして、これを充たす神の恩寵を受容し、以て神の意志に絶対に服従し、神の言葉を聴く信仰の立場に立つことによってのみ、救済に入ることが出来る。この意味において倫理はその自己矛盾によって自滅し、以て信仰を媒介するといわなければならぬ如く見える。実際カントにおいても至上善の二律背反は、単に不死永世の要請のみによって解かれるのではない。最高善の第一の意味たる至上善に対する、その第二の意味としての完成善において、善徳の実現が満足の幸福と統一せられる原理としての、神の存在の要請、を俟って始めて解かれるのである。彼が実践理性の弁証論に説く所は、この関係を十分明瞭にしていないが、その真意は右の如きものでなければならぬと思われる。斯くて倫理の弁証法的自己否定は、神の信仰によって絶対否定の肯定に転ぜられることにより、始めて積極性を回復するといわなければならぬ。それはさきに見た如く一見倫理の自己壊滅に終るのではなく、却ってそれが自らを否定して信仰を媒介することにより、復び信仰に回復せられて、絶対否定的に肯定せられるのである。キルケゴールのいわゆる「反復」が、倫理を信仰の媒介によって回復せしめるといってよい。これが絶対弁証法の肯定的積極的側面であって、この死即生の転換においてのみ倫理も成立するのである。倫理は自己自身の直接肯定性によって立つのではない。斯かる直接的自己同一性は却って意志を存在化し、従って倫理を存在論化するのであって、「論理の否定」即「否定の論理」としての弁証法に反する。ただ否定が肯定に転ぜられる絶対転換により、自己否定たる[192]死滅を媒介にして甦生の肯定に転ぜられるのでなければならぬ。神とはこの絶対転換の原理をいうものに外ならない。この神の信仰が悪をも善に転ずる恩寵によって、倫理を回復せしめるのである。倫理の内容たる実践的法則としての律法は、この恩寵の否定的媒介に過ぎない。それは積極的に人間存在を支える本質的原理たるのではなく、却って人間存在の自己否定的壊滅の媒介たるのである。倫理はその内容たる律法の自己矛盾性によって自己を壊滅せしめることにより、神の恩寵を通じて反復的に回復せられる。これが倫理の弁証法的構造に外ならない。それは一般に弁証法の本質をなすところの、否定における肯定、によってのみ肯定せられるのである。我々は倫理の弁証法をこの如きものと解する外無い。カントの倫理学がこの如き立場に徹底せられたものでないことは、いうまでもなかろう。彼の弁証論は否定消極の立場に止まり、ただ客観的存在の破壊に終る。それは、この破壊が同時にその客観と運命を共にする自己の死滅に外ならざることを自覚して、その自己犠牲の積極的覚悟を通じ甦生復活に転ぜられる積極的肯定の弁証法ではない。キルケゴールの実践弁証法といい実存弁証法というものが、ここに要求せられる所以である。中世において古代哲学と結合せられた為に異教化せられる傾向を免れなかったキリスト教の信仰を、再び純化しようとした近世プロテスタントの主観性内面性が、彼において徹底せられたと認められる理由はここにある。総て有限相対なるものが、その有限相対の故を以て無限絶対なるものを求めるという矛盾の為に、自己を壊滅せしめ、その死の底から愛の信仰によって生に転ぜらる、刹那の転換において、死こそ生であり非存在こそ存在であるという、永遠の瞬間が現成するとするところの彼の逆説弁証法のみ、倫理を信仰において反復的に回復するというべきであろう。第一節に述べた、社会的慣習としての実践的法則と、それから自己の個性に従い採択せられた格率とが、絶対否定せられることにより、普遍の自己立法としての道徳法が成立するということも、具体的にはこの絶対弁証法的事態を意味したのである。道徳の自律は、却って理性の自己否定により一度自己を否定して、絶対転換の原理たる神の信仰により、転換回復せられ肯定せられるのである。[193] それは人間の自己を超えてこれを絶対否定的に肯定する神の超越性に基く。神の存在の要請は、カントにおける如く自由の理念によって立つ道徳の自律の結果として、要求せられるものではなく、逆に後者を成立せしめる為に必須なる要請たるのである。カントの倫理的宗教思想の特色と考えられるところの、道徳の基礎の上に宗教を建て、倫理によって宗教を原理付けるという立場は、実は抽象的なのであって、これを徹底すればそれは自己自身を否定し、却って逆に信仰が倫理を根拠付けるという立場に転じなければならぬ。これが倫理の弁証法であって、それにより「論理の否定」が即「否定の論理」に転ずる弁証法も倫理的に成立するのである。弁証法は倫理の自覚の論理に外ならないといわれる。倫理に対する論理の弁証法的関係が、弁証法の精髄であるといってもよいと思う。

　右の如くに倫理は信仰に依って立つといわなければならないけれども、しかし信仰の内容たる神が、飽くまで弁証法的思辨の要求上今まで考えた如く、絶対転換の原理以外の何ものでもないとするならば、それは従って必然に否定的媒介を要求し、全く無媒介に直接にはたらくものではあり得ない。具体的にいえば、倫理は信仰に依って立つと同時に、信仰はその否定契機として、直接には自立的なる倫理を、必然に要求するといわなければならない。キリスト教の特色が倫理的宗教たるにあるといわれるのも、この意味において正しい。さきに述べた如く律法の自己否定性が、恩寵の媒介となるという意味において、倫理の自己否定性が信仰の媒介となるのである。パウロの神学の核心をなすこの思想は、縦パウロがその帰結としたキリストの復活の信条を承認しないとしても、キリスト教の中心を形成するものといわねばなるまい。しかし信仰が倫理をその否定媒介とするというのは、既に上に述べた如く、倫理がその自己矛盾によって自己を否定すると共に、却って神の絶対否定に転換せられていわゆる反復的に回復せられ肯定せられるという謂であった。而してその反復というのは、キルケゴールがヨブの信仰の結果として、ヨブが失った財宝の二倍を神から回復せられたという例に就いて示した如く、ただ同一なるものが反復せられることを意味するのではない。却って、失うという否定性を[194]飽くまで積極的に解することにより、その解消の上に、更に失ったものの回復を受けるのは、二重の回復であり、二重の獲得であって、その一半は新なる創造に属することを意味するのである。死即生の回復は、単なる反復の二重化二倍化であり、旧きものが新しきものとして創造の意味を荷うのである。ただそれが空無としての無からの創造を意味するのではないのであって、飽くまで旧きものを媒介とし、それの死滅が同時に新しきものの創造として絶対無において二重化せられるのである。元来単なる空無というものは、ベルグソンなども力説した通り、直接に存在するものとして思惟することの出来るものではない。それが出来るならば、既に存在であり有であって、空無ではないからである。空無はただ否定において存在と即してのみ媒介的に現れる。それは絶対無の否定的側面に外ならない。無からの創造というのも、歴史の転換点における否定と肯定との転換的媒介、すなわち今述べた二重的回復としての反復を意味するのでなければならぬ。これが歴史における創造であり、その外には創造はあり得ない。

これが常に過去の否定即肯定として過去を反復しながら、同時にそれを媒介とする新しきものの本来的創造を意味するところの、歴史的現在の構造に外ならない。倫理の否定即肯定が信仰を媒介するというのは、同時に倫理の歴史的実践即発展が、信仰の永遠に媒介せられるという意味でなければならぬ。倫理の旧きものが否定せられながら、却ってその過去が永遠の現在に復活回復せられ、これを媒介として未来的に新しきものの創造が行われるという歴史性が、倫理の信仰に対し否定的媒介となるという事態の積極性を成立せしめるのである。歴史を離れて倫理と信仰との関係、従って倫理と論理との関係、を考えることは出来ない。同時に歴史の構造も、この関係を離れて具体的に把握せられることは出来ぬのである。歴史はこの倫理との関係において、端的にその具体的構造を示す。私が前に現代の課題としたところの、歴史主義への関聯は、今や我々の前に現れて来た。

　永遠の絶対者は、時の繋縛を脱しない有限存在たる相対者を完全に超越し、後者に対しいわゆる絶対他者たるものでなけ[195]ればならぬ。しかし相対者に対し絶対の他者なる絶対者は、それが絶対の他者なるが故に却って、同時に絶対の同一であることを必要とする。何となれば単に他者として相対者に対立するに止まる所の絶対者は、実は絶対者でなくして、相対者に対するものとしてそれ自ら相対者に外ならないからである。相対に対する絶対他者は、同時に相対との絶対同一でなければ、絶対とはいわれない。絶対者は相対者の外に、単にこれを包むものとして、無媒介に超越存在するもの、であることは出来ぬ。却って相対者を自己に対立し独立せしめながら、同時にこれを自己に帰同し合一せしめるところの、離合同時の絶対媒介でなければならない。包むということが却って同時に、離反せしめ分立せしめるということでなければ、絶対媒介でなく、従ってそれが絶対者の内容であることは出来ぬ。絶対者はその意味において却って絶対に自己を滅裂せしめ、自己を犠牲にする所の、統一なのである。神は愛であるというのはこの謂でなければならぬ。この場合に絶対媒介そのものは無媒介であり直接的であるという如きは、離反分立の外に包摂を考え、媒介の外に無媒介を置く考方であって、それは、今述べた絶対者を相対者の外に置く為に、却ってこれを相対者に顚落せしめるものに外ならない。斯かる考方を避けるのが絶対媒介の立場である。無媒介、すなわち媒介の否定もなお、媒介の媒介者であるから、絶対媒介たるのである。もし無媒介に直接的なるものを、媒介の外に立てるならば、斯かる直接的者のいわゆる直観は、却って絶対者の他者性を奪って、これを相対化する結果を免れない。絶対の他が即同であるという転換は、ただ行為において自覚せられるのみで、直観せられるものではない。転換の超越的なるはたらきに転ぜられて、信においてこれを行ずるとき、転換の成就を証するという信行証の絶対転換の自覚以外に、無媒介なる直接同一はないのである。実は直接的なるものがありといい、それが直観せられるという時、既に転換媒介の中においてこれをいっているのである。是れ媒介の否定も絶対媒介の契機だからである。もし然らずして無媒介なる直接的者を絶対というならば、それは前述の如く却って自ら相対者に顚落する。縦いこれを絶対無というも、直接なる無は無でなく、却って有に外ならないのである。[196] 自己の相対性との転換媒介を離れて絶対者を直観せんとするは、却って絶対者を相対に曳き落す冒瀆に外ならない。相対者の対立を没して絶対者を思念するのは、一見絶対者を尊崇する如くにして、却って絶対を相対化し同時に相対的なる自己を絶対化する冒瀆不信たるのである。神は人間に対する関係においてのみ絶対他者として現れることを忘れて、人間を離れた神に無媒介に帰一せんとするのは、却って神の絶対他者性を滅却してこれを人間化し、自己を神と同一視せんとするものに外ならぬ。相対との転換媒介を離れては、絶対は決してあり得ないのである。これは言換えれば、内在との転換媒介を離れて超越はあり得ず、歴史との転換媒介を離れて永遠はあり得ない、ということになる。然るに絶対者の直観を主張する立場は、永遠を以て歴史を包み、超越を単なる他者として内在から引離す。自己同一なる永遠を以て、歴史的相対の矛盾対立を統一し得ると考えるのは、その結果に外ならない。しかし斯かる自己同一なるものが矛盾対立を直観的に包むと考えるならば、同一が却って同時に矛盾であり、包摂が却って同時に対立であるという転換の媒介性は見失われる。斯かる立場は矛盾が同一であり対立が包摂であるという往相の一面に偏して、その同一包摂を無媒介なる直観に委するが故に、同一包摂が却って矛盾対立であるという還相面を喪失するのである。歴史の成立する根柢として永遠を説くも、永遠が却って同時に歴史であることを忘れ、絶対者の直観において宗教的信仰を根拠付けんとするも、信仰の還相としての倫理の媒介を閑却することになる。もちろんここに倫理が信仰の媒介となるというのは、倫理が倫理の直接態において信仰の媒介となるという如き意味ではない。却って右に詳説したように、倫理の自己否定が信仰に転ぜられ、反復的創造的に新しきものとしてこれを媒介することをいうのである。倫理は信仰によって否定せられながら肯定せられることにより、信仰の還相として新しき性格でこれを媒介するのである。従って倫理の直接態を特色付ける義務の為に養務を遂行せんとする当為への努力は、却って人間の根本悪の自覚に裏付けられる無力自己放棄の諦念から、懺悔祈念感謝を経て、報恩の行為に転じ、無力罪悪の苦悩は希望約束の歓喜に表裏転換せられるのである。[197]これが倫理の反復的回復として、信仰の創造的還相に外ならない。同様に歴史が永遠の媒介となるのも、永遠の還相を自覚することなき歴史の直接態ともいうべきものが、そのまま永遠の媒介となるわけではない。歴史もその直接態の自己否定を通じて永遠の還相に転ぜられることにより、永遠を媒介すると共に永遠に媒介せられた真に具体的なる歴史として成立するのである。ここに歴史主義の徹底が、却って歴史主義の止揚たる所以がある。それは歴史の相対性が却って、超歴史的永遠の還相として、否定的に永遠に転換媒介せられることに外ならない。さきに述べた絶対と相対との転換媒介の一の内容的具体化がここにあるのである。歴史の各時代は永遠の還相としてそれぞれ絶対性をもつと同時に、それは行為の媒介によって、常に旧き過去を否定的に媒介しながら、新しき未来の創造を行うことにより、新時代は旧時代よりも高次の豊富なる可能性を含むという意味において、進歩的相対をもつのである。而して更にその具体化を主観の方向にも拡充するならば、歴史における信仰と希望との関係が現れる。これは倫理に対して特に重要なる意味を有するであろう。

歴史的時間が、ベルグソンのいわゆる幾何学化せられた時間として空間的延長の形において成立するものでないことはもちろん、彼のいわゆる純粋持続ないし実在持続の如き、交互貫入滲透の直接的連続において成立するものでもなくして、過去と未来との交互的否定の、現在における絶対否定即肯定の転換による統一に成立することは、今日一般に認められる所であるといってよい。時間の統一は超越的飛躍的なる、ハイデッガーのいわゆる脱我的統一なのである。永遠の今におけるいわゆる非連続の連続が、行為的現在において過去と未来とを結合するのである。それは絶対無の統一といわれる。斯くて歴史は永遠の絶対無を根源として成立ち、時間は永遠の影であると考えられるのである。しかしこの様な考方にして、もし右に述べた如き還相面を欠くところの、往相一方の偏した立場に聊でも固執するならば、それは時間を影に化することにより歴史を空化し、倫理の厳粛性を奪うことを免れないのは、上来の所論からして推定するに[198]難くないであろう。なるほど歴史的時間が行為的現在の永遠の今に依って成立することは疑無い。しかしその永遠の今を、何等か直観によって直接に捉えられるものとするならば、斯かる非連続の連続は絶対無でなくして有となり、それにより時の各現在は一に結合せられるけれども、その分離が時の流動として対自化せられることは出来なくなるであろう。永遠は単に「止まれる今」となって静化凝固し、静が即動であり統一が即分離であるという還相的媒介面を喪失する。是れ往相の一方に偏する結果である。そこにおいては、歴史は永遠によって支えられその上に成立つといわれるけれども、永遠そのものが却って自己を歴史に媒介して時間的に自ら動くことがない。非連続の連続はあるけれども、連続の非連続はない。絶対が自己を滅裂せしめて相対に還相し、永遠は自己を分離せしめて時間に還相する、ということがない。矛盾の自己同一が、同時に自己同一の矛盾でなくなるからである。それは直接もなお媒介であるということを忘れるからに外ならない。現在の永遠に救済が完成し解脱が成就するという過去的約束が、同時に未来への希望において無限の行為的発展に還相し、却って未来への斯かる向上の希望が同時に過去以来約束せられたる永遠の証しであるという動性を、欠くところの宗教的立場は、これに相応する。斯かる立場が倫理の媒介を不要視し、倫理への還相を無視するに傾くのは当然であろう。永遠も相対への還相的関係においては、単に永遠として直接肯定せられるのではない。却って永遠が愛として自らを犠牲にし、時間に分離降下するから、単に「止まれる今」として存在するのでなく、飽くまで無において、同時に「動く今」となり過去を未来に転ずるのである。それは単に非連続の連続に止まらず、同時に連続の非連続として、統一が自己分離と相即する動性を形造るのである。斯の如く永遠が歴史に還相するによって、永遠は永遠であると共にその媒介面は生滅的となる。従って後者から見れば前者は希望となるのである。キリスト教の信仰においていわゆる終末は歴史の終りであると共に永遠の始まりであるが、しかしそれは過去以来約束せられたものとして、既に到来に迫りつつも、なお未だ到達せられざる未来の希望であった所以である。斯くて現在は単なる非[199]連続の連続に止まる所の瞬間でなくして、その半面に過去と未来とが現在において対立し分離する連続の非連続なる還相面を延長流動としてもつ。永遠の過去的既成の信仰と時間の未来的希望とが相即媒介し合うのが現在である。それは単なる瞬間でなくして緊張の動的延長性でなければならぬ。倫理も永遠の信仰と相即しながら、却って後者の還相として未来的希望の下に不断の精進を続ける。それは却って同時に救済の過去的約束に対する感謝報恩の行である。信仰は如何なる悪も懺悔によって赦免せられ、一切が善の媒介に転ぜられる転換の約束に支えられて、無限の希望に生き精進することに外ならない。斯く未来への希望が過去からの既成の約束と結合するが故に、永遠が歴史と合一することにおいて分離し、静にして動なる流動延長をなすのである。いわゆる歴史の分散性とは、この統一と分離との緊張的媒介の否定相に外ならない。それは永遠に対する否定的媒介としての時間の分離性、絶対に対する転換の媒介たる相対の自立性の抽象的なる現れに過ぎない。更にいえば、絶対が自己を滅裂せしめて相対へ還相する愛の自己犠牲の、余影ともいうべきものである。

右の如き絶対の還相的歴史的媒介の立場から、既述の如き、歴史主義の徹底が却って歴史主義の止揚であり、歴史的実践において倫理が信仰の永遠と交互に相媒介せられる、ことを理解するならば、キルケゴールから今日のバルトにまで系統を引くプロテスタントの非歴史主義的主観主義が、その倫理的神学の立場にも拘らず、なお抽象的なることは疑われないであろう。そこにおいてはカントにおけると同じく、倫理が歴史の媒介なしに単に主観の意識の立場のみから解釈せられるばかりでなく、カントにおいてはなお批判哲学の理性的立場から、倫理を宗教より解放する理性の自律性が維持せられたのと正反対に、倫理は全く宗教に従属せしめられ、それの宗教に対する否定的媒介となる往相面ばかりが強調せられて、却って倫理の自立性が歴史の転換的立場において確保せられる還相面が、全く無視せられる。[190]その結果神に対する人間の立場が否定せられる一方で、肯定せられる理由が認められない。それによって宗教の超越的独自性は徹底せられるけれども、倫理の積極性は消滅して、歴史と文化との自律的意味は否定せられる。あるいはそれに対し、文化歴史の超越は直接にこれを否定するものでない、却って今日バルトに対するブルンナーの折衷主義が、自然的理性の立場に妥協することこそ、理性的文化の自己矛盾的否定を招来するのであって、バルトの徹底的なる弁証法的立場は反対に、それの超越性によってこれを包容することが出来るではないか、というでもあろう。しかしこの超越による包容は、単に文化歴史の可能性を認めるだけで、決してその必然性を確保するものではない。是れその立場が飽くまで往相的であって、同時に還相的ではないからである。弁証法的絶対否定は即肯定であるによって、その否定的契機を維持するとはいい得ても、その絶対否定の永遠なる瞬間が往相的に躍出するばかりで、その還相面が否定契機自身の相対的交互的交代延長として発展することがない為に、歴史と倫理とが積極的に回復せられ創造せられることは保証せられない。これは前述のキルケゴールの反復概念の深き還相的意味が歴史に具体化せらるべき所以を見失うものであり、バルトの力説する終末の既存にしてしかも未来なる希望の、倫理的具体性を十分に徹底しないものといわなければならぬ。希望が未来にして過去の既成的約束に基くものであり、既存として現在の生を更新する力を有するものでありながら、却って未来の行為を意味付けるという転換の動性において、信仰の現在における永遠を歴史の時間性に還相せしめる弁証法は、未だそこに展開せられなかった。これはキルケゴールの性格とか、バルトの時代とかいう偶然的事情にも因ることもちろんであるが、根本の理由は、パウロ神学によって確立せられたキリスト教の超歴史的絶対性、すなわち歴史的イエスの神子としての絶対化、精しくいえばその死の、贖の死たる信仰と、復活の信仰とにおける絶対性により、神の唯一なる啓示としてキリストの信仰が、神の信仰の代りに置換えられたことに、由来するであろう。もしこのキリストを対とするキリストの信仰が、人間としてのイエスキリストを主格とするキリストの信仰に置換わることにおいて、キリスト教の成立があるものとするならば、キリスト教は歴史主義の否定たること疑を容れまい。復活のキリストを信ずることは、キリストの説[201]いた福音を通じて神を信ずることと同一ではない。後者はユダヤ教の歴史的終末観の霊的永遠的解釈として、歴史主義を容れるものであるが、前者すなわちいわゆるパウロ主義は、歴史的事実そのものの絶対化として、歴史主義の否定でなければならぬ。例えばトレルチなどに見る如き自由主義キリスト教が、その歴史主義の故にキリスト教でないとも批評せられたのは、斯かる立場からいえば当然である。彼が歴史主義倫理主義の立場から「キリスト教の絶対性」を問題にして、キリスト者たる信仰を世界観と両立せしめることに苦心した努力は、広く歴史主義とその超克との彼の一生の研究に繋がるものであるが、これは一般に今日我々の問題でもなければならぬ。もちろんキリスト者ならぬ者がキリスト教の信仰の問題に立入ることは出来ないが、一般に信仰の永遠なる立場と希望の倫理的歴史的なる立場との関係は、今日の哲学に共通する根本問題である。しかし私はその問題の解決の方向を既に上に、歴史主義の徹底が歴史主義の止揚であるという形において示したと信ずる。それがトレルチあるいはディルタイの悩んだ歴史主義超克の途に外ならない。

　歴史の外から歴史を超える立場を以て歴史を限定し、斯くして歴史を絶対化することにより却って相対性を本質とする歴史を否定するのは、いうまでもなく歴史主義そのものの否定であり破棄であってそれの超克ではない。これは現代の課題たる歴史主義の問題を解く代りにこれを打切るものに外ならぬ。歴史主義はそれを抑える代りにこれを徹底して、それ自身をして自己を超えしめ、却ってその往相としての超越をして、還相において歴史を反復的に回復し復活せしめることにおいてのみ、超克せられるのである。その超越的往相はいうまでもなく永遠絶対の信仰であるが、歴史の相対性は、その相対性の帰結としての無政府的無統制により、歴史主義自身を否定する。しかもその自己否定の底から、飽くまで歴史を守り続ける主体の信仰において、転換的に歴史は永遠の還相として復活せしめられ、肯定せられるのである。これは歴史主義の徹底による歴史の回復であるから、永遠絶対は歴史に還相してそれに自己を媒介し、[202] 超越の信仰は内在の希望に発展して歴史的実践の倫理に現実化せられる。もしこの歴史と倫理との還相を欠くならば、永遠の絶対は却って相対との媒介を喪失することにより、自ら相対に顚落して絶対性を失わなければならぬこと、今まで幾度か見た如くである。斯くて歴史的相対は絶対にとって、その絶対性の成立に欠く能わざる媒介となる。相対への還相なくして絶対はあり得ない。是れ自己犠牲的愛としての絶対は、自己を滅裂せしめて相対に還相することなしには絶対たり得ないからである。この愛を信じて希望に支えられ、感謝報恩の行為に努力即満足の倫理を行ずる相対者の歴史建設を離れては、絶対者は愛として現実に証せられない。その結果は一切相対者空化の観想でなければならぬ。しかしそれが明白なる自己矛盾に導くことは繰返すまでもなかろう。歴史は単なる相対ではない。それは絶対の還相として永遠の啓示である。時間は単に永遠の影でなくして永遠の象徴である。倫理は信仰に従属する他律的法則性ではなくして、却ってそれの自立的厳粛性を媒介とすることなしには、宗教的信仰が美的趣味に頽落する如き、独立自存の自律性である。ただそれが絶対否定の転換媒介において成立することは、その自覚を必然に弁証法的たらしめる。

四

カントは自然と自由との綜合に当るものとして合目的性の領域を立て、これを理性と意志とに対する反省的判断力の対象界とした。単に自由意志の立場に実践理性の道徳界を立てるに止まらずして、自由意志が自然において実現せられる行為の可能を問題とするならば、たしかに、合目的性は歴史的現実界の性格を形造り、目的論は歴史の原理となるのみならず、更にそれは歴史的実践の倫理に対する予想となる如くに思われる。しかしながらすでに久しく現実の非目的論的性格が問題とせられ、カント自身が目的論を理性的意志の原理とせずに、単に主観的なる反省判断力の規整原理に止まらしめたことからも推測せられる如く、歴史の原理として目的論を主張することは、そう簡単に行われ得ることではない。一方からいえば目的論の前提なしには、歴史的実践の倫理は不可能なる如く見えるけれども、他方からいえば倫理的行為が、却って現実の合目的性を始めて成立たしめるのである、ともいわなければならぬ。合目的性は行為を離れて、単に観照せられた歴史的世界の原理であると、考えることは許されない。歴史というものが変化相対の動的世界であるから、寧ろ或段階において合目的的と認められた歴史的内容が、他の時代において反目的的となり、それを更に合目的的に転ずるのが、倫理的行為であり歴史的実践であるといわなければならぬ。目的論の成立に前提せられる如き全体の統一というものは、動的転換の世界としての歴史にはあり得ないのである。あるいは歴史を単に発展と考えて、過去が未来に延び行くものとこれを看做すだけならば、極限としてその発展の全体を思念し、それに基いて合目的性を認めることも出来ないではなかろう。しかし歴史は単に斯かる発展において成立つものではない。それは発展が即建設であり、生成が即行為である如き弁証法的転換的統一でなければならぬ。啻に過去の延長として未来が発展するだけでなく、同時に未来の建設行為が、却って過去を新にする循環的統一なのである。それは有としての全体という極限概念によって統一せられ目的論化せられる如き観想の内容でなく、ただ絶対無の統一として、転換的に悪をもなお善に転ずる行為の弁証法により原理付けられるのである。歴史的現実は目的論の如き反省観想の立場に成立するのでなくして行為実践の立場に成立する。その発展生成が却って即建設行為なる如き絶対転換の原理が必要なる所以である。目的論は却ってこれを予想し、その絶対転換によって成立つ建設行為と相関的に、それの成果としての現実を、反省し意味付ける原理に外ならない。その拠って立つ全体というのは、絶対無の有化としての、全即個なる弁証法的統一の存在化である。従って目的論が弁証法を根拠付けるのではなく、その反対である。弁証法は目的論の如く単なる主観的反省の原理ではなくして、行為的自覚の主観即客観的なる倫理の原理なのである。それが同時に歴史を行為的発展として原理付ける。倫理が歴史の否定即肯定的なる現実建設の論理である所以は、それによって明にせられた筈である。

[204] この様な関係において見られた倫理が、歴史を媒介とすることはもはや改めていうまでもあるまい。然るに歴史はその本質上、相対的特殊的なるものが同時に、超越的絶対的なるものの還相として絶対転換的に主体化せられ普遍化せられる信仰行為の実証であるから、それは内容的にいえば種族的なるものを媒介とし、却ってこれを成員たる個人の絶対行為を通じて普遍人類的なる立場に高めるものである。それが国家の建設に外ならなかった。歴史は諸国家の対立と統一との、世界における実践的発展として動的聯関を形造る。国家は斯くて種族の対立的統制たる政治と個人の自発的創造による人類的文化との綜合として、特殊即普遍の全個相即の立場に成立つものであること、既に見た如くである。国家は政治を人類的普遍の文

化に媒介する倫理的行為によって成ると同時に、倫理を政治と相即せしめる。客観倫理学が古代において、国家建設の原理を探求する政治学と結付き、あるいはそれと同一視せられたことは、倫理の存在論的傾向からして当然の事であった。しかしそれは、その同一性論理の制限により、国家を人類的絶対普遍の主体的立場から観る観点を欠き、単なる特殊的都市国家の限界を脱しなかったのも已むを得ない。そこにおいては倫理が主観道徳の自律的なる独自性を確認せられない為に、政治と同一視せられあるいはそれに従属せしめられたのである。もっとも、古代において倫理学の発達に重要なる貢献をなしたストア派は、都市国家崩壊の時代において、一挙個人の理性的平等にその人類的権威を確保しようとしたけれども、しかし斯かる種の媒介なき類個同一の普遍性は、その無媒介なる直接的同一の故に存在論化せられ、却って物質的基体の自然に基けらるることを免れず、その結果単なる当為的要請の立場を脱することが出来なかった。この派がその判断論の特色たる、対象把捉的表象に対する同意の当為的意志決断における類個直接同一的なる立場において、倫理と論理との緊密なる聯関を示すことは特に注意に値する。しかしこの同一性的論理の倫理化は、それ自らの矛盾により自己を否定し壊滅せしめて、本来その統一の媒介たるべかりし政治の崩壊と相伴い、古代の終焉を指し示した。[205] 而して却って種族的媒介を含むキリスト教の弁証法的思想により、始めてそれは否定的媒介に参与せしめられ、これによって自ら近代思想の媒介たる意味を荷わせられるに至ったのである。近代の自然法的国家論とそれに結付く理性倫理とは、ストアの思想に淵源すること周知の通りである。その人格平等の説は、一方においてローマ法の法的人格の権利思想に具体化せられ、それが近世の功利主義に結付いて、自由主義から社会民主主義にまで発達したのであるが、他方においてそれはキリスト教の隣人愛の教に源を発する博愛主義に裏付けられて、超越的なる根拠を得た。隣人愛とは本来種的媒介をもつ倫理的個人が、その自力的無力、原罪的根本悪繋縛の自覚により、倫理の二律背反において自己否定に陥り、信仰の超越的転換によって類個相即の人類的個人に解放せられ高められる、この神の愛の比論において、種的媒介を超越し、神の前に平等なる人間への普遍的人類愛を如何なる個人に対しても懐く、宗教的人間共同の原理である。それは種的共同の媒介における生物的自然的愛情ではなく、また単に倫理的自力的主体として普遍的文化価値を媒介とする理想主義の価値的愛でもない。斯かる基体的ないし価値的共同の媒介を脱離せる、人間一般の超越的愛である。それは正に神の自己犠牲愛の比論的象徴に外ならない。その成立には、一方において人間の倫理的無力の自覚による罪悪意識と、他方においてはそれをも赦免救済する恩寵、並にそれに対する感謝における神の愛の感得とが、予想せられる。この二つの契機が媒介せられて、信仰による自己の救済の往相が他人への平等なる愛に還相したものが隣人愛に外ならない。他力信心の仏教に本来固有なる、往相還相の概念は、この救済の対自的転換の両面を意味する。それは絶対者の愛の信仰が、絶対者への愛たる感謝の行に転ぜられる転換の具体的実証である。神の愛の比論が隣人愛として人間に還相せられるのである。それであるから、これは超越的転換の弁証法的媒介に依って立つものであって、直接的なる種的共同の自然的愛や、存在論的論理の価値的共同の文化的愛とは、全く次序を異にする。しかも直接的なるものは否定せられ、存在的自同的なる客観的価値は二律背反の自己否定を免れないとすれば、斯かる否定を通じて絶対否定的に肯定せらるる隣人愛は、倫理の宗教的超越的転換が始めて倫理を弁証法的に確立することが承認せられなければ[206]ならぬ限り、理的人格の平等を裏付ける超越的根拠として認められる筈である。種族的敵対関係を超え、また文化的客観的価値に係わらざる、人格の平等なる尊重愛護は、これに基く。ストア的世界人の思想はこのキリスト教の超越的理念に根拠付けられて絶対的意味を獲得し、近世プロテスタント主観主義によって内面化せられた。即自的類個相即の理性的平等主義は、斯くて即自且対自なる絶対平等の超越的共同に具体化せられるのである。これがカントのいわゆる目的の国を形造るのであって、地上の国の対立敵対を超え、後者の成員たる現象的個人が、如何に根本悪の繋縛により悪に沈湎し善の実現に遠ざかるも、そのいわゆる叙知的性格において前者の成員たる限り、平等に目的自体性をもち、地上の国の秩序において相互に目的に対する手段の位置に立って交互的有用性の功利社会を形造るも、目的の国の成員として飽くまで神の前に平等なる神の還相、神の比論的象徴たる意味を保持することになる。ただカントの分析的思想においては、この二つの国が区別せられ、両世界的に対立せしめられるだけで、弁証法的に否定媒介せられること右に述べたようであることは出来なかった。この媒介関係を截立して、自然法的普遍主義を種族の歴史性により対自化することが、ヘーゲルの課題であり、また歴史主義の台頭以来今日に至るまでの歴史哲学の中心問題であったのである。現代の倫理学もまたこれをその中心としなければならぬ。

近世資本主義経済の類個直接同一なる自由主義は、右にも述べた自然法思想の基底として強大なる勢力を振ったものであるが、現代において遂にそれが崩壊の危機に臨めるに伴い、国家的政治統制の強き要求を惹起し、種的基体の統一力が著しく世界歴史の前面に現われるに至ったことが、今日の現状である。倫理の対立的契機たる種的特殊と類個相即の普遍とが、その媒介関係を破って、実体的に対立するに至ったのである。その結果類個相即の普遍も、媒介を欠く直接態の故に、もはや普遍性を維持すること能わずして、いわゆる自由主義民主主義国家群に特殊化せられ、逆に種的特殊の立場を強行する統制主義全体主義国家が、却って世界制覇の普遍性を意図するに至っている。[207]しかしこのような反対への転化そのものが、その何れの立場をも自己矛盾的に否定し、新しき具体的媒介に自己を止揚すべき必然の要求を示すといわなければならぬ。すなわち真に具体的なる特殊は、一方において政治的に個を強力により統制するのみならず、他方においてその個と相即する類的普遍の権威を認め、過去に類個相即の直接的統一において直接に個に即して、これを抱合し得たる立場から眼醒め、却って自らそれに自己否定的に随順することによってのみそれを転換的に自らに化し、以て自らを普遍に高め確立し得る所以を自覚し、斯かる普遍的自然として、人性の一般的必然から経済の具体的法則に至るまで、すべて普遍の自然的基体を確認しなければならぬ。是れ種的特殊が自らを類的普遍の立場に高めることにより、国家として歴史の主体となるには、その普遍の否定面に斯かる普遍的基体としての自然を含まなければならぬからである。科学がそれの認識を与え、それに対する技術的処理の方法を知らしめるものなることは、改めて説くを要しないであろう。経済政治の技術的経営施設に対する科学の重要性は、今日程顕著なること未だその比を見ない。政治は科学なくして行われず、経済産業国防等一として科学に頼らざるはない。而して科学は自然科学においてのみならず、文化科学においても、それの本質上普遍の法則理論を求めることを課題とするのであって、初めから特殊的に種化せられた科学というものは無い。ただ普遍的なるものを認めて、然る後にそれと相即する特殊的種化が、政策の立場で行われるのである。これに対し直接類個相即の自由主義的立場も、それの抽象性を自覚し、元来それの成立に媒介となっていた種的特殊の基体を再認し、自己の無媒介性が普遍から特殊に自己を顧落せしめた矛盾を自覚して、自己を普遍の立場に再び高める為に、却って自覚せられた種的特殊を媒介として、他の特殊を含む世界の共存共栄を計らなければならぬ。然らざればそれは普遍の直接化、自己疎外としての特殊化、の故に、歴史の変転によって葬られることを免れないのである。斯の如くにして、特殊の普遍化と普遍の特殊化とが、双方とも自己矛盾的自己否定的に起るのを、その自己否定が即肯定に転ぜられる絶対転換において、超越即内在なる信仰行為により媒介するのが、今日[208]の個人の倫理的任務であると考えられる。我々は斯かる媒介を具体化するものとしての日本国家の、発展即建設に参与することにおいて、日本人としてのこの倫理的任務を果たすのである。それが歴史の転換期に立てるものとして、特に経済と政治、科学と政策、歴史と信仰等の対立の統一を全面的に体系付ける世界観的思索と、相即すべきことは言うを俟たない。それを貫くものが論理の絶対否定としての弁証法の否定的論理であることは、もはや更に縷説するを要しないと思う。論理は決して哲学者の閑葛藤ではない。それは世界観の脊梁である。理はその躯幹の活動方式である。躯幹とは歴史の国家的世界的内容に外ならない。論理と倫理と歴史とを媒介統一する絶対転換の頭脳が、信仰である。倫理と論理とが媒介的に相応することが出来るのも、信仰に基く論理の原理付けによる。倫理はすなわちこの相応を行為的に実証するのである。論理が現実に生きてはたらくのが倫理に外ならない。生きてはたらくとは、主体における自己否定の、肯定への転換の謂である。それの自覚がすなわち論理となる。斯様に倫理と論理との関係を自覚することも、また論理の倫理的活動に属する。斯かる論理の倫理的活動、倫理の論理的自覚の媒介相即を外にして、哲学なるものはない。これをスピノザの如く倫理学とし、ヘーゲルの如く論理学とするのも、それぞれ理由無きことではないが、しかし絶対媒介の哲学は、何れにも偏することなく両者を統一するものでなければならぬこと、上来述べた如くである。その大体の方向は右において示し得たかと考える。更に進んで経済政治の具体的倫理問題に立入り、国家世界の歴史哲学を展開することは、もはや私の主題を超える。私は倫理と論理との関係の考察をここに終ることにしよう。

参考文書

Platon, *Politeia.*

______. *Philebos*

[209]Aristoteles, *Ethica Nicomachea.*

Kant, *Kritik der reinen Vernunft.*

______. *Kirik der praktischen Vernunft.*

______. Grundlegen der Metaphysik der Sitten

Hegel, *Encyclopädie der philosopliisclien Wissenschaften.*
______. *Grundlinien der Philosophie des Rechts.*
Kierkegaard, *Plulosophsclie Brocken. Abschließende unwissensclíaftlichen Nachscrift zu den philos. Brocken.*
______. *Wiederholung.*
______. *Krankheit zum Tode.*

実存概念の発展

一

実存[213] existentia の概念がもと本質 essentia の概念に対立せしめられ、アリストテレス形而上学の遺した問題を解くために中世哲学において始めて提出せられたものなることは、改めて言うを俟たないでもあろう。アリストテレスがプラトンに反対して普遍的形相の真実存在たることを否定し、個体を以て第一次的存在と主張しながら、なおソクラテス、プラトンの普遍主義的認識論を脱せず、論理的定義を以て存在を捉えようとしたことは、彼の存在学と論理学との乖離を示すものであるといわなければならぬ。彼が最低種の形相を以て個体の本質に置換えなければならなかったことに既に問題があるが、更に個体の本質 essentia を以て、最低種相とは別に独立に認識せられるものと仮定したところで、本質は依然として「此もの」の「此性」を尽すことは出来ぬ。個体が「此もの」τόδε τι として現存するのは、単にそれの固有なる本質を有するということだけでは根拠付けられない。「此もの」がいわゆる dies da として da-sein するのは、本質が、本質に対して偶然的なる「現に」da という外的規定を有すること、に外ならない。それはいわゆる自体的にでなく付帯的に始めて「此もの」として現存性を獲得するのである。個体的存在の存在学は普遍主義の論理的認識論の限界を超えて実証主義の要求承認を含意する。すなわち唯名論経験論への譲歩を意味するのである。中世においてアリストテレス的内在実念論が、プラトン的超越実念論から経験論的唯名論への推移の中間に立つとせられる所以である。しかし内在実念論といえども実念論として普遍的本質の立場を固守すること、超越実念論と異なる所はない。それであるからドゥンス・スコトゥスの個体主義も「此性」――haecceitasを本来の自体的本質に加えらるべき付帯的本質ともいうべきものと思惟したのであろう。しかし「此性」もいわゆる形相的差別として、自体的本質に加えらるべき本質的規定に止まるならば、それの付帯性は明にせられない。更にそれを付帯的外的関係において限定す[214]べき規定が求められなければならぬ。この様に実証主義に対し暗々裡に譲歩しながら、依然として経験論を斥け論理主義を固執するのがアリストテレス主義の困難である。「此性」も単に個体に固有なる固有的本質として付帯的ないし対他的関係を棄却するものである以上、自体的本質に対する区別を失う。この困難の含む矛盾を進んで自ら暴露し、それを止揚する論理の途を発見しようとすることが、ヘーゲルに至るまで近世の形而上学認識論の課題であったといってもよい。而して中世において既に自体的本質の、存在に固有なる自体性を意味するに対し、これと対立せしめられた偶然的外来的なる付帯性を含むものとしての「此性」を、これに綜合するものとして、固有本質の対他的外面関係における存在を意味する実存の概念が導入せられたのである。Existentiaとはex-sistereの合成語として、外に保たる、在方を本来意味するものであろう。Essentiaの内的本質たるに対し、それが他との関係において外的に保たる、在方、すなわち表現とか顕現とかいうべき存在を実存というのである。更にいえば、実存は他に対する関係としての外的現象性が、その現象の根柢としての内的本質に反省せられたものに外ならない。すなわち外を内に反省し、内を外に表現するのが実存の意味である。今日ハイデッガーの自覚存在学において、現存在Daseinの自己存在可能を自覚して自己の本質に反省した存在が実存と解せられるのも、この意味に合する。現存在の現存daとは外からの限定に媒介せられた規定であり、他との関係における外的規定である。従ってそれは必然に内的本質と相即し、内的本質の外に現象して他との関係に入ったものが実存たるのである。実存は現存の根柢としての内的本質を含む媒介存在として、単なる現存在とは区別せられるのであるから、必然的に本質と相関的でなければならぬ。本質にとっては現存するとせざるとは無差別であり、また現存在も単なる現存として偶然的付帯的直接態に止まる限り、その根柢としての内的本質に反省せられることはそれにとって必然ではないとも一応考えられるであろう。しかし両者の綜合に当る実存は、飽くまで本質と相関的であると共に現象として現存することを必須とする。「此性」とは斯かる実存の契機として本質との聯関[215]において概念化せられた現象性の謂に外ならない。ランドリィが本質と「此性」との相関関係を、ドゥンス・スコトゥスの真意として強調したのも、その限り正しい（Landry, *Duns Scot*, p. 108）。アリストテレスが第一次の存在とした個体存在というのは、単なる本質でなく斯かる実存でなければならぬ。それが根柢として本質を含むにより、いわゆる内在実念論を成立せしめるのである。

　しかしながらもし果して右の如く、個体が実存として、内的本質の外に現象したものが同時に内に反省せられることにより内外の統一たる媒介存在たるものであるとするならば、内的本質は本来アリストテレス存在学に思惟せられた如き同一性に止まることが出来るであろうか。外に現象するとせざるとに対し無記無差別なる内的本質が、外に現象するとは抑も如何なることであろうか。本来アリストテレス存在学の困難の中心は寧ろここにあったのではないか。それどころではない、アリストテレスからヘーゲルを通って今日の実存哲学に至るまで、実存概念の困難は、それの永遠本質に対する否定性を徹底して歴史性偶然性を逆に本質に転ずることが出来なかった点にあると考えられる。もしアリストテレスの考えた如く、単に自己同一的なる本質が未だ完全に実現せられず、いわゆる円現として完全に現勢化せられるに至っていない可能態が、その目的たり終極たる本質の現勢態に向って運動しつつあることを以て、本質の現象を意味すると解するならば、却って本質の現勢に制限を加え、これに欠如態を惹起することが現象を生起せしめるのであって、その際この制限を加える障碍の原因たる他者の関係が現象の外的規定であり、内的本質はそれに拘りなく同一に保たれる、と考えられるでもあろう。斯くて現象とは、本質の現勢が制限せられ欠如態に低下せしめられて可能態にあることを意味することになる。あるいは寧ろ可能潜勢が本質現勢に引かれてこれに向う運動が現象であるというべきであろう。生ける自然を存在のモデルとしたアリストテレス形而上学は、斯かる解釈に近いものであったと思われる。自然の現象は永遠なる本質の障碍せられ制限せられたものがそれの回復に向って運動する動態であるというのが[216]、その根本思想であろう。その障碍の原因たる存在相互の外的関係が、物質の空間性とか、人間身体の感能性とかいうものと解せられるに至って、現象と本質との内容的価値的相違が成立する。同一性論理の上に立つ自然の本質存在学は大体斯かる方向に向うものと考えられる。しかしながら或個体の本質が他の個体との関係によって障碍を受け、その現勢が制限せられて単なる可能潜勢に低下せしめられるとは、抑も如何なることであろうか。それは両者の本質が互に両立する能わざるものであり、一方の存在が他方の存在と否定的に対立するものであることを意味するのでなければなるまい。本質も現象する限り、単に存在として肯定せられるものでなく、非存在に差懸けられた存在であり、否定に対して緊張する肯定である外無い。果して然らば、本質はそれぞれの個体に固有なるものとして他との関係に拘りなく常に自己同一性を維持するものたることはもはや出来ぬ筈であって、常に力学的関係に支配せられて消長する存在とならなければならぬ。アリストテレスの可能潜勢の語はもと能力を意味するのであって、能力とは力学的関係の対他的ならぬ対自的意味を表す概念であるが、しかし単なる対自性というものはあり得ないのであって、それは必然に対他性の自己に反省せられたものでなければならぬ。現象が外的関係の内的反省であることは、逆に能力の概念に含まれる対他性の契機を発展せしめるであろう。現象において本質が能力の潜勢態に保たれるというのは、本質が力学的関係に立つことを意味する。中世において個体存在を本質から実存に具体化する為に「此性」を通して思惟せられた現象性の契機は、本質的存在学を力学的存在学にまで発展せしめずには措かない。これはいうまでもなく近世の世界観の特色をなすものであって、アリストテレスの内的本質の存在学を外的関係の力学観に転ぜしめるものである。プラトンの後期弁証法の基礎概念たる質料の媒介否定性を斥け非存在の概念を排して、飽くまで同一性の存在論に終始しようと欲したアリストテレスも、運動の概念を構成する能力潜勢の契機において否定を媒介とする肯定、非存在の存在、を暗々裡に承認しなければならなかったのである。しかしただそれを飽くまで存在肯定の立場からのみ眺めて、非存在を存在の欠如、否定を肯定の制限、と解したのである。[217]それが力学観の特色をなす量的連続の見地を俟って始めて成立するものであり、従ってその根柢に否定対立の分極性を伏在せしめ、これによって始めて緊張が連続を成立せしめるものなることは蔽うことが出来ない。能力の対自性は緊張の対他性を内部に向けこれを内に収約したものに外ならぬ。それであるから、前者を展開すれば必然後者に至らなければならぬ筈なのである。近世の物理学から現代の心理学に至るまで、能力主体を力場の場面に解消することがその方法となっているのは、この能力概念の構造を展開した結果に外ならない。アリストテレス的スコラ的方法が本質的実体の立場であるに対し、近世のガリレイ的方法が力学的方法を意味する所以である。後者は前者を外から否定したものでなく、却って前者の含む自己矛盾を発展した結果なのである。斯くて実存の概念は本質の概念と異なり、それの現象性の契機において力学的場面を含むことを特色とする。この場面において否定的対立に曝されることが実存の構造なのである。斯様に本質はこの否定的対立を通ってそれの自己同一性を維持するのでなければならないとするならば、それはもはや現象に対し無記無差別であることは出来ない筈であって、その同一性は対立における同一性であり、否定を媒介とする肯定でなければならぬことは明であろう。元来自己同一ということが差別における同一でなければならぬことは、常に指摘せられる所である。同一性の半面は差別対立でなければならぬ。本質が現象するとは、本質がそれに対し全く無記無差別的なる外的関係に立入ることではあり得ない。

既にそれが本質として自己同一の存在であるということが、却ってそれに対立する他者との否定的関係たる現象性を媒介として自己同一性を実現する、ということを意味するのである。現象しない本質というのは、単に思考せられた存在であって実存する存在ではないのである。本質が理性の直観的思惟によってのみ把握せられる存在であるというならば、直観的思惟の創造的理性は、それに否定的に対立する感性を媒介として受動的理性の被限定性を却って能限定の生産的理性に転ずることにおいて成立する、というのがアリストテレスの認識論ではないか。本質が現象性の外[218]的関係に対し無差別であるというのは、単に文字通り無差別であり無関係であるという意味ではあることが出来ぬ。斯様な外面性は外的という関係をさえも成立せしめない。外的ということが既に内から観られた内面的規定に外ならぬ。全く無関係なるものは外的関係にもはいれない。否、無関係というも否定的関係である限り一の関係であって、単に無関係とか外面的とかいうに止まるわけにはゆかない。外ということが内の媒介として成立するのである。内面的本質の自己同一というのは、現象の外面性に無関係という意味ではなく、却って現象の対他的関係によって限定せられ、それに従って差別化せられ、その限り同一性は否定せられながら、しかもその否定を媒介とし差別を通じて、自己同一性が維持肯定せられることを意味するのである。いわゆる変って変らないのが同一性の意味である。その変る面からいえば自己が差別に分化せられながら、その変らない面からいえば同一に保たれるのである。差別に分化せられて、いわば横に拡がる多様が、同時に縦に帰一せられて一つに統一せられるのである。多様への外的拡充の緊張を通して統一の集中が成立するのである。自同律「甲は甲である」というのは、主語「甲は」は即自的統一から出て、述語「甲で」の対自的外延拡充を通じ繋辞「ある」において原に帰還する循環的統一を意味することはしばしば注意せられた如くである。それは述語における外延的横の拡充を媒介として主語の内包的縦の統一が、進出即還帰として成立する円環に外ならない。内的本質の自己同一は却って現象の外的多様の差別分化を通じて成立つ。両者の綜合たる実存は内外の統一であり縦と横との合一であって、常に自己を包む場面を自己に集中する動的統一である。もし後に発展せられる具体的意味を予め先取して、本質を永遠に配し、場面を空間の現在性に、集中を時間の動的統一に配当するならば、実存は永遠が空間時間の動的綜合たる世界に媒介せられる接触点ともいい得るであろう。場面は力場の如く飽くまで存在と相関的であるから、存在に対し無記無差別なる場所とは異なる。世界も空間と時間との横と縦との動的統一であって、飽くまで外延と集中との緊張的統一としてのみ成立するのであるから、単なる空間の如く無記にして力[219]学的関係の無い場所と同一視することを許さない。飽くまで存在と相関的なる力学的場面の、存在と共に自己転換をなす動的統一でなければならぬ。判断の主語と述語との繋辞における統一も、さきに自同律の内容に就いて見た如く、主語の述語に向う外延的拡充への進行が、同時に主語における集中への還帰なる円環的統一であるから、主語の個別と述語の普遍とが飽くまで相関的に媒介せられ、進出と還帰との両方向が繋辞において統一せられるのも動的であり、統一と分離と相表裏する。この普遍における個別の包摂が同時に両者の乖離を含み、却って個別が普遍を脱して新に自己の包まれるべき普遍を作為することと表裏相即するのが、判断における原始分割として特殊化の意味に外ならない。実存が本質の現象的媒介として場面の緊張における集中の統一であるということは、それが判断の普遍と個別との二重に対立する特殊化的媒介の構造を有することを推定せしめる。それの個別性は単に同一性論理の立場において普遍の外延的分割を意味するに止まる所の、特殊化の一重過程によって達せられるものではない。アリストテレスの包摂論理によって個体の限定を達成することが出来なかったのも当然である。普遍を分割して特殊化し、類から種に種から低種へと進むも、不可分者としての個体というものには達せられない。抑も不可分とは単に分割を推進めてもはやその進行の窮まった所という消極性を意味するものではない。同一性論理の上では有は無にならぬから、有を分割して如何に進むも分割不可能ということはあり得ない筈である。分割不可能とは分割しても原と同一の存在に帰るという循環性を意味するのでなければならぬ。分割という統一否定の作用が、却って統一肯定の作用を媒介し、有が外から無に転ぜられるのでなく、却って有が自己の内部に媒介契機として無を含むにより、分割を加えても分割が分割にならないのである。約言すれば、否定の否定として無を含む有なるが故に、外から無を加えても無にならぬ有が、分割を自己に包蔵するによって、却って分割を否定するのである。反対の原理に打克つものは単にそれと対抗するものでなく、却って反対の原理を自己の媒介に転ずるものでなければならぬ。分割を不可能ならしむる個体は、却って分割を自己の内部に[220]媒介契機として有する自己否定的統一たることを要する。総て極限として成立する存在は否定を契機とし反対を媒介とするものに外ならない。不可分者としての個体は自己否定的統一として媒介存在でなければならぬ。アリストテレスの同一性の論理がこれに到達することが出来なかった理由である。自己否定は自由の証徴であって、それは自由に自己の本質を否定する可能性を意味する。従ってこの自己否定の自由を媒介としてなお自己の同一性を保つ個体の本質は、それ自身の内に自己の否定を含み反対を媒介とするのでなければならない。しかし他方から考えると、自己を否定するものは常に自己ならぬ他者でなければならぬ。それであるから自己の本質が不可分的個体の本質であるというのは、不可分性の契機たる自己否定性が、自己の外なる他者からの限定に媒介せられることを意味する。個体が現象する本質として実存する所以である。個体の存在が本質の現象した実存でなければならぬというのは、実存の本質が単に自己の内的本質に止まることを否定して、却って他との関係において外からの被限定を自己の能限定に転ずる媒介存在たることを意味する。個体の本質が単に唯一の個体において成立するものでなく、それと否定的に対立する他との外的関係を媒介とするわけである。自己の内部における不可分性は、外部からの自己に対する否定を即自己の肯定に転じ、力学的外延拡充の緊張を内的統一に集約する現象性と相即する。個体の実存はその不可分性の即自的規定を現象性にまで対自化することを意味する。個別が普遍において存在し、実存が他との共同関係において成立する所以である。個体の存在が単なる本質存在でなく実体的存在でなくして、力学的存在であり場面的存在であることが、実存の概念を媒介として古代中世の実体的存在学が近世の力学的存在学に発展する理由であると解することが出来る。前者は概念の静的即自的統一が永遠の本質として変化運動の終極目的となり存在の範型となる観想の立場に成立し、後者は判断の動的対自的統一が動即静外即内の否定的媒介として円環的統一を形造るによって成立する。前者においては個体の本質はそれぞれに固有なるものとして単に調和的共存を成すに止まるが、後者においては外的交互限定が即内的自己限定として[221]、場面的緊張が各中心の内的集約を媒介する。古代的世界観と近代的世界観とは、この二種の自然存在学にはっきりと反映せられていることを、我々は見逃すことが出来ないであろう。しかし両者の対立の半面に一方から他方へ発展の連続が保たれることを注意することも、また同じく重要である。歴史は単に相異なる事象の孤立的記述ないし解釈に成立するものでなく、生成発展の連続を理解することを同時に要求するものだからである。

二

アリストテレスの個体的存在の本質というのは、その存在に固有の活動性を意味することはいうまでもない。然るに自然が運動の原理を自己の内にもつ存在であり、而して運動とは可能が現実となる過程であって、現実の現勢はすなわち存在の本質的活動に外ならないとするならば、未だ現勢に達せざる潜勢可能の状態というのは、存在に本来固有の活動が外から阻止せられ制限せられている状態でなければならぬ。しかし有は無から生ぜざる如く、有が無になることもあり得ないというのが、同一性の存在学の要求であるから、一の存在の阻止せられ制限せられた活動は、必然に他の存在の活動に移されて保存せられるのでなければならない。しかしまた一の存在の活動はそれに固有のものであるから、それがそのまま他の存在に委譲せられるということもあり得ない。共通の量的契機において他に委譲せられても、それぞれに固有の質的契機は同一に保存せられることが必要である。この両契機の統一が活動の現勢であり、その分裂が可能の潜勢である。それゆえ外から活動が阻止せられ、それだけ活動が他に移されるというのは、同時に内が分裂して活動の質的契機と量的契機とが統一均衡を失うことを意味する。しかも質的契機は固有の本質として同一に保たれるのであるから、たとえ量的契機の分離剝奪の為に現勢となることが出来ないでも、なお本質の自己同一性を維持するといわれる。これが可能潜勢の能力に外ならない。能力が対他的外的否定を対自的肯定に転ずる媒介性を意味する所以である。[222] それは外を内に転ずる概念である。しかし同時に外からの制限としての否定なしにはこれは成立しないから、それは共通の勢力の量的移動と回復との緊張の上に成立つのである。この様な力学的緊張の場面と相関的にのみ、能力の潜勢が現勢への運動をなす個体存在の本質たる実体が、実存する。単なる本質に止まらず現象するところの実体の実存は、本質的個体の自然存在としての運動性を展開し、その運動の構造契機たる可能潜勢の概念のもつ力学的性格を顕わならしめる結果必然に発展すべきものである。それが、古代存在学の自然存在学として含む力学的性格が近世力学的自然存在学にまで発展すべき過渡の媒介をなす中世哲学の概念に属する所に、存在学の歴史的推移を見得るというのが、我々の前節に到達した結果である。「此性」の本質的規定の含む現象性を展開して、これを固有本質と媒介すれば、実存の概念が必然に発展する。それは本質の内面性を現象の外面性と媒介し、力学的緊張の場面を実体的個体存在との相関においてこれに結合するものである。力学的場面において他と共存し、交互限定の外的関係に立ちながら、同時にこの外的被限定を内的能限定の媒介に転じ、外を内に化する媒介存在が実存である。個体の固有本質という孤立的規定を、他との共存という集団的規定にまで具体化し、啻に空間的なる物質的環境（いわゆる環境世界）においてあるのみならず、空間的時間的内外綜合の社会的環境（いわゆる共同世界）においてある存在にまで発展せしめるのが実存の概念である。もし本質が現象し、内が外に関係すると共に、同時に外が内に転ぜられ、現象が本質存在の媒介となる、という内外の交互性を一般に表現性と呼ぶならば、実存はまず第一に表現存在として性格付けられるであろう。ジョルダーノ・ブルーノの代表する如き復興期から近世初期へかけての自然観は、斯かる表現存在論の立場に立つと解せられる。それが一方において個体を重んずる単子論として、古代的個体存在論を近世的解放の情熱によって復興すると同時に、他方において力学的自然一体観の近代主義を先駆する点に新傾向を代表することは明である。而して個体の本質存在が古代の同一性論理を襲うに対し、力学観は交互作用の経験論を採用して、実証主義を承認するものといわれよう。[223] けだし実証主義は我々の経験に対し否応なく迫る所の限定力をもつ事実を、認識の出発点に認めることを意味する限り、それは力学的関係の上に立つものだからである。それがスコラ的論理主義の観想の立場に対する近世の製作活動の立場に属することは明白であろう。近世はこの様な二つの相反する傾向を荷って、如何にこれを媒介統一するかの問題を解くのに様々の思想を発展せしめたのである。実存概念の発展はこれを反映する。

今まで述べた如く実存概念が本質的概念と区別して提出せられた背景には、既に古代の本質存在学の根柢にあった個体主義のもつ実証性ないし力学的傾向が漸次それ自身を発展せしめる歴史が伏在した。而して一度実存概念の定立によってこの傾向が確認せられるに至ると同時に、それは愈々古代的なる内的本質の概念に対する対立性否定性を強く発揮して、内を外の限定に依存せしめ、本質を現象の外的関係に解消しようとするのは自然の勢である。復興期における汎神論的傾向はその現れに外ならない。而してそれが近世にはいってスピノザ哲学に徹底せられたことは、改めて言うを俟たないであろう。その体系の根本基調が力学的自然観にあることも明白である。然るに力の場面というものは、最も簡単には引力斥力の交互性による緊張に成立するのであって、飽くまで分極的対立の交互性をその構造にもつものであるから、単なる自己同一の単純者というものはそこにはあり得ない。力場には厳密には単純者としての点というものはないのである。如何に小なる部分に分割しても力場は必ず対立する力の交互性を含む複合体に留まるのである。いわゆる無限可分としての連続性がその属性をなす。而してまた力の交互性は更に力の合成によって如何に大きな場面へも拡大せられるから、明に無限大である。約言すれば力場には極小というものも極大というものもなく、ただ無限連続態があるのみである。それであるから単に力学観の上で不可分の個体というものを限定することは不可能に属する。力学観と個体的実体観とは相容れない対立をなすのである。もし個体の実体的存在論でなければ存在学にならぬとするならば、力学的存在学という概念はそれ自身矛盾であって、力学観は存在学の否定であるといってもよい。[224] しかもなお力学的存在学が語られ得るとすれば、それは実存的存在学の否定契機として媒介の意味で思惟せられるに外ならない。力学観は個体的存在学の要求する、個体実存の為に必要なる契機でありながら、却って個体的実体の否定なのである。実存は本質的実体の否定を媒介とする媒介存在であるといった所以である。それは自己の成立の契機として却って自己の否定を含むのである。スピノザの哲学が個人の解脱解放を求める哲学であって、しかも却って個人の否定滅却を教えるものなる、一見して矛盾する立場は、正に力学的汎神論の特色に結付く。ヘーゲルがこれを評して無世界論といったのは、よくその普遍主義の否定性を顕わす。近代の社会学は個人主義時代の産物として個人の交互作用によって社会の構造を理解しようと欲したものであるが、却ってその社会学は個人を多数決的集団の一員にしてその自主性独立性を没却する市民社会の集団主義を結果したことも、同様に力学的存在論の否定性を示すものといってよかろう。しかし同時に力学観は実存的存在学の否定契機であって、自立する存在学ではない。形式社会学が個人の交互作用に社会を基け、スピノザが力学的世界観を却って個人の自由解放に動機付け、個体の自己保存性を存在の根柢とする如く、個体の実存と相関的にでなければ力学観は維持せられない。ところで実存する個体はその力学的場面による否定を、却ってその存在の肯定に対する媒介に転ずるところの媒介存在であった。それが直接に自己同一を主張肯定する内面的本質としての実体存在と区別せられる所以である。実存は外が内の媒介であり、外に現象することによって内に自己を本質として保つ内外の統一として、表現存在でなければならなかったわけである。スピノザも本質と実存とのこの様な区別を襲用したものの如く見える。しかしこの様に自己の外化が同時に自己の内化である如き否定的媒介の統一は、それが否定を肯定に転ずる存在としてもはや単なる生命存在であることは出来ぬ。生命存在はたとえ外を内に転ずる内外の統一として表現存在であっても、それは自己の否定を肯定の媒介たらしむる如き媒介存在であることは出来ぬ。生物は如何に個体であるといっても、個体の特徴に属する死というものを自己の本質として自覚していないから、[225]対自的に個体という性格を有しない。飽くまで他を以て置換えることを許さない自己として他に対立し、自他の交互関係における力学的場面の加える否定をもなお自己の肯定に転ずる媒介存在ではないから、全体に対する個体とはいわれない。常に全体に呑まれて個体としての存在を脅される生滅的存在として、本来永遠なるべき本質をもつことが出来ないのである。これを個体とするのは人間の比論による要請に止まる。然らば人間は如何にして勝義における個体たることが出来るか。それはいうまでもなく自覚に依る。否定が肯定の媒介であり、自己の無いということが却って自己の有るということであるという転換的統一は自覚に外ならない。死が単に外来の破壊作用という力学的物質的生命現象に止まらず、内から生の否定として自覚せられる現象にして始めて人間の死となるのは、それが自覚存在の否定契機だからである。而して死を媒介にしてなお自己の同一を保ち永遠の本質を維持する存在のみが真の自覚存在であって、死は自覚の不可欠なる契機であることは、実存が自覚存在たることを要件とする所以を示すであろう。今日ハイデッガーが死の現象を実存の本質的契機として取上げたことの深き意味はここにあるであろうか。さきに実存の第一の性格として表現存在たることを挙げたが、表現存在の構造を展開すれば必然に自覚存在に至らなければならぬ所以は、今述べた所によって理解せられるかと思う。自覚存在ということが実存の第二の性格である。デカルトの歴史的意味はここに見出されるであろう。

これを前にしてはアウグスティヌス、これを後にしてはカントの、互に相近き自覚の思想があるにも拘らず、デカルトの自覚の概念が歴史上画期的意味を有するのは、想うにそれが形式上典型的なる形をもつのみならず、中世に対決してそれから自我を解放しその存在の自立性を確保せんとする要求を、時代の歴史的状況において果したことに因由するであろう。その方法が、自我の存在を疑いこれを否定せんとするも、却ってその懐疑が確信の道であり否定が肯定の媒介であることの反省転換に成立することは、さきに述べた個体の媒介的存在が自覚において始めてその構造を十全に展開する[226]という思想を実証するものといってよい。媒介存在としての実存が自然的存在の性格でなく自我に固有なるものであり、個体性は自我にのみ本来的に所属するものなることが、デカルトの自覚の思想において方向付けられた。実存は自然存在の存在性でなく自覚存在の存在性なることがここにその転機を見出すのである。しかしながらデカルトの自覚の思想は、形式的にはその否定媒介性を典型的に公式化したものであるけれども、内容的に否定媒介の具体的転換を展開したものであるとはいうことが出来ない。それは自覚の媒介たるべき否定の具体的内容を確認せず、実存の第一の性格たる表現存在の力学的実証性を自覚の否定的媒介とすることが乏しい為に、形式的抽象性に堕せざるを得なかったからである。デカルトの哲学的思索に対する動機が前述の如き力学的緊張の場面において自己が曝される死の否定性というものに由来する不安でもなく、更に死の不安に戦く自己の弱小不信に対する罪悪の懺悔苦悩でもなくして、専ら処世の拠所たる知識の不確実に苦しみ確実性の根拠を求めるという知的要求に発するものであったことは、彼の自覚の原理を認識の確実性明証性の根拠に止まらしめ、実存的自覚存在学の原理たるに至らしめなかったの[227]である。今日の実存主義が現象学に縁を引きながら、しかもデカルト的現象学を実存哲学の対立物の如くに観る所以である。デカルトの自覚は実存の第一要件たる力学的実証性を媒介とすることなき意識の反省的統一に止まる為に、却って実存の反対なる観念的抽象に止まらざるを得なかったのである。具体的にいえば、表現の内外統一性を媒介としない為に、身体的精神的統一たる自己でなく、単に観念的なる意識統一としての自我を、自覚の主体とするに止まったのである。これは実存が自覚存在であるといわれるとき、その意味が具体的全人間の自覚存在であるべきことを見失わしめる恐のある、警戒すべき点でなければならぬ。前に述べた物質的身体的環境から社会的環境に至るまでの具体的緊張の場面を有することなき、単に意識圏内の観念的反省統一に止まる所のデカルトの自我が、実存哲学の身心的、更に進んで社会的なる具体的自己と、概念上近くして遠き、否、自覚の共通契機を挟んで却って否定的に対立するものなる所以である。実存主義は観念論の正反対である。デカルトの自覚は否定を媒介とするというも、具体的実証的なる否定者なき観念的否定に止まるから、否定が断絶対立を生ずることなく却って無媒介に連続して肯定に繋がる。懐疑も疑い思うという点において思うということを失うものでないから、却ってそれが思う所の我を確保するという思想は、否定的媒介にして否定なき無媒介の直覚に外ならぬのではないか。これは後のフィヒテの自我の自覚に就いても当嵌まる所の自我の無媒介性であって、斯かる自我の自覚は具体的に死の否定を媒介とする実存的自己の自覚と、根本的に区別せられなければならぬ。

この様な抽象的の形式的自覚はその媒介たるべき力学的表現性を欠くから、実は自我というも自我の本質たる個別性を有することが出来ない。デカルトは自我を個人のこの我と思惟したのであるけれども、その個体性は何等の原理付けを有しない要求に止まるから、それがフィヒテの場合には抽象的普遍我となってしまったのも、怪しむに足らぬ。而して更にこの様な抽象的思想の結果として、一度自覚存在の概念に達しながら却って直ちに再び自然存在へ逆戻りして、自我も物質と同格的に対立する一種の実体と化し、物質を力学的存在として実存の否定的媒介とする思想は全く見失われてしまうのは、或意味において近世思想の古代思想への逆転であるといわなければならぬ。カントにおいて近世思想が再出発をしなければならなかった理由もここから理解せられる。フィヒテの自我がデカルトのそれと共通なる観念的無媒介性を脱しないにも拘らず、後者の如く自然的実体の古代思想へ逆転するのでなく、近代のロマン的観念論に対する原理となったのは、それがカントの思想を通過しているからである。とにかくもデカルトの自我は実存の反対物なる実体存在として、自覚の否定的媒介性を実質的には喪失してしまった。それであるから物質を力学的存在として実存の否定的媒介たらしむることも不可能となり、自我と物質と相対する二種の相対的実体を立せざるを得なかったのである。従ってこの二元論を襲ったスピノザが、絶対的実体の一元にこれを統一しようとしても、十分具体的なる媒介[228]の方法を見出すことが出来ず、あるいは物質の優位を説きあるいは精神の優越を主張する如き不斉合を脱しなかったのである。而してこれを強いていわゆる並行論の一元に統一するも、その抽象性は蔽うことが出来ない。これは被限定即能限定の媒介思想によってのみ統一せられるのであって、実存は正にこの統一の自覚を内容とすべき筈であった。[229]スピノザ哲学はデカルトの自覚を更に実存と正反対なる自然の力学観の方向へ解消しようとしたものである。しかし却ってこの力学的否定が自覚存在の肯定の媒介たるべき意味は、抽象的にして媒介の喪失たるデカルトの自覚の場合におけるよりも、一層具体的にその解脱論において発揮せられている。デカルトは実存主義に対し一見近くして実は遠く、スピノザは反対に一見これに対し遠くして実は近かったことは、実存が否定的媒介の自覚存在たることを確認する上に重要である。ただスピノザにおいてはデカルトの自覚さえもその原理的意義を失い、思惟が単に無媒介なる観念の存在として直接的に規定せられた為に、それに対する力学的自然観を否定的に媒介する能力を全く喪失する傾向を免れず、如何にしてそれが力学的場面の内に自己を失うことにおいて、却って自己を回復し得るかが原理付けられない。いわゆる無世界論と評せられる所以である。

実存が表現存在と自覚存在との媒介的統一でなければならなかったことは、或程度においてライプニッツの単子存在論に具体化せられている。彼の考えた単子がもはやアリストテレス的生命個体でなく、デカルト的自覚存在であったことは、その思想の古代的と異なる近代的性格を表すものであるが、更に単子の自覚内容が世界の表現にあることは、単子が実存的存在に近き二重存在なることを明示する。彼が実体の概念を単子に適用しながら、明にこれを行為存在と規定し、而して行為を表現作用と解したことは、かなりの程度に実存の概念に接近するものである。そのいわゆる表現は表象と解せられる一面をもつけれども、しかし単子に窓が無く外からの限定を否定する所から考えれば、普通に感覚的表象に就いて考えられる如く外からの限定に由来するものでなく、内からの表現を意味するものであって、スピノザの無世界論において個体が力学的場面に解消せられる傾向のあるのを是正して、個体主義を徹底し、外を完全に内に化する内化の立場をとったことは明である。而して更に永久真理の可能世界と事実真理の共存世界とを区別したことは、明白に本質と実存との区別に応ずるものであって、彼の表現世界が共存の綜合的統一を意味し、各個体の本質的同一性の自覚もこれを媒介として表現行為の自覚に具体化せられることは注意に値する。アリストテレスの個体存在論が近世の数学的方法によって実存の立場に発展せしめられたものとして、極めて注目すべき存在学であること否定出来ない。ただライプニッツの場合には、表現が外からの限定を抽離して力学的実証性を全く対自的に内からばかり眺め、而してその表現内容たる世界の綜合的統一性を単に共存の概念によって個々の本質を要素とする集合と解するという抽象性を脱しない。個々の要素に対する全体の統一性は微分の概念によって連続化せられ、目的論的調和が全体における個体の綜合を原理付ける。個体の本質が可能的自己同一性に止まるに対し、実存の媒介たる全体性が共存（共可能性）とせられるのはそれが為である。個体と全体との間に否定的対立の転換媒介はない。無媒介的に両者は連続せられるのである。ヴォルフが実存を可能態の補完 complementum possibilitatis として定義したのも、その意に外ならない。ここに単子の表現と自覚とが否定的媒介の内面的統一に止まる、ことが認められなければならぬ。しかしながら単子が自己を含む単子共存の全体を自己の表現内容とし、自己の本質的限定が能限定即被限定の循環性を有するとするならば、全体と個体とは単に対立なき連続において同一性的に繋がることは出来ぬ。表現が単に内の外化という意味に止まることは本来不可能である。何となれば外というのは単に内から見られた外というものであることは出来ない。必ず外から力学的対立において内を限定する反対方向を予想する。前に能力の対自態はその契機として対他関係を含まなければならぬといった如く、表現の外化関係は単に内から外へという方向だけで成立するものでなく、その媒介契機として必然に外から内へという反対方向を含まなければならぬのである。これを[230]外即内、内即外の統一という所以である。反省というものが、外から内へ反省することは、同時に内から外へ反映する交互関係でなければならぬと軌を一にする。表現は外から内への方向を媒介として内から外へ向う循環的統一であり、逆に反省は内から外への方向を媒介として外から内へ向う循環的統一である。従って表現と反省とは同じ内外の交互的統一関係を、互に反対の方向から見たものとして相即するといってよい。自覚とは反省がこの様に表現の反対方向を実媒介として、内から外に向う進出において、同時に外から内へ還帰する交互的関係なることを、全面的に否定的媒介の自己同一として統一したものに外ならない。それであるからその自己同一性は共存に対する可能の抽象態ではなく、却って共存的全体からの被限定を同時に自己の能限定として自覚したものでなければならぬ。ライプニッツが永久真理の対象とした可能としての自己同一は、斯かる具体的自覚の形式的抽象化として論理数理の同一性に本質化せられたものに止まる。斯かる抽象的可能の同一性的要素を如何に限無く集めても、全体的共存には至り得ない。却って全体の否定的自己限定としてのみ個体的要素が成立するのである。微分の能産的要素たるはこれに由る。それは単に全体を分割した極限というに止まるものでなく、前に不可分者の概念に就いて述べた如く、却って自己の内に否定を媒介として含み、分割を却って自己の統一の契機と為す如き、それ自身全体の原理を荷うものたるのである。個体が全体を代表するといわれるのはこれに由る。微分は積分的全体を代表する要素である。ライプニッツにおいて表現が代表という意味にまで発展する理由はここにある。代表とは他者が自己であり自己が他者であるという否定的媒介の関係に成立するものなること蔽われない。単子論は斯かる否定的媒介の論理の上に実は成立するのである。それであるから純粋数学の立場から見てその微分概念が神秘的であるという如き批評を受けるのも当然である。しかしライプニッツを批判して同一性の分析論理を徹底しようとしたその後の解析数学が、却って基礎危機に陥ったことは、所詮領域構成の論理がその根柢に否定的媒介の綜合的統一を前提しなければならぬことを示す。ただライプニッツ自身この綜合と分析との相関、[231]否定的媒介と自己同一性との帰一、を十分明にせず、否定的媒介の綜合を自己同一性の分析的立場に解消しようとして、しかもそれを達成し得ない中間に動揺することを免れなかった。彼の微分概念が、ニュートンのそれの力学的なるに対し、専ら幾何学的であったことも、これに対応する単子論がアリストテレス的自然の個体存在学の解析数学的方法による再興発展という意味を有する所以である。ライプニッツにおいて実存が表現と自覚との結合という具体的立場に進まうとして十分それに達し得なかったのは是非もない。

　この制限を脱するには、分析的見地を徹底してこれを二律背反に陥らしめ、自覚の自己同一性をその二律背反の否定的対立の底から、それを超えて定立と反定立とを媒介綜合する自由の立場に解放するのでなければならぬ。カントの先験論的弁証論がこの役目を果たすものであったことは、改めていうまでもない。彼においては存在は単に矛盾律に従う自己同一性の思惟において成立するものではない。感性的直観の所与受容に基く先験綜合の思惟に依る経験の対象にして、始めて存在するといわれるのである。ここにライプニッツにおいて外からの被限定性の意味を失っていた力学的場面の媒介性が再び明に認められ、その実証性が経験論の要求に従って承認せられている。しかし経験論における如く感覚的印象に由る知覚が直ちに存在を意味するのではない。却ってこの被限定を媒介とする能限定としての思惟の自発性が統覚の同一性の自覚に基く概念的統一に感覚的多様を綜合することに由って、始めて対象の存在が成立するのである。ここに被限定的否定を媒介とする自覚の同一性的統一が実存を可能ならしめる所以を見ることが出来る。デカルトの自覚に一度び確立せられながらその形式的抽象性の故に十分実存の意味を発揮することが出来ず、却ってスピノザの実体の力学的否定性に吸収せられてしまうことを免れなかった自覚の実存に対する意味は、カントにおいてライプニッツの場合におけるよりも一層具体的媒介的に確認せられた。統覚における自覚の同一性が経験の被限定性を媒介として存在を確立するのである。我々の自我といえども経験的認識の対象としては、統覚の統一により被限定即能限定の転[232]換的媒介において自覚せられるのでなければ存在に達しない。デカルトが、自覚的自我を無原理的に直接に個人の自我としたのに対し、カントは個人我を経験的対象として先験論的統覚の上に成立せしめた。しかし飜って考えると、個人我といえどもその存在は決して単なる対自的存在に尽きるものではない。単に自然の一部として対自的に認識せられるのは我々の身体の物質的現象であって自我ではない。否、自我なくして身体も身体たる意味を有することは出来ぬ。然るに自我は自覚によって自我として成立するのであるから、自覚なき自我は自我でなく、同時に自我に固有ならざる普遍的統覚というものは現実になき理念となり終る外無い。カントの認識論は自然認識論であるが、それの根本原理たる統覚は却って形式的条件となってしかもデカルトの場合と反対に普遍我の理念に帰する。しかし自覚の同一により個体的自我に成立するのでなければ統覚なるものはあり得ないから、ここに自覚そのものにつきて一種の二律背反が現われることを免れない。これを離脱する為には、カントの現象としての自我の経験的統覚と、経験的認識の条件としての先験的統覚とが全く別のものであることは出来ぬ、却って二にして一、一にして二なる如き相即的統一を成すのでなければならない理由がある。ところで自覚を単に形式的同一性においてでなく、経験の実証的被限定性としての否定を、その能限定の肯定に対する媒介とするところの自己同一の反省的統一として理解するならば、それは被限定の側において経験的であり、身体的なる個人の自我に限定せられながら、その能限定の側においてこの限定を否定的媒介として、その限定を超えるところの超個人的先験的統覚となる筈である。先験的というも自覚である以上は、事実上個人的自我の自覚でなければならぬ。しかもそれがその否定的媒介性において先験性を獲得するのである。この二重性が自覚の媒介的構造の本質に外ならない。然るに統覚が経験の被限定性を媒介として能限定的に自然を限定するものであるとするならば、その限りそれは自然を技術的に製作して、その製作行為を自覚するものとならなければならぬ。統覚の具体化たる範疇の綜合を代表するといってよい因果の生成秩序は、実は同時に技術の自然を再生産する製作秩序としてでなければ[233]自覚せられるものではないのである。ヒュームの因果に対する懐疑は、唯製作秩序の行為的自覚に由ってのみ打克たれる。カントの先験綜合はここまで具体化せられなければならぬ。元来自覚は否定媒介的には自然と自己との転換的統一の反省に外ならない。自己を限定する否定を却って自己の肯定の媒介に転ずるということは、表現において自己を自覚することであるから、表現の側からいえば認識は生産であり製作でなければならぬのである。表現と自覚とが媒介統一せられるということは、表現が自覚的なる製作となり、自覚が製作生産の行為的自覚とならなければならぬということになる。統覚の自覚は形式的には自己同一の反省に止まるけれども、それが自然成立の原理であるということは、具体的内容的には、因果生成の秩序が同時に製作行為の秩序であるという行為的自覚でなければならぬのである。従って構想力の被限定即能限定なる媒介能力たるは、啻に意識の対自的構造に属する事でなくして、一般に対自態は対他態を媒介としなければ成立しないという意味において、外的生産の製作行為に即する対自的媒介たることをいうのでなければならない。それが外に生産する行為に相即することなくして、表現の対自的能力たることは出来る筈がない。この内外の製作的統一を媒介として成立する自覚が統覚なのであるから、それが行為的自覚の具体的内容をもつのは当然である。しかもそれは飽くまで被限定的個人の自覚でなければならないから、行為者は個人であって、それが認識において個人の制限を超え内外の対立を越えて自然の生成が即自己の生産なる如き統一的製作行為に出るの展である。この自然の生成の因果的秩序が製作の行為的秩序と否定的対立的に統一せられることを通して、始めて表現と自覚とが論理的に媒介せられるのである。而してそれによって行為と認識とが転換的に統一せられ理論が実践と媒介せられる。ただ理論的認識においては、経験の被限定性を媒介として自己を自然の生成秩序と帰一せしめることによ存実り却って製作秩序を自覚するのであるけれども、その製作は自然利用の為であり、自然に服従することによって自然を支配することを目的とするものであるから、自己はただ部分的に否定せられるのみで、その自然に有する特殊なる慾望[234]の充足を意図し、相対的なる特殊性を維持する。然るに斯かる部分的否定を媒介として自己の特殊なる自然的相対的存在を肯定維持しようと欲する個人同士は、互に対抗して闘争し合い、却って自己の死滅を将来するのみならず、自切己一人においても種々なる慾望の矛盾は自己の統一的存在を破壊することを免れない。於この自己の全面的否定が却って自嫌己の全面的肯定であり、死が却って生の媒介である如き絶対転換の立場を求めて、完全に自己を、自己と自然とを一切実包含する超越的なるものに献げることによって普遍的全体の代表たらんとする。これが道徳的実践に外ならない。今や認識は製作行為を媒介とする生成秩序の把握でなく、逆に道徳的実践の全体的自己否定的行為の媒介に転ぜられる。斯くして統覚の部分的抽象的なる行為的自覚は、全体的具体的なる行為的自覚となる。その超越的全体統一の代表としての自己の自覚が自由に外ならない。実存は斯かる超越的統一の個別化として自由行為の主体たるに至り、真に表現と自覚との行為的統一なるそれの規定を完成する。この具体的なる行為主体の自由が実存の第三の規定といってよい。いわゆる主体が実体の代りに実存者となる。自覚もこの様な自由主体の行為的自覚たるに至って始めて十分に具体化せられるのである。デカルトの自覚がカントの自覚に至って始めて実存的となる所以である。しかしカント自身においてもなおその統覚が抽象的形式的であって、認識における自然生成の秩序を自己の製作秩序と媒介しない為に、具体的なる行為的自覚の意味を有せず、従って認識と行為とは統一せられずして、実践は単に意志の活動に帰せられ、自由は現実の行為に係わりなき意志の自律に止まる外なかった。自由が自然と否定的に対立せしめられるのみで、これを媒介とすることがない。その結果、自己と自然とを否定的に媒介する超越的統一が実存を根拠付ける、という超越性が認められない。飽くまで意識圏内の先験的統一性が超越性の代りとなる。スピノザの力学的自然を絶対否定的に飜してこれを主体化し、自由なる個人的実存の根源となす如き転換媒介性が存しないから、カントにおいても実存は自然的対象的存在の方に偏し、自由人格の存在は却って形式的抽象的となり、具体的媒介的存在としての実存性を十分に賦与せられない。[235] それは実存の要件たる内外統一の表現存在たる媒介性を欠くのである。従ってその個体性が普遍性と否定的に媒介せられずに直接に合一して、個体化の原理が明にせられず、単に個体性が要請せられるに止まる。デカルトが自覚の思想によって実存概念の発展に対し重要なる寄与をなしながら、その哲学の基調が実存主義の反対であった如く、カントは自由主体の概念によって実存の核心を捉えながら、しかもこれを実存哲学にまで推進めることが出来なかったのである。

三

自由は実存の核心をなす。即自的に表現と自覚との両契機を統一した存在として思惟せられる自然的実体的実存がその統一を展開してこれを成立せしむる行為的媒介の自覚に達し、行為主体として主体的実存にまで具体化せられるには、自由をその中核とするのでなければならぬ。しかし斯かる自由はカントの思惟したる如き、自然を離れてこれと対立する意志の自律に止まるものではない。却って自然の因果的生成の秩序をそれの全体の主体化的立場から自己の生産秩序に転ずる如き、自然と自己との否定的媒介としての行為の自由である。それは自然と自己との対立を超えてこれを絶対否定的に統一する超越的絶対者によって根拠を得る。スピノザの自然も所産的自然の因果的力学的秩序が全体として自発的なる能産的自然に飜転するにより、前者の自由否定的なる限定が後者の自由肯定的なる媒介に転ずるが故に、人間の解脱が後者によって根拠付けられることが出来たのである。斯かる超越的絶対者が行為の自由を可能にする。而してこの様な絶対者の媒介により自然は製作行為の媒介によって認識せられると同時に、斯かる相対的製作の特殊性を全体に止揚して、絶対的全体に媒介せられたる自己の道徳的行為の所産としての歴史的現実の意味を獲得する。自然とは歴史的現実の否定的側面に外ならない。現実において自己の自由に対立し、それの否定的媒介たる意味を有する限りの現実の契機が、すなわち自然なることは、それの認識が製作行為に媒介せられなければならぬことによって実証せられる。歴史的現実の外に自然があるのではない。既に自覚を契機とする以上は、いわゆる自然的実存といえども、その限り歴史的現実の意味を有するのであって、環境は必然に自己の作為を含む交互媒介の所産たるのである。今や自由の自覚によって自然は必然的に行為の所産たる現実となり、自然生成即自己生産の交互的統一たる歴史の内容となる。実存が自由の主体であるということは、必然にその媒介となる世界を単なる自然から歴史的現実たらしめる。従って実存そのものの内容が歴史的に制約せられたものとなり、実存は歴史的となる。実存の自由と超越性と歴史性とは三一的統一を形造る。ヘーゲルの意味において主観的精神絶対的精神客観的精神の三一的統一がこれに相当する。カントの形式内容の二元主義を止揚して、そこに必然発生する二律背反を、否定的媒介の統一に高めたヘーゲルは、その三一的綜合の立場において歴史の具体的構造を明にし、現実を自然的なるものから社会的人倫的なるものに転じた。彼において実体は自然の物質的実体から歴史の人倫的基体にまで具体化せられる。元来基体とは変化の基底に自己同一的に維持せられて、変化生成を支える基盤の謂である。アリストテレスの存在学において質料がそれに擬せられながら、しかもそれにも拘らず彼の形相存在学の見地から、質料の生成すべき現実としての形相に向う一面のみより観られて、目的論的に実体として規定せられた生成の基盤が、今やヘーゲルにおいて生成即行為なる主体的生成の基底として、人倫的基体となった。現実は斯かる人倫的基体の主体化と、その主体的生産の成果の基体化との転換的統一に外ならない。実存は斯かる歴史的現実の行為的自由主体でなければならぬ。

この様に実存の歴史的具体性はヘーゲルにおいて根拠付けられたのであるが、しかし彼自身の実存の概念に対する解釈は、却って斯かる具体的意味を十分に発揮せず、アリストテレス以来の自然存在論の樊籠を完全には脱却しないのである。彼は主体的自己の実存に限らず客観的事物の実存を含めて一般に、実存を反省的表現存在と解し、これを本質の直接存在[237]にまで表現せられたものと規定する。前節に展開した所に照らし合わせれば、表現と自覚との直接なる統一に相当するのであって、それはなおカントに提出せられた自由の否定的媒介の具体性を逸する。彼の論理学の順序に従えば、存在の諸範疇は直接の述語的規定を一般的に意味するに由り、それ等は一の範疇から他の範疇に移行するのみで、それ等を統一する根柢はそこでは自覚せられない。しかし斯様にそれ等が順次に移行することは、却って一の没落することが他の生起することを意味するに由り、いわゆる没落の Zu Grunde gehen は生起の Aus dem Grunde kommen と相即するのであって、移行 Übergehen の真実態は根柢からの現象という反省にならなければならぬ。これが生滅移行の基底に予め既存する本質からの定立であって、この現象における本質の被定立 Gesetztsein ということが、あたかも移行によって存在諸範疇が性格付けられた如く、本質諸範疇を性格付ける。被定立とは移行の根柢への反省と同時に、その半面たる根柢の現象を意味するに由り、それは表現の内即外、外即内なる統一の外から内に向う反省の面に外ならない。ヘーゲルは Dies ist das Gesetzsein, die Unmittelbarkeit rein nur als Bestimmtheit oder als sich reflektierend（*Wiss. d. Logik*, Lassons Ausg. II, S. 15）といい Als Grund bezieht die Sache sich negativ auf sich selbst, machts ich zum Gesetztsein.（op. cit. II, S. 97）といっている。表現が外から内へを媒介とする内から外への関係であるに対し、内から外へを媒介とする外から内への反省が、被定立である。ヘーゲルが Das Gesetzwerden der Sache ist hiermit ein Hervortreten, das einfache sich Herausstellen in die Existenz, reine Bewegung der Sache zu sich selbst.（op. cit. II, S. 99）という所以である。直接存在に対し反省存在と簡単にいってもよい。しかし表現即反省、反省即表現という媒介に本来統一せられて両者が成立するのである以上は、必然に両者は相即する。実存とはこの様な関係に根柢をもつところの直接存在の謂である。ヘーゲルは実存を自己内反省と他者への反省との直接なる統一と規定した。それは正に反省と表現との相即に外ならない。表現の断えざる生成が実存概念の発展が[238]常に根底の同一性に反省せられ、両者の直接的統一が、成ることにおいて有るところの存在たることが、一般に実存の意味である。更にその直接的統一が否定的媒介の間接態において自覚せられた段階を、ヘーゲルは現実と呼ぶ。実存は自覚的には現実に外ならない。しかしその自覚が未だ生産の行為的自覚にまで具体化せられない段階を、既に現実と思惟するのであるから、それにおける実存はなお物の実存であって自己の実存ではない。ヘーゲルにおいてはもちろん自然が精神の外化あるいは自己疎外と考えられるのであるから、自己の外化という主体的関係なしに素朴的に自然が客体として観られるのではなしに、飽くまで主体との関係においてそれの客観的対象と解せられるのであって、自然の本質論理は旧き実在論的白然存在学と同じではない。しかしそれにも拘らず自然は精神の外化疎外と考えられる限り、依然としてそれは自己に対立し自己の否定態たるのである。従ってそれが自由の否定契機であっても、自由そのものの実現でないことは明である。斯かる自然の事物に実存が成立するとすれば、それに自由が原理となるのでないことも明白でなければならぬ。従って実存は成ることにおいて有るところの存在に止まり、未だ成らしめることにおいて有るところの存在という自由の規定にまでは達しないのである。

しかしそれではヘーゲルは右の如き物の実存を含むところの一般の実存と区別して、はっきりと、今日実存哲学の根本概念となる如き自己の実存、すなわち自由主体の実存というものを考えたであろうか。否、そうは思われない。そこにヘーゲルの歴史哲学的思想が、実存の根本性格に属する歴史性を闡明したという重要なる意味を有するに拘らず、却って実存主義と正反対なる普遍主義に傾く所以が存する。彼はカントの人格の自由、道徳的意志の自律の思想が形式的抽象に止まることを鋭く批判し、斯かる自由は無内容恣意となりいわゆる自律は善悪の無差別に陥るという矛盾を抉摘して、真実には自由は現実の自覚せられたものでなければならぬ、個人は普遍的人社会特に国家においてのみ自由をもつ存在たることが出来るのである、と考えた。斯くてカントの宗教論において根本悪の原理にまで深められ、従って[239]神の超越性に媒介せられることによってのみ道徳的善の能作性に転ぜられるという意味を含むところの自由は、却ってヘーゲルにおいて見失われ、主観的精神の客観的精神に否定的に対立するところの自立性はその為に彼において稀薄にせられている。その結果両者を否定的に媒介すべき絶対精神の超越性も弱められ、三者の三一的統一が無媒介に合一するという合理主義的傾向を脱することが出来ない。これは明白なる汎神論的普遍主義を意味するのであって、歴史的現実が個人の自由なる生産行為を媒介とすることなく、単にこれを手段化して必然に生成し、従って現実は直接に理性的性格を保有して個人はただそれに合一する限り自由を保有する、と思惟するものである。すなわち個体の自由なる自己実存は、世界の理性的歴史発展に解消せられるというも過言でない。「彌陀五劫思惟の願をよくよく案ずれば、ひとへに親鸞一人がためなりけり」（歎異鈔）という如き自己の絶対性の要求が、実存主義を特色付けるものであるとするならば、ヘーゲル哲学がその正反対なることは疑を容れる余地が無いであろう。キルケゴールがヘーゲルを攻撃する主要点は、この世界歴史に対して極微の存在に過ぎざる自己自身の微小なる自我の、永遠の救済に対する無限の関心を無視することにある（Kierkegaard, *Philosophische Brocken* I, S.113）。

根柢から現象する本質の被定立においては、一の現象存在の没落と他の現象存在の生起とが交互的関係に統一せられ、その交代の底にあって自己を同一に保つ根柢がその交互的統一を媒介する、という関係は、具体的には実体の統一における現象の交互作用という範疇において思惟せられるものである。それはスピノザ主義の根本構造に外ならない。ヘーゲルの本質の諸範疇の聯関はスピノザ主義に具体化せられた。然るに交互作用という本質諸範疇の最後に来るものは、普通に考えられる如く因果作用を両方向から結合した結果に止まるものではない。否、因果作用を両方向から結合するということが、既に因果関係を超出するのである。何となれば一方の存在から発した作用が他の存在を規定すると同時に、その存在の作用が再び自己に及ぶというのは、自己の作用が自己に還り、自己が自己を規定するということ[240]であるから、それは既に単なる因果関係を以て理解することの出来ぬ自己限定の新しき関係を結果するに由る。而してその自己限定の循環作用はそれぞれの存在が他を媒介として自己に帰る循環作用として、同一なる円環の反方向的の一周に相当し、その根柢に一の円環を共有する。これが実体に外ならない。実体と因果との綜合として交互作用が思惟せられる所以である。而して実体は二つの方向反対なる因果作用を綜合するものであるから、因果作用を超えて自己の同一性を保ち、その上に因果作用の交互的媒介を成立せしめるのである。スピノザにおける実体の能産性も斯かる超越に成立する。所産的自然の特殊性の面において一切が交互的に因果の関係に必然化せられるその根柢に、因果の全体を交互性において統一するところの、それ自身は却って因果を超越する統一が存しなければならぬから、その統一たる実体は必然を媒介とする能産性をもち、自らは自由であることになる。自由が超越に属する所以である。それは必然の絶対否定即肯定たることの自覚において、自由として現れる。実体の超越的自覚がすなわち主体的自由であるといってよい。それは超越的絶対統一であるから、却って特殊相対を自己の媒介として包含し、必然を絶対否定的に肯定する。故に特殊が因果的必然において現象することが却って実体の自由に相即するのである。能産的自然の実体が実存を含意する本質という自因性をもつ以上は、実体は様態の多様に現象する一であるからこそ能産的なのであって、もしいわゆる無世界論といわれる如くにそれが個体の多様に現象しないならば、実体は自因的能産性をもつことは出来ぬ筈である。すなわち自由が実体の能産性を性付ける。しかしこの様に自由を自覚する絶対はもはや単なる実体に止まることは出来ぬ。却って実体を否定的に媒介してこれを基体とする主体たるのでなければならぬ。斯かる自由の主体たる普遍者の媒介存在性が、範疇としての概念に外ならない。それは一般に自由によって性格付けられること、存在諸範疇が移行により、本質諸範疇が被定立により性格付けられた如くである。概念は自己に否定的に対立する特殊を媒介として個別の自己を具体化する普遍である。直接存在の根柢に反省せられて、止揚せられた存在となった被定立が、更に超越的普遍[241]の自己否定的統一として自覚せられそれの真実態としての概念にまで高められたものが自由である。概念の主体的自覚的存在としての自由と、それの普遍の個別化的具体性とが、スピノザ主義を越えてヘーゲルの精神の哲学を発展せしめるのである。

しかしながらヘーゲルは果して彼のいわゆるこのスピノザ主義の超克を完全に遂行したであろうか。もしも概念の普遍が特殊化を通じて自己を個別化せしめるとするならば、普遍と特殊とは否定的に対立するものであり、特殊は普遍においてそれの自立性を保有しなければならぬ。すなわち特殊としてそれは普遍に限定せられ普遍と合一する面を有すると同時に、しかも却って普遍に対立してそれ自身の方から観るならば普遍を否定しこれに背いて自己を自ら限定する恣意の面を有しなければならぬ。この様に自己に否定的に対立し自己に反抗せんとするものを、しかも却って自己に摂取し自己の本質を実現する媒介に転ずる超越的統一にして、始めて絶対者たるのである。特殊を単に普遍の直接なる自己限定とするのでなく、自己限定が同時に被限定という媒介性を有する如くに特殊の恣意反抗を容すところの媒越的統一でなければ、普遍が個別に具体化せられることは出来ぬ。すなわち普遍が特殊を媒介として個別となるというのは、同一性的立場から普遍がそのまま無媒介に分割特殊化せられてその極個別に至るということではあり得ない。我々は既に斯かる同一性的論理による個体の限定の不可能なることを徹底的に示された。アリストテレス存在学の遺した問題とは、この様な同一性論理の限界に関するものであったのである。それがヘーゲルに至るまで紆余曲折を辿ってなお十分の解決に達しなかったことは、我々の以上諸節において究明した所である。今やヘーゲルにおいてその否定的媒介の論理がこの困難を解くことが出来るとすれば、その特殊における二重性転換性が徹底的に顕現せしめられなければならぬ。すなわち普遍の自己限定が特殊そのものの自由なる自己限定と対立しながら、しかも相互に媒介せられて自己限定即被限定、被限定即自己限定の銃一に綜合せられなければならない。個別とはこの綜合統一であるから、それは一方において普遍を代表するところの、普遍に限定せられた特殊でありながら、同時に他方において普遍に対立し普遍の自己限定性を自己に簒奪して自己を普遍の地位に据えんとする如き恣意の自由をもつものでなければならぬ。しかも普遍は斯かる自己の反抗者の加える否定を却って自己の肯定に転ずる絶対転換の媒介的統一であることによって、始めて超越的なる絶対の普遍性を発揮するのである。絶対が慈悲とか愛とかによって性格付けられるのは、この構造に由る。而して個別も個体として自由の主体たるのは、この超越的愛の媒介に自ら進んで自由に自己を献げ、絶対者の慈悲の招喚に自ら決断して応答するからである。しかも斯く自ら絶対者の慈悲の招に応ずることは、自己自身に絶対者の媒介を行ずることでなければならぬから、実存的個体自ら他の個体に対し絶対者の慈悲を媒介する愛の行為者とならなければならない。実存は具体的には愛の行為者として還相することを意味すべき筈である。これが主体的実存の構造であ

242

る。特殊というのは右の如き二重なる転換的媒介を意味するのであって、それは否定的対立と同一性との相即に外ならない。普遍が特殊化せられて個別に至るのは普遍の同一性自己限定の半面が、却って同一性を破りこれを否定せんとする特殊の反抗恣意を容してこれをその媒介に転ずる絶対媒介の統一たることを意味するのである。絶対媒介は従って単に特殊の反抗恣意を否定してそれの自立性を破壊し、ただこれを同一性的普遍の手段に化することであってはならぬ。却って普遍そのものも、特殊の対立反抗によって自己の底を破り、しかも斯く自己を破ることにおいて自己の統一を保つが故に、特殊を自己の内に止揚して、これを自己否定の媒介に転じ、概念の自在を得るのである。ここにもと同じ「中間」の語から出た媒介と手段という二つの概念の、本質的なる相違を注意する必要がある。手段とは全く目的の為に存するものの謂であって、その存在は全然目的に依存し、目的の為に必要に応じ自由に活殺せられるものである。それは自己の存在の原理を、全く自己の外なる他者としての目的の内に有するものに外ならぬ。これを活かし存在せしめるのは目的の随意に属する。従って目的が手段の為に否定せられるということはあり得ない。いやしくも目的を否定するものは手段たる意味を失うからである。[243]然るに媒介においてはその存在の自立性は飽くまで維持せられるのであって、媒介の存在原理は決して単にそれの外なる普遍者にのみ存するのではなく、普遍に存すると同時に媒介たる特殊そのものにも存するのである。両者の同時相即して、自己に存在原理をもつ能動的自由が、同時に他に存在原理をもつ被限定性に媒介せられるのが媒介の構造である。従って媒介は媒介せられるものに限定せられてその限り否定せられながら、却ってその否定を媒介として肯定せられることにより自立性を維持すると同時に、媒介せられるものも媒介するものの自立性を認め、それの恣意的自由の為の、自己に対する反抗、によってそれだけ否定を受けながら、却ってこの自己の傷みを自己の積極的媒介性たる愛の否定的契機たらしめるのである。すなわち媒介せられるものと媒介するものとは飽くまで交互的であって、決して前者のみが後者を一方的に限定し根拠付けるのではない。絶対者はその超越的普遍性の故に、その媒介たる特殊をヘーゲルのいわゆる理性の狡智によって利用し、それをして自主自由の妄想の下に恣に跳梁せしめながら、実はこれを傀儡の如くに操り、以て自己の目的を達成する為の手段に供する如きものであってはならない。却って自己に対する反抗、すなわちいわゆる個体の根本悪、の為に傷き痛みながら、なおこれを容してこれを自己に摂取し、自発的に特殊が回心転向する媒介として自己の招を発するものでなければならぬ。これが慈悲とか愛とかいわれる所以なのである。人間の罪と共に自ら痛み悩むことなく単に超然としてこれを越える絶対は、これを愛と呼び神と称し、慈悲と唱え仏と呼ぶも、我々の宗教的要求を満足するものでないと共に、その普遍性は無媒介なる包越に止まり絶対媒介の意味における具体的普遍であり得ない。真に絶対媒介において自己限定即被限定の媒介性を保つ普遍である為には、特殊の自らに対する否定的対立性において実証せられるところの、特殊のもつ自立性を認めるものでなければならぬ。斯かる特殊が媒介なのであって、それは自立性なき手段と根本的に異なる。後者は絶対媒介の契機たることは出来ぬ。それは無媒介なる直接的機械的中間者たるに止まる。斯かるものは物の世界にはあり得ても人格の世界にはあり得ない。

然る[244]にヘーゲルは、前掲の理性の狡智の概念がこれを示す如く、人間個体の自由、特にその恣意を、普遍たる絶対理念の手段と解する。これは明白にカントの人格の自己目的性を否定するものに外ならない。彼において人間の根本悪が十分積極的なる意味を有せず、単に普遍に対する特殊なるものの有限性抽象性の意味を保つに止まる傾向のあるのは当然である。従ってまたこれを止揚して救済に入らしむるも、絶対それ自身の否定的限定を媒介とし、自ら特殊者の恣意的背反に痛み悩みながら、その被限定性において特殊の位置に降下することによりこれを摂取し絶対善に引上げる、という如き降下即向上の媒介運動を必要とすることがない。単に特殊を分割から全体へ復帰せしめることによって達せられる。これは論理的にいえば明白なる同一性の立場であって否定的媒介の立場ではない。ヘーゲルは本来この絶対媒介の論理を組織した偉大なる思辨家であったにも拘らず、なおアリストテレスの樊籠を脱せず同一性論理の無否定なる立場を完全に止揚してはいないのである。そこから普遍と個別との発出論的同一性が由来し、神と人間との本質的同一が結果する。それは特殊が否定的二重的媒介の意味を有しない結果に外ならない。単に普遍の分割として一重なる同一性の限定としての特殊が、普遍と個別とを否定的対立なく連続的に繋ぐのである。概念が自由によって性格付けられるに拘らず、それは恣意の契機を含むことがないから、自己同一なる普遍の発展展開に止まる所以である。この無否定的統一によって個別の持殊性を普遍に帰入せしむる関係を媒介とするならば、それは否定的媒介と本質を異にする。キルケゴールがMediationと呼び、ヘーゲルをこの立場に立つものとして極力攻撃したのは、被造物たる制限を有しながら、造物主たる神の位置に自己を対等化しこれに反抗せんとする人間の根本悪、原罪をその教理の中心に置き、キリストの贖の死によってのみ神と和解せられて救済に入ることを得る恩寵の原理を根柢とするキリスト教の、神と人間との否定的媒介の関係に反するものとそれを考えたからに外ならない。ヘーゲルは自己の哲学がキリスト教の真理の論理化なることを主張するのであるけれども、その論理が徹底せられたる否定的媒介の立場に立つのでなく同一性の立場を残存するもの[245]である以上は、キルケゴールのこの攻撃を受けるべき理由をもつ。彼は自我を、概念として現存に達した純粋概念そのものと規定するのであるが(W. d. L. III. S. 220)、斯かる自我が実存的自己の無底性を有せざる同一性的普遍の自己限定なることは否定することが出来ぬ。斯かる自我の実存は単に根柢から基底付けられた存在たるに止まり、反対に一切の根柢を奪われ拠って立つ基底を失った絶対無の存在ではない。いわゆる火中蓮の不可思議を原理とする存在ではないのである。この様に神と人との本質的同一に相当する普遍と個別との同一性的統一を主張するヘーゲルの論理的汎神論が、実存主義の正反対なることはいうまでもない。ヘーゲルは自らスピノザ主義の超克を説くけれども、彼自身の立場が却って完全にスピノザ主義を脱してはいないのである。彼の絶対精神としての神は、歴史に内在する理性として、実存を吸収する普遍的本質たる傾向を有する。これはスピノザ主義以外の何ものでもない。然るにヘーゲルの思辨的立場に対しキルケゴールが実存の立場を主張する場合には、理性的思辨の対象としてでなく実践の主体として恣意の自由をもち、それに由来する罪悪の束縛を自力によって脱する能わず、唯神が絶対の愛の不可思議によって自ら斯かる人間として肉を受け自己を特殊化して個体人間として現れることにより、人間を自らに和解せしめて救済に摂取するという逆説、を原理とする所の信仰の主体として実存を自覚することを、我々に要求勧説するのである。是れその否定的媒介の弁証法をヘーゲルの思辨的弁証法に対し逆説弁証法と叫び実存弁証法と唱え、また実践弁証法と称した所以である。ヘーゲルの論理に残存する同一性無媒介性においては、なお物の立場たる制限が脱却せられず、自然存在学の実体性が完全には克服せられていない傾向があるに対して、キルケゴールに至り主体の立場が徹底せられた。スピノザ主義の超克はここに始めて達成せられるのである。それはカントの自由主体の規定を弁証法的に具体化したものという意味において、カントとヘーゲルとの綜合と呼ぶことも出来るであろう。今日の実存哲学がキルケゴールから出発するのも偶然ではない。それにおいてヘーゲルの汎神論内在論が完全に止揚せられて超越[246]神論が徹底せられ、ヘーゲルにおいて始めて論理的組織を得た歴史哲学が、却って彼の論理的思辨の同一性の為に発出論的となり従って非歴史的となることを免れなかったのを修正して、具体的なる歴史性を回復すべき緒が与えられた。前にも触れた如く、自由にとって超越と歴史とは欠く能わざる契機であり、また逆に自由によってのみ超越と歴史とが確保せられるのであるから、キルケゴールによって実存の自由が具体的に捉えられたと共に、実存の超越性歴史性が確認せられたのは当然でなければならぬ。

ヘーゲルは周知の通り歴史を以て自由の意識における進歩と規定した。すなわち自由を原理として歴史を確立し、歴史的現実を自然と異り自由の実現せられた主体的精神の発展の成果と解したのである。しかしその自由は理性の別名に外ならず、何等恣意を容れる如きものでなく、従ってそれの錯誤堕落というも、ただ精神の自己疎外としての自然の立場に転ずることに止まり、自由の濫用によって人間は自然の立場よりもなお低落し、その邪悪動物以下に堕するという如き罪悪の意味は発揮せられない。斯くて歴史が自由の実現であるというのは理性の実現であるというのと同意義であり、更に言い換えれば神の精神の自己実現であり啓示であるということに帰する。人間の救済とは単に自然の立場に疎外せられた人間を再び精神の立場に引戻すことに外ならぬ。斯くて神と歴史と人間とは同一性的に統一せられ、神から出て神の自己疎外の原理たる自然によって引離された人間を、再び精神に引戻す運動が歴史となる。神は歴史に内在し人間を疎外から合一に復帰せしめる。すなわち神の普遍と自然の特殊とが人間の個別において対立の統一に回復せられる循環運動が歴史である。神の超越性も歴史の偶然性非合理性も、実存の否定的自由なき所には具体化せられない。自然は否定的対立の断絶抗争なしにただ神と人間とを疎外し分離する原理に止まるから、実はそれは否定的対立を同一性の立場に投射したものに過ぎない。自由の恣意的堕落反抗としての罪悪の原理でなしに、寧ろ分離疎隔の原理たるに過ぎない。死と罪とを否定的媒介とする現実的自己の実存は、単なる自然に由っては原理付けられない。[247]自然はただ精神の内に含まるるその外化分散の原理に止まり、その底を割ってこれを絶対無化する否定の原理ではない。あるいはそれを否定というも観念的否定に止まり、実在的否定に達しない。ここに我々はヘブライ宗教の二元性超越性に対しギリシャ知性の一元性内在性が、ヘーゲルにおいて優勢なることを見なければならぬ。斯くてその結果歴史も恩寵によって転ぜられた自由意志の倫理的実践により建設せられるものでなくして、個人の意志を手段として自己の狡智によりこれを操る理性の自己実現の過程となり、個人はこの理性の発展に合する限り自由を獲得する。すなわち歴史に超越的永遠が横超的否定的原理として存することなく、単に内在的循環の原理として神が歴史に内在するに止まるのである。従って神が歴史においては国家として現象し、為に神の超越性は甚だしく稀薄化せられるに至る。ヘーゲルは彼のいわゆる精神を、他における自己として現定したのであるが、そのいう所の他は、実は自己内なる他であって自己の外なる他ではない。真に内と外との断絶対立なる否定性はそこには認められぬ。個人と同様に、神に背く否定的対立の故を以て罪と死とに纏綿せられる、ということのない、特殊であると共に普遍である絶対の体現としての国家が、超越的なる神の代に現実精神として現れるのである。個人の実存は斯かる国家の現実の内に埋没せられてしまう。この様な内在論的普遍主義が実存主義の正反対なることは疑を容れる余地が無い。ヘーゲルも相対的人間精神の発展の最高段階として良心を認め、その自己確信を以て価値の絶対規準とする普遍即個別の自主性を重んずる点において、一見時代の傾向たる自由尊重の立場に立つ如くであるけれども、しかし斯かる良心の自己確実性が自己の純潔を保つ為に現実との接触を回避し、いわゆる美魂の独善的立場に自己を徹底すると同時に、その要求標榜する所に反して却ってそれが主我主義の悪に陥ることを説き、そこに良心固執の自己矛盾を反省して、自己の制限を告白し、相互宥免の普遍性を和解において具体化せしめることにより倫理は宗教化せられ、絶対精神の光に照らされた精神の最高の立場が展開せられるとする。しかしその相対的特殊性を絶対精神の普遍に高める具体的個別性が、単に相互宥免の和解に止まり、斯かる承認和解[248]の原理が神の普遍性に外ならないとするならば、これをキリスト教の教義に合する如く愛と呼んでも、（ヘーゲルは愛の承認といっている、*Phänom. d. G.*, Lassons Ausg., S. 48）それは右に述べたような愛の具体的なる否定的媒介とは本質的に異なるものでなければならぬ。超越的なる恩寵も贖罪の仲介者たるキリストも、そこには占めるべき位置は無い。これ否定的媒介が徹底せられていらないからである。その論理の構造が神の三一性を概念化したものであると標榜しても、特殊が前述の如く否定的二重性を有せず、人間の罪悪と神の愛とを啓示の二重性において一身に統一するキリストの神人性を理解せしむる如きものでなくして、単に自然による疎外外化の一重性を意味するに止まる以上は、それはキリストに限らず人間一般の神子性を意味するより外無い。是れ外観上の一致に拘らずヘーゲルの絶対精神が超越神の性格を有せず、飽くまで歴史に内在して汎神論的に人間と本質的同一性を保つ所以である。彼のキリスト教解釈が彼の学派の分裂の因由となったのも偶然ではない。彼において宗教が哲学の概念的思惟を表象の立場に直接化したものたるに止まり、それに固有の内容を有せず、況や哲学を超ゆる独自の立場を有する如きことは到底承認せられないのは当然である。前述の如く実存の概念が自由を核心とする以上は、それは必然に超越と歴史とをその根柢と媒介とにもたなければならない。それによって実存が宗教性と倫理性とを必然の性格とするのである。ヘーゲルにおいてはこの二つとも論理的理性に吸収せられて普遍化せられ本質化せられ、従って実存の実存たる所以は見失われて、歴史の理性的発展に埋没せられてしまう。自由の濫用に因る堕罪の為に生死に纏綿せられたこの私の、死すべき自己の、精進と救済とは、そこでは問題にはならぬ。単に永遠なる普遍的精神の個別化たる自我が問題となるだけである。それは単に「成ることにおいて有る」ところの存在ということは出来ても、カントにおける如く「成らしめることにおいて成る」ところの自由の存在ではあり得ない。況やキルケゴールの求する如く、「成らしめられることにおいて成らしめる」によって、[249] 始めて「成ることにおいて成らしめる」ことが出来るような超越的二重媒介的存在であることは到底思も寄らない。依然として無媒介なる同一性的自然存在学の痕跡を脱しないのである。歴史において実存の具体的基盤を提供した点で、実存哲学に対し重要なる寄与をなしたにも拘らず、ヘーゲルの存在学即論理学の要求は、実存哲学と正反対の方向に向う。これに反しもし実存が否定的媒介として論理化せられるとするならば、否定的媒介の論理は論理そのものの否定的媒介として行為化せられることによって、始めて同一性的でない否定的媒介の意味における即として、存在学即論理学の立場に実存哲学を立てることが出来るであろう。それはヘーゲルとキルケゴールとの綜合に相当する。歴史の内在と絶対の超越とが断絶的に対立せしめられながら、却って絶対否定的に行為の媒介において統一せられる自覚が、哲学の内容を成すからである。しかしもはやそれは実存哲学の概念を以て十分にこれを表すことは出来ぬ。却って逆にヘーゲルが意図してしかもそれを徹底的に実現することは、彼の精神の哲学の観念性がこれを許さなかったところの、絶対媒介の哲学というべきものこそ、その成果たる筈であろう。その内容はヘーゲルとキルケゴールとを超えて、絶対と国家と自己との三一的統一の、歴史的行為的自覚となる。私の目標はこれに外ならない。そこにおいては実存の主体は個人の自己でなく、国家と自己との絶対媒介的統一でなければならぬ。実存の媒介となる表現的場面は国家として主体化せられ、それが自己の自覚に媒介せられて歴史的建設の自由において絶対性を実現する。国家哲学が実存哲学の歴史的具体化でなければならぬ。しかしその国家はヘーゲルの考えたような個人の実存を観念化し内在化して、それの個別化原理たる恣意の自由を理性化し、個人を媒介でなく手段に化するものであってはならぬ。これは却って絶対と自己との媒介なる国家の、超越即内在的媒介存在たる所以を没却し、その本質を喪失せしめるものである。然らずして国家と自己との否定的対立の具体的媒介行為が実存の内容を形造るのである。ハイデッガーが実存の媒介とする死の現象は、具体的に国家への献身として倫理化せられ現実化せられる。個人的自己の主体性に止まる実存哲学は、これにまで止揚せられることを要する。もとより実存主義は哲学の必要なる条件として如何なる哲学にも契機として含まれ[250]なければならぬ。ソクラテスの要求した如く自覚が哲学の始めであるからである。しかし自己の自覚は歴史の内において絶対の前に行われるのである。その相対即絶対の媒介を自らの上に成立せしめる具体的存在が国家であるから、自覚もこの基体即主体なる媒介存在において行われるのでなければならぬ。国家なくして歴史が、基体と主体との交互的循環運動たることは不可能である。個人の自己はこの循環運動の無限に多数なる中心点に外ならない。その実存が歴史的現実の廻転軸に相当する所以である。現実の自覚が実存主義を必要なる契機とする理由もそこにある。ただそれが未だ十分なる条件とはならない所に、実存哲学の限界がある。私は更に節を改めてこれを追究しなければならぬ。

種の論理の弁証法

序

この書は、私が『哲学季刊』第二号に発表した論文『種の論理の実践的構造』に加筆して、同時にその題名を改めたものである。[253]

私は昭和九年から同十五年に至る間、自ら種の論理と呼んだ弁証法の論理の研究に従い、これをもって国倉の具体的構造を論理的に究明しようと志した。その動機は、当時台頭しつ、あった民族主義を哲学の問題として取上げ、従来私共の支配されて来た自由主義思想を批判すると同時に、単なる民族主義に立脚するいわゆる全体主義を否定して、前者の主体たる個人と、後者の基体とするところの民族とを、交互否定的に媒介し、以て基体即主体、主体即基体なる絶対媒介の立場に、現実と理想との実践的統一としての国家の、理性的根拠を発見しようと考えたことにある。飽くまで国家を道義に立脚せしめることにより、一方においてその理性的根拠を確保すると同時に、他方において当時の我国に顕著であった現実主義の非合理的政策を、できるなら少しでも規正したいと念願したわけである。種の論理とは、普遍と個別との観想的同一性に立脚する自同性論理に対し、個体の自由による類的全体の理性化に対する媒介として、それ自身否定的媒介的なる種的基体の転換性を明にすることにより、その実践的自覚を以て弁証法の論理を具体的に立証しようという意味であった。

しかし当時私の思想においては、右の絶対媒介の原理たる無が、なお真に否定的に徹底せられず、矛盾の底に超越せしめらるるに至らずして、理性の同一性を脱却しなかったために、私の始終批判しつつあったヘーゲルの合理主義に自ら顛落し、彼の如く国家を絶対化して個人の自由をそれに同化する傾向を免れ得なかったのである。個人の自由を裏付ける根原悪と共[254]に、国家にもその存在の底には根原悪が伏在し、それから離脱せしめられるためには、前者が理の矛盾、すなわちカントのいわゆる実践理性の二律背反、に死して蘇らしめらるる悔改において、信仰の立場に進まなければならぬ如く、後者もまた、超越的なる神の歴史審判に随順し、懺悔しなければならぬという宗教的立場が、なお欠けていた。すなわち種は、未だ懺悔の基盤たるその無的性格に徹しなかったのである。斯くてその結果私は、国家と自己との矛盾から、延いて自己自身の分裂絶望に悩まされなければならなかった。昭和十六年の秋以来筆を絶って一文を公にせず、十九年秋まで沈黙を守ったのはこの理由による。その最後の段階において私の到達したものは、すなわち懺悔道としての哲学であったのである。それに対する転機としては、親鸞の他力信仰が大きな力となったこと、もとよりである。しかし後から思へば、従来それに触れながら核心に徹することのできなかったキリスト教の信仰にも、直接間接の大きな影響を受けたこと否定せられない。私がキリスト教徒でないという意味においては、私はまた真宗念仏の信徒でもないのである。しかしとにかくもこれ等の他力宗教に導かれ、従来理性主義を固執し倫理主義に始終した私が、理観ノエティクを超ゆるメタノエティク（メタのイア悔改あるいは懺悔から造ったこの語は、懺悔道に対応する欧洲語と解し得るが、同時にそれは超理観学をも意味できるわけである）において、理性的なる哲学の絶対否定としていわば哲学ならぬ哲学に復活せしめられたことは、全く予期せざりし恩寵として感謝する外なき所である。ところでこの数ならぬ私自身の懺悔に後るること約一年にして、国家の大変は起った。今や世界歴史の審判を受けた我国は、自らの罪を悔改めて新に復興を策しなければならぬ運命に立到ったのである。この政治的国家革新に対し、私が自己の無力を忘れて、微弱ながらも自己の思想を傾け吐露したのは、国民として当然のことでなければならぬ。その政治哲学的思想に根柢となったものは、もとより懺悔道としての哲学に外ならない。それで私は、この立場から種の論理に修正を加え、従来これに関して書いた論文を、改訂集輯して公刊しようと意図したのである。[255] しかし実際に手を着けようとすると、根本の立場に変化を来した為に、改訂はほとんど全部の書変えを要求し、なかなか容易のことではない。その上他方においては、私自身の関心は、新しき立場から新しき問題につき考えることを迫り、旧き論文の改訂に従事することを許さない。斯くて私は、差当り改訂の業を断念して、自己の要求のままに自由に思索を進めることを決心したのである。

もちろん、種の論理の新しき立場における方向付けは、種の論理の廃棄を意味せず、却ってその発展を意味することは、私をして、愈々この論理の根本構造に対する確信を強めしむるに十分であった。しかのみならず、従来私が反対し来つた我国最高の主流哲学に対する対決も、今や一層それを推進めることができるように、私には思われるのである。それで私は、この対決を通じ、同時にこの哲学の根柢となっているアリストテレスないしプロティノスの哲学をも批判して、種の論理の弁証法を展開しようと試みた。その結果がこの論文である。私自身の立場はこれを古典哲学に関係せしめていえば、もちろんプラトン後期の弁証法である。ただプラトンといえども、ギリシャ哲学の共通特色たる理観の立場を完全には脱しなかったのであって、一般に指摘せられる彼の宗教的傾向なるものも、大体神秘主義に止まり、高々芸術的形成の目的論以上に出でることが少ない。人間存在の根原悪、宗教的原罪に関する思想に至っては、彼においても、密儀信仰以上に発展せられなかったのである。その弁証法が、人間の自由意志に根ざす罪悪の覚念に基く懺悔救済の他力信仰にまで具体化せられず、復活における無からの創造に窮極せしめられなかったのも当然である。西洋思想にこの転同を遂行せしめる原動力となったものが、ヘブライ民族に発生したキリスト教であったことはいうまでもない。悔改こそ福音の廻転軸であったのである。死復活もその実践的極限に外ならない。斯くて、プラトンの弁証序法はキリスト教の絶対転換の教と結付くことによって、始めてその意味を完うすることができたのであるといってよかろう。無即愛、愛即無という信証、これである。私のここに展開した所は、この様な意味における弁証法である。[256]懺悔道としての哲学が、この世界歴史的思想発展の線に沿うものなることは、私をして私自身の思想の浅薄無力にも拘らず、方向としてこの哲学の正しきことを確信せしめずには措かない。私がこの論文を単行書として更に世に問おうと決心した所以である。私はこれをもって、従前書いた種の論理に関する論文の改訂集成を出す予定であるといった公約に対する、差当っての代償とすることを許されたいと希うものである。もしその内容が聊でも大方の関心を贏ち得、国家再建の思想的根拠に微少なりとも役立てられることができるならば、私の悦はこれに過ぐるものがないであろう。

昭和二十一年二月

著　者

一　弁証法としての種の論理

弁証法としての種の論理[257]　弁証法としての種の論理数年前私が『種の論理』というものを提唱して以来、学界の一部には種という概念が注意せられるようになった。しかし私が種の論理を考えずにいられなかった動機に遡ってそれに同情し、私と同じ様な動機から同じ様な意味において、種の概念を理解するという場合は、比較的に少なかったのではないかと思われる。単に種を普通の分類的論理の立場において類あるいは全体と、個すなわち個体との間に立つ中間的集団と解し、これを個体の部分的集合として全体に包括せられるものと考えるのが、一般のようであった。人間社会においては、人類の全体と個人との間に立つ民族社会を以て、これを代表せしめるわけである。斯くて文化史の立場から、人類の普遍的共有財産たる文化も、その創造形成の主体たる民族の特殊性を帯びるものであって、直接に文化の独自的飛躍を成就せしめる個人の天才も、またその属する時代と民族との制約を受けるのであり、この特殊的環境の限定を受けて造られたものでありながら、これを媒介として自らの環境を造るものとなる。その環境の特殊的限定を種と呼ぶ。故に種は、全体即個体というべき文化主体に対し、文化の基体に属する特殊性と解せられる。大体この様な意味に種というものが理解せられるのが普通であったと思われる。もとより私の場合にも斯かる意味が種の概念に含まれた。元来ヘーゲルの客観的精神の概念から示唆を得たのであるから、私の種と名づけたものがその様な意味を有したのは当然のことである。しかしヘーゲルの客観的精神そのものが国家社会の慣習伝統法制を意味し、決して単に文化的内容を有するに止まるものでなく、同時に政治的内容を含むもの[258]であった。従ってそれは普遍としての絶対的精神の特殊化限定というに止まらず、個人の主観的精神を拘束規制する権力を蔵し、個人がこれに対抗背反する場合には個人を強制し、更に個人が絶対的精神の媒介に依り進んでこれを承認し発展せしめるに至って、自発的にそれに服従せしむる権威を有する。それであればこそ、それがいわゆる客観的精神として主観的精神に対立しこれを超越するのである。而して神的精神ともいうべき絶対的精神の絶対性も、前二者の相対的精神が単に論理的普遍特殊の差別を有するに止まらず、政治的対抗背反の関係を有するが故に、その統一の媒介としてそれが赦免宥和の神的愛を内容とする絶対無たるに依ると思惟せられなければならぬ。これを全体として普遍と呼ぶならば、それは決して普通の論理的概念の外延の広狭なる平面的空間的意味においてするのでなく、如何なる反抗対立をも赦免し摂取する神的愛の救済力の無限透徹を意味する。すなわち罪に死せる個体を懺悔の媒介に依り新しき生に復活せしめる転換力としての無の絶対的統一が、永遠の瞬間に否定の底を貫き転換において自らに返る内包的全体をいうのである。それに対し特殊としての種は、斯かる無の全体の有的媒介として、個がそれにおいて自らを無化し、以て互に教化救済する方便となるものである。いわゆる還相の方便たる媒介性が、宗教の立場から見た国家社会の意味である。その限りこれは、単に内包的でも単に外延的でもなくして、両者の相即媒介である。絶対的精神の内包的無の統一において、国家社会と個人との対立反抗は絶対に否定せられて交互的媒介に転ぜられ、個人に対する神的救済の愛の方便としての国家建設に、政治が転換せられる。すなわち人の国の政治は、神の国の宗教的建設の媒介となるのである。この媒介を外にして神の国の所在はなく、また政治の理想はない。種は全即個、個即全の、無の転換に対する有的媒介としての基盤に外ならぬ。宗教もいわゆる閉じられた社会の宗教たる種的媒介性を通じてでなければ、個人を救済に眼醒ますことが出来ないと同時に、この種的限定に留まりこれを絶対否定するのでない限り、いわゆる開かれた社会の宗教、すなわち世界宗教というものに高まることは出来ぬ。この否定的転換においてのみ、個人が絶対無の媒介弁証法としての種の論理[259]としてこれに参与し、いわゆる還相即往相として救済を証することが出来るのである。種はこれに対し個の否定者として却ってその死復活の肯定者となる。この個の否定即肯定の転換性が、即、種自らの肯定即否定なる本質たるを以て、弁証法の論理は種の論理に外ならないのである。種は自らの否定転換を通じて個を死復活において否定転換し、以て無としての全の有的媒介となるのである。然るに普通の分類的論理はもちろん、文化の種別特殊性が人類的普遍性の媒介となるという文化主義の論理においても、この否定転換は認められない。種はただ全体と個体との中間に立つ部分的集団として、外延的中間段階たるに止まり、自らの否定転換により個の死復活を媒介する転換力を有するものではない。すなわち無の媒介という意味は、そこに存しないのである。従って斯かる種の概念を無の媒介とし、以て弁証法の論理を基底付けるということは考えられる筈がない。これ斯かる種が弁証法的内容を有するのでなく、単に同一性を内容とするのだからである。種という概念が用いられ、あるいは種の論理が語られても、私から見れば弁証法の論理の基体化としての種の論理でなく、死復活の否定的転換の媒介としての種の論理ではない。すなわち種の論理はただ同語異義的に語られるのを見るに過ぎないのである。

この様な、種の論理の抽象外化ともいうべきものは、それでは如何にして起ったのであるかというに、その因由を遡れば、所詮私が種という概念を思惟せざるを得なかった動機が、同情と理解とを見出すこと少なかったことに、帰着するといわなければならぬ。抑も私がこの概念を思惟した動機には二面が区別せられる。第一に一方においては、さきに述べた如く個人と対立してこれを権力を以て拘束し強制する国家社会は、その特殊なる慣習法制において、個人の良心に訴え人類的普遍の理性に照らして承認すること能わざる如き特殊性を内容とし、特に単なる民族の種的相対的全体を以て人類の絶対的全体に擬し、後者を否定して前者に後者の絶対性を僭せしめる傾向を有する。そのため、これに反対し反抗する個人は、種々の迫害を受け、あるいはその極生命をも奪われなければならぬのである。この様な自己に対抗する存在[260]としての国家社会は、私の存在に力的に対立する存在である以上、如何にしてもこれを否定しあるいは観念化することの法能わざるものとして、私のこれを実在すると思惟せざるを得なかった所のものである。それは私の意志に対抗しこれを否定する力を有する力的存在として、如何にするもその実在を否定する能わざる文字通りの対立存在 objectum であった。約言すれば私をしてまずその実在を肯定せしめた種は、斯かる私を脅す存在であったのである。しかし第二に、私が種を思惟しなければならなかった理由は、一方において種がこの様に私を脅す存在であるに拘らず、他方において、私が飽くまでそれに対抗し反抗すべき、従って私からいえば単にあるべからざるものとして否定せらるべき存在、であるというには止まらず、却って私の存在がそれに基底付けられ、私の生命の根源がそれにおいて見出さるべき基体として、必要に応じ私の存在をそれに対し犠牲とすべきもの、従ってその意味においては、否定せらるべきは私の存在であり、種は飽くまで肯定せらるべき存在であるという意味を有することであった。換言すれば種は私の存在を超越する実在であるに止まらず、私が私自身を否定して自ら絶対無の媒介に転ぜられると共に、種もそれと相関的に絶対現実即理想に従い変革せられ、絶対無の否定的媒介として理体（イデア）

化せられるのである。ヘーゲルが「理性的なるものは現実的であり、現実的なるものは理性的」であると云った提言の意味は、後に指摘する如き制限を必要とするのであって、これを閑却すれば政治上の現状維持主義となるのであるが、しかし現行法の権威は決して単に功利主義の相対的立場において確立せられるものでなく、絶対無の媒介によって絶対化せられる相対即絶対、絶対現実即理想、あるいは事即理の上に根拠付けられるのでなければならぬ。これが種の理性的性格ないしイデア性というべきものである。斯くてそれは real-ideal の二重存在であり、具体的なる弁証法的存在であるといわれなければならぬ。あるいは基体即主体の転換の媒介であって、これなしに絶対無の現成することは不可能なのである。すなわち種は全と個との論理的中間者たるに止まらず、無と有との転換の媒介である、斯く論理の媒介が即存在の媒介であるによって、種の論理が具体的なる弁証法としての種の論理[261]証法の論理の基体化たるのである、というべきであろう。個はその直接存在性（生命）を種の基体に依り享有するのであり、しかも己が生命を救わんと欲する者はこれを失い、己が生命を（神の為に）失う者はこれを保つべし、という絶対転換の真理に拠って、無を原理とする存在、無即有の復活的存在となる。それは絶対無の媒介としてこれに協働し、無の絶対還相たる大非即大悲の愛の媒介として、自ら相対的還相行を行ぜしめられる。その相対的還相の媒介として教化救済の方便たるものが種である。これは個の無即有たるに対し有即無の方便存在となる。絶対は無として、この両方向の転換の主体たるのである。それが飽くまで絶対媒介として無の転換主体たるは、却ってそれの否定契機としての有の原理たる種の媒介に依る。無は無である限り自ら直接にはたらくものであることは出来ぬ。何となれば、自ら直接にはたらくものは有であって、無ではないからである。無はただ有を媒介とすることによってのみ、無を行ずる。是れ絶対無が絶対媒介たる所以である。個はこの種の有性を自らの無即有たる否定的媒介性に依って無に媒介し、有即無たらしめる。斯くて種は絶対無の媒介として方便的存在性を獲得するのである。有即無という弁証法の往相的真実は、斯かる種の基体に依って体現せられ、無即有の還相的真実がこれを媒介として個の無性に主体化せられる。この意味において種と個とは飽くまで否定的に対立し、ただその交互転換において絶対無を現成せしめる。それは決して単なる純粋論理の分類的包括ないし平面的空間関係に止まるものではない。飽くまで力の対抗否定と霊の超越救済の、内的深徹、立体的徹底の、転換的統一における死復活的なる政治的宗教的存在性に係わるものである。ところで弁証法の論理は、論理であって同時に論理の否定でなければならぬ。何となれば存在の自己矛盾性、肯定即否定の転換性は、自同律矛盾律を原理とする同一性の論理の同一性的に表現し得る所でなく、況や模写し得る所ではない、存在と同一性論理とは同一性的に対応するものでなく、二律背反的に相矛盾し交互否定するものだからである。弁証法の論理が論理であるのは、同一性論理の意味において論理たるのでなく、却って同一性論理の否定であり、同一性論理の否定的対立者[262]たる存在の論理に対する否定性を媒介として、弁証法的に否定即肯定の意味において、死復活的に転換肯定せられて新生の論理となるという意味である。であるから弁証法の論理は、否定媒介の自覚なき無媒介の論理というべき同一性論理の、絶対否定であって、すなわちそれ自ら弁証法的に論理たるのである。いわば、それの論理でないことが、それの論理である所以なのである。弁証法は逆説的でなければならぬ。而してその論理の否定的媒介となるのは今見た通り存在であるから、従って弁証法の論理が存在の論理たることは当然であるといわなければならぬ。単なる同一性論理は存在の論理であることは出来ない。これ論理と存在とは二律背反的に対立し、交互否定の関係に立つものだからである。論理が同一性的純粋論理である限りは存在の論理たることは出来ぬ。論理は単に同一性的包括の論理的関係のみを以て、存在に係わることは不可能である。存在はこの論理的関係を破ってその外に超出し、同一性でなく自己矛盾をその構造とするのでなければならぬ。弁証法はこの論理の否定突破と転換還帰とに成立するのである。その否定転換の基底として存在と論理との絡み合う所が種である。それゆえ種の論理が弁証法の論理となるわけである。

種は単に論理的同一性を内容とするのでなく、その否定たる自己矛盾的存在と、論理の統一、すなわち論理の否定転換たる、その絶対否定的恢復を支持し基底付けるものである。

しかしこの場合に注意しなければならぬことは、種における否定転換、絶対否定、ないし復活還帰あるいは恢復という如き現定の意味である。これ等の概念は一見すると何れも、一度失った原状へそのまま復帰し、それを取戻すことを意味する如くに解せられる。具体的に論理に就いていえば、論理の自己同一性がそれに否定的に対立する自己矛盾の為に否定せられ破毀せられたのが、いわゆる絶対否定においてその否定そのものが否定せらるるに由り、却っていわゆる矛盾の自己同一として同一性へ転換還帰せしめられることを、これ等の概念によって意味する如くに思われるのである。しかしながらもしこの様に、原状が自己同一としてそのまま恢復せられるならば、もはや弁証法は絶対無の論理でなく絶対[263]否定の論理ではなくなる。それは却って絶対存在の論理であり絶対肯定の論理でなければならぬ。すなわち自己矛盾は高次の自己同一の内に融解せられて、互に否定し合い破滅に陥ることなく、却って両立し調和して、より高き統一を形造るとせられる筈である。プロティノスの一者を観ずるというのは、正にこの如き統一に合体することであり、而して同時に論理と存在との否定的対立をも超えて両者の同一性に還源復帰するに依り、論理の自己突破即存在形成たる直観として、それは論理と存在との超越的融合を成立せしめるものと解せられたのである。プラトンにおいて弁証法的行の自覚に止まった多即一、無即有の絶対一が、プロティノスにおいて弁証法を超える観の内容となったのは、この様な自己同一性の恢復維持を、超越的絶対一が可能にすると思惟したからである。しかしながら斯様に、論理と存在との絶対同一が、両者の二律背反的矛盾対立を超えて恢復維持せられるとするならば、もはや弁証法の絶対否定性そのものが超越せられて、その否定対立は絶対統一の内に包み込まれる。そこではもはや否定的媒介はその力的対抗と霊的摂取との転換的統一性を失って、平面的包括の静一に帰する。すなわちそれはいわゆる煩悩を断ぜずして涅槃の分を得しめる愛でなく、罪悪が清められ拭い去られて神に冥合一する観である。懺悔の主体に成立する前者における絶対大悲の他力的行信に対して、後者は自己の神化、神の自己同一化なるいわゆる神秘的直観に外ならない。この後の立場には不断の死復活という否定転換はないのであって、ただ自己の制限撤廃、拡大強化があるのみである。従って個体の限定に媒介となる種の特殊性は、そこではただ自己同一性の限界を意味するに止まり、これを超えて特殊性を廃棄すればおのずから絶対統一の全体に達せられるわけである。否定とはこの絶対統一に対する制限を意味し、絶対否定とは単にこの制限の撤廃をいうに過ぎない。そのいわゆる復活はもとの生へ復帰することであり、自己同一の恢復に止まる。しかしながらこの様な魂の自己同一的拡大強化は、ただ文化の芸術的形成主観にのみ可能なのであって、どこまでも自己の特殊的限定の撤廃によって絶対一に帰同することが可能であるとせられるのである。却って自己に対立する[264]種的社会を媒介として、これに随順することにより自己に死して他己に生きる還相は、ここにおいては不必要であり不可能である。すなわち宗教の回心、新生なる転換の代りに、その解釈としての芸術的構想が現れ、自己同一を内実化するのである。霊の行信に更わりて、生の形成が登場する所以である。しかしかのパウロの、「もはやわれ生くるにあらず、キリスト我が内に在りて生くるなり」(ガラテヤ書二、二〇)という如き信仰に、果して旧き自己と新しき自己との自己同一という意識があるであろうか。これを絶対矛盾の自己同一というも、また非連続の連続というも、自己同一といい連続という以上は、もはや転換の行信そのものでなくして、その反省であり解釈である。ただその反省ないし解釈の裏付けに、直観を提起するものに外ならない。それは広義において自己同一性の論理の、同一性的復興であり連続である。すなわち宗教的回心復活の主体そのものの自覚でなくして、それに対する知的反省ないし解釈である。それに用いられる同一性の概念は宗教的体験に属する概念でなくして、宗教哲学の概念ないし神学の概念である。多くの場合に、それは宗教的行信者ならぬ哲学者に属する。

真の宗教的行信においてはこの如きものはない。何となれば死と生とを連続せしめる自己同一者はないからである。「生きながら死人となりて」生きるいわゆる dying life は、決して死と生との自己同一的連続ではなくして、文字通り非連続であり断絶であり、また飛躍であり更生である。ただこの飛躍更生の原動力たる絶対無の超越的転換の統一が、行信の他力的根柢として自己の死復活を媒介するに依り、否定転換が無の統一を保つのである。生と死とを統一するのは絶対無であって、それは神であり、我々有限相対者の有たる意識ではない。斯かる無は直接に観られることはないのである。直観せられるものはすべてその直観せられる限り無でなく有でなければならないから、この無の統一も自己同一として連続的に観られるものではない、ただ行ぜられるに止まるといわなければならぬ。ここにプロティノスの観に対するプラトンの行の正しさが存する。前者は神と人との冥合合一を可能とし、後者は絶対無の統一としての神に対し人の否定的媒介性を守る。すなわち前者が超弁証法的同一性弁証法としての種の論理の直観を神と人との間に設定して、神人合一同化を計るに対し、後者は飽くまで絶対媒介の弁証法を徹底するのである。その立言はすべて同一性的確言であることは出来ないので、逆説に止まらなければならぬ。さきに引用したパウロの有名な語にしても、決して観の立場で発せられたものではない。観においては、もはやわれ生くるにあらずキリスト我が内に在りて生くるのであるから、ただ断絶あるのみ、飛躍あるのみである。しかも行の立場においては、斯かる断絶と飛躍とが、その他力行信の媒介たる絶対無の超越的統一に依って、そのまま統一せられることが自覚せられ、逆説的に陳述せられるのである。否、宗教的行が自己の行為にして却ってそれの否定であり、自己ならぬ他者の行として他力の行であり、それに行ぜしめられて行ずる自己は、その他力の媒介たるに止まり、却って自己の行為の否定が他力大行たるのでなければならぬ。生きながら死人となりて行ずるというのはそのためである。この時死生一如とか死即生とかいっても、それは決して自己同一性の意味においていうのではない。我々に観ぜられ証される自己同一性は、我々が有限の相対者たる限り、存しないのである。これを斯く解するのは、神人合一帰同を僭して自己を神に擬する倨傲に外ならない。斯かる立場には行信の実験的敢為性冒険性は必要がなく可能でない。これは全く人間の有限性相対性を忘れて、これを否定する死を回避する所の怯懦不信に外ならない。否定でなくして拡大が自己を芸術的形成に慢心せしめる所以である。これに反し否定的統一は無の統一であるから、直観せられるものではなくただ行ぜられ従って信ぜられるのみである。これが弁証法的統一に外ならぬ。

この様に弁証法的統一が全く自己同一性の直観を容れぬ絶対無の統一であって、それが観ぜられず行信せられるのみであるとするならば、右に死生一如とか死即生とか、また死復活とかいうことについて述べた如く、これ等の統一が飽くまで弁証法的であって、いやしくも有の同一性を含むものでないことは当然でなければならぬ。これを言表す立言は同一性的確言でなくして逆説である外ない。その統一は絶対無の他力にはたらかれ、これに純真に信頼してはたらく行信に由って始めて証せられるのであって、行に先だち観が成立するのではない。我々においては行ぜしめられて行ずる法他力行を通じて、行信の媒介により証の直観が成立するのであって、まず観があり、その内容を表現形成するのが行証が行である、という如き、神の世界創造に比すべき行為は、芸術の立場においてより外にはないのである。否、芸術の形成においても、観が形成に先だつことはないのであって、技術の修練がそれに必要なのはその為である。例えば弓術の名人が矢のおのずから弦を離れ、的に吸い寄せられるのに任せる、という如き体験を、観であるというのは、真に自己を放棄して他力の大行に信頼する宗教的行を無視し、どこまでも自己を固執する行為に拘われる為に、斯かる体験こそ観ならぬ行であることを忘れる結果である。宗教的行は単に自己の部分的抽象的欲望を犠牲にして、いわゆる全体的意志を生かし切る創造的生命の活動であるというだけでは尽されるものでない。その様な体験は行の結果に就いての反省に属するのであって、行そのものは、主体の自己矛盾に由来する支離滅裂に行詰まって自己を投げ棄て、矛盾のままに懺悔して現実に随順し、現実の動かんとする如くに、その絶対現実的変化運動の転換に媒介となることをいうのである。芸術の場合には行に先だつ理性の思考が媒介となることがない限り、斯かる二律背反と、理性のそれに媒介せられる自己突破とが自覚せられないのであって、その為に行の結果に対する反省が、直接の観に連なるのである。しかし現実の歴史的実践は、他力行に属するのであって、同一性的無媒介なる芸術的形成では尽されない。そこには根源的二律背反が、最後まで自力行為の統一完成を破毀するのである。文化主義の抽象はこれを無視することに存する。現実の歴史的建設の目的とする政治的実践が、その媒介となるべき科学的認識と倫理的行為との理性的媒介に行詰まり、理性の二律背反、自己分裂の徹底たる絶対批判の弁証法により、理性を突破して絶対無の行信に転換せられ、宗教的信仰と媒介せられるところの具体的統一においては、決してこの如く神に自己を擬する同一性の立場は容認せられない。飽くまで自己を否定し神の媒介となる有限相対者の、行ぜしめられて行ずる他力行信の転換あるのみで弁証法としての種の論理[267]ある。そこでは一切の有的限定が、死して復活せしめられる無の現成に対する媒介たるに止まり、決してそのまま自己同一として維持せられ連続せしめられることはないのである。死復活とか再蘇生とかいっても、決して死前の生に復帰し、もとの生を恢復することを意味するのではない。もしそうならば、決して「生きながら死人となりて」いわゆる dying life を生きるということにはならぬ筈である。死人となりて dying life を生きるには、不断に死して生きる否定転換がなければならず、すなわち絶対無の媒介として有たる存在が、これを媒介するのでなければならぬ。この様な無即有、死即生たる復活的生を生きる個に対し、その転換の媒介たる有即無の転換的存在が、さきに規定した意味における種に外ならぬ。種は個の否定せらるべき直接的生の根源にして、飽くまで否定せらるべきもの、ただ絶対無の現成に対する否定的媒介として存在する方便的有たるに過ぎない。しかも個の無即有なる転換行は、この有即無の方便存在たる種に媒介せられ、後者の基底の上で否定せられ死して復活せしめられるのである。その復活はもとの直接生へ帰ることでないのは、その基底たり根源たる種が、有即無として転換的であることによって知られる。もしも個が死復活的でなく絶対と合一する自己同一者であるならば、この様な転換的基底たる種の存在がこれを媒介する必要はない。それは単に論理的規定の中間的媒介たるに止まり、今考える如き存在の否定的媒介という意味を有することはない筈である。文化主義に対し国家社会の存在が、文化の個性的にして同時に普遍的なる意味を有する所以の媒介として、単に中間的特殊たるに止まる理由である。

しかし更によく考えれば、既に斯かる二重性を有する文化の媒介として、種的社会は、国家の政治的存在と結合せられるのであって、後者なしに前者が存立するものでないことは、今日の現実がこれを十二分に明示するといわなければならぬ。況や政治的実践の立場から人間存在を具体的に考えるならば、政治と宗教との媒介として、国家が、[268]個人の存在に対し形而上学的ともいうべき意味を有することは、疑うことが出来ない。人間が国家においてのみその最も具体的なる存在に達するという古代からの規定は、啻にアリストテレスにおいてそれが意味した如く倫理的に止まるものではない、倫理は必然にその二律背反によって宗教に転ぜられ、その具体化において政治に聯絡せられる如く、この規定もまた宗教と政治との転換的媒介にまで具体化せられなければならぬのである。而して却ってプロティノスにおける如く国家政治の実践的媒介を抽象して、直接に宗教的形而上学的人間の絶対化を思念するのは、弁証法的行信の立場を無視して、神秘主義的観想に安住せんとする個人主義的独善に外ならない。哲学としては専らその影響の下に立ったアウグスティヌスが、しかもそれにも拘らずこれに満足すること能わず、福音の愛の立場に神の国の建設を構想せずにいられなかった理由は、正にここにある。而して具体的なる行信の弁証法においては、右の如く政治的実践の国家的基底たる種の媒介を無視することは許されないのであって、もしこれを抽象すれば、実は個人の宗教的救済も成立しないのである。プロティノスにおいて終に達した古代思想は、その末期的傾向を如何ともすることが出来ず、新しい時代はこれに代る新しい宗教的信仰を原動力として動き始めたのである。そこにおいては民族的国家的政治性がまぎれもなく否定的媒介としてはたらいた。パウロの律法観念といえども、その神政国家的政治性を全く抽象しては理解せらるべくもないであろう。況やキリストの死が正に政治的理由に由来をもち、而してその復活の信仰は、律法の単に方便的存在として絶対転換に対する有即無の媒介たるに止まり、これを絶対否定する神の全能が、その愛の啓示の為に神子の復活を行ずる救済的転換において、それを超越することを、信証する意味を有するのは明である。地上現世の人間生活において最高の権威をもつ政治が、神の愛の前に全くその権威を失墜し、神の国においては地上国家の政治的価値が完全に顚倒せられることが、新しき宗教の真理であった。もしこの国家政治の媒介がなければ、キリスト教の具体性は成立せず、生ける神の信仰の代りに抽象的なる哲学の観想が依然として、極少数の賢者の独善的満足を齎すに止まり、民衆の大多数は被征服亡国の政治的悲境に泣く外なかったであろう。宗教に対する政治の媒介は不可欠であって、神の国とか弁証法としての種の論理[269]仏国とかいう宗教の観念が、国家の政治的構造を比論的に保存することを明瞭に示す。個人と個人とが教化救済を取交すいわゆる還相の宗教社会的関係は、本来人間の集団生活に成立する国家社会の政治的組織を媒介とすることなしには不可能たるのである。而して宗教における還相は、直接神と個人との救済関係としての往相の後に結果として起るとは限らず、寧ろ却って神が或個人にはたらきかけるのは、その個人に対し同一社会の先進者たる他の既に救済せられた個人を媒介とするのであって、直接に神が一個人にはたらくのではないから、還相は往相の条件であるといわれる。これは畢竟救済が個人の集団として既存する国家社会を媒介とすることに外ならぬ。国家社会は人間同士の相対的還相に対する媒介たるのみならず、神の人間に対する救済の愛とか慈悲とかいうものが、絶対の無性に必要なる有の媒介を通して自己を実現し啓示する為に、その絶対還相ともいうべきものに対し、斯かる絶対否定の否定すべき人間存在の現世的相対的最高具体相たる国家を、その否定的媒介として要求するというべきである。種の絶対媒介に対する媒介性は、斯かる肯定的否定的二重の意味において必要なのである。

二　弁証法の絶対媒介性——ヘーゲル批判

絶対無の転換においては、それによって復活還帰せしめられる個体が、自同的連続性を直接に享有するということはない。[270]斯かる絶対統一を観ずることは、ただ絶対者にとってのみ可能なのであって、有限相対者に対してはそれは不可能でなければならぬ。これを可能とするのはとりもなおさず、相対を絶対化し有限を無限化して、人間を神と同一ならしめんとする倨傲に外ならない。人間においてはただ他力行信において斯かる統一が行ぜられるに止まる。これが我々の前節における考察の結果である。果して然らば、更に弁証法的媒介においては、その綜合の段階に相当する統一が、決して自己同一と観ぜられ、自同的概念において思惟せられるものでないことも、明瞭でなければならぬ。普通に弁証法の型とか公式とか呼ばれるものにおいては、いわゆる正反合の発展の第三段階たる綜合は、正の肯定と反の否定とを結合して、有ると共に無い、有でもあり無でもある、Sowohl-als-auch 亦復の統一を意味すると解せられている。この綜合において正も反も直接なるものとして二度否定せられながら、しかも綜合の契機にまで高められることにより保存せられる。これを Aufhebung 止揚（揚棄）というのである。特に正に就いていえば、反によって一度否定せられながら、合において止揚保存せられる限り、それは自己同一を保つと思惟せられるわけである。これが前述の復活の自己同一性に外ならない。しかし我々は今斯かるものが観想的には不可能なることを見たのである。これをプロティノス[271]における如く直観というも、ヘーゲルの如く概念というも、何れにするも主観の観想内容たることに変りはない。元来プロティノスの一者の直観というものが、それの最高第一実在の段階たるに対し、第二実在たる霊の対象即作用、客観即主観、なる統一を媒介として、これを超え包むのであるから、それは決して、ヘーゲルがシェリングの直観を嘲って、総ての牝牛が黒くなる暗黒に比した如き意味において無媒介なる直観に止まるものではなく、却って弁証法の媒介を中に含むのである。ところでヘーゲルの理性というものは、斯かる弁証法的対立の発展を綜合統一するものとして、単に弁証法的に止まるのでなく、更に思辨的理性とか積極的（否定的消極的なる弁証法的理性に対する肯定的）理性とか呼ばれるものであるから、その内容たる概念は、思惟即存在、主観即客観の自覚でなければならない、すなわちそれは正にプロティノスの直観を原理とする自即他の統一観想に外ならないのである。シェリングの往相的統一直観を非難したヘーゲルは、弁証法の還相的発展を論理的媒介として思惟したことにその特色を発揮するのであるが、その思辨的理性の内容は、実はプロティノスの超弁証法的直観に合し、斯くて往相即還相、還相即往相という循環的絶対媒介性において、ヘーゲルとプロティノスとは合一するのである。ヘーゲルの弁証法の綜合が、プロティノスの直観に合するのも怪しむに足りない。ただ前者においては、後者における一者の直観が、思惟を越え存在を越えると規定せられたのに異なり、理性の弁証法的自己突破が即理性の復活還帰として、後者におけるよりも一層循環的自己同一的となっている点が、相違するだけである。その意味においてプロティノスの一者の超越性が、ヘーゲルにおいては内在化せられ、前者においては還相即往相が主たるに対し、後者においては往相即還相が主となるといってもよい。あるいはプロティノスにおいては統一が主であり、ヘーゲルにおいては媒介が主であるともいわれる。これが一は直観を重んじ、他は論理を重視する所以である。従って自己同一性が、前者において即自的であるに対し、後者においては対自的であることも当然でなければならぬ。しかしとにかく、ヘーゲルの弁証法において、綜合の自己同一性、正の合における復活維持の自同性が、顕著なることは争うことが出来ない。彼が自己同一 Identität の概念を盛に用いるのも、その証左とするに足りる。[272] 彼において弁証法のもつ逆説性が喪失せられるために、いわゆる逆説弁証法の立場に立つキルケゴールから、合理主義として非難せられるのも怪しむに足らぬ。序であるが、弁証法的媒介の転性を表す漢字の即という語が、行為的転換に止まらず観想的帰同を意味する傾向をもつことも、同様に自己同一性の観想の結果であって、我々の注意を必要とする所である。

ところで、プロティノスに対する批評に即して私の上に展開した如く、斯かる自己同一性の観想は、実は神の立場に人間を擬するものであって、到底維持することは出来ぬ。弁証法が否定の論理として、同時に論理の否定を媒介とする以上は、二律背反的矛盾として互に否定的に対立する正と反とを同一性的に綜合すべき合というものは、あることは出来ないのである。何となればもしそういうものがあって、これを思惟するのが概念であるとするならば、それは正に神の自覚内容に属し、有限相対の人間の思想に存するものではないからである。人間はただ自己に対する絶対他者としての絶対無の他力に媒介せられて、行ぜしめられ行ずる他力行において斯かる統一を信証するのみである。その統一は自己において観想せられるものではなく、他力に媒介せられたものとして行信せられるに止まる。その内容はどこまでも逆説的でなければならぬ。ただその行信が還相的に証せられる限りにおいて、その還相行の内容に即し統一が自証自覚せられるのである。その意味において歴史の回顧解釈には正反の綜合としての合か、彼でもありまた此でもある亦復的統一として思惟せられるといってよい。プロティノスが行を以て観の目的に対する手段となし、行により作によって観ありとするのも（*Plotinos, Enneades, v, 3, 7*）その意味においては承認される。しかし斯かる歴史的解釈が、現在から将来に亘る実践と相対的相関的なのであって、不断に改新せらるべき試行実験性を有することは蔽われない。それは決して絶対統一の観想に属するものでなく、他力行信に属するのである。行の為に、それを正しく導くものとして行に先だち絶対真実の観が成立するということは、有限なる人間にはあり得ない。ただ自己の分別に行詰ま[273]って自己を放棄する懺悔随順の行信者にとり、過誤をも真実に転ずる絶対真実が証せられるに止まる。その行信証においては、飽くまで自と他、有と無、との対立と統一とは、いわゆる否定的に転換媒介せられるに止まり、自己同一として帰一することはないのである。媒介とは、その媒介項がどこまでも矛盾的に対立しながら、協力して一の統一を成すことを意味する。一が他の内に融解解消せられることなく、また統一の内に両項が融消することもなくして、両者がどこまでも否定的に対立しつつ、しかも何れの一も他を俟って始めてそのものたり得るという意味において、不可分離の関係を保ち、互に緊張し合って、一から他へ、他から一へ転移移動する動性を成立たせる。その動性の Weder-noch 不々なる緊張が均衡を成立せしめる限り、動は静と相即する。いわゆる動即静である。しかしその即静というのは、静が動と不同不異なる謂であって、動と静とが直接に異にして同であるというのではない。不同不異、不即不離にして、しかも他力行信の証においては、結果として、綜合が成立するというのである。行信に先だって綜合が自己同一的亦復的に直観ないし思惟せられるということはない。もしも斯かる亦復的観想が行為を導く為に成立すること可能であるとするならば、行為は自力の世界形成として神の世界創造に通じ、行信の他力随順性冒険的実験性は喪失する。これ人間の有限相対性を神の無限絶対性に帰一せしめる慢心に外ならない。綜合の自己同一性、絶対否定即肯定の復活恢復性、ないし止揚の維持保存性という如きものは、すべて神を僭する人間の慢心の過誤である。真正の弁証法は斯かる主張をなすものであることは出来ない。総てこれ等は弁証法を超える立場に属するのであって、すなわち人間の分限忘却を意味する。それに反し人間の正当なる分を守るのが、絶対の無に対する有の媒介としてこれに奉仕する他力行信の立場に外ならない。そこでは綜合というも行の逆説的統一に止まり、有でもなく無でもない転移復帰の純動あるのみである。斯かる不々の絶対動がどこまでも媒介的であり、否定を通じてのみその発展が維持せられるに依って、否定媒介の論理たる弁証法が、同一性論理の絶対否定として循環即発展の行的統一を保つのである。[274] その論理性とは媒介の行的自覚の謂であって、観想的同一性の意味ではない。観想が破れ直観が突破せられて、思惟と存在とが否定対立しながら、しかも相俟ってそれぞれ自らたることを得る動的発展即還帰の統一が行である。この行を行う個体は、いわゆる行為において自己を拡大し強化的に自己を肯定するものではなくして、絶対無の絶対転換に媒介せられ、自己否定を通じて肯定復活せしめられるものである。すなわち自力行為即他力大行に外ならない。その自即他なる復活還帰の統一性も自己の直接肯定的なる同一性に依るのではなく、絶対転換の否定媒介的統一にあるのである。自己同一は直接に観想せられることなくして、ただ否定転換の発展即循環なる絶対動性に行じ行ぜしめられるのである。純動といい絶対動というのは、動の進行が如何なる段階においても、これを否定して不動に返す如き絶対転換に裏付けられ、反対方向に廻らされて循環的統一を保つにより、不動の動あるいは動即静といわる、媒介統一を成すことをいう。行の一々の段階における如何なる内容も、内に反対を含みてこれにより緊張せられ、単なるあれでも単なるこれでもない不々の否定転換の動的統一として成立する。その絶対否定の統一根拠が無である。これは行の自覚内容であるけれども自己同一として観られるものではない。自覚というも、有る自己の自己同一の観想ではなくして、行における自己の絶対の転換性、すなわち無性の信証なのである。約言すれば自己の絶対否定の自覚であり、自己の無くなる自覚である。もちろん自己の無くなる自覚とは、自己の空無と共に自覚の空無に帰することをいうのではなく、如何なる意味においても自己同一として固定せられることなく不断に転換せられる他力行の超越的統一を意味する。自力行為の主体たる自己は、その形成する内容に即して自己同一と観ぜられる有たる自己であるが、他力行の主体たる自己は、その媒介たる絶対の無に媒介せられてどこまでも転換せられる自己であり、普通の自力行為において自己同一の内容の形成に相即し有として同一性を保つ自己が、不断に転換せられ絶対無の媒介に転ぜられる自己無化の統一たるのである。その統一性は単なる無にあるのではなく、絶対無の絶対性従って超越性に存する。抑も絶対は本来統一的でなければ[275]ならぬ。然らざれば、統一を破る対立が相対立するものの関係として相対性を将来し、絶対を破毀し去るからである。しかも斯かる相対性の侵略奪が、却ってそれに侵害せられざる絶対無の絶対統一を媒介として始めて行われるのであるから、絶対無の絶対統一は、行の絶対転換において行的に自覚せられるのでなければならぬ。この統一が、自己同一の観ならぬ、自己の無の絶対無における媒介の統一として、行的に自覚せられる超越的統一である。弁証法の綜合があれでもありこれでもある Sowohl-als-auch の亦復の綜合でなくして、あれでもなくこれでもない Weder-noch の不々の統一であるといわれるのは、この意味においてである。しかも不々の綜合が絶対無の統一に媒介せられる限り、行証の結果たる自己同一の歴史的内容に表現せられる可能を有することは、さきに指摘した如くである。ただ行の他力的媒介に先だち観の自己同一的内容が自力行為を指導することは、度々注意した通り有限相対の我々においては全く不可能なのである。従って綜合における否定契機の消滅と保存との統一たるいわゆる止揚も、自己同一性の観想の立場で理解せられる事態ではなく、ただ行的に実践せられるものたるに止まる。序にいえば、実践的唯物論において用いられる、Aufhebung の訳語「揚棄」の方が、「止揚」よりも一層多く否定性をあらわならしむる限り、多少優る所があるかとも考えられる所以である。同様に正の合における恢復とか還帰とかいわれるものが、自己同一性を意味するのでなく、飽くまで媒介たる絶対転換の行的進行即還帰の逆説的統一を意味し、従って反復的でなければならぬ所以も繰返し説明する必要がないであろう。弁証法は斯様に同一性論理の絶対否定として行の自覚に基く実践の論理であり、思惟と存在との否定的媒介の論理として存在の論理ともいわれるのである。カントの主観的意味においてでなく、プラトンの原意たる真実存在の意味において、ヘーゲルが概念と対象との統一を理念と称した、その理念が具体的なる論理の内容となる。これを、同一性の論理の否定を媒介とすることなき、後者の延長拡大と解することは許されるものでない。

[276] 然るにヘーゲルの論理はその深邃と周到とに拘らず、なおその立場の純粋徹底において遺憾がないといわれないのは、今

述べた弁証法の他力行的媒介に徹せず、さきに触れた如く、プロティノスに近い観の立場に止まった結果でなければならぬ。普通にヘーゲルはアリストテレスの業を継いだものといわれ、彼自らもこれをその任としたものなること疑う余地はない。しかしアリストテレスの論理が、科学的認識の演繹論証を目的とする分析論を本体とし、演繹の前提たる仮説を原理付ける弁証法を、分析論の同一性的論理の絶対否定としてそれを突破し却ってそれに還帰する如き還相の論理であるとは認めず、飽くまで往相的に不完全なる、蓋然的推論の論理とするに止まったことは、ヘーゲルの場合と根本的に相違する。従って総ての科学的認識の前提を原理付けるものとしてのアリストテレスの形而上学は、ヘーゲルの論理学が即存在学であり形而上学であったのと異なり、あるいはいわゆる問題論（Aporetik, aporematic）の立場に終始して、対立する異説の綜合に依る問題の弁証法的解決に達しないか、あるいはこれを最低種の個性直観によって超弁証法的に解決しようとするか、何れにするも、弁証法の論理の課題とする所ではなかったのである。絶対転換としての弁証法は、彼の正しく捉え得る所ではなかった。これ飽くまで矛盾律を最高の原則とする彼の論理は、到底同一性の樊籠を超脱するものでないからである。それはただ矛盾を避け分析論的に演繹の前提を臆見的に求めるに過ぎない故、所詮仮説の仮説ともいうべき立場以上に出ることが出来ない。彼が弁証法を以て、分析論の必然的論証に達せざる蓋然的推論に止まるとした理由である。プラトンの弁証法における仮説の突破としての善のイデアなる行的統一が、二律背反を通じて否定的に転換媒介せられる如きことは、アリストテレスにはないのである。彼の問題論が、転換行的に二律背反の行詰まりすなわち無路（アポリア）の難関を突破するものでなかった所以である。その代りに彼はただ、理性の最低種直観を以て個体の本質を捉えることを可能としたに止まる。しかし斯かる本質直観は実は神の創造的理性にのみ可能なのであって、有限なる人間の理性には不可能なるを免れない。後者にとっては前者は超越的に止まる[277]のである。しかも超越即内在という如き弁証法的媒介を欠くのであるから、それは単に極限として思念せられる外ない。普通にはプラトンの理想主義に対して実在論的と標示せられるアリストテレスの思想が、その意味においては却って観念論的であり、而して超越的実在性を賦与せられた中期プラトンのイデア論が、後期に至り行的弁証法にまで発展せられるに及んでは、プラトンは真に超越即内在なる具体的転換媒介の立場に立ったのであるが、それはアリストテレスの能く追随する所ではなかった。ところでヘーゲルは、弁証法を採る以上、彼の思想態度において後期プラトンに近く、決してアリストテレスの同一性論理に一致するものではない。アリストテレスにはヘーゲルの特色たる弁証法的思辨的性格は乏しい。寧ろ科学の分析論理にその本領があったといってよい。もし更にこれを弁証法的思辨的なるものに転ずるならば、それはおのずからプロティノスに近づく。これ彼がプラトンの弁証法から出て、その行的立場に止まることなく、却ってアリストテレス的観の同一性に達しようと欲したものだからである。ヘーゲルが思想体系において、むしろこれに最も近いのは当然でなければならぬ。私が上来二者の接近を示すに努めた所以である。共に弁証法を超える超越的観想の自己同一性を肯定する立場に立つ。ただヘーゲルはプロティノスの如くに理性を超える最高統一の観想を直観とせず、理性そのものの自己否定即肯定の転換媒介とした点において、弁証法の絶対媒介を標榜した理由をもつ。しかもこの転換媒介を行的自覚に止めず観的同一に達せしめた限り、弁証法を超える絶対統一を要求して、理性における神との合一を肯定し、神の理性における内在を主張したのである。彼の論理学が自然と有限精神との創造に先だつ神の永遠なる本質の表現を、その内容とすると標榜した所以である。彼においては哲学と宗教とは共に、同一の神的精神たる絶対的精神の自覚内容に属し、ただ前者は、後者が表象の無媒介なる象徴に止まるに対し、論理の媒介を概念の組織に表現するに由って、後者よりも一層具体的なる立場に立つ理性の絶対自覚であると解したのである。[278]それが神と一になれる限りの人間精神の絶対知に属するは、論理学に対する精神現象学の媒介の示す如く、人間意識の最も特殊的なる「此」の感覚から出発して、その含むところの矛盾が顕わならしむる普遍の展開を追跡し、遂に絶対普遍の知に窮極し、而して却って斯かる普遍の絶対知の自己限定として現実の個別的直接意識が成立するという普遍即個別の弁証法に依る。さきに述べた意味における理念（イデア）がその内容となる所以である。これは正にプロティノスにおける向上即降下の弁証法に相当する。斯くしてヘーゲルの汎論理主義と呼ばれる、現実の全体組織の論理的展開が、可能にせられ、哲学体系を完成したのである。アリストテレス以来論理の達する能わざる限界として直観に委ねられた個別存在の限定が、ヘーゲルにおいては弁証法的に論理的普遍に依って限定せられることになったわけである。ヘーゲルの論理は斯くて正に普遍の論理であった。精神現象学において「此」の個別さえもが普遍に転換せられる弁証法の過程は、この特色を遺憾なく実証するといわれるであろう。しかし絶対知がプラトンの最後の対話篇といわれる法制篇ノモイにおいて、国家社会は至高善ならぬ次善（第二善）の政体をのみ憲法として容れるという如くに（ステファノス原版七三九頁）、常に絶対現実即理想なる否定的媒介を要求し、従って事即理というべき他力行的自覚の立場に立つことを、人間に固有なる制限と認めなければならぬ所以を閑却して、逆に理即事なる理性の普遍的立場を標榜するにおいて、その論理が個別を自力観想の普遍から導出する発出論的論理となる傾向を免れないのは、正にそれ自身弁証法の否定転換の避くべからざる必然に属するといわなければなるまい。プロティノスの体系が弁証法の媒介を含み、向上即降下として循環的動的統一を成すに拘らず、プラトンの行的弁証法を超えてアリストテレス的観の同一性に拘われた為に、発出論の典型という烙印を捺されなければならなかった如くに、ヘーゲルの論理もまた、発出論的論理の性格を脱しないのである。而してこれはプロティノスやヘーゲルに限るものでなく、一般に宗教的他力行信の超越即内在を哲学の限界と認めることなく、これを超える哲学的観想を以て現実の全体を組織化する体系を要求する場合に、避けることの出来ない運命たるのである。現実の個別存在は不断に一度死して再び蘇らしめられる復活的存在たることを特色とする。[279] しかしてこの様に個体の存在を否定することの出来る相対的存在は、個体の存在性すなわちその生の根源にして、しかも個体の生死更代に係わらざる基体としての、特殊なる国家社会より外にはない。飽くまで絶対転換の無の原理たる絶対は、無媒介に個体にはたらきこれを否定するものではないから、その否定性には国家社会の個体生命に対する優越的基体性を媒介するものでなければならぬ。個体と個体とは相争闘し互に殺戮するも、真に個体そのものを滅することはないから、これを否定することにはならぬ。その結果としてはただ個体の交代があるのみであって、しかも種的基体の存する限りは、いくらでも新しき個体の発生があるわけであるから、決してそれは個体の否定を意味するものではない。個体の死復活の媒介としては、国家社会の種的基体がなければならぬこと、上にキリスト教の復活の信仰について指摘した如くである。この媒介を欠いては、死復活の真理は証せられない。個と個との関係はそれ自身直接に否定的であるよりも、却って絶対無の媒介として、還相愛的なる相互宥和の肯定性を特色とする。神の愛が人間相愛において実現せられる所以である。ヘーゲルの宗教解釈が精神現象学以来主としてこの立場にあったことは周知の通りである。その説く死復活も、キリストの個別的自己意識否定と絶対的精神の普遍におけるその復活とに象徴せられたる、教会における信徒の精神的自己否定、及び交互宥和の普遍性への復活を意味するに止まり、現実的なる国家社会に媒介せられたる自己否定としての死、これを超える還相愛における復活とは、そこには認められない。精神現象学において、国家社会の政治性が精神の宗教的発展に対し必然的なる媒介たることが説かれなかったのは、怪しむに足らぬ。もちろんギリシャ悲劇における人倫国法の否定性は、彼の特色ある思想を形造る要素であるけれども、それは個人の死を以て運命との和解を齎すに止まり、積極的に愛の還相を媒介する神的意味を有するものではない。復活の証なき所以である。これを神の絶対無に対する一般的媒介とすることは出来ない。ただ悲劇の主人公における特殊の場合の媒介たるに止まる。然るに後の体系期における哲学集成（エンチクロペディー）及び宗教哲学講義には、国家と宗教の関係が一般的に問題とせられ[280]、一方において国家の本質上宗教と一致する最高存在性を要求することと、他方においては個人の自由が宗教に依り絶対に保障せらるるに対し、国家においては単に現世的自由が形式的に保障せらるるに止まるに由って、両者が相対立する可能性あることが開示せられ、宗教と国法と自由との三つが普遍特殊個別の論理的関係において否定的に媒介せらるべきことを説き、この媒介に哲学の課題を認めたのである。これは体系の見地から見て一応当然の発展というべきものであろう。しかし行信の立場を超えて理性の同一性的観の綜合に論理的体系を成立せしめる如き哲学にとっては、個別が本質上普遍と同一なることの自覚は、普遍の超越的他者的対立性を消して、いわゆる他即自、超越即内在の行信的統一を、理性の自己同一性に化するが故に、中間たる特殊の有すべき否定対立性は必然に解消せられ、単に普遍の制限せられた有限態に帰し、従ってそれに対する個別の対立性もまた同一性的制限に帰せられて、単に特殊の限定の極限とせられることになる。これが発出論的論理に外ならない。ヘーゲルの普遍の論理が、国家を地上における最高存在とし神的生命の現象と解した所以である。しかしそれは逆にいえば、神も「絶対的威力であり絶対的基体である」（Hegel, *Begriff der Religion*, Lassonsche Ausgabe, S. 172）ということを意味し、それにおいて「自然的並に精神的世界の全体の富が還元せられる絶対真実者第一者」というに帰する。これは明白なる内在主義の発出論であって、その用いる第一者の語が、我々にプロティノスの一者もまた第一者と呼ばれたことを憶わしめずには措かないのである。両者の思想の親近は疑う余地がない。而してヘーゲルは宗教に対する人倫の媒介の必要なることを哲学集成においては強制し、これからのみ真正の宗教の導かれることを説くと同時に、人倫の発展現実化たる国家が、宗教を基体とし、国家の法と正義とが絶対的真実の意識たる宗教に包摂せられそれから誘導せられて、それの一部を分有する限りにおいてのみ、真実たり得ることを主張した（Hegel, *Encyclopädie d. philos. Wissenschaften*, §552）[281]。斯くて国家も、宗教の信仰とそれを根柢とする個人の良心とを離れて成立するものではない、これを分離するのは近世の病患であるとせられた。而して彼に拠れば、宗教も、現世的知慧たる人倫と国家との真実を保障し得る如きものに改められることを要する。宗教の改革なしに国家の革新を意図するのは愚である。宗教と国家とは個人の良心の自由を媒介として合一せしめることが出来る。この可能性を捉えたことがプロテスタント宗教の特色である。ところで国家の類的普遍的真実として実体化せられた宗教的絶対的真実は、個人の自由なる実存においてはいわゆる「思惟の思惟」として自覚せられ主体化せられる。この絶対的真実の内在する自己は、直接には表象の形で現れるから、宗教は絶対精神の自己意識として普遍の思惟たる哲学に先んじ、哲学は普遍としての絶対真実の思惟たる国家の法制を媒介として、宗教の普遍即個別なる自己意識を論理化する。ヘーゲルがプラトンの国家の宗教的真実に基く普遍的基体性を、哲学的思惟の内実として承認すると同時に、これを具体化するものとしてアリストテレスの「思惟の思惟」なる自己意識の主体的実存在を重要視したことは、彼の立場を明にするものといってよい。しかしこの両側面が不可分離なるものとして交互に浸透せられるのみで、国家と個人との否定的対立と相互の転換とが行的に自覚せられず、単に普遍への包摂と個別の具体化とが同一性的に論理化せられるのみでは、宗教は実践において個人に否定的に対立する国家の媒介なしに、直接神に啓示せられるものとなり、神と個人とを否定的に媒介するものとして、種的基体たる国家の政治的実践が要求せられることはない。個人の自由に媒介せられる国家の主体性が神の主体性に直接合一し、その間に個人そのものの否定転換がなく、飽くまで自力的にして他力行信の媒介が必要とせられないとすれば、国家はただ神の普遍の制限たる有限の地上神たるに止まり、決して神の啓示に対する否定的媒介を意味するものたることは出来ない。却ってその有限性の否定が、個人精神の有限性の否定と共に、神の永遠なる立場においてはすべて世界荘厳の内容として維持保存に転ぜられることになる。政治史から抽象せられた文化史としての世界歴史の内容はこれに外ならない。その立場を逆に政治に反映すれば、現状維持の楽天観となるわけである。斯くして個人の革新的実践に対して独特の意味を[282]有する自己の属する国家社会が、他の国家社会と並列せられ、更にそれ等国家社会の全体が精神世界を形造るものとして、自然と共に宇宙を形成し、それが有限世界の全体として神に還元せられるのは、明白なる発出論であって、却って現実をそのまま神化する内在論に外ならない。その結果として導かれる、かの人口に膾炙する所の、理性的なるものは現実的、現実的なるものは理性的、という標語は、もはや行的転換の信証を表すのでなく、同一性的に理性と現実との合一を哲学的理性の洞察に帰するに止まる。更に個人の神に対する関係も、否定的でなく同一性的であるから、そこにはシュライアマハーのいわゆる絶対憑依の感情を容れる余地なく、況やキルケゴール、バルトの説く如き、絶対他者への逆説的信仰、を語る所以は全くないのである。従って媒介の円環性は稀薄となり、その代りには直線的進行が優勢となる。彼が真の人倫は宗教の結果であるというのは（*Encycl.* §552）、人倫が宗教の絶対否定に依ってのみ真実たり得る、という弁証法的媒介の意味ではなく、同一性的直接導出を意味することは疑われない。彼が国家を宗教の否定的媒介とするのでなく、神の絶対的真実が人間の自覚の自由と出会う、差別即同一の媒介として、それを神的生命の現象顕現と解するのはその為である（*Begriff d. Rel.*, S. 172）。斯くしてヘーゲルの思想は、体系の完成と共に弁証法の否定的媒介を喪失して、同一性的に化することを免れなかった。絶対媒介の弁証法に拠れば、神も絶対無として有の交互否定を媒介とし、種的国家と個人との実践的転換的統一に現成すべきであるのに、神の絶対的真実が無媒介に第一者として世界と人間とに先んじ、それから世界における諸国家が顕現せられて、それが更に個人を限定し、以て神と人間とを異他即同一の関係に結合する紐帯となる。これは絶対媒介の弁証法でなくして、同一性的発出論に外ならない。彼の論理は本来種的媒介の論理でなく普遍の論理であったのである。

ところでこの様な弁証法の喪失は、決してヘーゲルの論理に限るのでなく、またプロティノスの直観にのみ特有なので[283]はない。完結的なる哲学体系を意図する如何なる思想もこれを免れることは出来ないのである。もしこれに反し、どこまでも弁証法の否定的媒介、絶対転換の立場を固守し、絶対を相対に合一せしめることなく、その対立的転換媒介を他力行的に信証するとするならば、弁証法的思考そのものが行的となると共に、行の実践は飽くまで現実の科学的理性的認識の二律背反と、実践理性の根原悪的二律背反とを媒介とするものとして、理性を否定媒介するのである。これはカントの理性批判を徹底して、批判する理性それ自らをも批判し突破する絶対批判というべきものに当る。カントの先験弁証論を徹底して理性の自己突破に転じたヘーゲルの精神現象学の弁証法は、正に理性批判に対するこの絶対批判に外ならなかったのである。しかしこの様な立場に立つことは、既にカントの示した通り体系の断念を意味する。いやしくも弁証法を標榜しながら体系の完成を意図することは許されない。さりとてカントの如く体系を断念し学としての形而上学を否定するだけでは、絶対批判にはならない。これは彼の理性批判の立場に止まることを意味し、却って批判する理性をその儘に残すものに外ならない。その結果は、彼のいわゆる「学としての形而上学」を否定しながら、そのいわゆる「自然素質としての形而上学」を肯定するという矛盾である。しかしこの様な二元的立場に立つということが、理性の自己批判を徹底してその自己突破にまで到るというものでないことも明であろう。理性の弁証法的性格、すなわちその絶対否定性は、理性の二律背反に行詰まって自己を放棄し、直接肯定的に意識内容の綜合統一を意図することをすべて断念して、ただ他力行的に現実に規定せられ、それに随順して、その内容をそれが動かんとする方向に革新する行と、これに絶対に身を任す純一無雑の信とに依って、その実践的現実において絶対無の現成する転換に自己の復活を証し、而して斯かる自己否定即復活の救済の真理を、この転換の地盤たり基体たる国家社会の媒介を通じて同じ種的社会に属する他の個に伝達し、その救済に還相せしめられ還相することにおいて成立する。それは自力の放棄、他力への随順に依る行信において行われるから、理性の自己突破が出来るのである。単なる自力では自己突破が出来るわけがない。もしただ自力の立場に止まるならば、カントの理性批判以上に出ることは不可能なのである。然るにヘーゲル[284]は理性の自己突破たる絶対批判の立場に進みながら、理性の自力に執着し、他力転換の行信にまで達することがなかった。これ絶対現実即理想あるいは事即理の実践的信証でなくして、飽くまで理即事の普遍的理性の立場を固守するものに外ならない。斯かる理性はもはや弁証法的でなくして同一性的であること当然である。自己否定即肯定として復活せられた理性は、前に述べた如く、もとの理性ではなくして理性と不同不異なる無的媒介に外ならない。これを理性というも、それは理性ならぬ理性であり、さりとて理性でないというも却って理性を媒介とするのである。死復活の主体は絶対無の転換より外にはないのである。これを理性の復活といい、理性は弁証法を原理とする無の主体であるというならば、あたかも、生きながら死人となりて生きるという如き意味において、どこまでも転換的他力行信の主体たるのでなければならぬ。斯かる主体であることは、自己の存在において成立するのでなく、却って自己の無において成就するのである。すなわち絶対無の媒介とせられて、無の転換に自ら媒介となることより外にその道はない。これが絶対無の絶対還相に対する媒介としての相対的還相である。その相対的還相の媒介として方便的に存在しながら、個の否定を媒介する基体たるものが、種的社会である。それが個の絶対否定に対する媒介として、同時に自ら否定せられることが神の現成に外ならない。国家の建設は即方便として否定的であり、ただその革新的実践において不断に新にせられる限り、個の媒介により行的に国家は存在せしめられるのである。個の存在が無を原理とする無即有であるのに対し、国家の存在性は有即無であるという所以である。すなわち個体の存在は復活性であり、国家のそれは、革新において常に新にせられ、不断に無化せられる否定と、過去の伝統を維持せんとする肯定保守との、動的均衡に成立するものとして、均衡性であるといわれる。前者は神の主体性の媒介的啓示であり、後者は神の基体性の媒介的顕現である。而して両者の否定的転換に神の絶対無性が現成する。それは飽くまで他力行的転換媒介において信証せられるに止まり、ヘーゲルの思惟する如く自己同一性的に自覚せられるものではない。そう考えればこそ、彼において、宗教が他力行的実践[285]から抽象せられて主観的なる意識となり、哲学に先んずる表象となるのである。しかしそれは寧ろ宗教の自己疎外であって、具体的には実践的に科学の認識と媒介せられ、後者の二律背反を通じて論理の二律背反にまで具体化せられ、それによって理論的実践的理性の自己矛盾に窮極し、その自己放棄による内容の絶対否定的転換、すなわち矛盾の他力行的不々の、超越即内在なる事即理の還帰において、絶対の行信証が具体的なる宗教意識として成立するのである。それに対しては、自己放棄の死を媒介する国家の強制的権力と、その様に個人を否定して、その結果個人存在の原理たる絶対無に反抗することにより招来せらるる国家それ自らの神による世界審判的否定とが、媒介として要求せられる。キリスト教の真理の絶対性と、その歴史的相対性との関係は、逆説的なるものとして、幾多論議の対象とせられたものであるが、しかしこれは、神を無媒介なる創造者として発出論的に思惟する結果であって弁証法的媒介の立場に立てば、それこそ相対即絶対の具体的真実として信証せられるものである。キリストは人間の原型として、この真実を証し、我々にそれを伝達する還相的媒介に外ならない。国家は個人の無即有を媒介する為の、有即無なる方便としての存在であって、個と個との相互還相愛を媒介する基体であると同時に、不断の個人の行的実践によりその使命に適う如く革新せられることを必要とする有即無の均衡的存在であって、方便として絶対無の否定契機たる限り存続せしめられるのである。それはヘーゲルの体系における同一性的論理に従って必然に神の普遍に包摂せられる如き特殊ではない。彼の批判するプラトンの国家篇において、国家の正義が類的イデアとして普遍であり従って神の普遍と合一するものとせられたのは、プラトン自身の弁証法がこの時期において円熟せず、なお同一性論理の包摂観念を脱しなかった為である。従って種も類も同様に個別を包摂するに止まり、自らの否定を個と類との媒介たらしめることがない。すなわち個を二類に媒介する為の否定的存在として、自らその根柢たる普遍の神的善に対立し、それにより自ら否定せられて無に帰する結果、それを基体とする個を否定媒介する、ということがない。しかしプラトンの後期弁証法の立場に立つ法制篇[286]においては、さきに指摘した如く絶対善は却って第二次的善として、絶対現実即理想の実践的媒介の立場に成立し、種は否定的に媒介せられて始めて類の絶対統一に帰入すると解せられる。しかもこれは飽くまで個の他力行により類の絶対無（的全体）に媒介せられる所の実践的統一であって、理性の同一性的論理的必然に依るのではない。すなわち、国家の類的普遍化は一々個人の政治的実践に媒介せられるのである。従って斯かる種的基体としての国家は、個人に否定媒介せられて方便存在としてのそれの存在性を、有即無的に保有する可能性を有すると同時に、個人を端的に否定することにより却って自らの否定性を没却し、錯って絶対基体たることを僭することもまた可能である。その結果は神の世界審判により却って自ら否定せられ、歴史の場面から葬去られることに外ならない。国家は絶対無の神に対する有として、その否定的媒介性を個人の実践により実現せられない場合には、すなわちいわゆる「神における自然」の否定的対立性の為に、却って神に否定せられることを免れないのである。個人はこの歴史的偶然に属する規定を、いわゆる運命愛において自ら選び取り、それに随順してこれを自己の自由実現の媒介たらしめ、以て他力行的に絶対無の媒介に転ずる。しかもこの他力行信もまた自己の自由に選ぶものであるから、それはどこまでも「神における自然」の限定を脱せず、神に背いて自己の有に固執せんとする根原悪の繋縛を脱することがないのである。それが神の絶対還相愛に摂取せられるのは、懺悔の媒介に依る外ない。個は神に対し懺悔の媒介によってそれに摂取せられ、運命愛において国家の種的限定に媒介せられて、他力行信的に国家革新の政治的実践を神に媒介する。国家の種的基体性は斯かる実践の還相性に媒介せられる限り方便存在としての宗教的原理に浸透せられ、有即無として不々の実践に基体として承認せられるのである。もしこの媒介を離れて直接存在を要求し、有として絶対の無性に反抗するならば、それ自らの世界審判における破滅を招く外ない。この否定媒介を離れて、同一性的に神の絶対真実を分有し、種として神の類に包摂せられる如きものではないのである。而して個人の自己も、それに対する運命愛を媒介とし、絶対無に対する懺悔的随順[287]の他力行信においてこれを神に媒介する。斯かる絶対媒介としての神の絶対無が、個と種との交互否定を通じて、個に対しては無即有の行信証の復活霊性を賦与し、種に対しては有即無の均衡的方便性を承認することにおいて現成するのは、同一性的直線的包摂の論理に拠るのでなくして、否定媒介的循環の弁証法により行信的に自覚せられるものなることは、今や明になったであろう。哲学はこの様な他力行的実践の自覚であって、宗教と政治との媒介における自己の行信証に属するのである。その論理は弁証法の絶対媒介における類種個の、否定的交互媒介に外ならない。ここにおいては、如何なる二つも同一性的に合一せられて第三者の媒介が不必要となる如き観念的統一をなすことは存しない。必ず二者の交互否定が第三者に媒介せられ、而して何れの一もその無性によって絶対転換を媒介するのである。これ行的媒介の自覚たる所以である。

しかしながら右にいう所の、弁証法の体系否定とは、それ自身弁証法的否定の意味においていうのであるから、それは体系を初から試みないことを意味すべきではない。論理は体系を意図することを本質とし、これを意図して媒介を徹底しようとするからこそ、二律背反に逢着するのである。これを避けて無制約者を思惟せず、それに依る体系的統一を初から断念するならば、カントの二元論ないし要請当為の立場を免れることは出来ぬ。斯くては弁証法は方法として積極化せられることなく、いわゆる先験弁証論に止まる外ないのである。これはカントのいわゆる仮象の論理であって、ヘーゲルにおける如く具体的論理ではあり得ない。後者の積極的転換は、体系的同一性の徹底が二律背反の支離滅裂（*Zerrissenheit*）に陥るのを、他力行的に突破し突破せしめられて、絶対現実即理想の立場に立つから可能となるのである。その理性の自己突破においては理性は一度死して、理性ならぬ理性に復活するのであるから、その不々の立場においては矛盾も矛盾でなくさりとて自己同一でもない、矛盾が矛盾のままに行的無の統一を成すのである。矛盾が脱せられて自同性が貫徹せられるから体系が完成せられるのでなく、矛盾が不々として不断に転換せられるにより、矛盾にして矛盾でなく、[288]従って体系の試行を妨げないのである。而して体系も自己同一的体系として永久的に完成せられるのでなく、その矛盾契機の故を以て不断に否定即肯定せられる。これが実践的他力行的体系に外ならない。いわば逆説的体系ともいうべきものである。すなわち体系の自己批判自己否定であるから、いわゆる絶対批判たることを失わないのである。その主体たる自己はただ懺悔行によって、矛盾を犯しながら体系の主たることを許され、その媒種介たる種的基体は不断に類の普遍に上昇しては頽落し、頽落しては新に実践的に類化せられる。種の種たる所以の基体性は類に存し、その種たる否定媒介性は個の主体性に転ぜられる。しかも個の実践的主体性は、種の矛盾頽落の分裂性に媒介せられなければ実現が不可能なのである。これを、弁証法が同一性論理の絶対否定であるという意味において、体系の絶対否定であるといってもよい。ここにアリストテレスの同一性論理の樊籠を共に脱し得なかったカントとヘーゲルとの、観想の Dialektik を超え、飽くまで絶対現実即理想の行的実践の自覚に徹したプラトン後期の Dialektik が存する。それにおいては矛盾即体系が懺悔の立場で成立するのである（この懺悔が自覚的に宗教の転機とせられたのは、キリスト教においてであることはいうまでもない）。さきにいわゆる逆説的体系に外ならない。弁証法の主体は懺悔と隨順と逆説とを措いてその立場に立つことは出来ぬ。種は正にその媒介として、自ら頽落と支離滅裂とを本質とする仮象方便として、却って個の主体を媒介するのである。具体的には政治がこの転換媒介に外ならないから、それは絶対無の宗教的行信をその根柢とするといわれるのである。これが種の論理の具体相に外ならない。国家はあたかも逆説的体系的存在として有即無を原理とする均衡的方便存在である。それがその不断革新に反抗して同一性的体系たることを固執せんとするは、絶対の無性に背く。故に世界歴史の世界審判を受ける。ただ自ら支離滅裂の無性を個の実践に媒介とする限りにおいて、均衡的に基体の連続を保ち逆説的に統一を保持するのである。個はこれを媒介とし、その絶対否定たる無即有としてのみ復活存在たる行信を証する。それは矛盾の主体として、二律背反的自己矛盾的なる種的国家の限定を自ら選べるものとして肯い、而して自ら矛盾を懺悔して、体系の絶対否定的肯定を瞬間的均衡的に逆説として肯定するのである。体系としての種（国家）の基体的存在は、個的主体の実践に即してその媒介たる限り成立し、而して却って後者の絶対否定的他力行に媒介せられて、類的普遍性を享受する。総てが自己否定を通じて絶対否定に転換せられ、自立即依他、依他即自立として矛盾的行証を成就するのである。本来矛盾は運動の原動力であって、本質上一なるものの分裂が一に還らんとする矛盾の故に、運動は起る。而して運動の主体として自ら運動を統一自覚する絶対転換者たるものがすなわち活動の主体である。活動とは個体の他力行の信証に外ならない。その媒介としての運動する基体、すなわち個体の実践によって不断に革新せられる種が正に国家たるのである。この変化運動の基体を超えて、その運動を自らの媒介として絶対的に自己化するのは、絶対主体たる無より外にはない。これを活動の円現というならば、種の変化運動を離れてそれは現成するものでない。無たる普遍の類も、その限定せられた有的内実においては種と同じである。ただその種の矛盾的変化性が、これを基体としてそれに媒介せられる主体としての個体の、具体的なる活動を行的に現成せしめるにより、その行において絶対主体の無性が有化せられて現実となり、内容上個体の行的主体性に浸透せられた種の実践的現実性を、その類的主体的内容とするのである。類は個においてのみ実現せられ、而してその実現の媒介として種が否定的存在として要求せられる。類個の活動は行として種の運動を媒介とするのでなければならぬ。いわば運動の絶対否定が活動であって、運動の一々の段階が前後際断的に不々の統一として行ぜられるのが活動に外ならない。運動は有に属し活動は無に成立する。両者は不可分離なる媒介の関係にあるのであって、アリストテレスの如く活動を運動から引離すのは、同一性論理の抽象に外ならぬ。従って両者の否定的媒介に成立する行的実践も、彼の立場においては正しく理解することは不可能である。ところでヘーゲルの体系も、自己同一性的なる包摂論理に基く不動の完結体系として弁証法的性格を喪失するに及び、アリストテレスの抽象に陥り行的実践の媒介を失って、類的普遍の絶対無性も個体の矛盾的懺悔的行信性も共に無視せられ、同時に両者の媒介なる種的基体としての国家は、その均衡的方便存在たる意味を見失い、却って地上における神として絶対化せらるるに至った。それが体系性の具体的実現として、神と人とをその内に包含する同一性的媒介存在と認められた所以である。しかし斯かる同一性的体系においては、神と人との同一性化、すなわち汎神論は避けることの出来ぬものとなり、絶対の無的超越性は見喪われ、同時に人間の実践性懺悔性は不必要にして不可能となる。それはプロティノスの一者を絶対無の超越から霊の同一性的自覚に引下し、魂の自己矛盾性を霊の自己同一性に引上げたものに外ならぬ。すなわちアリストテレスの理性（霊）を、この上下からの否定的対立者の内容を以て充実し、以て万有を総括しようとしたものと解せられる。種は否定的媒介たる意味を失い、却って類的普遍の地位に置かれて、同一性的普遍の論理の絶対基体に化せられた。それによって神も人もその本質を喪失し、国家の傀儡となり終る。斯くして同一性論理は反動的国家主義の論理に外ならないことになる。[290]

三　同一性論理の言語的構造

前両節において私は、[291]ヘーゲルの論理が普遍の論理というべきものであることを説き、理性の概念が全体において限定せられた特殊としての個別に具体化せられ、概念は普遍にして個別たるいわゆる具体的普遍を表すと同時に、個別は自己の中に反対を統一する自己矛盾的主体としての、自由なる個体の実存を意味するに由り、概念は思想と存在との合一としてのいわゆる理念に至ってその具体性を完くする所以を見た。ところで斯かる概念の実存的主体性が全体の限定特殊化として成立する為に、全体の弁証法的無の媒介としての有たる種が、全体に対する部分として個別の生滅に拘らずこれを常住的に支持する基体となる。弁証法は、この基体の上に成立しつつしかもこれを否定しそれと対立する個体の自由なる実践に媒介せられ、基体即主体として、自由の媒介に化せられる種の否定転換に、成立するのである。種の基体も単に直接に存在する実在ではなく、不断の否定を通じ転換の均衡に同一性を保つ。然るにヘーゲルにおいてはこの様な種の転換の有即無と、個の実践の無即有とが、交互的に媒介せられる行信の立場が稀薄なる為に、従って普遍が絶対媒介の無たる性格を喪失し、無媒介なる全体として観想思惟せられるものとなり、それから発出的に種を媒介として個別を限定するいわゆる発出論となる傾向を有する。斯くて種は単に全体の部分たる特殊として普遍の制限に過ぎず、個別もまたただその制限限定の極限に止まることになる。そこには種が有即無の転換的均衡としての方便存在たる意味も、個が自由の主体として不断に死復活を行じ行ぜしめられる、無即有の懺悔存在たることも、共に[292]見失われて、何れも単に普遍の特殊化限定に帰せられる。すなわち単に具体的普遍の概念を中心とし概念と存在との差別即同一たる理念に、否定転換の行的主体性をも観想せんとする理性の論理となる。ヘーゲルの体系は斯かる発出論の傾向を免れざる普遍の論理によって、本来の弁証法を内に包む全体の組織となったのである。それは同一性論理の弁証法論理に対する反動に外ならない。あるいはこれをプラトンに対するアリストテレスへの偏倚ということも出来る。

ところでアリストテレスの論理は、ヘーゲルの論理が普遍の論理であるのに対し、個体の論理たることを特色とする。それが弁証法を単に蓋然推理に止まる不完全なる論理とし、飽くまで三段論法の分析論理を論理の本体とし、矛盾律を論理の根本原則として同一性を固守する結果、自己の内に対立矛盾を含むことなき単純不可分者たる個別を以て論理の窮極要素と看做したことは当然というべきであろう。プラトンの中期イデア論において真実存在たるイデアが種的一般者たるに反対して、種と、種の一般的概括たる類とを、共に個の窮極的自立存在者たるに対し、ただ個において内在的に存在する第二次的自立存在者と認めたことは、彼の個体存在論を明示するものである。而して自同性の論理に従って個体存在論を論理化すれば、思惟は存在を同一性的に映出するものとして、個別の論理がすなわち個体の論理となるのは当然でなければならぬ。論理の根本概念としての個別が、存在としての個体に同一性的に対応するものと思惟せられた所以である。しかし同時にこの対応を認めることは、論理がアリストテレスにおいて、後のいわゆる形式論理における如く存在から引離され抽象せられたものでなく、飽くまで存在の論理たる意味を有したことを示す。思惟の論理は存在の論理を同一性的に映出し、同一性の原理は啻に論理を支配するのみならず、論理と存在との関係をも支配するのである。これは一般に科学的認識の予想前提であるが、その意味においてアリストテレスの論理は正に科学の論理であった。

しかしながら師プラトンの哲学的霊感に動かされて、一時は全くその影響の下に立ち、国家篇の弁証法のイデア思念[293]に自ら従ったところのアリストテレスは、決して終始単に科学の論理に止まったものではない。師の思想の中にそれへの示唆ないし萌芽はあったにせよ、自覚的に発展せられたとはいうことの出来ない存在学を建設して、存在とは何ぞ、という永遠の問に答えようとした彼にとっては、思惟と存在との関係は、ただ同一性的映写で解決とせられたわけではない。却って両者の同一性的対応が、更に媒介せられ根拠付けられる論理が求められたのである。斯かる論理は普通の同一性論理の客観的妥当性を根拠付けることをその課題とするものであるから、正に論理の批判であり論理の論理的批判であって、必然に論理が自らを超越しつつ自らを根拠付けるものでなければならない。換言すれば、論理の絶対否定たる弁証法が論理から発展して、論理を死復活的に肯定確立する、その自覚でなければならぬ。然るにアリストテレスは弁証法を論理として十分なる資格あるものと認めないのであるから、斯かる課題は満足な解決に達するわけがない。斯くして存在学の問題を解くのは論理でなくして理性の直観であり、論理は科学の論理として、弁証法でなく論証法に止まらなければならぬことになる。それはもはや存在の論理というべきものでなく思惟の論理たるに過ぎない。形式論理が後にアリストテレスの論理から発展した理由もここにあったわけである。而してアリストテレスが解くことを得ずに放棄せざるを得なかった存在の論理を、再び取上げて、これを彼と異なり弁証法に依り展開したのが、ヘーゲルその人であったことはいうまでもない。彼において論理即存在学（形而上学）として形而上学的論理が、古今無比の雄偉なる体系に形造られたのは、すなわちアリストテレスの問題継承であるといわれる所以である。それではアリストテレス自身が、存在の論理を解こうとして採った方法は如何なるものであったかというに、それは命題の意味分析というものであったと思われる。すなわち存在と思惟との間に、言語の意味というものを媒介項として挿入し、その構造を分析することによって、両者の聯繫を明にしようとしたものと考えられる。単に論理と存在との同一を前提するのでなく、論理的思考の表現としてその意味を表すと同時に、それ自身存在に属するものとして、[294]存在の内容を意味的に形成する言語を媒介としたことは、論理と存在とを媒介する方法として重要なるアリストテレスの着眼なること否定し得ない。プラトンのクラテュロス篇以来、言語哲学への手引は存したわけであるが、それはなお語源穿鑿の思付的語呂合的推量に止まった。然るに文章の文法的構造を手懸かりとして厳正なる論理的思考の意味分析に進まうとしたのは、アリストテレスの重要なる学的着想というべきであろう。彼の範疇論が言語を手引にしたものなることは疑う余地がない。却って余りに無批判的に言語文法に頼り過ぎて、後にカントの非難を受ける如き論理的無原理性にさえ陥ったのである。しかし基体存在の論理においては、命題の文法的構造が与える手引は、遙に深き形而上学的意味を有し、存在の論理との関係に対し問題の所在を追究する導線となる。かの古典的なる、主語となって述語とならぬもの、として定義せられた実体の概念を中心とする所の存在論的論理は、問題の解決であるよりも寧ろ問題の学的提示であるというべきであろう。我々はこの問題の包含する弁証法を展開することによって、実体の論理の弁証法的性格を明にし得ると思う。

アリストテレスの存在学の中心は実体の概念にある。実体の概念である。実体 οὐσία, substantia とは、さきに自立存在と呼んだものの謂であって、範疇に属する他の存在が自立するものでなく、何れも自体存在自立存在たる実体に内属し、これに依存する付帯存在依他存在であるのと根本的に区別せられる。例えば性質は「もの」の性質であり、数量は「もの」の数量であって、その他の範疇も総て、「もの」あって始めて存在することが出来る。そのいわゆる「もの」が自体存在自立存在としてすべての存在の根柢たるのである。これを実体という。存在はこれと、これに依存する他の範疇とに分類せられる。而して実体の概念も、これは何か、という問に対し答える、「それは何々（もの、実体）である」、という命題の述語となるに由り、述語の最高類としての範疇に属するわけである。その意味において一般に範疇は存在の最高類といわれるのである。ところで他の範疇は、今見た如く、実体を俟ってそれに内属することにより依他的にのみ存在[295]し得るものであるのに対し、実体のみは、自立的に存在するのみならず、自ら主語となって述語となることがない。故にこれを実体の定義とする。すなわち実体とは主語となって述語とならず、他の主体に内属せずして自立する存在の謂である。簡単には、主語となって述語とならぬ自立存在といってよい。さて類や種は他の主体に内属するものではない、従って実体である。しかしこれ等は主語となると同時に述語ともなる。すなわちそれはただ常に主語となって述語となることなき、個物個体に述語せられ、それに実現せられる限りにおいてのみ、実体たるを得るのである。それゆえこれ等一般者は第二次的実体というべきものである。第一次的に本来の意味における実体は、個物個体に限る（Singularis, individual; τόδ τι）。個体的実体こそ、厳に主語となって述語となることなき真の実体である。個体の論理は実体の論理に外ならない所以である。

しかしながら翻って考えると、論理の論理たる本質は推論にあるのであって、推論における媒介を外にして論理の本質を求めることは出来ぬ。一言でいえば、論理的とは推論的ということである。然るに推論において媒介たるものは一般者でなければならぬ。例えば三段論法において、ソクラテスは人であり、人は死ぬものである、故にソクラテスは死ぬ、と推論するとき、ソクラテスと可死的という両極を媒介する媒語のあらわすところの、人という概念は、一般者たる種を意味し、これによりこの推論の媒介たるを得るのである。形式論理において、媒語は拡充せられなければならぬ、という現則が掲げられる所以である。この事は既にアリストテレスが第一分析論において特に補足的注意として明示した所である。斯くて個体の論理もそれが論理たる限り、必ず一般者の媒介を必要とする。一般者の媒介なき論理は論理ではない。ここに論理そのものが、個体の論理を却って普遍の論理に転ずるという弁証法を含蓄する所以がある。さきに見た如く、ヘーゲルの論理が普遍の論理でありながら、それが存在の論理たる限り、弁証法的に特殊個別の論理でなければならなかったのと反対に、アリストテレスの論理は個体の論理でありながら、却ってそれが論理たる要求上、[296]必然に一般者ないし普遍の論理でなければならぬことになる。それは正に論理そのものの弁証法的性格であるといわねばならぬ。個体の論理は、個別の否定でありその矛盾的対立者たる普遍によって、始めて論理たることが出来るのである。ところでさきに掲げた三段論法の実例において示される通り、人という種概念は、推論に至らず単に推論の構成分たる判断、ソクラテスは人である、において既に包含せられる。論理的という概念を規定するに十分なる定義ともいうべき推論的という規定は必然に、それだけでは未だ十分ならず単に必要なる規定に止まる所の、判断的という規定をも、内に含有しなければならぬ。推論は判断を構成分として予想し、判断の間の導出関係を組織的に展開する思想たるのである。それゆえ論理性とは、精密には、推論的に媒介せられたる判断性というべきである。推論の闡明はまず判断の構造分析から始められなければならぬ所以である。ところで判断は主語に対し述語することに成立する。命題が主語と述語との結合と規定せられた理由である。然るに右の命題において、主語は第一次的実体たる個体を表号し、述語は第二次的実体たる種を意味する。ソクラテスは人である、という命題の述語において、既に論理の要件たる普遍性は準備せられているのである。それではこの命題の意味、就中述語の普遍性とは、如何なるものであり、それは個体といかに関係するであろうか。一見すると種とか類とかいう一般者は、単に個の集合 class を表す如くに見える。個は種に含まれ、種は類に含まれる、いわゆる包含 inclusion の関係を展開組織する集合計算 calculus of classes, Klas-enkalkül なる論理計算の成立することが、これを示すといわれるでもあろう。しかしこの様な論理計算が、数学の部門たる集合論に相当するものとして成立するということが、哲学にとっては問題の解決でなく、単に問題の提出たるに過ぎない。今日集合論の二律背反が数学の基礎危機を齎し、これを除かんとする数学基礎論も未だその目的を達する能わず、却って解決の方法を別途に求むる必要を示唆するかに見える状勢は、数学によって哲学の問題が解決せられるのではなく、逆に哲学によって数学の基礎論が道を指示せられるのでなければならぬことを教える。詳細の研究を他の[297]機会に期し、ただ方向だけを予断的に陳述することが許されるならば、前に述べた理性の二律背反に転換せられて、理即事から逆に事即理の立場へ、すなわち理観の観想から絶対現実即理想の他力行信へ、転ぜられることにより、道無き道が創造的に無路の難関を開通するのではないか。然らざれば個は単に分割の極限に止まる観念であって、個体としての存在たる能わざるか、あるいは種は個体に内在する一般概念に止まり（いわゆる唯名論の主張これである）、従って観念に止まるか、何れにするも第一次的実体と第二次的実体との存在学的関係を明にすることは不可能であろう。とにかく前記の命題の述語たる種は単に集合ではないのである。個の集合たる class というだけでは、述語の意味は明にならない。集合論の立場では、集合は、任意の対象がそれに帰属するか否かが判別せられるということだけで足りるとせられるのであって、その帰属するとか包含せられるとかいうこと自身が何を意味し、いかにして可能であるかは、措いて問わないのである。これ特殊科学たる数学の基礎概念として、定義すべからず、ただ公理的に要請せられ前提せられるものたるに止まるからである。しかしこれは哲学に対する問題提出であって、問題解決ではあり得ない。命題において種が個たる主語に対し述語せられる関係は、一般に個が集合に帰属することであるとはいえぬ。述語の意味する所は集合ではない。却って集合に帰属するということが、一種の特殊なる述語たるのである。種を集合と解し個がこれに包含せられることが述語であるというのは、アリストテレスの意味した所でなく、後の形式論理の数学化に由る形式主義の所産に外ならない。彼自身は主語を以て実体の本質とするに対し、これに根拠付けられ従って本質的なる付帯性を表すのが、述語の機能であるとした。すなわち実体の本質に依存する付帯性として、主語の敷衍展開をなすのが述語であるというのであろう。彼の実体論は彼の解したプラトンの数学的形相論に反対して、存在の原理を数寧的形相に求めることを本来斥けるのである。

それでは主語と述語、あるいはその意味する個と種との関係、更に言換えれば第一次的実体と第二次的実体との関係、は[298]如何に解すべきであろうか。既に述語という、それは決して単に存在に属するものでなく、存在の認識、存在の思惟、に属するものたることは、前以て明であるといわなければならぬ。右に述語を、主語の指示する実体の本質を敷衍展開する本質的付帯性であると解した、その敷衍展開は、認識思惟に属するのである。述語は思惟判断の中枢であって、思惟判断を可能ならしむる根柢であると同時に、判断以外において述語の存在する所はないのである。主語は必ずしも必要でない、存在は指し示すことによってでも、それについて判断することが出来る。それに反し、述語なくしては、判断は成立すること不可能である。述語は思惟判断ないし命題文章においてのみ存立し、それが判断ないし命題を成立せしめるのである。斯くて我々は、述語が判断ないし命題の意味を成立たしめるものであるといわねばならぬ。ところで意味とは、我々の心の作用の志向するところが物において充実充足せられる可能性をいうのであって、この可能性を実現する物に対する心の関係である。例えば、ソクラテスは人である、という判断ないし命題における人という述語の意味は、この述語の概念が表す一般人間に対する交渉の仕方が、ソクラテスにおいて実現充足せらるべき可能性をいう。判断において述語するとは、主語の表す物において実現せらるべき、我々の交渉仕方の可能性を規定する謂である。否、主語といえども、それが概念に表される時には、その表す物において、その概念の規定する我々の交渉仕方が実現せらるべき可能性あることが意味せられるのである。それゆえ概念は本来述語たる機能をその本質とする。それは物において実現せらるべき、可能的なる、物との我々の交渉仕方を規定するのである。その限り、概念は決して単なる意識内容としての主観的観念でなく、心と物との統一を表す。これをさきに見た如く、ヘーゲルが思惟と存在との異他即同一と解した所以である。この如きものが述語の意味である。それゆえ意味は単に物に存するのではなくして、必ずその意味において物に志向する心の物に対する関係を予想する。しかしそれではといって、意味は単なる心の作用において成立するのでもない。もちろん心の作用は一般に自らを越えて何ものかに志向することを本質とする限り、心の作用は一般に[299]意味作用であるともいわれる。しかしながら、その様に心が必ず自らを越えて何ものかに志向するという、その何ものかは心を越えるものである以上は、それは心に対立する他者でなければならぬ。意味は単に心に成立するのでなく、心のその様な他者に対する関係に成立するのである。而して一般に我々が心に対立する他者を物と名づけるから、意味は単なる物にも属せずまた心にも属せずして、心の物に対する関係に成立するというべきである。それでは心に対立する物というのは何であるか。我々は心を離れ、心の意味作用を離れて、物というものを知ることが出来るか。物が存在するというのは抑も如何なることであろうか。もし独断を去って批判的に考えるならば、却って物といい、物が存在するというのが、実は心の思考する意味に成立するのであって、これを外にして斯かるものに係わりこれを云為する途は全くないといわねばならぬ。我々はすべて心の志向する対象に関係するのは意味を通じてするのであって、その外に対象（一般的意味における物）に関係することは出来ぬのである。然るに翻って考えると、右に述べた如く意味は、心がそれを越えてそれに対立する物に関係することに成立するといわなければならぬ。果して然らば、意味は物を予想し、物は意味を予想する、この明白な循環論が心の本質的構造に属する、という結論を避けることは出来ぬであろう。あるいはこれを、心は飽くまでそれを超越する物に関係することにおいて、その心たる作用を成立たせるという命題と、心は常にそれに内在する意味に依って物に係わるのであって、物というも意味に外ならない、物の超越というも心に内在する意味以外に存するのではない、という否定的矛盾命題との間の二律背反が、心の本質に属するといわねばならぬであろう。これは心がその構造上二律背反的、従って弁証法的なることを示すというべきである。

それでは我々は心の内在的意味の立場を超脱することは出来ぬであろうか。物の超越的存在というもなお、心の内在的意味の立場から見ていうのであって、その限り物も意味を表す観念の外になく、その存在も思惟の外にはない、超越というも内在的超越というべき内から観ての超越以外にはない、といわなければならないか。総ての観念論、就中カント及び彼以後の先験的観念論は、皆この様な立場に立って、意味の先験的構造を媒介にし、物の存在を意識内容たる観念の組織に還元しようとしたのである。今日の実存主義哲学といえどもその根本性格において十分その外に出るものでない。それは所詮内在的超越の立場以上に出ない限り依然として観念論たることを免れないのである。しかしこの様な観念論をもって古代の形而上学を正しく解釈することは出来ない。その可能性如何はとにかくとして、意図の上から古代哲学を観念論に帰することは、失当といわなければならぬ。これ存在学という標榜が観念論を許さないからである。その立場が、思惟と存在との同一、という前提の上に立つというも、それは思惟を以て存在を映写的に把握することが出来るという意味において然るのであって、決して逆に、存在も思惟以外に成立しない、という意味ではない。前の立場に立つ古代の存在学は、後の立場に立つ近世の観念論に対し、飽くまで対的性格を有するのである。近世哲学を以て古代哲学を解釈することは失当たるを免れない所以で[300]

ある。しかしながら、近世哲学は特にカントの標榜した批判主義の主張によって、いかにするもこれを破棄する能わざる如き強味を有する如くに見える。古代哲学の同一性的前提は、それに対抗して自己を主張することが出来るものではないようである。さればこそヘーゲルも、アリストテレスの業を継承するに、初から同一性の立場において思惟即存在的に存在学を再建するのでなく、観念論的に却って存在即思惟の論理的形而上学を弁証法に依って展開したのである。そこには否定の偉力がこの転換を推進したのであって、アリストテレスとカントとの綜合といわれる意味をもつヘーゲルの独特なる着眼は、これを捉えたことに存する。しかし彼の論理が体系の発出論的組織にまで完成せられると同時に、弁証法の魂たる否定転換を喪失して同一性的綜合に頽落したことも、既に我々の上に見た所である。而してその頽落の因由を尋ねて、行ならぬ観の立場に跼蹐しあるいはそれへ逆戻りしたことに、我々がこれを発見したことも、また大体承認せられる所であると思う。実際一方において、思惟に対する存在の超越が認められなければ、思惟、否一般に、心の意味作用は、不可能であると共に、他方において、[301]意味の内在を外にして存在の超越に係わる途がない以上は、物による心の限定、超越による内在の否定、と同時に、その限定、その否定を、自ら選べるものとして自らの媒介に転ずる所の、行的なる心の自覚が、超越即内在、内在即超越、あるいは否定即肯定、肯定即否定という立場を可能にするのでなければならぬわけである。これが弁証法核心であって、それは正に古代の存在学と、近世の観念論（それは明に近世自由主義の産物である）とを、綜合せんとする現代の行信論の立場でなければならぬ。ヘーゲルの弁証法がこの現代の実践的時期への過渡をなすのであって、我々は彼の哲学の歴史的重要性をここに認めなければならぬ。彼の哲学の意義はそれ自らにのみ存するのではない。その実践的性格を哲学の体系性の為に否定せられるという弁証法に依り、マルクスの実践的唯物論にそれが転化したことにおいて、却ってそれの現代に対する意味は愈々明になったというべきである。弁証法は行の論理である。それが存在の論理たるのもこれに基く。存在を思惟あるいは一般に意識の対象として観想の目的とする限りは、さきに見た通り二律背反を免れないのであって、それは論理的に根拠付けられるものでない。弁証法というも、観想の立場にはそれの成立すべき地盤はないのである。ヘーゲルの全面的に徹底せられた精緻無比なる弁証法さえも、その実践的性格を喪失して同一性的体系の論理となるに及び、観念論に顚落した。而してその反対として現れたマルクスの唯物弁証法は、変革の理論として実践的弁証法たる性格を、ヘーゲルの観想の立場に対し強く主張したのである。しかしさきに見た如く、意味は単なる心にも単なる物にも属せずして物に対する心の関係に成立するのである。然らば意味の成立する為の地盤が、実践の立場であるというとき、その実践は単なる心にも単なる物にも属せず、従って観念論と唯物論とを共に否定する立場において、始めて成立するものなることは当然でなければならぬであろう。ヘーゲルの観念論が抽象的であるとするならば、マルクスの唯物論もそれが単なる唯物論に止まる限り、実践の地盤たる意味を喪失して、同一性の論理に顚落する危険を孕むことは否定せられない。ヘーゲルの観想に意識的に対立して実践の理論たることを標榜する限り、それに比して実践的従って弁証法的なることは疑われないけれども、しかし実践を限定する存在はもはや単に無媒介なる物ではなくして、それ自ら実践的に媒介せられ意味を含むところの物であり、具体的にいえば経済的生産力と経済的生産組織とに媒介せられた、実践の産物たる社会でなければならないから、決して単なる物ということは出来ない筈のものである。社会とは単なる物に属する存在でなくして、人間の実践生活に属する契機であり、意志従って思惟を含みこれに指導媒介せられるものである。その限り心的でもあるといわなければならぬ。実践的社会を考える立場を唯物論とするのは、観念論を否定する対立物たる限りにおいてである。その社会を階級的対立闘争と観る立場も、支配階級の独占する政権の根拠として種的共同社会を前提し、階級はそれの分裂態としてのみ理解せられる。しかのみならず、この分裂が個の種に対する分離独立の媒介ともなる。斯くて唯物論的階級社会論も種の論理を予想し、その契機

302

として始めて具体的に弁証法的となることが出来るのである。真に具体的なる実践の立場は単なる観念論でも単なる唯物論でもなく、単なる心と単なる物とを共に否定する心即物、物即心なる種的弁証法の立場でなければならぬ。然るにヘーゲルの論理が同一性に堕した如く、マルクスの理論も同一性に堕する傾向を免れなかったことは、それが認識論上模写説を強調し、存在が一方的に意識を規定することを主張することにおいて明に示される。これは却って存在が意識に媒介せられ、それに依って意識を規定することが出来るのであるという、弁証法の核心たる否定媒介を見喪ったものといわなければならぬ。而してこの様に実践的弁証法を標榜しながら、その核心を喪失していることは、何も唯物論に限ったことではない。現に行為の弁証法を主張する哲学においても、同様の傾向が観念論の方向に現れている。これそのいわゆる行為が、唯物論における如き社会的実践を意味せずして、芸術的文化形成を意味するからである。我々はこの如き立場において真の実践を認めることは出来ぬ。弁証法をいうも実は空語に過ぎない。[303]その立場はヘーゲルと同様に観想の同一性を脱せず、発出論に傾くことを免れないのである。その標語たる絶対矛盾の自己同一が、これを証示する。プロティノスの哲学がその理想とする所なるも怪しむに足りない。私は種の論理における種の性格、種の述語に体現せられる行的意味を明にする為に、この様な行為的直観の哲学にも触れなければならぬ。その要旨は既に上のヘーゲル批判に述べたのであるけれども、更にプロティノスと比較し、また唯物弁証法と対比しつつ、これを論じようと思う。それはおのずから唯物弁証法の批判にもなる筈である。

四　絶対の観想と行——プロティノス並に西田哲学批判

[304]意味とはさきに規定した如く、一般に心の志向する所の、物（対象）に対する交渉の仕方の、充実充足せられる可能性をいう。それゆえ意味の成立には、第一に、心が自主的自発的に欲求し意図する主体たることを前提する。しかし心は全能で

はない。その欲する所を常に充足することが出来るとは限らない。否、心は極めて不自由な限定せられた範囲においてのみ、直接に充足を期待することが出来るのである。それゆえ第二に、意味が意味として志向充足の可能性に止まるということが、心の能力の極めて限られたものであることを意味し、従って心に対しては、常にその自由なる作用を否定し、それに制限を加えるもののあるを予想するのである。それがいわゆる物である。心は物に限定せられ否定せられる限り、有限であるといわなければならぬ。しかしながら心は単に有限であるのではない。全く限定せられ否定せられるのみであるならば、心はその限定せられ否定せられることを自ら知ることは出来ぬ。限定せられることを知る心は、その限り既に限定を超えるのでなければならない。否定せられることを知るものは、その否定を超えて否定を否定し自ら肯定に転ずるものでなければならぬ。斯くて第三には、意味の成立に対し、物によって限定せられ否定せられる心が、その限定を知り否定を自覚することにおいて、これを超える能力を有することを必要とする。すなわち心は有限にして、しかもその有限を知ることにおいて無限であるといわれるのでなければならぬ。自覚というのは、この様に自らの否定的限定を更に否定して肯定に転ずる所の、心の無限性の実現に外ならない。これが心の本質上弁証法的でなければならぬ所以である。心は自覚において存在するものであるが、その自覚の構造が正に、否定即肯定として弁証法的たるのである。然るにアリストテレスは自覚を以ていわゆる「思惟の思惟」νόησις νοήσεως を理想とするものと考えた。思惟の思惟は質料の可能態を含まず、純粋に形相たる活動であって、変化運動に累さるることなき永遠なるものである。すなわち神に外ならない。それが何等の制限否定を含まぬという意味においては無限である。何となれば、それを否定し限定する物を離脱するからである。すなわちそれは有限即無限という如き弁証法的行為者でなく、端的に無限なる自覚の純粋活動である。もちろんここに無限というのは、無限定不確定という意味ではない。却って完全に確定せられた形相を意味する。ただ他者の否定的限定を含まぬという謂である。すなわちその自覚が物の存在を根拠付けるのであって、逆に物の存在に限定せられるのではないというのである。物はそれが形相を離れては不確定なる限り不完全であって、形相たる活動に徹せず、これを欠如して、なお単なるそれへの可能潜勢に止まる。故にそれは、純粋形相の純粋現勢活動を目的因として、それに向い動かされ、変化運動をなす可能潜勢態たるのである。ただ純粋形相たり純粋活動たる「思惟の思惟」のみ、不動の同一者であり、自ら動かずして却って他を動かす第一動者たるのである。その限り、それは総ての存在を造出す能動的創造的理性に外ならぬ。神的理性の自覚が、他の一切の存在を可能にする原因なのである。我々人間の自覚は、この神の理性を分有する限り、単なる有限でなく、有限にして無限である。すなわち、受動的理性として総てのものに限定せられ総てのものに成ると同時に、能動的理性として総てのものを作る。ところでアリストテレスは、後者を以て神の理性を分与せられたものと考え、神の自覚を人間自覚の理想的原理とし、目的因とするが故に、それが前者を否定的媒介として要求する弁証法的媒介態であるとは認めなかった。従って受動的といい有限的というも、否定即肯定なる媒介を意味するのでなく、単なる否定すなわち欠如を意味したのである。それに対し能動肯定は無媒介なる活動をいうのであって、神の理性はただ自らの自発的なる活動を自覚する[306]純粋自覚たるのである。

それでは「思惟の思惟」において思惟せられる思惟は、思惟する思惟と如何にして区別し対立せしめられるか。もしも両者が全く同一にして対立を容れないものであるとするならば、それは如何にして「の」により結合せられる如き自覚の関係を成立せしめるか。もしも思惟せられる思惟が、思惟する思惟により、思惟として自覚せられ、思惟として限定せられるとするならば、その思惟という限定には、今思惟する思惟はまだ含まれてはいらない筈である。その限り、思惟せられる思惟は、思惟する思惟よりも、より多く制限せられ従って否定せられたものでなければならぬ。あるいは逆に、プロティノスの用いた概念に従っていえば、作用たる思惟 νόησις は対象たる思惟 νοητόν よりも大でありこれを超えるものでなければならぬ。

しかも両者が共に思惟として同じ思惟 νοῦς であるところに、思惟の自覚としてのプロティノスのいわゆる霊が成立するといわれる。果して然らば心の霊的性格というべき自覚は、νοητόν として限定せられ否定せられながら、この否定を肯定に転ずる νόησις のはたらきをなすのが、すなわち νοῦς の νοῦς たる所以であるに依り成立するといわねばならぬ。霊あるいは理性とは、斯かる否定即肯定の転換主体の謂である。この弁証法的構造の外に霊性あるいは理性は成立することは出来ぬ。アリストテレスの理性 νοῦς を弁証法的に霊にまで具体化したプロティノスの論理は正当なるものとして承認せられなければならぬ。意味は斯かる弁証法的構造を有する理性の自覚に依って成立するのである。

ところでこの様に自覚が弁証法的構造を有するものであるとするならば、まず第一に、それの否定的媒介の契機たる νόησις は、これを肯定に転ずる νόησις の所産であることは出来ぬ。何となれば、前者は後者に否定的に対立する他者でなければならぬからである。ここに弁証法の動力として質料の否定性がなければならぬ所以がある。理性はアリストテレスの受動的理性と能動的理性との如く、一方は人間に固有の有限性をもち他方は神の無限性を賦与せられたもの[307]であるというような関係において、並立的なる二重性を有するのでなく、前者は後者の否定的媒介たる関係を保ち、而して受動的理性が総てのものに成るのは、理性に対する他者としての物質に限定せられることを意味するのでなければならぬ。質料はアリストテレスが同一性論理の立場から思惟した如く単に可能潜勢に止まるものでなく、却って理性の同一性を否定する他者性を意味する物質でなければならぬ。抑も活動を阻止して潜勢に止め、可能態に待機せしめるのは、活動の現実化を妨げる反対の力がはたらくからである。物質は心霊に対して反対にはたらく否定契機でなければならぬ。プロティノスが霊の対象的側面 νοητόν を作用的側面たる νόησις から出るものでなく、νοῦς の有限即無限に対し無限即有限として、前者の単一性に対し雑多性を本質とする魂に由来し、更にこの有限雑多の原理たる質料を以て、霊の否定契機であるとした所以である。斯くて一なる

νοητόν は、現実には多なる νοητά となる。弁証法は斯かる否定契機を欠くことが出来ぬ。唯物論が観念論に対して否定すべからざる強味をもつのは、この否定契機を十分に強調し、これを抹消せんとすることなく率直にこれを承認するからである。ヘーゲルの観念論に対しマルクスの唯物弁証法が、その実践的性格を以てこれに対抗する所以もここにある。我々は実践の論理たる弁証法を採る以上は、その否定契機としての物質を躊躇することなく承認しなければならぬのである。これを抑制し低下し、ないしこれを解消する観念論はまず否定せられなければならぬ。アリストテレスの同一性論理に対し弁証法の具体的立場に立ち、その単に欠如ないし可能に止まった所の質料の形式的否定に対し、動力的否定媒介の原理たる質料を認めたプロティノスも、前に述べた体系期のヘーゲルと同様に、質料を更に自己同一的絶対者に包み込まんとする結果、その他者性を解消して自己同一に化することを免れなかったのである。もとより斯かる否定的他者性を包むことが出来る自己同一の統一は、もはや多に対する一であることは出来ぬ、また矛盾を排除し対立を解消する自己同一であることも出来ぬ。従ってそれは有として存在として思惟することは許されない。ただ絶対矛盾の自己同一なる絶対無として直観せられるといわれるばかりである。その直観においては魂は物質に繋縛せられたその雑多性対立性を脱して霊的自覚の同一性に集中し、更に凝心冥想の極、霊の自覚においてなお存する所の他者性対立性を脱して、もはや自己の存在を忘れ絶対の一に自己を失えるいわゆる脱我の状態に入るのである。観とはいうも、観られる一者と観る我との二者対立があるのでなく（斯くては絶対の一が現前するとはいわれまい）、全く我を脱して一者に帰入する、あるいは寧ろ一者に包み込まれるのである。これは我が一者の中に融解解消することを意味しない。却って我が真の我になるのである。すなわち我が霊的に自己を自覚することが、一者によって自己が観られることである如き転換に外ならない。斯かる直観において質料の多性がそのまま一となる。いわゆる多即一という転換が一者において実現せられるのである。質料の否定性、物質の雑多性、ないし物の心に対する対立性が、絶対否定的に否定せられて肯定に転ぜられ、否定即肯定、多即一、対立超越即帰同内在という如き関係に到る転換は、絶対無の性格を有するによって存在として思惟する能わざる一者の観において成立する。有無、同異、動静の如き存在の最高類が、それぞれ互に対立しつつ相即浸透して、プラトンのいわゆる類の協同を成すのも、観想的にはこの一者に依る外ない。それが弁証法を超えてこれを包み、以てこれを自らの内に成立せしむる所以である。プロティノスの一者の観が、アリストテレスの理性の自覚を、この様な弁証法的範疇、すなわちアリストテレスの範疇を超える、中世にいわゆる超越的範疇によって規定し、これを第二実在として、それに対し自らの第一実在たる根柢からそれを根拠付けるのである。理性あるいは霊はアリストテレスの思惟する如く第一実在でなく第二実在として、第三実在たる魂の動多の存在を根拠付けるものたるのである。総て根拠付けられたものは根柢たるものから溢出して根柢へ還る。一者は一切の根源であって、しかも一切はそれを求めそれへ還らんとする。万物の一者を観るといわれる所以である。一者からの溢出降下が即、一者への還帰向上である。向上還帰において降下溢出が証せられる。これ霊の自覚に外ならぬ。この様なプロティノスの哲学が、体系としては殆ど無比といってよい程の完備完成を示すことは、[309] 否定するを得ざる所であろう。

　しかしながら今述べたような一者の観は、啻に困難なる思索集中と捨離浄化の過程により求められなければならぬものであるのみではなく、更にその現前はこの向上の道が一者そのものの降下に出逢うことを待って始めて達成せられるという、非常な制限を有する。弟子の書いた伝記の伝える所に拠れば、プロティノスその人といえども、六年間に四度の脱我観想を恵まれたに過ぎないという。もちろんその哲学において一味相通ずる所をもつスピノザの有名な語、美しきものは稀なると同様に困難である、の示す如く、一者に転ぜられてそれに参交することの困難は、それが最高の福祉であるだけに当然のことであるともいわれるであろう。哲人賢者の稀にのみ与るを得る所たるは何等怪しむべきでないとも考えられる。しかしもしも一者が万有を統一して、その光はそれより最も遠く降れる低きものにも照り耀くのであり、しかもそれが弁証法的転換の原理であり根柢であるとするならば、最も卑小なるものといえども、その自らの卑小を知らしめられて知ることにより、最高の真実に与らしめられるのでなければならぬ筈であるから、その様な哲学の貴族主義は、最後の真理であるとはいい難いのではなかろうか。縦困難ではあるにしても、道は何人に対しても開かれ、また一度その道を発見してそれに踏入った以上は、何時にてもその道を踏み直し地堅めをして、漸次不断に向上進歩する可能性が与えられてあるのでなければなるまい。プロティノスは万有の美を讃するが、福祉は讃美に極まるのでなく、絶対の慈愛に対する感謝において始めて完いのではないか。彼の貴族主義はなおその思想が十分具体的ならぬ証拠でないとはいわれまい。私は彼の思想の意義とその帰趨とに対して、彼以後キリスト教の出現してから以来の哲学者中、最も深く彼に影響せられて彼の思想を最も強くキリスト教の内に発展させたといわれる、中世のエックハルトの傾向と影響とが、少なからぬ示唆を与えるものではないかと思う。まずエックハルトがトマスの門から出たということが、トマスのアリストテレス主義に対するエックハルトのプロティノス主義の関係において、プロティノスの思想がアリストテレス[310]の継承発展たる意味を有したことを示唆するといわねばならぬ。今日は、アリストテレス自身の激しき対立非難にも拘らず、彼の思想におけるプラトンの影響の強大にして永続的であったことが認められる傾向が多いと思われるが、アリストテレスに対しプラトンを擁護して彼を攻撃したプロティノスが、実は多分にアリストテレスの影響を受け、その思想を継承発展させた所顕著なるものあることも否定せられないと思う。両者には思想の裏面に相通ずる所意外に多いのではないか。さればこそトマス門下からエックハルトが出たのであろう。もっともエックハルトにおけるスコラ主義あるいはアリストテリスムと、プロティノス的神秘主義との関係は、哲学史上重要なる問題をなすというべきものであろうが、とにかくもエックハルトがトマスから離れたのでなく、況や反対したのでないことは、プロティノスのアリストテレスに対する関係に示唆する所あること、否定し難いと思う。而してそのエックハルトが彼の『マリアとマルタ』という説教において教える如く、神への沈潜歓喜が最上の徳とはいうべからず、却って世務に勤しみて悲喜を経験しつつしかも神への信を動かされず、自ら進んで勤むる業によって神に仕へ、神の救済の愛に参加する悦を得るのが、最上の徳なることは、正に観の上に行があり、行が真知の光となることを示す。これは、キリスト教によるプロティノス的観の行的超脱というべきものであろう。エックハルトの教が当時の改革主義的自由思想に影響し、教会の封建貴族主義打破、自由平等確立、の運動に精神的原動力となったことは、観の立場が行の立場に転ずることの必然性を、示すものといわねばならぬ。既に古代においてプロティノスの貴族主義は、キリスト教の民衆主義と対立してこれに処を譲ったのである。それは単に時勢の要求に因ったのではない。思想そのものの具体性に対する要求がこれを動かしたのである。

しかしながらここに注意を必要とするのは、そのいわゆる行という概念である。我々は普通に直観思惟の観想 θεορία, contemplatio に対し実践行為 πράξις。というとき、それが専ら自力の発動に由る現実へのはたらきかけ[311]、それに因って惹起せられる現実の変化、すなわち成果の製作産出、を意味する。ところでもしも行為がこの如きものに止まるとするならば、あたかも理論的認識における思惟観想が、如何にしてそれを超越しそれに対立する対象を意識に映し取ることが出来るか不可解であって、それを理解する為に被限定即能限定なる行を媒介として認めなければならなかった如く、行為そのものが弁証法的否定転換の媒介を必要とし、それはもはや行為というよりも行というべきものになるのでなければならぬと思われる。あるいはこれに対し、行為といい行というも何等区別はないといわれるかも知れない。しかし語の慣用に従って次の如き区別を立てることも、決して失当独断であるとはいわれないと思う。すなわち私が両者の間に確立しようと欲する区別は、簡単にいって、行為は自力に属し行は他力に依る、という対立に外ならない。行為といえば自ら為すということを必然に含意する。

すなわちそれは倫理的概念である。それに反し行というのは本来宗教的意味に用いられる語であって、浄土門で念仏を他力の大行という如き、その最も顕著な実例である。キリスト教では神に仕える業が、正に行たるのである。行はもちろん自己の行として自力行為をもその契機に含まなければならぬ。然らざれば行ということは出来ない。しばしば浄土真宗の教義の解釈において他力ということを重んずる結果、念仏の行は阿彌陀仏の行であって信者の行ではないということが説かれるのを見る。しかしもしも念仏が阿彌陀仏自らの行であり、ないし阿彌陀仏に強制せられて人間が自然必然的に行う所であるならば、それは決して人間の行という意味を有することは出来ぬ。宗祖の教の中に果して斯かる用法があるか。行は阿彌陀仏の願力に催されて行ぜしめられるのではあっても、同時に自ら行ずるのであり、念仏は仏の廻向する所ではあっても、これを採るか採らないかは信者自身の計らいなのである。仏が行ずるのは行者の行ずるを媒介とし、信者の行は仏の行を媒介とするから、弁証法的なのであって、それは行ぜしめられて行じ、行じて行ぜしめられるというべきものであろう。ただ斯く他力に媒介せられるが故に、自ら行じて行ぜず、いわゆる無作の作として自然法爾に従うといわれるのである。しかも更に進んで[312]いえば、仏の絶対性は絶対無にある。有は無に対するから絶対であることは出来ぬ。縦、有といい存在といって無と呼ばないでも、その絶対性は無を媒介とし絶対無たる所に存するは、否定するを容さない。従って仏が信者に行ぜしめる大行というも、仏が直接にはたらくのではない。斯くては仏が無でなく有になってしまう。無である以上はそのはたらくにも必ず他を媒介とするのでなければならぬ。すなわち絶対に対する相対であり、無に対する有であるところの相対有を媒介として、始めて絶対無ははたらくのである。それであるから、絶対無は絶対媒介に外ならない。それゆえ念仏において信者の救済を行う仏は、啻にその信者の行を媒介とするのみでなく、それを催発する行において、他の既に救済に与らしめられた信者の行を媒介とするのである。宗教において一般に、宗祖が絶対者の代りに礼拝せられる傾向のあるのは、これに由る。

キリストの（神に対する）信仰が、キリストに対する信仰に転ぜられた論理は、その最も顕著なるものということが出来るであろう。相対が絶対に対して相対たるは、それが絶対に対するからに由るとはいうことが出来ぬ。何となれば、絶対はそれが絶対である限り相対に対するものではない、ともいわなければならぬからである。すなわち相対は必然に相対に対しなければならぬ。それが絶対に対するといわれるのは、この相対間の対立に即する限りにおいてである。却って絶対は斯様な相対と相対との対立を絶対に否定し統一する限り、絶対たるのである。この様な媒介の徹底が絶対媒介であって、弁証法の絶対否定即肯定の側面、すなわちそれである。それゆえ仏が絶対無である以上は、それは、信者に念仏を行ぜしめる場合において、必ず他の既に救済に入らしめられた先進の信者の行を媒介とするのである。信者の行は念仏であると同時に、それを通じて他の信者の救済に参加し、教化を以て救済者たる仏に協働することでなければならぬ。教というのは、この教化の還相行の成果であり、また機関である。絶対としての仏は、相対としての仏の教化を媒介として衆生を救済する。これが相対者の作仏の証である。これを、念仏の行信が他の救済への還相廻向において証せられるというのである。還相の証において行信の往相は完くせられる。両者交互に媒介する[313]のが絶対媒介の要求である。斯くして自己の救済は他の救済に媒介せらる。行の内容は啻に絶対に催発せられたる自然法爾でなければならぬという形式的規定を有するのみならず、他の人間の救済において、絶対に参加協働する還相行でなければならぬという内容的規定を有する。それがもちろん自力に発するものでなく、他力にはたらかれて、行ぜしめられ行ぜられるものである、という形式的規定を有しなければならぬことは、注意するまでもあるまい。エックハルトが上述の説教において、マリヤが神の観に与らしめられた歓喜は、救済への単なる入門に過ぎない、それを超えて人生の悲喜を嘗め、修練向上しなければならぬ、斯くて彼女がキリストの死後使徒の伝道に参加し、海を渡りて行旅に上り、自ら説教して使徒の助手となった時に、始めて神に仕える行に入り、永遠の福祉に与ることが出来たのである、と説いたのは、正にこれと符節を合するものであるといわなければならぬ。絶対媒介の弁証法は、ここまで行の概念を具体化することを要求するのである。それは実践の概念が、唯物弁証法において社会的意味を有する如く、正に社会的意味をもつ。本来行が宗教的意味をもつということは、必然にそれが社会的実践を意味しなければならなかったのである。何となれば、およそ如何なる宗教といえども、それが宗教の名に値するものである以上は、必ず人間の、自己への執着我執の繋縛を脱することを教えないものはない。然るに自己の我執を脱するには、ただ他人の為に自らを捧げる愛の実践に従事する行より外に道はないからである。すなわち宗教的行は必然に社会的実践を意味するのでなければならぬ。而して逆に、社会的実践を目的とする唯物弁証法も、少くともその動機においては、宗教的博愛平等の感情に根ざすものであること否定し難いであろう。縦、この感情動機を思想立論の根拠とする、いわゆる人道主義的社会主義に反対して、科学的社会主義たることを標榜し、前者の空想的当為を説教するに対して現実社会の転化運動に関する自然法則を闡明することを、その特色として主張するも、それが斯かる理論の実践性を強調して社会変革の指導理論たることを期する以上は、社会の正義平等を求めて人類一般の幸福を増進せんとする人道主義的動機を蔵することは否定し難い。[314]その説く無産階級の解放は、決して無産階級の利己心の為に有産階級を打倒しその勢力を奪ってこれに代らしめんとするものではない筈である。それは自らを解放することによって、階級なき自由の社会を実現せんと欲するのであると、いわれることによって明である。すなわちそれは宗教的人類解放の要求と相通ずるのでなければならぬ。実践的唯物論がその思想的性格において人を惹き付ける引力をもつのは、寧ろその宗教的理想主義にあるとさえいわれる所以である。実践の社会性が宗教的行の内容を形造ることは疑うことが出来ない。エックハルトの神秘主義が、解放平等化の社会革新運動に対する実践的動力となったことも怪しむに足らぬ。遡ればイエスの福音がユダヤ教の特権階級に対する民衆解放の意味をもったことは、隠れもない事実である。我が浄士教の発展も、当時の社会の貴族主義に対する一般民衆救済の平民主義に、動機付けられたものであった。新宗教の出現は、社会の被抑圧階級の、告ぐるに所なく訴うるに途なき苦悩の解放に動機付けられることが、普通であったといっても過言ではあるまい。行は社会的革新の実践にまで具体化せられることが、概念上からも歴史上からも共に必然なのである。

果して右の如くに考えることが正しいとするならば、判断の述語の表す概念の意味もまた、社会的実践としての行に対する関係において、始めてそれの本来性を顕わならしめるであろう。元来概念が単語に表され判断が命題文章に陳述せられるということが、言語の社会的機能に由来するものなることは、改めて言うを俟たぬ程明瞭な事実である。語るとは本来対話することであって、思想の相互伝達という目的を離れて言語の発達を理解することは出来ない。我々は対話において語を用いることを学ぶのであって、その語は我々がそれを使う前に社会に行われ、我々はまず家庭において親を通じこれを学ぶ。その意味する所は、我々の属する社会に慣習として伝えられた、事物に対する交渉の仕方の一般的規則ともいうべきものである。それはもちろん我々自身の、当該事物と交渉する際における体験を基底に含み、しかもその交渉体験は、語る者と語り懸けられる者との社会的交渉をも同時に含蓄するのである。すなわち両者の協同[315]して事物と交渉する仕方の規則を表すというべきである。従って実際に我々の交互的に、事物と交渉する仕方の如何に従い、その一般的交渉規則が新しき限定を受け、語の意味がそれによって変容せられると同時に、その変容に対応する言語そのものの表現上の変化が伴い起る。すなわち概念と言語とは、社会的実践の慣習規則を意味すると同時に、みずから、我々の実践によって不断に変容せらるる実践の産物なのである。斯様に言語を使用し対話を行うこと自身が、明白に社会的実践に属するから、語の意味を語る同義異語とか、意味の分化に対応する反対の同語異義とかいうものも、おのずから発達するわけである。論理がアリストテレス以来言語を媒介として発達したことは、論理の社会的実践的性格を物語るものに外ならない。我々は言語なき思想を言語に表現するのではなくして、言語を媒介にして思惟し、思惟を媒介にして言語するのである。一般に表現というのは、単に一方的に内を外に表出することではない。我々の内と呼ぶ活動が、初から内即外として外を媒介とし、而して更に外が内を媒介として、外即内的に外が発展せしめられる。それが表現なのである。斯様に本来交互的媒介の統一を保つに由り、内が外による限定を通じて逆に外を限定し、外を内の表現とすることが出来るのである。思惟も言語を媒介とし、それに限定せられて、自ら発展すると共に、逆に言語を限定して自らの表現とするのである。述語は斯かる意味において概念の表現であり、却って思惟の媒介として思惟に対立する限定である。それは思惟する者によって思惟せられ語られる社会的実践の規則であって、語り懸けられる者も共通にこれに従うが故に、彼は、語る者の変容によって変容改新せられた規則に導き入れられる。これが言語そのものの実践活動に外ならない。而して語り懸けられる者が、語る者の変容改新に同意してそれに協力するか、あるいはそれに反対して原の意味を維持するかは、彼自身の自由に属する。それは語る者が、全く社会的交渉規則にそのまま従うか、あるいはこれを改新するかが、彼の自由に属すると同様である。判断は斯かる自由決断を意味する。それは言語の実践活動に外ならない。その活動の地盤として概念が媒介するのである。概念の社会的規則に対する、[316]個人の自由決断に由るそれへの服従と改新とが、判断であるといってよい。斯くて社会的実践の媒介たる思惟と言語とは、それ自ら社会的実践となる。寧ろ自ら社会的実践なることによって、一般に社会的実践の媒介となるというべきであろう。ヘーゲルが客観的精神と呼んだ社会的伝統が、概念の内容であり、それに対する主観的精神の自覚的自由決断が判断である。社会的歴史的現実の事物は、両者の媒介に成立する。彼が「一切の事物は判断である」という所以である（*Encycl.*, §167）。斯く考えると論理は、本来社会的実践的すなわち、政治的、であるといっても過言ではない。元来論理の対象たるロゴスは、単に個人の独り語る理ではなく、対話的に語り合うディアロゴスの弁証法的事即理であり、政治的実践の指標であるから、論理は具体的に弁証法であり、政治指導の機関であるわけである。而して概念の社会的規則と判断の個人的自由とを媒介するものは、絶対無の外に求めることは出来ぬ。個人は自己の自由を以て社会的現実の動かんとする方向を首いこれに随順して、否定を通じ無即有的に復活に転ぜられ、社会は個人の自由を生かす如くにその規則法制を更新して、不断に有即無の転換を経由する。その均衡的恒常的側面が客観的精神として維持せられ、個人の自由なる主観的精神はこれを媒介として、絶対的精神の無に対する有なる媒介に転ぜられ、これに協働奉仕する。これ政治的実践の絶対的根拠が宗教にあると考えられる所以である。論理的概念の意味と機能とは、斯くして二重に社会的実践的であり、而してその実践の構造がまた政治的宗教的の二重性をもつことを我々は認めなければならぬ。

　もしこの様に考えるべきであるとするならば、西田哲学の行為的直観の説が具体性を欠き、思想として不徹底なることを免れないのは、疑うべからざる所である。この説はもとアリストテレスから出て、その理性的自覚の個体主義形而上学が直面する所の論理的困難に鑑み、弁証法に依りこれを媒介しようとして、プロティノスに近い立場に立ったのである。その行為的という規定は、論理的に対象界と主体との関係を媒介する為に、対象界からの限定を否定的媒介と[317]することにより、主体の環境を形成同化する行為が、いわゆる作られたものから作るものへの転換において成立することを意味するのである。それは世界から限定せられながら世界を限定する弁証法の論理の主体性を表したものと解せられる。正に上に述べたようなアリストテレスの、ヘーゲルへの発展に、対応するものに外ならない。然るにその様な行為主体の概念だけでは、哲学体系の要求する全体を観るという立場に立つことは出来ぬ。行為的弁証法は縦被限定即能限定の転換を成立せしめる媒介として絶対無を思念するも、それが無にして能く有を限定するのには、その主体性を具体化する為に、環境世界を形成する媒介として、世界を個性的に観る直観がなければならぬと思惟する。斯かる直観において行為主体としての個体が、多なる個別として互に対立しながら、そのまま多即一なる無において絶対の一に帰入すると考える。これプロティノスの一者に外ならない。一者は絶対無として観ぜられ、斯く無として観ぜられることにおいて一者は、行為主体を個別的有として多にまで限定する。その関係はあたかも空間の全体が無にして、しかも一々の場所を、時間的に運動の限定せられる個々の有として包む如くである。従って直観が行為を限定する。直観は行為の為にあるのである。これ行為的直観といわれる所以に外ならない。

行為的直観の意味が大体右の如きものであるとするならば、その立場がプロティノスに最も近きものであるに拘らず、これと正反対なる構造を有することを同時に認めなければならぬ。何となれば、前にエンネアデスの箇所（v.3,7）を指摘して述べた如く、プロティノスにおいては、行為は直観の為に存するとせられている。これはギリシャに固有なる理観観想の尊重、行為工作の下の思想に属するものであって、アリストテレスにも共通である。行為工作において自己なり対象なりに変化を生ずるのは、それ等がなお不完全にして、その当にあるべき状態にないことを意味する。もし存在がその当にあるべき状態にあり、いわゆるその本質を実現して自足円現の在方に達しているならば、もはやそれは変化運動を必要とせず、従って行為も工作も用がない。その活動は運動を含まざる純粋の静観たる観想思惟[318]でなければならね。これが人の神に似る所以であって理性の最高機能に外ならない。工作を奴隷に委ね、行為動作を清閑に劣るとしたギリシャの有閑的文化主義が、この様な観想主義を産んだことは怪しむに足りない。而して芸術においては作る行は観の為にあるといわれる。この芸術主義がプロティノスを支配したものといってもよい。ギリシャ人の世界観が芸術的であって、その宗教さえもヘーゲルのいわゆる芸術宗教であったことを思えば、それは当然であるともいわれるであろう。ところで行為的直観の説も、それが制作表現の立場に立ち、世界形成の思想を立するのは、明に芸術主義であり、あるいはより一般的に文化主義と呼ばれるべきものであることは、何等疑を容れる余地のない所である。ただそれはギリシャ人の世界観における如く純粋に徹底せられたものでなくして、近代の自由主義と東洋の行為主義とを交える芸術主義なのでる。しかもそれが単に折衷混交の立場に止まるのでなく、特に日本の芸術に顕著と思われるいわゆる名人気質なるものを取上げた点に、特色を示す。それが行為の為に存する直観という意味において行為的直観と呼ばれるものに外ならない。その行為と直観との関係が、プロティノスの直観主義を含みながら、却ってそれを逆にした所を有するものであることは、特に注意に値する。今解し易き実例を引けば、さきにも一寸触れた弓術の名人の実感がある。それに拠れば、普通に弓術の練習において行われる如き、的に中てようと欲して弓を射る行為は、如何に習熟するも決して成功を保証するものではない。ただこの如き成心を棄て、我執を離れて、純一無雑に的を観ることに沈潜するとき、その極限においてもはや我が的を狙って矢を放つのでなく、的が矢を自然に吸い寄せるという境地に到る。そのとき中らざらんと欲するも中らざる能わざる状態が達成せられる。これが行為の的中の為にする直観であって、それにおいて的と我、一般に世界と自己、との対立は、対立を超えて統一せられ、自己同一なる真実の個別的内容を限定する。それは絶対に矛盾的なるものの自己同一として無の限定する有である。世界はこの如き無において限定せられ、無の直観に導かれた行為によって形成せられる。これが行為的直観の説の大体であると解せられる。

[319] 果して然らば行為的直観の説も、芸術主義の立場に立つものなることはまず承認せられなければならぬであろう。表現的に観、形成的に行為するによって、直観は行為の為にあり、行為は直観の為にあるのである。ただ行為的直観の哲学においては、プロティノスを超えて、第一の方面、すなわち行為の為にする直観の方が、第二の方面と同様に重要視せられ、形成行為にとりその予想として行為的直観の必要なることが強調せられる点に、その特色があると考えられる。本来芸術は必ず技巧を要する。それは一般に技術に属するのである。すなわち美を目的とする技術に外ならない。ところで技術はその習得において、右に述べた如き能動性に達することも、否定するを得ざる所であって、それは正に徳が習得（習慣）であるとい

われた意味において習得（習慣）であり、習慣である。行為において制作においてそれ等を導くのは、単なる知識でなくして斯かる習得習慣でなければならぬ。制作の知といわれる技術は、実は単なる知でなくして同時に習慣的徳性といわれるべきものでなければならぬ。行為においても、それは制作が活動の目的を外に有し従って物を作出すのに対し、活動の目的を自らの内に有すること、すなわち行為主体の活動そのものを目的とすること、において制作と区別せられるけれども、それが右の如く環境からの限定を媒介として却って環境を限定し世界を形成する活動であるとするならば、もはやそれはアリストテレスが区別並立せしめた如くに制作と対立しこれと離れ存するものでなくして、却って特殊の物の制作を含みてこれを超え、世界全体の転換形成を媒介とすることにより、主体としての自己の創造産出を目的とする活動であるといわれる。換言すれば特殊なる物の制作に拘われずに、物の世界全体の主体化たる世界形成をなすもの、すなわち物の制作の有なる立場を絶対に否定即肯定する無の立場に立つのが、行為であるというべきであろう。それだから制作の特殊雑多なるに対し、行為の世界は多即一、動即静であると考えられる。果して然らば、斯かる世界の形成活動たる行為も、技術の習得的習慣性を媒介としなければならぬことは疑ない。行為的直観の説の、この点への着眼は、流石に深い洞察に基くものとして十分に尊重せられなければならぬ。[320]しかしながら、行為の媒介として直観と呼ばれたものが、果してこの様な技術の習得に通ずる習慣であるとするならば、それが直観として行為から区別せられ、行為のためにあるとせられることに大なる疑問がある。何となれば、行為の動力としての技術的習得は、一般に習慣の然る如く、知という性格を失って有機体の自然的機能に近づくもの、すなわちラヴェッソンの説いた如く、人間の有意的反省的行為を自然以上の自然に還すものであるから、直観という知的活動と同一視すべきものでなく、却ってこれと対立せしめられるべきものではないか。もちろんそれは単なる自然に還ることでなく、自然の達せざる精緻微妙なる高さに自然を高め補うことである。その点において、メーヌ・ド・ビランの区別した受動的習慣に対する能動的習慣の特性を保つ。しかし前者の機械化に対し、後者は精神化ともいうべき自然的生命の向上を意味するとしても、それは精神の意志的能動性の開発習練であって、知の発展ではない、却って知の蘊蔵である。知の性格を失えばこそ習慣なのであって、これを知に属する直観に帰することは不適当であろう。技術は有意的反省的に学習せられる限り知に属するが、同時に反省的知識に必須なる理論の普遍概念に依る媒介を、その身体的反復練習の結果として喪失し、習慣によって直接に個別制作の機能を獲得するのが技術習得であって、その進むに従い知の性格は失われると考えなければなるまい。アリストテレスは、技術が教えられるのは、それが普遍の思惟を含むからであると考え、ただそれが理論の認識におけると異なり、個別の要求に対する直覚とそれに反応する敏活な習熟とを以て補われるに依り、個別制作の知となると考えたが、前述の弓術の名人に、果してその秘訣を教えることが出来るか。否、それが名人の習得に属すること愈々深きに従い、愈々教え難きものとなるであろう。これをなお教えらるる知に属すると解するのは、ギリシャの主知主義の偏見に因るのであって、我国の名人の秘訣という如きものに徹せざる見解であると思う。斯くいえば、それは知とか直観とかいう概念の解釈如何に帰着する如くにも思われるであろう。しかしこれを前に述べた宗教的行と対比するとき、一層積極的なる解明が期待せられるかと思う。

[321]直観の特色は、対象と主体との対立的自己同一ということにあると考えられるのが常である。ところで今述べた技術的習得を直観に帰する場合には、反省的に技術を練習せる際の有目的なる自己の意志活動を揚棄し、その目的に執着する自己を離脱することが必要であるとせられている。すなわち自己の有を脱して無となることを直観の必要なる条件とするのである。しかしながら、自己を脱することは、自己を脱せんと欲する意志活動によって達成せられるものではない。無求の人たる仏とならんことを求むる作仏の矛盾は、そこにある。神を求めることは、神自身によってせられなければならぬ、といわれる

所以である。今技術の習得に当りて、目的に執着する我を離れるということも、それが知の立場で有意的に行われる限りは、成就するものではない。目的を達する為に目的を捨て、自己を立てる為に自己を放棄するというのでは、実は矛盾であって、成功することは不可能でなければならぬ。自力行為の立場を守る限りは、この矛盾不可能を脱することは出来ないのである。ただこの矛盾を自覚し不可能を進んで肯い、それに対する自己の無能力を承認し、懺悔においてその主体としての自己が斯かる矛盾無能力の故に支離滅裂に帰し、全く破毀壊滅せしめらる、に至り、神は降り仏は還相して、自己は離脱せしめられ、しかも却って絶対転換の他力に復活せしめられて、絶対無の媒介に転ぜられるのである。その絶対無の媒介として限定せられる否定的内容がすなわち行の内容たるのであって、それに対しては主体の意識はただ無に随順し統一に自己を否定的に任す信あるのみである。いわゆる大行大信というものこれである。而して無即愛の大慈大悲に感謝して、これに媒介となり、協働奉仕に還相せしめられて、自ら還相する。それが他力行信の証である。宗教とはこの行信証に外ならない。ところで右に述べた名人の技術習得には、この様な他力の行信が根柢にあるのではないか。矢が射手によって分別的有意的に放たれるのでなく、的に吸い寄せられておのずから弦を放れるのであるというのは、自己を捨てるとか自他の差別を離れるとかいう思慮に依るのではなく、矢を放つ行為が、もはや自己が弓を射る自力行為という性格を失って、他力の行信に転ぜられることを意味する[322]のであると思う。これはもはや直観という知の性格を失って宗教的行信に転ぜられ、その行信の結果が自己ならぬ自己の無作の作に依る制作生産として証せられ、絶対の現成に帰せられるのである。この証は自他一如たる絶対統一を内容とすることにおいて直観の多即一に一致する。しかし、それは直観の如く無媒介なるものでなく、行信の絶対他者的対立を媒介とするが故に、その行信証の三一的統一は飽くまで弁証法の絶対媒介性を失うことがない。然るに直観の無媒介なる統一は、もはや絶対と相対との超越的他者的対立とその転換媒介とを喪失する。絶対矛盾の自己同一という所以である。

しかし自己同一である以上は、いかに矛盾的であるにしても、相対が無としての絶対に媒介となりそれに協働奉仕するということはあり得ない。何となれば絶対は、自己同一の結果、弁証法を越えてこれを包むものとならなければならぬからである。従ってこの様に直観は行為を超えてこれを包むものである以上は、もはやそれは行為の為にあるものではなくならなければならぬ。却って逆に、直観として無媒介に知の立場に止まりつつ、その原理たる全体的普遍に依って、行為の内容たる個別を完全に限定することが出来るのでなければならぬ。しかしそれは明白なる発出論であり、人間の相対性を否定して神の絶対性に帰一する神秘主義に外ならない。しかももしその様な直観が可能であるならば、神の直観即世界創造の立場に立つが故に、もはや行為は不必要でありまた不可能でなければならぬ。プロティノスが行為的直観とは逆に、専ら行為を以て直観の手段としたことが、人間の芸術的制作行為を解釈するものとしては斉合的であった所以である。それに反し行為的直観の説は一方において人間の相対的立場を脱しようとする宗教的要求を強くもちつつけながら、他方その自力に対する執着の故に、自己を直ちに神と同一化して、神の世界創造に擬する世界形成の芸術制作的行為を、人間の最高目的としたものと解せられる。しかし現実の実践的行為においては、芸術制作の技術におけると異なり、行為主体の存在の根元に伏在するいわゆる根原悪の矛盾は、単なる自力的習練の得性によって根絶せられるものではない。却って習得の達成と共に自是慢心の傾向を増大することさえなしとしないのである。[323]それは真の宗教的信仰と正反対なるものといわなければならぬ。ただ懺悔の他力行信のみ、根原悪をそのまま絶対無の媒介に転じ、還相愛に協働奉仕せしめる。これが宗教である。芸術的制作を以て神の世界形成に擬するのは、ギリシャの芸術宗教と異なる意味において、不純なる芸術宗教というべきものに外ならぬ。何故にギリシャと異なるというかならば、ギリシャにおいては無からの創造ということはない。神といえども世界を既存の質料から組立てるのであって、無から創造するのではない。その組立の規準たる比例均衡の形相もまた、神の創造する所ではなく、神といえどもそれに則るべき永遠の形相たるのである。況や人間の芸術制作は自然を模倣し、自然の形成原理たる形相を抽象して作品の内に再現せんとするものに過ぎない。制作技術の根本原理は自然にあるのである。それであるから、観を以て行より高いものとするのは、その立場として斉合的たるを失わないのである。それは飽くまで神々の永遠に自己を擬する不遜を斥けて、その業をただ讃美し模倣する有限者の自覚に住する。すなわち芸術宗教と性格付けらるる所以である。然るに行為的直観の説はこれと異なり、キリスト教に媒介せられた近代自由主義の創造行為を以て芸術制作の立場としながら、しかもギリシャ的直観をそれに結付けることにより、行為を包む全体統一の体系的要求を直接なるものにおいて満たさんとするものである。而してこの行為と直観とを結合する媒介として、日本の名人気質に含まれる禅的直覚ともいうべきものを捉えたのである。この直覚的契機はさきに指摘した如き他力行信の性格を有する限り、もはや芸術的ということを許さざる絶対転換の無の媒介契機に外ならないのであって、これによりギリシャの芸術宗教よりも更に一段具体的なる宗教性を意図したものと考えられる。ところで禅の境涯が芸術的に表現せられ、否、これを外にして表現の途がないかの如くに思惟せられ、また名人名匠の境地が同じく芸術的に表現せらるることしばしばなるによっても推定せられる如く、宗教の統一的側面は芸術に通ずるのであって、共に絶対即相対という媒介的構造を有することは否定出来ない。ただ宗教においては絶対と相対とは飽くまで超越的に絶対他者として対立せしめられ、絶対の無性が相対の二律背反的矛盾を媒介として、これを有即無に破毀壊滅せしめながら、絶対転換的にそれを復活せしめるに依って、無即有の現成をなすのに対し、芸術においては斯かる対立否定の転換媒介が、生の感情的体験、感性的表現の直接態に即自的に含蓄せられ、前者における如き理性の二律背反を媒介とする対自態に達しないのである。従ってその立場は常に限定せられた部分的なるものに止まり、宗教における如き絶対無の媒介に依る、主体そのものの無化を通じての全体的転換には達することがない。しかし同時に、宗教の対自態といえども、不断に認識と道徳とにおける理性の二律背反に媒介せられ、行信の転換に絶対即相対の還相を証するのでなければ、媒介を失って芸術の無媒介なる絶対即相対の同一性に堕することを免れない。約言すれば、前に述べたような意味において社会的倫理的政治的なる実践の媒介を失えば、宗教は芸術に顚落するのである。その結果、宗教の不可欠なる契機としての感恩奉仕という意味は失われ、絶対に協働してその媒介となる還相行なるものが、不可能となる。是れ芸術的形成を以て神の創造に擬し、自己を絶対と同一化するのだからである。斯く考えれば、芸術的直観を以て行為の媒介とするのは、宗教的行の具体相を顚倒して抽象的契機によりこれを代換するものに外ならないことが知られる。社会的実践への還相において超越的絶対に奉仕する他力行の意味が失われて、着衣喫飯の平常行為が、直ちに全体の作用たる行道と同一視せられる所以である。斯くして実はいわゆる「そのまま」とか「直接」とかいわれるものが、宗教においては絶対無に転換せられたものとして、却って「そのまま」の否定であり、「直接」の否定としての絶対媒介でなければならぬことが、無視せられる。他力行信においては、自己を離脱する転換が理性の二律背反に媒介せられ、絶対無の弁証法によって、死復活の主体の行が、いわゆる絶対現実即理想の立場において方便世界の還相へと限定せられるのに、行為的直観においては、行為の指導として直観が重視せられ、それに依って相対的行為の二律背反的矛盾を止揚せんと欲する。しかしもしその様に特殊を限定してこれを絶対個別的内容にまで達せしめることが可能であるとするならば、それは構想力の目的論的統一に依る外ないであろう。[325]芸術的制作はこれを原理とするのである。しかもそれはいわゆる反省の主観性を脱するものではない。その様な自力的構想に依っては、主観的価値の我性を顚倒して、運命愛の肯定的立場に、絶対現実即理想の行信を徹することは出来る筈がないのである。絶対無の限定を弁証法の絶対転換に依ることなく、七花八裂の死復活を媒介とすることなしに、直観により無媒介に行為の個別的内容を限定するものとするのは、明に発出論的論理に依るものといわなければならぬ。直観によって自己の我性を脱し、絶対矛盾の自己同一において自在に無の限定を実現するというのは、実は絶対無の媒介に依るのでなく絶対有の発出を主張するものに外ならない。これがプロティノスの立場である。然るにその行即観を顚倒して観即行とし、直観を以て行為の指導とするのは、プロティノスの芸術宗教の斉合的なる観の徹底を、近代の創造的主観主義によって置換えるものであって、それは芸術主義を生命主義に転ずるものとも解せられる。これさきに行為的直観の説を以て、啻にギリシャの芸術宗教と異なるのみならず、これに比し不純なるものであるとした所以である。いわばプロティノスをアリストテレスへ逆転するのである。その結果は却って一層多く宗教性を喪失するものといわなければならぬ。試に問おう。行為的直観の主体に死復活があるか。死復活を経由せずして宗教的無の立場に立つことが出来るか。そこでは我の否定、絶対への奉仕ということは不可能でなければならぬ。本来芸術的創造は我の拡大であって否定ではない。その立場で無というも、いわゆる無の場所なる有に過ぎない。直接無媒介なるものは総て有であって無ではないからである。ただ矛盾の底に死する懺悔的自己のみ、その転換復活の還相行において無を証する。絶対矛盾の自己同一には、この死復活の転換がないのである。況や還相行をや。それが無媒介なる直観の内容として、自己同一といわれる所以である。この自己同一の立場が、絶対矛盾と自己同一との間の矛盾をも自己同一として観ずるのであって、それは、両者の間の転換を、還相的に無の行において行ぜしめられ行ずる他力行信の立場とは全く異なる。[326] すなわち前に述べたプラトンの行に対するプロティノスの観の相違がそれである。一は飽くまで弁証法に徹し他はこれを超えんとする。それはどこまでも人間の分を守りただ懺悔において他力行的に救済せられる宗教の立場と、芸術的創造において神の世界創造に自己を擬し、世界形成において直ちに神と同一の立場に立たんとする直観主義との相違に外ならない。後者、すなわち芸術創造あるいは文化形成の立場は、神と人間との超越的絶対矛盾をも直ちに自己同一と僭する人間の倨傲に陥る傾向を免れない。行為的直観の説は、プラトンとプロティノスとの間に立つアリストテレスの生命主義を以て、プロティノスの芸術主義を一層人間本位の創造形成に転じたものとして、この傾向が強い。これを他力行的に絶対否定する絶対転換の弁証法のみ、真に絶対無の媒介として人間を否定的に救済に与らしめる宗教の、自覚方法となるであろう。それによってのみ、発出論的内在論的ならぬ個体の超越的限定が可能となる。

五　個体の論理――アリストテレス批判

アリストテレスの論理が個体の論理であるという提言を解釈しようと欲して[327]、私は思わずも傍路に停滞すること余り永きに失したかと思う。しかし個体の論理は古代哲学から近世哲学に至るまで、ほとんど哲学の躓の石であったといってよい程に、困難にしてしかも重要なる問題となっていたものである。プラトンもアリストテレスも、またプロティノスもこれに悩み、更に中世のスコラ哲学から近世のスピノザ、ライプニッツに至ってもその解決に苦しんだ。而してこれがカントからヘーゲルに至るドイツ観念論哲学の中心問題であったことは特に著しい。就中アリストテレス、ライプニッツ、ヘーゲルの三人の哲学は、一貫してこの問題をその中心に懐くといってもよいのである。我が行為的直観の哲学もまたこれをその中心課題とする。私がこれに触れること永きに失したことは、必ずしも失当とは考えない。その結果として、個体の限定が特殊的に限定せられた相対的普遍を媒介とするのみでは不十分であり、却って相対的普遍を絶対に否定して、いわば世界の全体を統一する絶対的普遍によってのみ、完全に限定せられることを知った。約言すれば有としての普遍の限定に依るのでなく、無としての普遍の限定に依って、始めて個体が論理化せられるのである。論理は特殊を普遍によって限定することにおいて成立することは、上に我々の見た所である。普遍は述語の意味する所、すなわち主観の意図する志向の充実せられる可能性に外ならない。而して個体はこの可能性を実現する当体たるのである。個体は却ってその否定たる普遍によって媒介せられなければならぬということが、さきに論理そのものの弁証法と名づけた、論理固有の否定性である。主語の窮極的なるものが個体としての実体であり、それは普遍を絶対に否定するものであって、しかも普遍をその媒介として立するもの、すなわち普遍を自らにつき述語せしめ、自らを意味付けしめるものであった。ところでそれが述語せられ意味付けられるとは、そのもの（実体）に対する人間（主体）の交渉の仕方が規定せられることである。意味が人間の意図の実現せられる可能性であるとは、実体に対する交渉の仕方を規定して、その実体に対し人間の意図する所が如何に満足せられるかという方法を指示することに外ならぬ。それゆえ述語が意味を表すということは、主語の表示する実体が我々の交渉する対象なること、それにおいて我々の意図の充たさるべき意志対象なること、約言すれば実践の対象たる物事、いわゆる πρᾶγμα なることを意味する。判断の境位は必然に実用主義的であり、その表す所は行為的であること疑を容れない。而してプラグマが複数 πράγματα として専ら国事を意味した如く、述語の表す所は主として政治的実践の方式であるといって差し支えない。すなわちさきに述べた如く、ヘーゲルのいわゆる客観的精神が判断の述語の本来的意味である。実践を離れ実用から抽象せられた自然科学的認識の判断は、後の産物であって、これから出発して具体的実践の客観精神的規定を構成することは出来ぬ。逆に具体的なるものに依って始めて抽象的なるものもその意味を明にすることが出来るのである。例えば自然科学的概念も、歴史社会に行われる、実験的交渉の方法指導とその処理の結果に対する予想とを表すのであって、その意味する所は実践的であり、従って実用的である。実用主義の論理が実験的論理といわれる所以である。それは論理の生成と機能とを具体的に捉えるものなること否定出来ない。ただ注意を要するのは、そのいわゆる実用の用は、他律的手段的なるものでなく、内在的自律的なるものでなければならぬことである。実践の立場に立つことが、判断の構造、その構成分の本質、を理解するに対し、不可欠なる用意でなければならぬ。行とか行為とかいう立場を、存在の論理、形而上学、の解釈に移入するかの如く見えるのは、

328

実は移入ではなくして、存在の具体的なる地盤を顕わにし、[329]その論理の境位を自覚する自覚存在的解釈の方法に外ならないのである。この方法に依るのでなければ、形而上学は主体的に建設せられない。ところで右の如く述語の概念の意味する所が、主体の意図の、存在によって充実せられること可能なる如き、存在に対する交渉処理の方法規定にあるとするならば、それは存在に対する主体の実践の規準法則を表すといってよい。然るに法則は常に一般的である。縦それがアリストテレスの要求した如く、実体の本質を規定する定義にまで拡充せられ、最近位類へ種差を加えた種の本質規定とせられるにしても、種は飽くまで一般者であって個ではなく、一般的意味規定は個たる存在にまで達することは出来ないのである。この意味と存在との乖離がすなわち、個体の論理の二律背反の核心に外ならない。既にプラトンはイデア分有の問題としてこれに悩まされ、特にソフィステス篇においてこの問題に触れ、論理的分割の極限としての最低種 ἄτομον εἶδος を以て、個体の本質を表すものとし、アリストテレスもこの思想を継承して、個体の本質を論理的には最低種と同一視した。ソクラテスの本質も論理的には人という最低種に止まるのである。しかしこの「論理的には」という制限は、実は同一性論理への妥協であって、その結果は個体存在の論理という要求を放棄することに外ならない。その上この立場で個体に代置するいわゆる最低種あるいは不可分形相というものが、実は論理だけで定まるのではないといわなければならぬ。何となれば、最低とか不可分とかいう規定は論理そのものに属するのではないからである。人というのが生物の最低種であるとは、論理の規定する所ではないであろう。しかもアリストテレスはプラトンの形相実在説を攻撃して、個体存在の実体説をこれに置換えようとするものである。縦論理の光は透徹することが出来ないとしても、なお個体的実体の存在は飽くまで維持肯定せられなくてはならぬ。斯くて彼はその思想の斉合を犠牲にすることを意とせずに、実体を二種に分ち、種的一般者を規定する意味的定義と、更にそれに質料を加えた実体とを区別した（*Metaphysica*, Z.1039b）。前者すなわち意味は、一般者であって、発生も消滅もしない。

それに反し後者は、発生と消滅とを能くする存在である。[330] しかし後者もその論理的理解を容れる範囲は、前者以上に出でない、すなわち最低種に止まるのである。最低種を超えて論理的理解を進めようとしても不可能である。「此」という限定は論理の達し得る所でない。ただ感覚に訴える外ない。故にこれを質料に帰したのである。しかしながらこの様に質料を以て論理の光が透らない個体的存在限定の媒介とするのは、単に形相の可能潜勢態と解せられたアリストテレスの質料概念を裏切って、矛盾的自己否定性を意味したプラトンの後期弁証法における質料概念を密輸入するものに外ならない。抑も個体存在の「此」という限定が、論理の光を透さないというのは、如何なる意味であるか。それは自己矛盾ということでなければならぬ。矛盾を含まず自己同一なるものは、その限り如何なるものといえども論理的に理解せられるのであって、すなわち論理の光が透るからである。それは一般者の限定に属し、定義において捉えられるものである。然るに質料が斯かる論理の定義を逸脱するというのは、自己矛盾的であるからに由るのでなければならぬ。すなわちプラトンがピレボス篇において「大小」「不定の二」といい、ティマイオス篇において場所、錯動原因などと呼んだ自己矛盾的動性不確定性が、質料たるに由る外ない。アリストテレスは右の箇所に、質料が存在と非存在との両方を容れることを言明し、個体が破壊せられ得ることの理由をこれに帰したが、その結果単に形式的に質料を存在と非存在との異時継起的実現、すなわち発生消滅の可能に止まらしめることは出来なくなる。それは実質的に自己矛盾的動性不確定性にまで具体化せられるのでなければならぬ。然るにアリストテレスは斯かる概念の弁証法的性格を嫌って、同一性論理の立場から質料を単に自己同一なる形相の潜勢可能態と規定したのである。しかし或ものが現勢に達せず単なる可能態に止まるには、その実現を妨げる矛盾的原理がそのものに内在し、反対の力としてそれの本質実現の力に対抗するからに由るのでなければならぬ。従って可能潜勢としての質料は、実はその根柢に矛盾否定としての質料を含まなければならぬのである。すなわちこの点においてアリストテレスは、プラトンを超脱するのでなくそれに止まる訳である。果然、質料内在形相（スコラ哲学における forma materiata）ともいうべき前述[331]の個体的実体の本質において、この事を暴露したものと思われる。彼が質料を独立離在するものでなく、常に反対と結合せられたものであるとしたのは、彼のプラトンに対する非難にも拘らず、それに接近するものなること蔽い難い（*De generatione et coruptione*, II, 13sa）。ところでアリストテレス自身が第一実体として個体性を賦与したものは、主として生物であって（無生物には天体とか原素とかいう如き、特に生命を有するかの如く思惟せられたもの以外に、個体性は承認せられない）、それは意志により反対の結果を選び決断する能力を有するとせられた。彼が合理的能力と呼んだのはこの反対の能力である（*Met.* θ, 1046b, 1048a）。合理的というのは、行為制作において意図せられる形相の定義たるロゴスの知を含み、従ってその形相を実現する善の可能と共に、それの欠如としての悪の可能を、反対の能力として含意することをいう。一般に生物の能力は、無生物の自然的傾向の如くに反対を単に形式的に現実の外に予想するに止まるものでなく、実質的に反対を常に相即内在の関係において含蓄する合理的能力でなければならぬ。従って人間の行為実践の能力には、自己矛盾的動性不確定性が内存し、それが人間の個体的存在を成立せしめるというべきである。約言すれば、反対の能力としての自由が、個体的存在の原理であるといわなければならぬ。斯く考えると、アリストテレスの実体たる個体は、生物特に人間であって、それが反対の能力を有する自由意志の主体たるにより、個体的存在たるを得るものと解せられる。それは正に善悪の可能という自己矛盾性不確定性に原理付けられるのである。斯く反対の能力が、上述の如く合理的能力と呼ばれるのは、自らのあるべき定義的理性 λόγος に合一して善であることも出来ると同時に、反対にこれを欠如して悪であることも出来る自己矛盾性に由来する。合理的とは善の謂であり、それは自己の理性に従うことを意味するが、しかもそれは常にその半面に悪の反理を伴い、これと絡み合い結び合わされて能力の可能態を成立せしめるのである。合理的能力は必然に反理的能力であり、善の自由は同時に悪の自由でなければならぬ。この自己矛盾性不確定性が、[332]すなわち個体の論理的不可透性を成立たすのである。約言すれば、自己の定義的理性に反する悪の自由が、定義的規定たる述語に表現することを許さざる、主語の実体的存在の超論理的性格を形造るということが出来る自由は正に自己矛盾の上に成立する弁証法的概念でなければならぬ。判断における述語の具体的意味は上述の如く、社会の通念たる客観的精神の実践的方式にあるとするならば、主語の実体性は、その実践的方式に限定せられそれに合すべくして、しかもそれに背き得る自由の主体たることに、存するといわなければならぬ。斯くて判断主観が実践的主体として交渉する所の客体たる実体は、具体的には、同一社会にありて同じ客観的精神の伝統的慣習法規に支配せられる所の、他の実践的主体である。さきに実体は、判断主体の交渉する実践的事物を意味すると言ったが、本来的には更に、それ自ら交渉の主体たり得るものにして始めて、交渉の客体たることが出来るのであるといわなければならぬ。交渉は相互的であり、実践は社会的たる所以である。斯くて、判断の具体的地盤は全く社会的であり、その表す対象的交渉はさきに指摘した如く、正に政治的実践であるというべきである。実用主義は政治的社会的実践の人間関係を、人と人との交渉関係から人と物との交渉へ拡張した比論的産物に外ならぬ。論理の地盤は却って社会的実践たる政治にあるのである。主語の表す実体と、述語の表す付帯性偶然性との関係は、自由主体とその行動との関係に比論的である。アリストテレスはこの主体的関係を客体化し存在学化して、実体と付帯性（偶然性）、あるいは本質と現象、との関係に構成し、以て存在の論理を建てようとしたものと解せられる。形而上学は存在学として、実存的には、政治哲学の地盤において、始めてその理解の鍵を見出すのである。実存哲学は単なる人間存在論から社会存在論にまで具体化せられなければならぬと、従来私が主張した所以である。いわゆる国家的生物として、社会的政治的実践主体たる人間の学は、単なる倫理学でなくして政治哲学でなければならぬこと、アリストテレス自身の教える所であった。哲学は具体的には政治哲学でなければならない。この点においても彼は師プラトンの思想を継承するのである。彼の考えた実体は、[333]実は本来的には人間主体にのみ当嵌まるのであって、主体と主体との社会的交渉、政治的実践が、判断の本来意味する所でなければならぬ。彼が神的理性たる能動的理性を以て、純粋実体とするのを見るならば、実体の真義が主体にあることは疑うことが出来ない。然るにアリストテレスの性格と環境とは、彼をプラトンに背かしめ、実践を回避して科学的理論的認識に傾かしめた。その結果、観想が人間最高の在方となり、その対象は実践主体としての人間でなく、単に生物としての人間ないし一般に生物となったのである。これに対する主観の態度は観察であって、主体の主体に対する政治的実践的交渉ではない。いわゆる能動的理性といえども、自覚的観想の主観であって、実践の主体ではないのである。しかしこの如くアリストテレスの思想は表面意識的にはプラトンから離れ、これに対する反対攻撃を年と共に益々拡大強化する傾向を有したのにも拘らず、その青年時代に受けた感化影響は決してこれを脱することが出来ず、その思想の隠された根底は依然プラトン哲学に存すること意外に多いのである。プラトンを離れて彼の思想は成立困難であったというも過言ではない。一見彼自身に固有と思われる思想が実はなおプラトン的なるものを多分に含み、動揺推移の裡にあったのである。実体概念は正にその顕著なる実例と考えられる。

アリストテレスにおいて、実体はいわゆる個物としての無生物でなく、意志主体としての生物であるとしても、生物においては、意志の自由は対自的に自覚せられているとはいうことが出来ぬ。自由は生物の観察において認められるものではない。自由はただ自己主体の自覚と、その自覚の媒介において主体的に了解せられる他の主体の存在と、の外にこれを捉える途はないのである。生物に自由を認めようとするのは、人間における他の主体の自由の了解を、比論的に拡張して推定移入する結果に過ぎない。それはどこまでも自己の自由の自覚に媒介せられるのであって、これを離れて他の自由を知る途は存しない。従って生物の個体的存在というも、実は直接に自由なる主体としてこれを知るのでなく、却ってこれに交渉する自己の自由なる個性を媒介とし、自己の自由に希求する所をそれが満足するか否かの可能性に従い、[334]その生物自らがこの反対の能力すなわち合理的能力を有し、従って自由の主体たる如くに交渉せられるのである。それゆえ生物の個体的存在は、これを交渉の対象とする主体の自由に媒介せられるというべきである。この媒介を失えば、生物の存在は種的に止まり、個体的とはならぬ。主体の愛好が種ならぬ個を、選択差別するといわねばならぬ。かの無生物を個別として実体化するのも、また主体の愛好分別を媒介とするものに外ならない。ただそれ自ら自由なる主体として、判断主観たる実践的交渉主体に対立し、主体と主体との社会的関係に入込むもののみ、直接に個体として存在する。実体は主体の自然化、客観的投射に外ならない。本来的には個体存在は、自由の自己矛盾的統一でなければならぬ。然るにアリストテレスはこの様な自己矛盾性を以て、論理の光の透らない質料性に帰し、而して自ら質料と定義的理性（ロゴス）とを弁証法的に統一する実践の論理を有せざるに由り、両者をただ付加的に結合するに止まった。すなわち彼はどこまでも同一性論理の立場に立つのである。その質料の自己矛盾性をも、プラトンにおける如く弁証法的に思惟することなく、単なるロゴスとそれの欠如とに消極化し、悪を積極的なる否定反対から、単なる空虚欠乏に形式化したのはその為である。しかし斯かる形式化は、さきに可能潜勢態の具体的には実質的反対対抗を要求することを指摘した如く、実は実質的積極的対抗を予想して、然る後に、その動力的浸透、積極的対抗の立体性を平面化することを意味する。約言すれば実践的体験を観想化するものに外ならない。しかも斯かる立場に立って自己同一の平面的論理に転化しようとしても、それを容さざる弁証法的否定性が残留し、これを予想して始めて自己同一性論理が可能にせられるという事態が、アリストテレスの存在学を困難に陥れ、論理的不可通のアポリアを随処に認めなければならぬ様な状態に導いたのである。彼が質料を単なる欠如として、ロゴスに付帯的に随伴することが出来るとしたのも、実は斯かる制限の下においてであった。しかしそれは質料を単なる欠如の原理とするのであるから、ロゴスそのものはこれをその媒介とするものでなく、自ら直接積極的に自立するのである。善は、悪を媒介としてこれを絶対否定し、動力的[335]に自由を反対力の交互浸透として、絶対無の行的転換により媒介する、という如き媒介性を、全く欠如する所の直接活動である。具体的には活動というのは、変化運動の原理であって、運動の如何なる段階をも貫通して、先後の対立契機をいわゆる前後際断において絶対否定的に統一し、能動受動の対立的交互作用を否定的媒介の協働に転ずる超越的統一原理であり、従って変化運動を媒介とすることなくして現実となること不可能なるものである。プラトンが存在を能動受動の主体とし、従ってそれを、否定対立の動性不確定性の原理たる質料なしには成立しないものとした意味において、存在の原理たるアリストテレスの本質ないし活動は、質料の運動原理なくしては不可能たるのである。然るに彼は悪を善の単なる欠如とする如く、質料を本質形相の単なる欠如とし、運動を純粋なる活動の未成態とするのである。彼に拠れば個体の善を現定するそれの本質は、本来あるべきそれの存在に外ならない。いわゆる「何でありしかというその存在」τὸ τί ἦν εἶναι, das-was-war-Sein というのは、その謂である。個体的存在としての実体は、斯かる本質として捉えられた。それはさきにいわゆる質料内在形相としての最低種に相当し、而して斯かる最低種は普遍にして個別たるのである。しかも斯様な弁証法的二重性は、同一性論理の能く思惟し得る所でないから、単に普遍の永遠存在と規定せられ、無媒介なる形相としての最低種に置換えられたのである。形相の永遠は、具体的にはただ、質料の動性に即し、変化運動の時間性を媒介とすることによってのみ、思惟せられるものであるのに拘らず、斯かる媒介を欠如するのが、アリストテレスの実体の本質に外ならない。それは前に述べた絶対現実即理想という如き否定的媒介を含む具体的存在でなく、現実の歴史的実体に媒介せられた存在規定でなくして、超歴史的永遠に限定せられた過去的存在たるのである。すなわち単に述語の意味する社会的伝統に合一する非実践的存在に外ならないと解せられる。その存在の過去性は、人間をも観想の対象とするとき必然に要求せられる本質存在の永遠性を、時間に投写したものである。実践が必然に未来に係わるのと反対に、観想は永遠に、従ってこれを古来不変なるものとして未来に対立させれば、[336]過去に、属する。しかもそれを単に永遠の超時間的現在として規定せず、過去として規定した所に、個体の本質が単なる一般的意味の無時間的ないし超時間的永遠に属せずして時間に属し、実践の未来性に対立して過去性を有することを顕わすのである。これは単に未来の時間性を抽象するのでなく、それと対立してこれを否定することを含意する。前に見た如く質料の自己矛盾は形相の存在と非存在との対立を意味する。すなわちそれは非存在の、あらざることを得る可能性を含みて、形相のあることを得る可能性（能力）をあらわすのである。そこで非存在の可能を未来の不確定性に配当し、それに対する存在の優越先行を過去によって表現するのが、本質の過去的規定に外ならない。それは質料の未来的不定性に対し、永遠の既定的確定性をあらわす。アリストテレスはその観想的同一性論理を以て、弁証法的実践の立場において始めて完全に規定せられる交渉的存在を、とにかくも分析論的に可能なる極限まで、精細正確に分析綜合しようとしたものである。我々はその驚くべき思考力を感嘆しないわけにはゆかない。形而上学の実体篇（Z・H・Θ）や統一対立論（I）等の分析は、実にその実例である。彼が個体の本質を質料の未来的欠如可能に裏打せられた過去的既定と解したことは、実は前者を否定的媒介として、立体的に無の絶対現実即理想の限定を以て後者の行的内容たらしむる弁証法を、同一性論理の場面に投写したものに外ならぬ。それがさきに批判した如き困難を含むことは如何にしても蔽うことは出来ないけれども、しかし彼は、分析論理の立場で可能なる限りの、細緻周到なる規定を本質に与えたことは否定せられないのである。しかのみならず彼は更に、斯かる本質を直観する理性の構造機能につきても、隠された弁証法を同一性論理の分析に盛り、同様に分析論理の達し得る極限というも過言とは思われないような、深い思想を提出した。すなわち受動的理性と能動的理性の説、これである。特殊科学においては常識が立脚する所の感覚的知覚を分析して、その単なる皮相的偶然性を去り、混雑せる知覚の対象を真の個体的実体に純化すると同時に、これを類に分類し帰納して類の普遍に媒介せられた論証的体系に組織する。[337]科学は斯かる分類論証にその主たる業をもつ。しかし論証の前提する普遍的論理的原則と、類の普遍が内在する個体の本質とは、何れも論証の予想する所であって論証により知られるものではない。それ等はただ理性の直接なる把握に委ねられるものである。論理の根本原則たる矛盾律排中律は、斯かる直観の対象である。しかしこの様な普遍の頂点というべきものに対し、特殊の極限というべき個体の本質もまた、理性の直接把握に属する。実体の本質は理性の直観する所なのである。我々の感覚は記憶として心に保存せられ、而して反復せられたる感覚の記憶における集積は経験となる。経験は過去を現在に媒介するのである。ところでそれが更に未来の予料にまで及ぶのは、想像力に依る。想像力の内容たる表象が、感覚の個別を超えて一般者を原始的に表現するのである。さて感覚は感覚的対象の形相を、その質料から離れて精神に受容するものであるが、それに対し、表象の表現する多様の一般者を全体的に綜合して、その結果たる個別的形相を、実体の本質として捉えるのは、すなわち理性である。理性は実体の本質をその質料から離れて受容する能力である。それゆえ理性はまず感覚の如く受容作用としてはたらくのでなければならぬ。すなわち理性は表象において本質を受容するのである。この理性の受容作用の側面を受動的理性と名づける。それは如何なる本質の直観においてもその本質と同一化し、対象と作用との協同において唯一の活動を実現するものである。従ってこれは、それ自身に固有の対象的限定を予め内在せしめるものであることは出来ぬ。かくてはあらゆるものになることが妨げられるからである。すなわちそれは斯かる限定を全く欠如して、一切のものになり、それと同化することが出来るのでなければならぬ。しかし理性は斯く一切のものとなる可能性を有すると同時に、それを媒介として一切のものを作る能動性を有するのでなければ、受動的理性の能力を現実ならしめる動力因を欠くことになる。この能動的側面がすなわち能動的理性に外ならない。受動的理性の能力は実は能動的理性の活動を前提し、それを原因とし根拠として始めて運動において現実となるのである。前者が後者の媒介となるのは思惟に対しての関係であって、自体的には逆に後者が[338]前者の原因たるのでなければならぬ。理性は実体の個別的本質を限定する一般者を、総て絶対に否定してこれを無化し、従って自己を完全に空ずることにより、一切の限定を極め尽して個体の本質を能動的制作的に実現する。それゆえ実体の本質は理性の生産的活動の自覚以外にはない。理性の自覚が即実体の本質生産活動なのである。能動的理性が実体の本質であり、純粋実体であるという主張は、すなわちこれに依る。アリストテレスは、芸術的制作において一切の成心を捨てて自然に同化することにより、これを模倣し補足する人間の制作活動と比論的に、生命の物を作る活動を考え、その活動の自覚がすなわち物の本質を観る作用に外ならざることを認め主張したものと思われる。斯様に生産活動の自覚が実体の本質であるから、主観の自覚と実体の本質とは同一生命活動の両面となり、作ると観るとは理性において同一に帰するわけである。理性のこの能動的側面は、感覚に束せられず身体と外界物質との束縛に制約せられずに、自在に物を生産しこれを観ずる。否、これを観ることがすなわちそれを生産することであるから、物の本質が理性の自覚に合一するのである。斯く自在に物の本質を生産的に限定するものなるが故に、能動的理性は不死不滅の永遠超在であり、神と同一である。ただ人間においてはそれが常に受動的理性を媒介とし、これは更に想像力の媒介を必要とするが故に、人間理性は身体感性を媒介とするといわなければならぬ。すなわちそれは超越的にして同時に内在的たるのである。

　アリストテレスは理性の生産活動を生命の根本活動とし、それを芸術的制作の比論において考えたことは疑う余地がない。彼の用いる概念も引証する実例もこの事を根拠付ける。しかし受動的理性と能動的理性の深き思想も、弁証法的媒介を根柢に予想してこれを分析論的に綜合表現しようとしたものとしてこそ、始めてその真意を捕捉し得るのであって、この根柢を認めることなく単に表面的に彼の所説を理解しようと欲するならば、忽ち矛盾と逆説とに拘われて脱する途がなくなる。中世以来理性の内在と超越とに関して惹起せられた、*De Anima* の解釈に関する論争は、全くこれに起因するといわなければならぬ。私はもちろん今この様な歴史的研究に立入るつもりはない。ただ当面の必要に従って、アリストテレスの理性の弁証法を追究するばかりである。まず受動的理性と能動的理性とを、それぞれ別のものとし、一は人間に属し他は神に固有なるものとして分つ解釈は、到底維持することは出来ない。斯様に二種の理性が本来分離して存在するものであるとするならば、それは如何にして同一理性の概念に包括せられるか不可解でなければならず、更に両者が何を媒介として関係せしめられ相結合せられるかを理解する途がないからである。アリストテレスの真意が両者の弁証法的関係にあり、而して斯く解してこそ彼の深き思想が始めて生きるのであることは、予め疑うことは出来ないと思う。受動的理性を自らは自性空無にして一切になるもの、而してそれを媒介として却ってそれの動力因たる能動的理性が一切を作るものとしてはたらく、と規定せられた理性の両側面は、正に否定即肯定なる弁証法的構造を端的に表すものといわなければならぬ。両者は二種の理性として分立離在するものではなくして、同一理性の否定的肯定的両側面であり、相媒介して唯一理性の活動を成立せしめる契機というべきものである。しかしそれでは両契機の媒介関係というのは如何なるものであろうか。これを否定即肯定の弁証法的関係というだけでは、単に形式的概念を置換えただけであって、実存的なる理解にはならぬ。却ってこの形式的概念規定が、内容的実存的解釈を要求するのである。我々の上来の論理解釈も、斯かる実存的立脚地、すなわち具体的にいえば、宗教的政治的なる社会的実践の主体としての自覚という立場、から試みられたものに外ならない。アリストテレスは受動的理性を、自性空なる絶対可能というべきものとし、その媒介の上に能動的理性の生産活動を設定したのであるが、既に媒介という以上は、両者は離れ離れのものでなく、初から分たれて統一せられ、統一せられてしかもそれぞれ独立なる如き、不一不二の関係を有するのでなければならぬ。自性を空じて一切になる否定作用が、一切を自ら作り出す能動作用に転ぜられるのが、弁証法的転換の核心である。転換とは、前者が後者の媒介となり前者から後者が転化出現すると同時に、前者の根柢に[340]あって初めからこれを動かしていた後者が現れ出で自ら現成する、二重の運動の統一的に相即するをいう。それゆえ受動的理性の空無化が、能動的理性のはたらきに外ならないのであって、理性の自性を空じ無になることが、同時に一切を自ら作る活動の自己否定面たるのである。まず自己を空じ無になって後に、これを準備として次に作る活動がはたらき出す、というのでは否定即肯定の転換にはならぬ。然らずして、一々の否定空無化が、互に否定し合う力の対抗浸透として張り合い、彼でもなく此でもない、絶対の否定たるものにはたらかれて起るが故に、一切が無に帰することは、すなわち一切が生かされ作り出されて彼でもあり此でもあること、になるのである。自己の限定の内容を全く否定するというも、否定する作用が残存する限り、完全な否定無化に達することはあり得ない。完全なる否定においては、却って否定作用も否定せられるのでなければならないから、その完全なる交互否定そのものが、絶対の否定として自らを積極化し即肯定としてはたらき出す。すなわち絶対否定の原理としての絶対無が、否定即肯定として自ら現成するといわなければならぬ。これ能動的理性が受動的理性の原因として原理上それに先だちつつ、却って後者を媒介としてはたらき、後者を通じて実現せられる、といわれる所以である。総て是れ弁証法の絶対否定転換媒介の動力的構造に由来する所であって、我々は更にこれを他から演繹することは出来ない。ただ自ら行証する外ないのである。しかし弁証法的否定の動力的作用は、アリストテレスの芸術的制作ないし生命的生産の直観を以て解明する能わざる所を、ただ行証的にのみ解くものなることも否定出来ない。同一性論理は平面描写的であって、内奥に深徹することはあり得ない。深さの第三次元はその立場では消滅して、ただ運動の結果起った静力学的均衡が、平面的幾何学的に表現せられるばかりである。この結果に至る運動過程の動力学は、ただ制作活動とか生産活動とかいう概念によって総括的に表され、否、寧ろ被われる外ないのである。特に空無化が即産出であるという弁証法の核心は、同一性論理の分析の到底捉え得る所ではない。何となれば分析は否定的対抗の浸透を要素に分つ結果、自己矛盾的転換を並存的継起に投写する外ない[341]からである。制作とか形成とかいう芸術的ないし生命的活動は、もはや論理の透ること能わざる直観に属するとせられる所以である。しかし動力学的体験の右に述べた如き対抗浸透ないし転換は、あらゆる内容がその矛盾対立者に貫徹せられると同時に自らこれを貫徹して、一切交互に対立契機を内に懐き、それであると共にそれでない、否、それであるのでもなくそれでないのでもない、絶対転換に支配せられることを行証せしめる。方法論的にいっても、生物学生理学は、物化学に還元せられ、而して物化学は物理学に、物理学は動力学に、還元せられるのが、今日の趨勢であろう。しかも動力学は変分法に依る仮想変位の方法によって、幾何学的空間をプラトン的質料空間に化し、同一性論理を弁証法に媒介するのが、近代科学の行き方である。古代の数学に対する近世の数学の特産物たる解析は、これに対する方法に外ならない。弁証法は芸術的ないし生命的活動の直観によって解せらるべきものでなく、実践の動力学的行証によって解せらるべきものである。アリストテレスの理性の弁証法が、非弁証法的分析論に置換えられる結果、生命的生産の直観に帰せられる外なかったのは是非もない。而して前述の行為的直観の説も所詮アリストテレスの樊籠を出るものでないこと、既に我々の見た通りである。

　ところでもし理性の活動を制作形成として解するならば、これを限定する原理は質料を全体として配列する形相以外にはあり得ない。すなわち最低種を以て個体を代表せしめるのがその結果である。しかし種相としての形相である限りは、同一性的であって自己矛盾的であることは出来ぬ。有理数的算術的であって無理数的（切断的）解析的であることは出来ぬ。すなわち合理的であって非合理性を媒介にもつものではないのである。換言すれば、比例均衡の調和に止まり、絶対現実即理想として非合理を合理に転じ、必然を自由に化する死復活の道ではないのである。自己を無にするとか自己が無になるとかいうその自己が、依然として存続するから同一性を脱しないのである。これを絶対矛盾の自己同一といって見たところで、自己同一なるものは「私」として生き続けるのである。直観の立場に立つ限り、[342]いかに行為の媒介であるとしても、死復活の転換はない。直観の全体的立場は、形相化の過程を極限まで徹底し、質料を否定し尽して意味の立場にこれを理念化せんとするものに外ならない。依然として目的論的観念論を超えないのである。カントの示した如く、芸術と生命とがこの立場に立つものなることは否定し難い。直観せられる無は、実は無でなくして有である。直接無媒介なるものは、いかに無と呼ばれても、有であって無ではないのである。理性の空無性は自らを無媒介に空ずるものであることは出来ぬ。それではどこまでも空ずる自己が残留する。ただ空ずる自己もまた否定せられ、一切が交互に否定し合う絶対否定の底に死して、転換的に復活再蘇せしめられるからこそ、無の現成として、如何なる有の直接性にも汚染せられることなき超越性清浄性を保ちながら、絶対現実即理想の内容をもって現実に内在するのである。それが如何なる質料性にも汚染せられず、物質身体を離れて自在に存するのは、有でなく無の現成だからである。しかも無は必ず有を媒介として現成するのであるから、その有が存在する実体の本質となる。斯くて個体の本質は意味的形相を漸次特殊化してその極限に最低種として達せられるものではなくして、逆に行の絶対否定的転換として一々の現在に必然に限定せられる絶対現実即理想の内容が、無の媒介たる有として本質となるのである。それは行において信証を通じ自覚せられるのであって、無媒介に直観せられるのではない。行が観を限定するのであって、観が行を限定するのではない。行為的直観の説の不徹底にして、プロティノスの思想の透徹に如かない所以である。一般に同一性的抽象の立場から弁証法的矛盾事態を構成することは出来ぬ。有理点を以て直線の連続を構成することは出来ないのと同様である。反対に連続が媒介するによって、自己矛盾的動的要素たる切断が、絶対現実即理想的に行証せられるのである。しかも絶対無の行的媒介として限定せられる主体的自己の無即有なる復活的存在が、その行の習慣性に化するに従い、主体的本質を形相として種化する。すなわち種から個的実体が発出せられるのでなく、逆に個体からその習得性としての種的形相が、自己疎外的に習慣として抽象化せられるのである。それであるからこれ[343]を意味する述語は、社会的伝統として主体の行的実践の社会的慣習にまで沈澱したものを表す訳である。もしこの伝統慣習の方から個体の本質を限定しようと欲するならば、後者の自己矛盾性は全く無媒介に前者たる形相に付加せられたものとなること、さきにアリストテレスの二種実体の説に就いて見た如くである。それは到底弁証法的媒介を正しく捉え得るものでない。しかも無は飽くまで有を媒介とするのであるから、個体の本質が行的に自覚せられる為には、却ってそのあらゆる種的形相的限定を否定的媒介とするのでなければならぬ。これを絶対否定する行によってのみ、それは主体的に個体となる。実体は正にそれを限定する過去的規定を、社会的伝統において有するのでなければならぬ。判断の主語が表す実体が、まず一般に、交渉的存在として実践的事物を意味すると解せられるに拘らず、その個体存在の自己矛盾性すなわち悪の自由は、それ自ら実践の主体たることを本来意味しなければならぬことは、我々の上に見た所である。その立場において認められる所の実践的事物は、すなわち主体と主体とが交渉する媒介基盤としての社会的伝統以外にはない。換言すれば、政治的実践の基盤たる社会的事物が、すなわち実践的事物たるのである。プラグマの複数プラグマタが、特に国事を意味した所以である。個体の本質が永遠なるものとして時間的には過去的存在とせられ、過去以来不変不滅なるものと看做されたことは、上にアリストテレスの思想として我々の見た所である。しかしもし今我々の解する如く、個体の行的内容がその本質を成すものであるとするならば、直接なる過去的存在が本質となるのではなく、その絶対否定的媒介が本質となるのである。永遠は有でなく無でなければならぬ。有は常に変化消滅を免れざるものである。すなわちそれは常に過去に向って過ぎ去るものであって、永遠に常住するものではない。常住する永遠者は無の外にはないのである。それこそいわゆる永遠の現在である。しかもそれは行において未来を過去と媒介し、理想を現実に媒介する限り、永遠の現在たることが出来るのであるから、その意味において循環的に過去を媒介するといい得る。実体の本質が過去的存在であるのは、斯かる意味においてでなければならぬ。[344]恰も自由が未来に係わりながら、過去的に絶対現実を即理想として媒介する限り、過去既存的であると思惟せられる如きものである。無の媒介たる限りの有が、過去的にしてしかも未来に媒介せられて永遠性を獲得する。それが実体の本質たるのである。過去的存在とは絶対無の媒介としての有、あるいは逆に無によって媒介せられたる有の意でなければならぬ。それがこの媒介を失えば、それこそ文字通り過去的となり過ぎ去れるものとなる。それはもはや主体としての個的実体でなく、種的慣習に外ならない。主体の行為が習慣に化し伝統に支配せられるものとなるならば、それはもはや個体の自由なる行でなく物質的自然の運動に化する。無即有の主体的存在が有即無の方便存在に転ずるのである。主体は、伝統の現状維持に安住するものでなく、革新の絶対否定行を実践するものでなければならぬ。その限り個体として、実体の自由なる内在即超越性を有するのである。アリストテレスの理性は真実にはこの如き行的主体の自覚でなければならぬ。いわゆる受動的理性と能動的理性とは、別々の理性として並び存するものでなく、同一なる理性の否定的側面と能動的側面として、否定即肯定的に媒介せられ、絶対無の現成として無即有の転換媒介たる実践の主体となる限り、超越即内在の統一において自覚せられるのである。従って彼の思惟した如く、無媒介なる純粋観想としての「思惟の思惟」が、いわゆる純粋形相純粋活動として神化せられることは、単なる同一性的理念の構想に止まり、中間存在たる我々の実現し得る所ではない。我々の実践は飽くまで現実の運動を媒介とする、絶対現実即理想の転換であり、絶対無の弁証法に従って自覚せられ、同一性的にでなくただ逆説的にのみ陳述せられる所の、行信の内容たるのである。これを純粋観想の同一性的直観に齎そうとすれば、プロティノスの霊の自覚に至る外ない。いわゆる行為的直観は更にこれを一層自己中心的自力的に近代化したものである。しかしこれ等が、アリストテレスにおけると同様に、芸術的ないし生命的形成に止まり、現実の政治的実践の、宗教的行信に依る弁証法的自覚に達するものでないことは、既に今まで述べた所で明にせられたと思う。更にこれを繰返す必要はないであろう。

六　論理の実践的構造の基盤としての種

[345]個体の本質は、その個体の属する種的社会の伝統を媒介として、その絶対否定により限定せられる。絶対否定とは否定作用そのものも否定せられる謂であるから、否定する主観を、否定せられるものの外に残留せしめることは出来ぬ。主観そのものも客観化せられて否定せられるべきものの内に入り、総て否定せらるべきものが交互に否定し合いて絶対の否定に入り、ただその絶対否定の原理としての絶対無のみ、その交互否定の浸透に依る否定のはたらきそのものの能動性において、新しき有の媒介を見出し、それを通じて自ら現成する。それがいわゆる存在の本質である。それゆえ本質は一々の現在において絶対否定的に限定せられ、その限定の媒介として、過去的伝統が種に通ずる慣習的規則として入込む。それは我々がその個体に交渉する場合に予想すべき当該個体の在方を規定する。すなわち述語概念の有する意味である。種の形相、種相 εἶδος これに外ならない。個体の本質は斯くて種の形相を通じて限定せられるものと思惟せられる。個体は常にその属する種的社会の伝統慣習を媒介として限定せられることが、論理的には、主語の表す個体的実体は、述語概念の表す一般的意味によって規定せられる、ということになる。無生物、物質的自然物、を主語が表す判断においても、その個体性と、述語概念の意味する一般的種相とは、判断主観の交渉的実践を通じて、右の如き意味に還元せられる。これ判断の実存的地盤が、社会的実践にあるといった所以である。[346]約言すれば個は種においてある。形式論理が最も形式的無内容なる論理的関係として、総ての命題をこれに還元しようとした包括 inclusion 包摂 subsumption というもの、これに外ならぬ。而して種の中に就きて、

更により一般的なるものを類と呼び、より特殊的なる種を、それが包括包摂すると考えた。斯くして類種個という三様の実体が、一般から特殊を経て個別に至る順序に配列せられ、而して個のみ第一次的実体として自立実存し、類と種とは第二次的実体として、第一次的実体を根柢に予想する意味的存在とせられたのである。従って類と種とは、より一般なるものと、より特殊なるものとして、単に比較的に区別せられるに過ぎない。観られる形 shape という意味からは、類も種も形相として種相 εἶδος, species と呼ばれ、個がそれから発生する血統種族としては類 γένος, genus と称せられた。個を包括する静的客観的即自的一般者は、類種に拘りなく英語で general といわれるわけである。それに対し英語の universal というのは、動的主体的対自的普遍の謂であって、正確には両者互に区別せらるべきものである。もちろんギリシャ語の τὸ καθόλου、ドイツ語の das Allgemeine の如く、一語で両方を表すことも出来るのであって、英語（あるいはフランス語）においても、必ずしも両者が厳密に区別せられること常であるとはいい難い。しかし論理的には、前節に述べたような、絶対否定的実践的主体の転換媒介を含む所の対自的普遍の統一は、単なる静的即自的一般者の客観的存在たる generals とは区別せられて、動的に転換的に、矛盾対立者を自己に否定的媒介として綜合する統一として、universal（unus + versus）というべきである。それはもはや静的場所的一般者でなく動的実践の統一であるから、主体的個に相即する。ヘーゲルが判断においては、普遍と個別とが互に区別せられながら同時に同一である、という所以である（Hegel, *Encycl.*, §167）。いわゆる具体的普遍、これに外ならない。この konkretes Allgemeines を英語に翻して concrete universal とはいうも、concrete general といわないのは、genera 一の即自的抽象性が具体的と規定することを許さないからであろう。universal こそ対自的全体的統一として、具体的に行的主体の個別において成立するのである。而して逆に個体は斯かる全体の絶対否定的媒介としてのみ成立つ。個体は行的に全体を代表するによって[347]個体たるを得るのである。ヘーゲルに従って判断は、「個別が普遍である」という形式を有すると、解せられる所以である。ライプニッツの単子が窓なくして自己の内から自発的に全宇宙を表出映写するのも、それが絶対否定行的なることによって始めて可能となるものと解せられる。自己を否定して全体への愛に還相する大行が、全体即個体の具体的普遍を成立せしめる。斯かる還相愛が具体的普遍の内容である。その成立が普遍と個別、全体と個体との相即たる、否定的媒介の統一に存することは、その弁証法的構造を明瞭に表す。抽象的一般と特殊とは、反対として並立し互に排し合うが故に、却って自ら反対者の位置に顚落することは、さきに述べた類種の相対関係において示されているが、具体的普遍の行的統一においては、全体即個体であり普遍即個別である。これ弁証法的たる所以である。この両者の区別は、正にアリストテレスの範疇に対するプロティノスの範疇に相応する所がある。プロティノスはアリストテレスの範疇論を、エンネアデス第六の初めに精しく批評し、その不備欠陥を指摘して、次にプラトンのソフィステス篇における存在の類を論じ、これをプラトンの場合より一層体系的に解した。それがいわゆる霊的存在の類であって、中世の超越的範疇 transcendentalia もこれから出たものである。その特色は、既にプラトンの所論が、非存在も存在であるという弁証法を中心としたことから知られるように、全く弁証法的であって、更に存在（有）の外に、動と静、同と異を加え五つの類を分かった。（中世では有、一、善、真を超越的範疇とするのが常である）。何れも矛盾的対立者を媒介とし、自らを否定することによって同時に対立者を否定して、絶対否定の綜合的統一に転ずるのである。無即有、動即静、同即異、一即多、悪即善、偽即真などといわれる弁証法的統一が、真に具体的なる存在を規定する範疇となるわけである。しかしこの統一を観想的に実現しようとすれば、プロティノスの霊観に依る外ない。それは既に前に批評した如く、愚者凡夫の与るを得ざる、智者賢者の特に恵まれた瞬間に限るものとならざるを得ない。[348] ただ絶対無の媒介として他力行的に懺悔を行ずる主体としてのみ、我々もまた無即有の統一に入り、弁証法的範疇を実現するのである。その存在の類としての普遍性は、正に行信の主体たる個体に即して実現せられ、全体即個体たるのである。いわゆる存在の類の、類という普遍そのものが、同時に個別として、主体の行において始めて自覚せられるといわなければならぬ。

しかしこの様な普遍が具体的普遍として個体と同一でありながら（右のヘーゲル引用と対照せよ）、しかも飽くまで対立的に互に区別せられるのは、即自的種相が媒介として両者を区別しながら統一し、統一しながら区別するに依る。種が個に対しては一般であり従って類種の別なくgeneralといわれ得るに拘らず、同時に種は種に対する特殊specialとして種別を意味するのは、個体を全体から分離疎隔する所以に外ならない。個はまず種に依って限定せられ、他の種に属するものと分界せられた上で、その種の範囲内において、却って自己を否定的に媒介することによって、個即全として全体的普遍を実現する。是れ個の自己否定に依って、その属する種そのものが絶対否定せられて類化せらるることにより、個はその種の他の種に対する対立分界を超えて、他の種に属する個と共同の関係に入り、類の全体を実現する。いわゆる閉じられた社会としての種が、個の絶対否定行により、類の開かれた社会にまで開放せられるのである。ただし、独創的な見解によってこの二重社会の説を立てたベルグソンの考える如く、両社会は観想的に媒介せられるのではなくして、個の実践により絶対無に媒介せられるのである。全体即個体の類的普遍は、無の現成でなければならぬ。この普遍をプロティノスの存在の類における如く絶対的全体規定として類と称するならば、それにおいて種の種に対する特殊的排他的対立性が、却って立体的に媒介統一に転ぜられ、類即個の具体的普遍が実現せられる。斯かる類は種を媒介としながら、却ってこれを絶対否定的に媒介するものとして、どこまでも種と在方を異にし、決して相対化することを許すものでない。ただ個の実践的主体性喪失と共に、対自的なる類（個）が即自的なる一般者としての種に顚落し、同時に他の種に対立するものとなり、自己疎外的に分裂して全体的統一を破り、種の対立を現わすのである。[349]それが更に類の統一に転ぜられるのは、ただ主体的個の実践に依る外ない。

類と個の相即統一は、実践の媒介としての種の限定に依ると同時に、種の種に対する特殊化対立が、類の全体的統一を破り個を自己疎外に陥れる。斯くて個はその個としての主体性を失って、即自的存在に化し自らまた種となる。個の種に対する対立は同時に種の種に対する対立なのである。一般に内部対立は同時に外部対立と相即する。従って個の自己疎外自己分裂は、類の自己疎外自己分裂に外ならず、共に種の即自存在に顚落して、特殊相互の対立に陥るのである。斯かる対立的種を統一するのは、形式論理の考える如く単に類の包括であることは出来ぬ。例えば種の過去的規定と未来的規定、社会の革新主義と反動主義、有産階級と無産階級という如き対立は、単にそれぞれを抽象的に包括する類概念を見出したところで、それによって統一に齎されることが出来ないのは火を見るより明ではないか。斯かる実践の否定的媒介なき観想思惟が、単なる概念の反対対立ならぬ、実的動力的対立を実践的に意味する所の矛盾対立をば、統一に転ずることが出来るわけがない。否、実は、矛盾において対立する種を同時に包括すべき類概念が同一性的に思惟せられることは、元来あり得ぬのである。ただ行的実践的統一としてのみ、類即個の弁証法的普遍が思惟せられるに止まる。しかしもしこの様に類即個の弁証法的統一が、行的にのみ実践せられるものであるとするならば、類の全体はただ実践において絶対無の現成としてのみ成立するのであって、それは常に実践の主体たる個を媒介としこれに相即するのであるから、一度個の行を離れて観想せられるべき存在となるならば、類の無的全体性を失って有たる種の特殊に堕する外ないこと明である。而して個もまた同時に、自己否定なき直接存在として、この種に矛盾的に対立する種となる。種は種に対し矛盾的に対立するによって、類と個を相互に疎外し、同時に自らこの両者に対立する、否、この両者を同様に対立的なる種に顚落せしめるのである。種の特殊性は類個の自己疎外にして、同時に類個の分離対立の媒介である。種の類に対しまた個に対する関係は、飽くまで否定的であって、同一性的に観念化することを許すものでない。換言すれば、実的[350]動力的対抗としての物質性が、この関係を原理付けるのである。今日の新物理学の物質観が旧時のそれと異なり、単に同一性的に分類配列せられた一般的類の体系でなくして、力学的に分極する対立原理の相補的統一を、力場と原子的存在との相関に組織するに、実験的行為と記号的表式とを以てする所の、行的弁証法をその方法とすることは、これを実証するものと言ってよい。その求める普遍性はどこまでも主体的なる否定的実践的統一なのである。それが主観の愛好的実用的特殊性を抽象して、全く無私公平なる立場そのものを自由に選び取る所の、自己否定的主観の実験的行的構成の成果たることは、旧き実証主義の思惟経済的分類、平面的観想なると本質を異にする。それはアリストテレスでもデカルトでもなくして、プラトンの質料概念を要求するのである。

プラトンのフィレボス、ティマイオス両篇の質料概念は、一見相異なる如くに見えるが、前者は倫理的に行為に即して「大小」「不定の二」として規定せられ、後者は宇宙論的に自然創造に就いて「必然」とか「逸脱原因」とか規定せられ、また総ての形相を受容すること、乳母の小児を懐に抱き取る如き受容者あるいは場所、と規定せられたのである。この最後の規定は神話的であって論理的でないから、行的媒介を離れて契機を直接存在化する傾向に陥ることを警戒しなければならないが、これを行の媒介たる無の否定性一般と解すること前に述べたアリストテレスの受動的理性の如くにすれば、その真意を実践的に理解することが出来るであろう。「不定の二」と逸脱原因とは、一は形成質料的であり他は生成運動契機的であるが、何れも有即無の否定態たるに由り、前にアリストテレスの質料を批評した際に述べた如くに、動力的対抗として解せられる。力は力として常に反抗反動を裏面に伴い対抗緊張においてのみ存するから、形成の原理たる比例的均衡の一に対し不定の二となり、また生成運動の逸脱原因と解釈することが出来るわけである。[351] これを「必然」というのは、存在が総て矛盾を含み反対に転化する必然性を有すること、換言すれば生滅生死の運命に繋縛せられること、を意味するものと解せられる。無の自由自在に対する直接存在としての有の、前者が永遠不変なるに対し生滅転変を免れざる必然をいうのであろう。個は行の主体として無の媒介たる限り永遠に参するが、有として物質肉体の繋縛を受ける限り、種に化し、質料を含みて生死に堕する。これが我々の自然存在の免れ難き必然の運命である。すなわち質料が「必然」といわれる所以である。更に自由の否定的媒介として、シェリングがプラトンの質料に相当するものとした概念である、「神における自然」とか「諸力の分離」とか、更に闇の原理とかいわれるものが、右の如き行的実践の否定契機としての種に相当することは、理解するに必ずしも困難ではない。何れもシェリングがヘーゲルの理性主義的観念論に対して強調した実在的対抗力を本質とするのであって、悪の原理となるものである。しかもそれは却って善の原理たる絶対否定の行的自由を離れては、善に対する悪の現実たる意味を有しないから、単に悪の可能の原理とせられるだけである。悪の現実は善の現実と相即して、それの否定たる実践的自由の放棄を意味する。すなわち必然を自ら選み取れるものとして肯うことにより、これを超えるいわゆる運命愛の自由を行じ行ぜしめらる、のでなく、運命の必然に繋縛せらるることに甘んずる惰性的怠慢が、悪となるのである。フィヒテが Trägheit を原罪と考えた所以である。怠慢の原理たる惰性は、すなわち物質性である。それは個の無的実践を、種の有的存在に自己疎外せしむる原理である。物質の繋縛に拘われこれに従うのは悪に外ならない。しかし悪は善なき所に自立する存在ではなくして、常に善と相即し、善の半面としてのみ存する、意志行為の積極的可能性である。絶対否定的なる行が、無を原理として成立するその半面に、常に自力的自己満足の為の行為がその裏を張り渡す。それが悪である。無の媒介たる有として個が、類即個の相即において成立する半面には、それが媒介を失って自己疎外に陥る可能性を必然に伴う。故に個の意志は善を欲して却って悪に堕する傾向を免れることが出来ぬ。善ある所必ず悪がその裏面に存する。光の射す所に必ず闇が伏在する如くである。それは個の存在に根原的に伏在するが故に、根原悪と呼ばれる。シェリングの自由論は、カントの宗教論を承けて、根原悪の説を展開したものに外ならない。これを宗教的に霊に[352]対する肉、形而上学的に精神に対する質というわけである。この悪の積極性をはっきりと認めることが、ヘーゲルの如き理性主義の観念論に対するシェリングの思想の長所であって、弁証法はこの様ないわゆる観念実在論あるいは実在観念論を要求すること否定し難い。しかしそれが二元論にならぬ為には、悪が善の自己疎外として否定的契機に止まること、あるいは無に対する有の惰性なることを、忘れてはならぬ。況や唯物論として物質の精神に対する優先を主張し、意識に対する存在の原因性を想定することは、明白なる弁証法の否定であり、行的実践の放棄である。弁証法は飽くまで絶対媒介的であり、絶対無の転換の上に成立するのであって、観念的でも唯物的（実在的）でもあり得ない。実践に対し物質の契機が積極的に認められなければならないと同時に、その否定的媒介としての行の絶対無的構造は、ただ無即有として観念的精神的にのみ自覚せられるのでなければならぬ。種も単なる物質ではなく、却って精神の否定として固定せられた意味的存在たるのである。意味は心と物との否定的媒介統一たる実践の指標に外ならない。それが心と物との中間的存在として成立する所以である。述語の表す種相これに外ならない。プラトンの中期イデア論において真実在と認められたイデアが、その実践的主体性を失い、全個相即の無即有なる超越的媒介性を喪失すれば、すなわちこれに堕する。いわゆる概念の基体化である。アリストテレスが主体的実体論の立場からこれに反対したのは、当然であるといわなければならぬ。しかし彼が悪を単に欠如とするのみならず、一般に質料を可能潜勢態として同一性化したのは、後のヘーゲルの先駆をなすものであって、観想の観念論に傾くこと否定出来ない。実践の弁証法は放棄せられ、自己矛盾的個体的実体は不可解とならざるを得ないわけである。しかも個別的実体が、全即個として主体的に成立する為には、その否定的媒介として種の基体的存在が必要なることも争い難い。彼が基体を一方において質料と解し、他方において類と解するのも、それが自己矛盾的対抗力の相互浸透であることを通じて、個の主体に対する種的一般の平面的並立性を表すことに依るのではないか。自然科学者の物質と称するものは、[353]実はこの如きものに外なるまい。ベルグソンが解した物質もこれに近い。とにかく斯かる基体が物質的否定対立性を含んで、主体の無的全即個の統一に対し媒介となることが、必要なのである。いわゆる非連続の連続の如き概念を以て、全即個、普遍即個別の統一を思惟するも、その無の行的媒介は必ず同一基体の持続と転換とを要求するのである。もしこの基体の連続が転換を媒介とすることがないならば、いわゆる非連続が無媒介なる無となり、却って直接なるものは総て無でなく有であるに由って、有となってしまう。それは決して非連続であることは出来ない。あたかも無の場所が無媒介である限り、無でなく有に転ずると一般である。ただ基体の有即無に媒介せらるるに依ってのみ、主体の無即有が成立する。数学者が連続の要素としてデデキントの切断と称するものは、斯かる弁証法的逸脱転換の平衡緊張としての連続基体の、行的主体化における個別の象徴に外なるまい。この様な連続基体の方便存在が、行の媒介として存立する所以である。愛の還相は根原悪の我性の懺悔に媒介せられてのみ行ぜられる。煩悩なくして涅槃なく、パトスなくしてヌースある能わざるも、同じ理に由るのである。

しかしながら同一基体の持続というのは、自然科学が同一実体の持続を前提し、またそれに準じて唯物論が同一物質の基底的存在を主張する如き意味において、同一性的持続を意味するのではない。弁証法的にいえば、同一性というのが、有即無、無即有の転換還帰を意味するのであって、逆に同一不変の基体があり、それに対し外から否定が加わって弁証法的運動が惹起せられるのではないのである。基体の持続というも不動不変の基体の同一性的存在をいうのでなくして、基体そのものの否定的運動の交互性、否定の相互浸透を意味する。その基体の内実は空間的延長でなくして動力的対抗である。故にその如何なる内容も自の内に必ず他を含みて緊張し、転換還帰において均衡を保つ。その均衡の保たるる限り同一性が認められるのであって、それは形相的でなければならぬ。連続の要素としての切断は行的にこれを無化象徴する。その半面には質料の否定対抗がこれを裏付ける。故に質料（物質）の持続存在が転換的に形相の[354]媒介統一を含み、形相の同一性的持続が質料の否定転換を媒介とするのである。その形相化は却って無の絶対媒介の行的実践において成立すること前述の通りである。デデキントの切断はこれを象徴する。故にそれは、質料の否定的対立緊張を絶対否定する全即個の統一を意味するのである。種の形相は、質料の有即無なる否定的転換を媒介とする、個の無即有なる主体性の、自己疎外に外ならないから、種は形相即質料、質料即形相という転換的動態でなければならぬ。斯かる種の動態が主体の個即類、類即個なる実践的統一を媒介し、現実は不断の基体即主体として、その裏面は主体即基体なる否定疎外に張り渡される。前者の開放は後者の閉鎖と相即するのである。後者の物質性は前者の精神性の契機としてのみ成立すると共に、精神は物質の否定性なくして現成することはない。物質的基体は精神的主体を媒介する媒介者として、自ら自己を否定的に自己に対し媒介する自即他、他即自なる転換的循環態でなければならぬ。その自己における否定転換が、対他的否定転換の媒介たるのである。絶対無はこの相対無というべき自己疎外的媒介者を媒介とすることなくして現実となることは出来ない。種の自己否定的媒介態こそ、無の絶対媒介の媒介者でなければならぬ。今日の理論物理学の研究の焦点は、波動的力場と粒子的存在との間を媒介すべき中間契機（わが湯川粒子の代表する中間子も斯かるものと解せられるであろう）の確定にあると思われるが、その研究の困難は、あたかも種が類即個、個即全の媒介として自己否定的媒介態であり、不断の隠見起伏に曝される如く、それが変動変換に曝されるからではないか。しかもこれを明確に規定することは、両者何れの場合にも弁証法的急務であると思う。

七　実践の宗教性

[355]右に述ぶる如き絶対媒介の弁証法においては、全即個の主体が、その無即有なる実践的転換において成立する裏面を、種の惰性的質料が自己疎外として張り渡すに依って、いわゆる根原悪をその存在の根元に含み、従ってそれはその特殊なる行

の全体を通じ、行そのものの否定的媒介として根原悪の赦免、それからの救済、を媒介すべき懺悔の契機を含まなければならぬ。懺悔なくして無の行はあり得ない。懺悔は行の不可欠なる基礎的契機たるのである。懺悔は特殊なる宗教的行為でなくして、いわゆる罪悪深重の凡夫、根原悪の繋縛を免るる能わざる悪人、にとり、絶対の大悲に与らしめられ、その救済の行に参加協働せしめらるる還相行の、絶対に必要なる条件であり、その普遍的契機である。これなくして宗教的実践はあることが出来ぬ。それに対し具体的なる実践の内容たる特殊的限定は、種の否定的媒介に依るのであって、それは前に述べた如く社会的実践の媒介としての社会的基体に外ならないから、これを一般的に政治的と規定することが出来る。我々の実践は宗教的行の側面において懺悔主体を成立せしめ、政治的行為の側面において社会的基体を媒介として含む。この両側面が基体即主体、政治的行為即宗教的行として媒介せられ、有即無、無即有の転換を成立せしめるのが、すなわち具体的実践である。従って政治的社会的基体なくして実践はあり得ない。この政治的基体をヘーゲルの如く単に人倫的基体と考えるのは、すなわち観念論の一証徴であって、実践的弁証法の理解に反する。それが観想の同一性に堕し、発出論的論理の独断に陥ることは、さきに見た如くである。種の、社会的物質的[356]というべき自己否定自己媒介、を認めず、政治的実践の具体性を閑却する観念論は、実はその表面に現れた宗教的傾向を裏切って、安易なる存在の現状維持に止住し、自己満足を固執する我性の惰性的根原悪に繋縛せらるるものに外ならない。それは悪しき意味において唯物論的であり物質主義的なることを免れない。宗教の堕落が極端なる物質主義を導くことを顧みるならば、思半に過ぐるであろう。これ物質の、契機として不可欠なる意味を有する所以を閑却する結果、無自覚的に物質主義に顚落するのである。しかしこの物質的契機の重要なる意味を認めるということは、決していわゆる唯物論の立場に立つことを意味するものでないことも、もはや言うを要せぬであろう。それは今まで幾度も繰返し述べた所である。実践の契機としての種的基体は、単に人倫的観念でもなく、さりとていわゆる社会的物質そのもの（例えば生産力という如き）でもない。それは形相と質料、意味的存在と物質的規定、の交互転換相即である。もちろん種は類即個の否定的媒介者であって、それ自身で無の主体的現成を成就するものではない。飽くまで実践における絶対無に対する媒介として、相対無ともいうべきいわゆる有即無である。これを自己媒介というも、媒介の実現完成をいうのでなく、無限に実現を求める可能傾向をいうのである。しかし斯かる可能傾向としては、それは自らを自らに否定的に媒介する自己媒介ともいうべきものであって、いわゆる自己疎外が即自己媒介である所に、種の媒介者たる性格が成立つのである。これを無視することが、前述の如き無媒介なる無とか無の場所とかいう観念論を生ずる。私は弁証法が斯かる種の自己媒介を、絶対無の媒介として必然に要求することに鑑み、種の論理を以て弁証法の性格を表すものとするのである。

　さてこの様な種が、あるいは観念論的に客観的精神ないし人倫的基体として、あるいは唯物論的に物質として、認められはしても、右に述ぶる如き自己媒介として、論理の媒介者と認められることがなかったのは、それが判断の形式的要素に表現せられ得ない、隠れたる媒介者たるに由ると考えられる。[357]個は主語によって主体的実体として思惟せられ、類は述語によって主体的全体として意味せられる。その両者の個即全という媒介が、「個別は普遍である」という判断の公式に表されるのである。ところで判断の繋辞たる「ある」という語は、形式的に表現せられることさえ省略せられ得るものとして、主語や述語の如き判断の主成分とは認められなかったのである。その「ある」という語の意味が問題として闇黒の中に残され、あるいはストアからブレンターノに至る、判断の心理的特殊作用をそれによって表すとする見解においても、その論理的媒介ないし存在学的意味に至っては、殆ど全く不明のままに残された観がある。しかしブレンターノがこの作用に判断の本質を認めた如く、判断の媒介がここに潜在することは否定せられないのであって、アリストテレスが判断を主語と述語との結合（あるいは分離）と定義した場合にも、主語と述語との外に繋辞の表す第三の要素が判断にとって不可欠なることは、必然に承認せられたわけである。この第三要素の内容が、種の自己媒介であって、それが同時に主語と述語との否定的媒介を媒介する。繋辞「ある」は、個即全の実践的転換統一が、この種的自己媒介を通じて成就せられることを、他力行的に信証するはたらきの表現に外ならない。その根柢には無の媒介としての種的基体の転換が伏在する。それは主語の表す実体や述語の表す意味の如く表面に顕わるることなくして、常に有即無として生滅起伏し、右両者の間に出没隠見するのである。あたかも精神の指導統制の下に我々の身体を形造る物質的要素が結合せられる、その結合の媒介が、表面に顕わるることなくして心身の統一に伏在する如くである。ライプニッツは形相と質料とのこの心身的結合の媒介をいわゆる実体的紐帯 vinculum substantiale の名で呼んだものと思われるが、種的基体は歴史世界の全体における一種の実体的紐帯ともいうべきものに相当するであろう。それは無の媒介としての有たる自己媒介に外ならないから、これを単なる有的存在として捉えることが出来るわけはない。ただ実践の否定的媒介ないし生命の転換還帰として主体的に信証せられるに止まる。主体的に行信証するとは、却って基体の主体化せられ無に転ぜられることを意味するのであるから、それは存在の客観的認識において捉えられぬのが当然である[358]。心身の関係や、有機体の生的統一を、因果関係や並行関係で現定しようとしても、全く本質を逸する結果に陥るのは已むを得ない。これ等の統一関係は、無の弁証法に依りただ主体的にのみ、行信証せられる外ないのである。すなわちそれは、正に勝義において形而上学的なる関係であるといわなければならぬ。何となれば、それは有でなく無に係わり、同一性論理を超えて弁証法に属するものだからである。種は正に生命の有即無、無即有の転換還帰なる否定的循環に比すべき自己媒介に外ならない。それは循環還帰なる限り閉鎖的でありながら、否定転換である以上は創造的開放的であるのでなければならぬ。閉鎖即開放なる自己媒介として絶対無を媒介するのである。生命というものは弁証法的には種の自己媒介的循環統一を意味するであろう。それは類即個の実践的主体の媒介としてのみ具体的に、有即無の転換における自己媒介の循環的均衡を意味することが出来る。もし一度この無的行的媒介の逆説を離れて、自己同一的なる存在としてこれを捉えようとすれば、すなわち唯物論機械論に趨く外ない。しかしそれが同時に生命の本質放棄を意味することも縷説を要しないであろう。生命は本来主体的に自覚せられ逆説として陳述せられるべきものであって、これを離れて客観的有として認識し記述することは出来るものでない。種はこれを弁証法的に自己否定自己媒介の転換的均衡として概念化するに止まる。判断の繋辞は斯かる生命を自己の中に潜伏せしめるのである。それが発現して、始めて個体即全体の判断を成立せしめる。ヘーゲルは判断を概念の特殊化個別態とし、而して概念を無限形相として端的に活動的なる、いわば全生命の躍動点 das punctum saliens aller Lebendigkeit (*Encycl.*, §166 Zusatz) であると形容した。その概念はすなわち、判断の全即個なる主体化の媒介として種的基体を意味し、その生命の否定的躍動点として全即個の尖端がそこに現れるものと解せられる。種の生命基体が「一切のものは判断である」(§166) というヘーゲルの幽深なる提言を基底付けるのである。判断は種の論理によって始めて、その弁証法基底を顕わにせられると思う。これを単に場所的包括によって理解せんと欲する如きは、全く弁証法の地盤を無視する形式的[359]同一性論理の抽象見に外ならない。それが国家社会の政治的実践に係わりなき芸術的文化主義の独善に陥るのは当然でなければならぬ。斯かる立場は却って表面上示す所の宗教的要求をも、根元にまで徹底追究することなきため、芸術主義の自足慢心を脱することが出来ぬ。そこでは他力行信の転換に出る媒介の途が杜絶せられているからである。種の基体は決して単なる直観を容れる如き平滑静穏の自己同一的平面ではない。それは不断に自己を自己において転換せしむる有即無の力的対抗、波瀾起伏である。シェリングがプラトンのティマイオス篇の質料を、大浪逆捲き湧き返る海洋に比した所以である。芸術の制作においてさえ、アランは、主観の形成に対する素材の抵抗の必要なることを強調したではないか。

弁証法的世界観にとっては、ヘラクレイトス主義の争闘転変観は不可避である。さればこそ、主体の無即有なる成立も、無の不断の現成であり、自己同一的固定的存在であることは出来ぬのである。しかも個の主体が主体として成立し、無の媒介としての有として立せらるることは、半面においてそれの種的基体への顚落の傾向を含意するから、この根原悪に対する不断の懺悔が、行信の基礎として要求せられるのである。種の基体の転換性は、個の主体の懺悔性と相即する所以である。両者を自己同一的直観に依って直接無否定に統一する如きは、思も寄らない。これは全く弁証法の逆説性を無視するものといわなければならぬ。

　従来私は、倫理の個別的意志決定に対し、一般法則的なる倫理的法則が一義的限定を与えること不可能であるという論理的二律背反のみならず、更に倫理そのものの二律背反というべき、いわゆる義務の衝突なるものが、それに不可避の障礙となることに注意した結果、二律背反の葛藤中に自己を放下して七花八裂の裡に自己を散乱せしめ尽せば、死滅した主体の跡へ絶対現実の統一方向が客観の方から現出して、それの実現を、復活した主体に向い課するにより、死復活の主体に対し絶対現実の内容的規定が成立する、というように考えた。我々が倫理的意志決断において迷いに迷い、悩みに悩む極限において、自己を滅尽すれば、現実の方から自然に決定せられるその必然が、即自由として選び肯われる[360]ことに、実践的自由が成立すると思惟したからである。しかしこの考にはなお、種の基体の媒介と、それによって免れ難く繋縛せらるる我々の根原悪と、に対する自覚の欠けていたこと、従って絶対無の、飽くまで無として我々の存在の有性に超越的に対立し、決して絶対即相対としてこれを自己同一化することを許すものでないこと、換言すれば、我々の有として存在することを許されるのは、ただ無即有として超越的絶対無の媒介となる限りにおいてであって、絶対の絶対還相というべきその絶対媒介性が、大悲として愛として我々の存在を根原悪にまで貫き救うのであるから、我々はただ懺悔の行信において不断に転換せられ、自ら相対的還相愛において絶対の媒介となり、それに協働せしめられて協働する限りにおいてのみ、救済を証することが出来るのである、という他力的行信証に徹しない点に、重大なる欠陥のあったことを告白しなければならぬ。この論文はこの欠陥を補正する為に書いたのであって、なお幾多の不備を免れないとは思うけれども、右の点には多少の進歩改善を認められるであろうことを庶幾するものである。而してこれと関聯して、絶対に対する行信証としての宗教と、種的社会を基体とする政治的実践の内容たる国家と、の関係に就いても、更にこの新しい立場から、従来の思想に補正を加えなければならぬのは当然である。最後にこれに触れることにしたい。

歴史的宗教は実際には種々の教義をもち、多様の形式を備へているが、私は独断の嫌がないではないけれども、自分自身の貧しい体験に基き、浄土真宗とキリスト教との著しき親近に鑑みて、他力行信証の核心が、一般に宗教を成立せしめる原理であることを信ずるものである。而して両者が阿彌陀仏とかエホバとかいう人格神を信ずる有神論の形をとっているに拘らず、その神仏の内容は絶対無、絶対転換、絶対媒介などという弁証法に外ならない、その否定的媒介が絶対と相対との超越的対立を最後的に動かすべからざる要求とするが故に、同一性的内在的汎神論は[361]許されないのであって、その超越神論の要求と、絶対媒介の還相性が無の媒介としてどこまでも有を認め、その根原悪をもなお救済赦免する大悲の愛をその超越神の本質とする信証の体験とが、絶対を対立的主体として人格に定立せしめる、その本質的原理は無即愛という逆説弁証法的体験以外にはないと思う。面して絶対還相の媒介として無即有なる存在を容さるる人間の還相性が、人間実存の原理であって、その死即生なる復活の真理は、キリスト教において特に徹底せられたものと思われる。実存とは宗教的には復活存在として生きながら死に、死人となりて生きることに外ならない。その生の内容は他の実存の媒介として神仏の絶対還相に参加せしめられそれに協働すること以外にはない。しかも他の実存主体の教化救済に参加することが実践の目的なのであるから、実践の肯定面はこの還相性にあると同時に、その否定面は上に説いた政治の社会的実践でなければならぬ故、この両面が相媒介すること以外に実践の内容はない筈である。私が上来宗教と政治との実践的媒介を説いた所以である。宗教的愛の還相、交互的教化の協同が、社会存在の原理であって、この開かれた社会の絶対媒介に対し、閉じられた社会の相対媒介たるのが、すなわち上述の種的基体に外ならない。無は必ず有を媒介とし、決して有を発出するものでないから、開かれた社会の絶対媒介は、人類社会から宗教的に、閉じられた社会としての相対的国家社会を発出限定することを意味するわけにはゆかない。却ってそれは国家社会の種的基体をその媒介とするのでなければならぬ。宗教が原始的には社会的政治的性格を自ら帯びて、閉じられた社会の存在そのものに固有なる特殊種族的限定をその内容とすることはこれを示す。トテミズムの如き原始宗教の比較研究をなした宗教社会学や人類学のこの点に対する貢献は、甚だ大なるものがあるといわなければならぬ。而してこの様な種族社会の宗教性が、該社会の頽落解体を機縁として否定せられ、斯くてその否定性が更に否定転換せられて、絶対否定の立場が宗教的天才によって開顕せられるに及び、現世的なる閉じられた社会は神国浄土的なる開かれた社会に転換せられ、前者の専制的支配は民主的政治に変革せられて、いわゆる政教分離が行われる。しかも分離は必ずしも疎外を意味しない。却って分たる、が故に媒介せられるのが、具体的なる弁証法の要求である。今日の政治は世界[362]宗教の還相愛に媒介せられて、人類救済に参加するのでなければならぬ。これはもちろん宗教の立場から国家政治を直接に限定し、前者から後者の制度を演繹する如きことを意味しない。現世の社会制度は歴史的現実の要求に従って定まるのである。しかし現実の実践的積極面は、却ってその歴史的種性の絶対否定として絶対現実即理想的に定まるのであるから、それは宗教の絶対無を原理とすることなしに成立するものではない。而してこの無の実践によって、個の自主自由が宗教的に原理付けられ主体化せられると同時に、個即類、全即個として、人類的普遍が相即的に現成せしめられるのである。斯かる類即個の媒介として、実践的に絶対否定せられる限りにおいて、種的社会が自由民の政治社会として自治的国家となる。国家においては統治即自治として、民主性が政治の欠くべからざる要件たるのである。民主主義なくして政治がある能わざる所以である。而して国家も宗教的無の媒介としての有、すなわちいわゆる方便存在として、有即無の否定的存在たる限り、同時にその種的限定を超え、却ってこれを媒介として人類的普遍性に参加する。文化はこの立場に成立するものと解せられる。それは種の媒介を抽象し国家を解体して、個人の無限に多くを成員とする全体的集団を、時間的空間的にいわゆる世界として組織することを意味しない。どこまでも種を媒介として、これを絶対否定する実践により、宗教的無の現成たる国家的聯合の世界的統一を成すことで足りる。具体的には、空間は常に限定せられた地域であり、時間はこれを媒介とする国家ないし国家的聯合の、政治的建設的実践における歴史的転換統一である。その結果成立する国家的聯合の統一を、世界国家というも、既に今日の民族国家が聯合的なること、アメリカ合衆国の例に見る如くであるから少しも妨げない（cf. Bryce, *The American Commonwealth*）。ただカトリック教会の如き階層的統制組織として唯一の普遍的世界国家を思念することは、民族国家さえも聯合国家としてその多元性が主張せられるに際し（cf. Laski, *Grammar of Politics*）、到底十分の根拠を見出し難いであろう。けだし中世のカトリック教会は古代のローマ帝国の政治的統一を基盤として、その上に超越的上層建築として構成せられたのであって、しかもそ[363]れは神聖ローマ帝国の崩壊、近代国家の分立と共にもはやその統一権威を失墜しているのである。その様な統一が将来再び現代国家聯合ないし多元的世界国家の上に現出するとは考えられない。その代に実現せられるのは、今日既にその萌芽を発生している国家聯合の、宗教的絶対否定に依る世界的統一ではないか。もし果してそうであるならば、いわゆる多元的国家論の機能主義的功利説的相対性はそこに揚棄せられて、相対即絶対の媒介的立場が成立するであろう。それが政治と宗教との媒介統一としての具体的実践の立場であると思う。弁証法はその媒介の論理に外ならない。

さてこの様な絶対媒介の論理に拠るとすれば、国家は飽くまで政治的宗教的実践の内容として否定的に媒介せられ、有即無なる転換の各瞬間的平衡以外にその存在を有することは出来ない。それは実践において不断に新にせらるる革新内容としてのみ、相対即絶対の否定的媒介性を有することを得るのである。然るに国家はその相対的絶対性を確保する為に、いわゆる法治国家として法の普遍的規範に従い統治せられることを要求する。あたかも種の媒介性が、その肯定的側面において、いわゆるイデアの客観的存在に普遍化類化せられようとする要求をもつ如く、国家の否定的媒介性も、その肯定的側面において、法として普遍化せられ類化せられる傾向を有するのである。それが有即無の否定性を原理とする半面は、どこまでも有を媒介として要求する結果、それ自ら自己同一的存在として基体化せられる傾向を含まざるを得ないのである。あたかも個の主体が無即有として、実践的否定においてのみ復活的に存在を容さる、に拘らず、直接存在として種的特殊性に執着する我性の繋縛に由り、根原悪を脱すること不可能なる如く、国家もその直接存在の法的恒久化を求める傾向を脱する能わず、従って国家の否定存在が種的基体の直接存在に顛落する可能性を必然に免れ得ないのである。これは国家存在の根原悪ともいうべきものであって、国家の存在そのものが、宗教的には悪であるといわれる所以である。あたかも人間存在が必然に悪であるといわれるのと一般である。しかもこの根原悪は、絶対が[364]絶対無として、その媒介に有の存在を容し、これを絶対転換して愛の還相を実現する如く、更に人間の相対的還相に対する方便としての国家を、それの自ら恒久的に有化せんとする根原悪にも拘らず、容認するところの、どこまでも無即愛の絶対媒介たる絶対無の否定性に属するのであって、それは個の懺悔に依る如く、懺悔に依り救済せられる外なきものである。個人が宗教的救済に依って最後の安立に達する如く、国家もまた宗教的救済に依ってのみ、その相対即絶対の媒介的存在性を獲得する。国家の絶対性は、原始宗教の直接同一性から、世界宗教の絶対否定性に至るまで、宗教を根拠とすること、その弁証法的構造の必然に属するといわなければならぬ。国家と宗教とは、否定的に対立して却って相互に媒介せられるのである。これを二元並立的に解するのも、一元的階層に配列するのも、共に弁証法の無視であって、必ず自己矛盾に陥らざるを得ない。ただ矛盾を肯って自らその中に死し、却って復活に転ぜらる、実践的主体のみ、その否定的媒介の関係に参することが出来る。しかもその行信証は、決して自己同一的に直観することを許されざる、懺悔道的逆説的なるものでなければならぬ。宗教に対する国家の関係もまた、懺悔道的にのみ正しく逆説として理解せられるのである。

然るに私は最近までこの道に入ることが出来なかった。私の分別知的執着の根強さは、これを許さなかったのである。その為に絶対無に参すること能わず、宗教と国家と、共にその弁証法的理解を逸せざるを得なかった。私は宗教的立脚地における人間の根原悪の自覚と、それに対する懺悔とに到る能わざると同時に、国家の自己矛盾性を十分認めることが出来なかったのである。前の場合に倫理の立場を固守して、それがいわゆる実践理性の二律背反の窮極的核心たる根原悪に撞着することにより崩壊せしめられることを悟らなかった如く、後の場合に法の正義を固執して、法そのものの恒常と変易との矛盾という二律背反が、国家の法的正義を毀っことを顧みなかったのである。私が超道徳的超善悪の宗教的絶対無性と、超法的超国家的なる宗教の大悲愛とを、感得することが出来なかったのはその為である。[365] 倫理的国家すなわちいわゆる道義国家の安易なる理念を以て、基体即主体の転換的統一を把握し得るかの如くに錯覚し、いわゆる倫理主義の理性的立場を固守しようとしたのはその結果である。しかし深刻なる現実は、自己と国家との間の逃れ難き矛盾によって、両者を同時にそれぞれの限界に撞着せしめ壊滅せしめた。そこから懺悔道としての哲学は生まれたのである。而して特に国家の自己矛盾性が、その否定的存在性を紛れもなく示す。元来国家がそれの統治において人間の自由を制限する限り、それ自身の本質上悪であるという思想は、宗教的人道主義の立場に立つ無政府主義の幾度か提起した所である。それは確に深き真実に触れるものといわなければならぬ。しかし私の倫理主義はこれを見ることを妨げた。今や私はこれを明に認め、国家の根原悪ともいうべき限界を率直に指摘しなければならないのである。ただしその意は無政府主義に賛するということではない。あたかも人間存在の本来的根原的に悪なる所以を自覚することが、自殺を意味しない如くである。宗教的信仰は懺悔の行が死を復活に転じて、絶対の大悲を証せしめることの信頼に成立する。正にその様に、国家の根原悪は国家破壊の無政府主義革命を結論せしめず、却って根原悪の懺悔に絶対の救済的愛を信証せしめる。それが種的基体の行的主体化に含まるる宗教的意味である。この転換において、国家の法は否定せらるることにおいて肯定せられる。キリストが、「律法を毀つために来れりと思う勿れ、毀たんとて来らず、反って成就せん為なり、天地の過ぎ往かぬうちに、律法の一点一画も廃ることなく、悉く全うせらるべし」という所以である（マタイ伝五章一七～一八）。しかも彼は同時に、律法学者の義に勝る義なくしては、天国に入ること能わず、と明言したのである（同二〇）。これはシュヴァイツァーの解する如く矛盾ではなくして（Schweitzer, *The Mysticism of St. Paul*, p.115）、正に弁証法的というべきものに外ならぬ。パウロが厳しく律法の救済力を否定して、愛を霊の最高の賜物としながら、しかも愛こそ律法を完成するものであるというのも、また同じ趣旨であろう（ロマ書二章～七章、一〇章、一三章）。約言すれば、愛は法の絶対否定に外ならない。国家の法的正義はただ人類愛の還相的宗教性によって、形式的価値性から内容的価値性に転ぜられ、社会生活の消極的なる規準から積極的なる歓喜へ媒介せられるのである。もちろんこれは国家と国法とが、宗教の愛なる目的を果たす為の手段であるという意味ではない。媒介は手段とは違う。前者は後者が目的に従属するのと異なり、媒介せられるものに対する他者として自存するのである。しかも自即他、他即自として、絶対他者と対立しながら、それを自己の存在の肯定に対する否定的前提たらしめるのが、媒介行である。それは絶対無の転換によって成立するのであって、目的手段の同一性的階層秩序とは全く異なる。却って媒介は交互的でなければならぬ。故に絶対媒介といわれるのである。愛も法の媒介でありそれの否定的完成者であると同時に却ってそれの否定的媒介として法を予想する。もし国家国法の自己矛盾的二律背反がないならば、主体の宗教的行信に対する媒介としての、懺悔への動機、はあり得ない。浄土真宗が懺悔の宗教なることは改めていうまでもない。キリストの山上の垂訓にあらわれた新しき教も、シュヴァイツァーの解する所に拠れば懺悔であった (Schweitzer, *The Mystery of the Kingdom of God*, p. 94f)。然るに懺悔は根原悪の二律背反に撞着するによって起る。その砕かれたる魂の自己放棄の媒介たるものは、国法の絶対規範性と主体の自律的自由との間の矛盾に外ならない。律法の革新超越としてイエス、パウロの宗教は起ったのである。親鸞の悪人正機の教も、また倫理を宗教の媒介とした。愛は法を媒介とする。法に対する矛盾葛藤、国家と自己との対立なくして、自己の我性を自覚し根原悪を懺悔して愛に還相する機縁は与えられない。愛の絶対無性は無媒介には実現せられぬのである。愛から法を演繹し、人類から国家を限定することは出来ない。斯く考えるのは発出論であって絶対媒介の弁証法ではないのである。国家は宗教の媒介として不可欠でなければならぬ。しかしそれは、国家が高次元に高められて宗教に登り、人類世界に拡大せられて法から愛に至るという如き、無否定なる一般化が、同一性的に国家を宗教化するという如き意味でないことは、もはや繰返し説明する必要がないであろう。国家においてもその存在の根元に潜む根原悪の自覚と、その懺悔とが、必要なのである。私の従来の所説は、この点に関し抽象的なることを免れなかった。その為に国家絶対主義の傾向を誘致したことも否定せられない。[367]縦それは国家の理念に就いての規定であって、現実の国家に関する論議ではなく、況や或特殊国家の原理付けに係わる如きものではなかったとはいえ、しかも斯かる目的に利用せられる可能性あるものであったことは、争うことが出来ぬ。私はこの欠陥を告白しなければならない(この点に関し南原繁氏の著書『国家と宗教』二九五頁〜三〇九頁の批評は、私にとり最も啓発的であった。記して感謝の意を表する)。それは畢竟私の理性主義的倫理主義の自是慢心に発したものに外ならぬ。私の懺悔道が未だ発展せしめられる恵に浴し得なかった為である。今や私は懺悔を新にして、より具体的なる真実に触れさせられた恵を感謝し、これを展開することを試みなければならなかったわけである。最後に注意したいと思うのは、今までも類似の場合に見た如く、弁証法的媒介の契機を無視し観過するときは、その契機を欠く抽象的思想は、必然に弁証法の否定運動に動かされて、却ってその観過した契機を顧わにし、而してその契機が、それによって媒介せられるべき筈の概念を横領する為に、その契機に拘束支配せられるのを免れないことである。例えば右に述べた如く、私の思想が懺悔における絶対無の媒介に依って宗教的行信証に覚醒せられない間は、無が超越性を欠く為に、一方においてそれが個の主体を横領して、却ってその絶対性が個の主体に内在化同一化せられると共に、他方において無は種的基体と同一化せられて却って国家が絶対化せられる傾向を免れなかったのである。しかも絶対無の媒介が欠如する為に、個の主体と種の基体とが否定的に媒介せらるる能わず、同一性的に結合せられ、単に個人の国家による限定、主観的精神の客観的精神による規定、のみが重要視せられて、反対の実践的政治革新の方向が軽視せられた。ヘーゲルの観念論が発出論の傾向を有することに並行して、政治上の非革新的現状維持主義に陥ったことは、その顕著なる実例である。国法の正義は宗教の絶対真理に包摂せられこれから誘導せられる限りにおいてのみ妥当する、真の人倫は宗教の結果であるという如き（*Encycl.* §552）、発出論でなくて何であろう。彼の、いわゆる宗教的と批評せられる傾向が、実は真に宗教的ではなかった為に、国家が絶対によって横領せられ、しかも却ってそれ自ら絶対化せられて、我々の主体的支配を脱し、逆に我々を拘束支配するものとなったのである。一般に実践に対する否定的媒介として認められる契機は、実践において主体化せられることにより、我々の自由に転ぜられる。その反対にこれを見失えば、却ってその契機が、その無視せられた復讐に、我々を抑え拘えて我々を支配し、我々の自由を奪う。国家の絶対化は斯くして起るのであって、私の右に告白した従前の思想も、ヘーゲルと異なり革新主義を強調したものであったに拘らず、国家絶対主義として理念的当為に陥り、実践の地盤としての社会的基体そのものの否定性変革性を無視する傾向を免れなかったのである。畢竟それは、絶対の超越的無性に対する他力行信の宗教的契機の、欠如に由来する。今これを告白してその欠陥を多少なりとも補正することが出来たとするならば、同時に絶対普遍と主体的個体との関係に就いても、補正する所がなければならぬわけである。すなわち絶対を絶対無とする弁証法の立場は、無即有たる我々個体の本質を、決して同一性的に絶対と同一化することを許さぬ所以を、我々は徹底的に自覚しなければならぬのである。絶対を絶対他者として飽くまで我々有限相対者に否定的に対立せしむることをなさず、同一性的に全体と部分との関係において連続せしめるのが、いわゆる神秘主義であるのはいうまでもない。更にこれが弁証法と相反する所から、いわゆる絶対矛盾の自己同一として、その絶対矛盾性に弁証法を維持しようと欲する立場といえども、それを自己同一として直観し得ると主張する限りは、なお神秘主義の傾向を脱しないのである。「絶対矛盾の」という限定を加えられても、自己同一は自己同一であって、他力行信の懺悔的転換的統一ではない。弁証法の逆説性は直観において消滅しなければならぬ。「行為的」という規定を冠するも、直観は直観であって信証ではない。世界の行為的直観的形成は、還相愛の主体的交互媒介に依る絶対無への協働奉仕とは、全く行き方を異にする。芸術的表現形成において、神の世界創造に自己を擬せんとする人間の天才的慢心は、他力行信における懺悔主体の極重悪人の自覚とは、全然正反対なるものである。後者の宗教的立場においては、神と人、絶対と相対、の同一化は如何なる意味でも許されない[369]。両者の同一性を直観することは不可能なのである。是れ両者を媒介するものは絶対無の外にはないからである。絶対無は直観することを許すものでない。何となれば直接的なるものは有であって無ではないからである。どこまでも絶対無は絶対他者として、我々相対者を超越し、これと同一になることはないのである。しかも絶対無は絶対媒介であるから、その教にも相対者を媒介とし、その行にもまた相対者を媒介とする。絶対無の真実を教えるために絶対そのものの媒介となりて、これに協働奉仕するのは、宗教的信仰における先進者、わけても宗教の開祖であり、更に絶対の行に媒介となるのは相対者の行為実践である。後者が自己矛盾に陥り、自己放棄の懺悔行に転換せられることにおいて、絶対の大行は他力行として行ぜられる。その行を内面的に裏付ける信は、いわゆる「如来より賜はりたる信」として、先進者の教に媒介せられるのである。斯くて他力行信としての懺悔が、宗教的行として絶対と相対の間を媒介する。而してその転換的統一は、決して自己同一として直観せられるものでなく、ただ自己の救済への感謝報恩が、自ら先進者として後進者へ絶対の大慈大悲すなわち神の愛を伝達する教の、負担者たらんとする還相行にはたらき出させられることにおいて、超越的なる無が内在的に証せられるのである。しかし懺悔は無限に進み、その進行運動と救済の既成安息とが相即するによって、常に既成即未成として動即静の循環に止まるのであるから、教行信証の統一も飽くまで弁証法的であって、その否定媒介を超脱して自己同一の直観に達することはない。これを可能とするのはただ、神と自己とを同一化する慢心倨傲に外ならぬ。どこまでも超越的対立的なる無の媒介として、その存在が否定せられながら、しかもそれが転換復活せしめられて愛の統一に支持せられるのが、他力行信である。この無即愛なる逆説的不可思議の体験が宗教の核心であって、教行信証というのはその展開に外ならない。この愛の統一における媒介を内から体験して内在というならば、超越即内在という転換が、信証せられるといってもよい。しかしそれはどこまでも他力行における転換的統一として、不断の懺悔と相即する。この行信証の外に、絶対を証する途はない。自己同一[370]の直観は弁証法の僭する能わざる所である。その陳述は逆説に止まらなければならぬ。直観主義は自らを絶対者と同法一視して自己を神仏に擬する賢智の哲学である。それに対し弁証法は、飽くまで相対的有限者なることを忘れず、謙虚に懺悔を行ずる愚者凡夫の、愛における無の転換の自覚である。この他力行の信証を措いて絶対に参する道は我々凡夫には与えられない。一切が絶対の絶対還相愛によって、絶対に媒介せられるのである。ヘーゲルが絶対媒介を以って神の本質とし（Hegel, *Begriff d. Rel.*, S. 206）、それを愛と解したのは（S. 221）、全く正しい。彼の欠点はこの真実を徹底せずして、観念論の自己同一に顚落したことにある。我々はどこまでも弁証法を徹底して懺悔道に深入しなければならぬ。この道によってのみ、超越的絶対他者に摂取せられ、それに参加することが許される。愛の分れて即き、即きて分れる不可思議のみ、神と人、人と人、の繋がる関係である。弁証法はこの不可思議を、理性の思議に媒介する行の自覚に外ならない。いやしくも自己同一の観に立たんとするは、すなわちそれからの逸脱である。哲学はそれによって宗教的愛の不可思議を、神秘主義なる中間物によって理観に化すると共に、自己矛盾に陥り救済に遠ざかる。哲学の最後の問題は、その最後の問題を、どこまでも最後の問題として、哲学と共に無限無窮に保つ方法の自覚にある。これがカントの批判主義を、理性批判から、その批判の主たる理性そのものの批判にまで徹底せる、私のいわゆる絶対批判の立場に外ならぬ。絶対批判の論理が弁証法であり、その行が懺悔である。どこまでも二律背反に徹し、これを運命として他力行的に愛し肯う懺悔の道が、すなわち絶対批判の弁証法である。それは七花八裂の絶対分裂であり、死復活の転換である。それにおいてあらゆる概念は自己矛盾的に分裂し、一切の立言命題は二律背反に対立飜転する。そこでは如何なる立言も確言的に主張せられることは出来ない。すべてが反語であり逆説である。ただこのような分裂転換を愛の恩寵として肯い、それに報謝する愛に還相し還相せしめらるる懺悔者のみ、弁証法を体得するものとして、矛盾に死んで矛盾に生きるといわれる。絶対批判はただ死復活の途においてのみ、他力的に行ぜられるのである。[371] その自覚の方法が弁証法たる所以である。そこには自己同一は観想せられ主張せられる余地がない。すべての自己同一的体系は断念せられ、ただ批判の媒介としてそれが否定転換せられるのみでなければならぬ。これ絶対批判である。カントの理性批判の如く二律背反を避けて体系の前に立竦むのでなく、敢然二律背反に身を投じ、体系の七花八裂に身を任せて、一度死して絶後に蘇る復活の懺悔行者が、すなわち絶対批判者たるのである。不断に生死の間を動き、剣刃上に身を躍らせて、死即生の転換を行じ行ぜしめらるるもの、これ絶対批判者である。哲学は斯かる批判者の危き道である。自ら構想し形成した概念的表現の世界に、観想の自己満足を貪る者は、概念詩の詩人ではあっても哲学者ではない。哲学者は宗教家と共に、現実国家社会の改革者であり、批判者として常に少数党に属するのでなければならない。その不遇迫害は当然の運命である。ソクラテスの道こそ正に哲学者の道である。プラトニズムが哲学の精神でなければならぬ所以である。ところでプラトニズムの弁証法においては、非有も有であり、有も無である。しかもこの弁証法と共に、一即多、動即静、同即異なる転換は、ただ絶対無の統一において他力的に行ぜられるのみであって、それ等が矛盾の自己同一として観想せられ体系を根柢付けることは、あり得ないのである。これ等の弁証法的対立の統一は、正にいわゆる超越的範疇に属し、ただ実践的に行ぜられ逆説的に陳述せらるるに止まり、自己同一的に観想せられて体系を組織する内在的範疇であることは出来ぬ。プラトンの法制篇は体系ではなくして、絶対現実即理想の立場における国家批判に外ならない。種の論理も斯かる意味における批判主義の哲学として、弁証法を徹底するのでなければならぬ。私は従来の私の不徹底を懺悔して、懺悔道的に種の論理を検討し補正しようとしたわけである。アリストテレスは、哲学が知識究理であることを要求するに対し、弁証法は単に批判に止まると言って、両者を区別しようとした（*Met.* Γ 1004b）。しかし彼の要求する如き知識は、ただ神にのみ帰属するのであって、人間の能くする所ではない。人間の哲学は弁証法に止まり、絶対批判以上に出で得ない。その立言はすべて逆説的であって、自己同一[372]的であることは出来ない。キルケゴールの逆説弁証法というものこれである。しかもそれが宗教の行信証に媒介せられて能く知識の用を果たすのである。アリストテレスは十分に宗教の独自なる立場を認めなかった。従って彼の哲学は正当には、科学の基礎付けとしての普遍学に止まる。しかも斯様に宗教の立場を無視した為に、却って宗教に拘束せられ、宗教に支配せられる結果を招いた。中世におけるアリストテレス哲学が、神学の侍婢に化した運命は、すなわちその帰結に外ならない。哲学の自立はその批判の謙虚に拠る。自足満心の体系の自己同一観は、懺悔虚心の批判の弁証法に転ぜられなければならぬ。種の論理はその地盤である。無の場所は場所そのものの無性において絶対転換に転ぜられ、却って有の場所の無限なる行的否定転換に媒介せられなければならない。この否定の媒介たる有が種である。これを行的実践の媒介とするのでなければ、無の場所も無でなく有に顚落する。矛盾の自己同一なる直観は、その結果に外ならない。

CLASSICS OF PHILOSOPHY IN JAPAN

1 懺悔道としての哲学　田辺 元

京都学派を代表する哲学者田辺元が第二次世界大戦終盤に自身の無力と限界を哲学の基礎してと発見し、その限界を顕示しつつ生かす宗教哲学の可能性を示唆した大作。戦後日本哲学及び田辺後期宗教哲学研究における必読書。

2 善の研究　西田幾多郎

京都学派開祖西田幾多郎の処女作（明治四十四年刊）。観念論と唯物論の対立などの哲学上の根本問題解決を純粋経験に求め、主客合一を通し、知識・道徳・宗教一切の基礎づけを試みる、日本初の独創的な哲学体系。

3 「種の論理」論文集I　田辺 元

京都学派を代表する田辺元が、西田哲学を真っ向から批判し、田辺哲学として自身の体系的論理を展開したオリジナル論文集十二稿うちの前半七稿。京都学派哲学及び後期田辺宗教哲学の基礎を成す大作。

CLASSICS OF PHILOSOPHY IN JAPAN

4 思索と体験　西田幾多郎

西田幾多郎全集第二巻に編纂されている自叙伝的な作品。『善の研究』や『自覚に於ける直観と反省』等を通して独創的な哲学体系を展開しつつ、京都時代初期に書かれた小論文やエッセイを纏めた西田哲学入門書。

5 現代哲学講話　戸坂潤

京都学派左派・戸坂潤の現代哲学論文集。イデオロギー論、唯物論、ファシズム、ジャーナリズム、ロシア哲学紹介、ヘーゲル弁証法、マルクス主義を分析する中、「京都学派」というタームを批判的に初めて定義した必読書。